Monica Kurzel-Runtscheiner
Töchter der Venus

W0191606

Monica Kurzel-Runtscheiner

Töchter der Venus

Die Kurtisanen Roms
im 16. Jahrhundert

Verlag C. H. Beck München

Mit 28 Abbildungen

Die Deutsche Bibliothek – CIP-Einheitsaufnahme

Kurzel-Runtscheiner, Monica:
Töchter der Venus : die Kurtisanen Roms im 16. Jahrhundert /
Monica Kurzel-Runtscheiner. – München : Beck, 1995
  ISBN 3 406 39757 3

ISBN 3 406 39757 3
© C.H. Beck'sche Verlagsbuchhandlung (Oscar Beck), München 1995
Gesamtherstellung: Kösel, Kempten
Gedruckt auf alterungsbeständigem (säurefreiem),
aus chlorfrei gebleichtem Zellstoff hergestelltem Papier
Printed in Germany

Inhalt

«*Roma Cauda Mundi*»

Das römische Kurtisanenwesen
und seine Besonderheit im europäischen Kontext

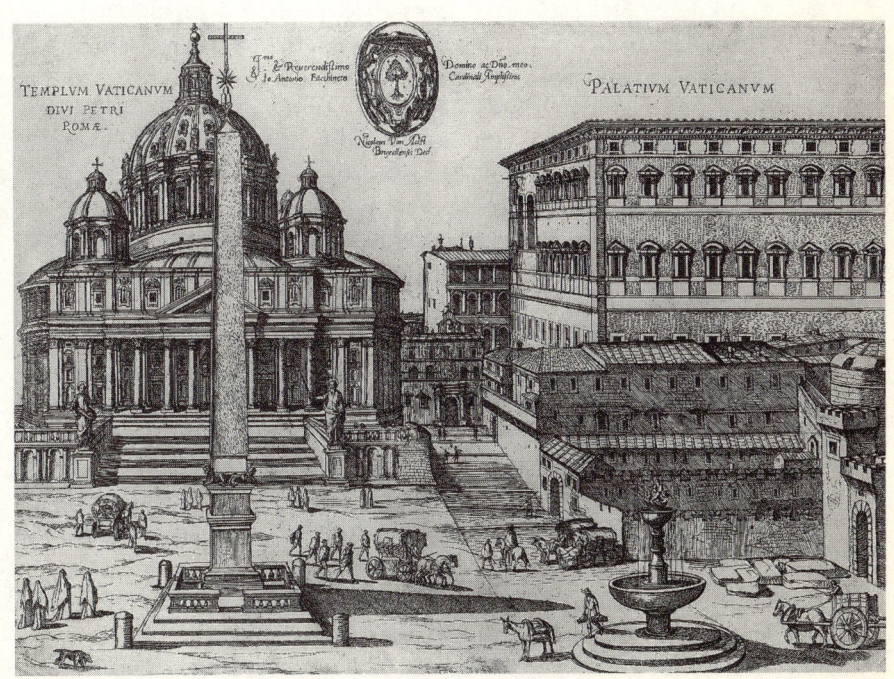

Celuy qui par la rue a veu publiquement
La courtisanne en coche, ou qui pompeusement
L'a peu voir à cheval en accoustrement d'homme
Superbe se monstrer: celuy qui de plein jour
Aux Cardinaux en cappe a veu faire l'amour,
C'est celuy seul, Morel, qui peut juger de Rome.

(Derjenige, der die Kurtisane allen offenbar
in der Kutsche durch die Straßen der Stadt fahren sah,
der sah, wie sie stolz zu Pferd saß, in männlichem Kleid
und wie sie ohne Scheu turtelnd am hellichten Tag
Kardinälen in purpurner Tracht im Arme lag,
nur der allein, Morel, kennt das Rom unsrer Zeit.)

Joachim du Bellay: Les Regrets, CXXXI[1]

*D*er französische Dichter du Bellay, der 1553 im Gefolge seines zum Kardinal erhobenen Cousins nach Rom gekommen war, nahm in dieser Stelle seiner «Regrets» («Klagelieder») auf ein Phänomen Bezug, das nicht nur von ihm selbst, sondern von den meisten seiner Zeitgenossen mit Erstaunen registriert wurde: das römische Kurtisanenwesen.

Diese kulturell überhöhte und gesellschaftlich anerkannte Form der Prostitution war ein besonderes Charakteristikum der ewigen Stadt, das den Ruf und das Erscheinungsbild Roms im 16. Jahrhundert wesentlich mitbestimmte. Die spezifischen Gesellschaftsstrukturen und das kulturelle Klima des päpstlichen Hofes schufen die Voraussetzungen für das Entstehen dieser außergewöhnlichen Art von käuflicher Liebe, die sich in ihren Wesensmerkmalen sowohl von der Prostitution in anderen großen Städten Europas, als auch vom Phänomen der Mätressen der Fürstenhöfe grundsätzlich unterschied.

Zu den herausragendsten Besonderheiten des römischen Kurtisanenwesens zählte, neben der vorbehaltlosen gesellschaftlichen Anerkennung der betroffenen Frauen, vor allem die Tatsache, daß es sich um ein Massenphänomen handelte, von dem weite Kreise der Stadtbevölkerung auf direkte oder indirekte Weise profitierten: Auf direkte Weise die Kurtisanen selbst und ihre Angehörigen, denn die meisten unterhielten mit ihrem Verdienst auch ihre Mütter, Geschwister und die eigenen Kinder; auf indirekte Weise eine Vielzahl von Händlern (vor allem von

Luxuswaren), Häuservermietern, und nicht zuletzt auch der Fiskus, denn die Kurtisanen waren eine der gut verdienenden Bevölkerungsgruppen, die man bei Bedarf besteuern konnte. Wie groß die exakte Zahl der in Rom lebenden Kurtisanen im Laufe des 16. Jahrhunderts gewesen ist, kann man heute nicht mehr mit Sicherheit feststellen. Für das erste Viertel des Jahrhunderts fehlen genaue demographische Angaben, so daß man für die Höhe der Einwohnerzahl und für deren soziale Zusammensetzung auf Vermutungen angewiesen ist. Als Grundlage für diesbezügliche Schätzungen dienen Chroniken und die zeitgenössische Literatur, wo immer wieder auf die so auffallend hohe Zahl der in der ewigen Stadt lebenden Prostituierten Bezug genommen wird. Stefano Infessura berichtete im September 1490, daß man die Huren der Stadt hatte zählen lassen und daß ihre Zahl sich auf nicht weniger als 6800 belaufe[2]. Eine beachtliche Menge, wenn man bedenkt, daß Rom damals schätzungsweise 30000 Einwohner hatte[3]. Der spanische Geistliche Francisco Delicado verstieg sich in seinem 1528 veröffentlichten Roman «El Retrato de la Lozana Andaluza» sogar zu der Behauptung, daß 30000 Huren und 9000 Kupplerinnen die ewige Stadt bevölkerten[4]. Da Rom zu diesem Zeitpunkt etwa 55000 Einwohner hatte, kann diese Aussage nur als Indiz für den auffallend hohen Anteil der Prostituierten an der Gesamtbevölkerung genommen werden. Eine realistische Angabe ist sie ebensowenig, wie diejenige des Stefano Infessura. Die älteste einigermaßen verläßliche Volkszählung Roms stammt aus der Zeit um 1526/27[5]. In insgesamt 9328 Haushalten wurden damals 53689 Seelen gezählt[6]. Da aber den Namen der Haushaltsvorstände nur gelegentlich eine Berufsbezeichnung beigefügt wurde, läßt auch diese Volkszählung keine genauen Angaben über die sozialen Strukturen innerhalb der römischen Bevölkerung zu. Immerhin entnehmen wir dieser Quelle, daß 1526/27 insgesamt 2142 römische Haushalte von Frauen geführt wurden. Über zwanzig Prozent der Haushaltsvorstände waren also weiblichen Geschlechts, doch nur in den seltensten Fällen erfahren wir, welchen Beruf diese Frauen ausübten und ob sie ledig, verheiratet oder verwitwet waren. Als Kurtisanen werden nur 29 von ihnen bezeichnet. Ausgehend von der Annahme, daß man eine Kurtisane dadurch identifizieren könne, daß ihr Name sich aus ihrem Vornamen und dem Herkunftsort zusammensetzt (also beispielsweise «Camilla Romana»), gelangte der Historiker Umberto Gnoli zu der Überzeugung, daß etwa siebzig Prozent der in der Volkszählung registrierten weiblichen Haushaltsvorstände Kurtisanen waren, und daß diese und die in ihren Haushalten lebenden Personen somit zehn Prozent der Gesamtbevölkerung ausmachten[7]. Gnolis Theorie über die

Identifizierung von Kurtisanen ist zweifelsohne falsch. Für Personen beiderlei Geschlechts war, sofern sie nicht Mitglieder großer Familien waren, die Benennung mit Vornamen und Herkunftsort im Italien des 16. Jahrhunderts die geläufigste. In den römischen Archiven begegnet man häufig verheirateten Frauen oder ehrbaren Witwen dieser Epoche, die mit Sicherheit keine Kurtisanen waren und dennoch solche Namen führten. Daß die Kurtisanen und ihre Angehörigen etwa zehn Prozent der Gesamtbevölkerung ausmachten, scheint trotzdem realistisch. Unter den 1526/27 registrierten weiblichen Haushaltsvorständen waren die Äbtissinnen der Frauenklöster, weibliche Mitglieder großer Adelsfamilien, und vermutlich auch ehrbare Witwen und vereinzelte Berufstätige, wie Wirtinnen, Wäscherinnen oder Näherinnen enthalten. Ihre Zahl kann aber nicht besonders groß gewesen sein: Äbtissinnen und alleinstehende Adelige waren eine winzige Elite, selbständig berufstätige, unverheiratete Frauen vergleichsweise selten. Ein beachtlicher Teil der Haushaltsvorstände müssen daher Kurtisanen gewesen sein, um so mehr als diese die einzige weibliche Berufsgruppe waren, die gut genug verdiente, um einen mehrköpfigen Haushalt problemlos unterhalten zu können.

Auch in den Chroniken aus der zweiten Hälfte des Jahrhunderts werden Zahlen genannt, die diese Annahme unterstützen: Als Papst Pius V. 1566 begann, die römischen Kurtisanen massenweise aus dem Kirchenstaat zu verbannen, war die Bestürzung in der Bevölkerung groß. Man fürchte, schrieb der venezianische Botschafter Paolo Tiepolo, daß die Stadt solcherart entvölkert werde, denn die Zahl der Kurtisanen und der von ihnen abhängigen Personen werde auf 25000 geschätzt[8]. Ähnlich wurde zwanzig Jahre später argumentiert, als Sixtus V. seinem Vorgänger nacheifern und den Großteil der Kurtisanen des Landes verweisen wollte. 15000 Menschen, so fürchtete man, würden bei Ausführung der päpstlichen Pläne die Stadt verlassen, «um ihre Ware anderswo gut zu verkaufen und ihre Verwandten, Freunde und «Don Juans» hier im schlimmsten Mangel zurückzulassen», wie ein Chronist bissig bemerkte[9]. 1592 gab Kardinal Rusticucci dem neugewählten Papst Clemens VIII., der ebenfalls an eine Ausweisung der Kurtisanen dachte, zu bedenken, daß in Rom rund 13000 dieser Frauen lebten, weshalb ein derartiges Vorhaben unrealistisch sei[10]. Die ewige Stadt hatte zu diesem Zeitpunkt knapp über 100000 Einwohner[11].

So unzuverlässig diese Zahlen auch sein mögen, können sie doch eines mit Sicherheit belegen: Rom war im 16. Jahrhundert nicht nur die Hauptstadt der Christenheit, sondern auch die Welthauptstadt der Prostitution. Diese seltsame Doppelbedeutung der ewigen Stadt fand ihren

Niederschlag in den kritischen oder amüsierten Berichten und Briefen von Gesandten und Reisenden ebenso wie in der zeitgenössischen Literatur. «Das ist die römische Kirche, das Haupt der Welt? Das ist ein Schweinestall!» schrieb der Humanist Ponto Cosentino in seinem 1524 veröffentlichten «Romytipion», einer Schrift über den Verfall des modernen Rom[12]. Aus dem gleichen Mißfallen heraus wurde der bekannte Spruch «Roma caput mundi» («Rom, Haupt der Welt») von einigen durch das respektlose «Roma cauda mundi» («Rom, Schwanz der Welt») ersetzt[13]. Wesentlich häufiger als derart ablehnende Kommentare sind jedoch jene Berichte, in denen das römische Kurtisanenwesen neutral oder sogar positiv beurteilt wurde. Bei ausländischen Beobachtern überwog meist die Verwunderung darüber, daß so viele dieser Frauen in der ewigen Stadt lebten und daß sie eine gesellschaftliche Anerkennung genossen, die sie auf eine Stufe mit vornehmen Damen zu stellen schien. «In Rom ist die Kurtisane mehr wert, als die einheimische Ehefrau», stellte einer von ihnen verwundert fest[14]. Auch der französische Reisende Villamont, der 1588 nach Rom kam, fand vor allem die Ehrerbietung, die diesen Frauen entgegengebracht wurde, bemerkenswert: «Was ich am meisten bewundere», so schrieb er, «ist, daß die vornehmsten [Herren] von Rom, wenn sie an den Fenstern von Madame der Kurtisane vorbeikommen, sie mit solcher Unterwürfigkeit grüßen, ihr die Hände küssen und ihr die Aufwartung machen, als wäre sie eine Prinzessin oder irgendeine große Dame»[15]. Ähnliche Aussagen stammen von seinem Landsmann Michel de Montaigne[16], von dem Niederländer Arnold Buchell[17], den Deutschen Bartholomäus Sastrow[18] und Philipp Eduard Fugger[19] sowie den Engländern Thomas Coryate[20] und Richard Lassels[21]. Auch die zeitgenössische Unterhaltungsliteratur befaßte sich gerne und ausführlich mit dem Phänomen der römischen Kurtisanen. Pietro Aretino, der Dominikanermönch und spätere Bischof Matteo Bandello, der bereits erwähnte spanische Geistliche Francisco Delicado und die Franzosen Pierre de Brantôme und Joachim du Bellay, um nur einige zu nennen, widmeten den römischen Kurtisanen beachtliche Teile ihres Werkes.

Das große Interesse, welches das Kurtisanenwesen bei italienischen und ausländischen Beobachtern hervorrief und das enorme Echo, das es in der zeitgenössischen Literatur fand, sind ein deutliches Indiz dafür, daß es als Phänomen nicht zuletzt deshalb Erstaunen verursachte, weil es anderswo in dieser Form unbekannt war. Prostituierte und Bordelle hatte es im Mittelalter in allen größeren Städten Europas gegeben. Da man der Ansicht war, daß sie für die Erhaltung der öffentlichen Moral notwendig seien, wurden sie von der jeweiligen Obrigkeit geduldet und in manchen Fällen sogar privilegiert[22]. Prostitution auf höchster Ebene gab es seit dem Spätmittelalter in Gestalt der Mätressen großer weltlicher oder geistlicher Fürsten. Die Kombination aus beiden Erscheinungsformen, eine massenweise Prostitution bei gleichzeitiger Wahrung höchster kultureller und gesellschaftlicher Werte, entwickelte sich jedoch erst um 1500 in Italien. Hier gab es im Laufe des 16. Jahrhunderts in den meisten großen Städten wie Neapel, Florenz und vor allem Venedig Kurtisanen, doch fand dieses Phänomen nirgends eine derartige Verbreitung wie in Rom, und nirgendwo sonst waren die Aufstiegsmöglichkeiten, die dieser Beruf bot, so groß wie dort.

Daß es gerade in der ewigen Stadt zu einer solchen Blüte des Kurtisanenwesens kommen konnte, hat verschiedene Gründe. Zunächst war Rom die einzige Stadt Europas, die damals einen beträchtlichen Männerüberschuß zu verzeichnen hatte[23]. Als Sitz des Papstes und der Kurie beherbergte es einen gewaltigen Verwaltungsapparat und eine prächtige Hofhaltung, denen ausschließlich geistliche, und somit zölibatäre, Männer angehörten. Ähnlich verhielt es sich mit den Haushalten der Kardinäle, von denen vor allem in der ersten Hälfte des Jahrhunderts die meisten in Rom residierten. Ihre Hofhaltungen, die an Aufwand und Prunk denjenigen der Fürsten des Heiligen Römischen Reichs vergleichbar waren, beschäftigten wiederum großteils geistliche Männer. Hinzu kamen die Botschafter und Gesandten einer Vielzahl europäischer Staaten, die, falls sie nicht ohnedies Geistliche waren, ihre Angehörigen für die Dauer ihrer Mission meist in der Heimat zurückließen, dafür aber ein beträchtliches, wiederum aus Männern bestehendes, Gefolge mitbrachten. Auch die Kaufleute, Pilger und Soldaten, die sich vorübergehend in Rom aufhielten, kamen meist nicht in Begleitung von Frauen, und trugen somit ebenfalls dazu bei, daß das weibliche Element in der ewigen Stadt extrem unterrepräsentiert war. Es wurde dadurch ein Klima geschaffen, das für die Entstehung von Prostitution ungemein günstig war.

Hinzu kam, daß keineswegs alle Männer, die sich für eine kirchliche Laufbahn entschieden, dies aus wirklicher religiöser Überzeugung oder gar aus besonderer Neigung zur Keuschheit taten. Besonders für Angehörige der unteren sozialen Schichten, aber auch für die jüngeren Söhne des Adels, bot der geistliche Stand soziale Aufstiegsmöglichkeiten, die sonst undenkbar waren. Der intelligente Sohn eines Handwerkers oder Bauern konnte, sofern er Gönner fand, die ihm sein Studium finanzierten, in der kirchlichen Hierarchie in höchste Würden aufsteigen. Als Inhaber gutbezahlter Ämter und Pfründen konnte er dann innerhalb eines Lebens den Grundstein für den wirtschaftlichen und gesellschaftlichen Aufstieg seiner ganzen Familie legen. Man denke nur an den Bauernsohn Felice Peretti, der 1585 als Sixtus V. den Thron Petri bestieg. Die Nachkommen seiner einzigen Schwester wurden von ihm in den Fürstenstand erhoben und heirateten als Papstneffen und -nichten in die ersten Familien Italiens ein. Auch wohlhabende junge Männer wurden von den guten Aufstiegsmöglichkeiten an der Kurie angezogen. Sie profitierten von der Käuflichkeit vieler Ämter und waren nicht selten imstande, gegen entsprechende Bezahlung selbst die Priesterweihe zu kaufen, die für die Erlangung höherer Würden Voraussetzung war[24]. Aus ganz Europa strömten daher ehrgeizige und begabte junge Männer nach Rom, um sich – wenn sie wohlhabend waren – durch den Kauf eines einträglichen Amtes eine bequeme Versorgung zu beschaffen, oder – wenn sie es nicht waren – als Geistliche an der Kurie hochzuarbeiten[25].

Die Kurialen waren im allgemeinen hochgebildet, geistvoll und humanistisch interessiert; Menschen, denen ihre Stellung Macht, Ansehen und Geld verschaffte, und denen auch die meisten weltlichen Freuden, mit Ausnahme des Ehestandes, zugänglich waren. Der päpstliche Hof, an dem sie lebten und wirkten, war einer der glanzvollsten Europas. Er hatte allerdings einen großen Fehler: Das weibliche Element, das anderswo eine so bedeutende Rolle spielte, fehlte hier vollkommen – eine Tatsache, die auch von höchsten kirchlichen Würdenträgern mit Bedauern registriert wurde[26]. Aus dieser Situation erklärt sich eine weitere Besonderheit des römischen Kurtisanenwesens: Der Frauenmangel, unter dem die feinsinnigen und hochgebildeten Herren an der Kurie litten, war nicht nur sexueller, sondern auch kultureller Natur. Sie sehnten sich nach Frauen, die nicht nur kurzfristig die verbotenen sexuellen Freuden schenken konnten, sondern zusätzlich aufgrund ihres Auftretens und ihrer Bildung imstande waren, bei geselligen Veranstaltungen aller Art die fehlende Weiblichkeit zu ersetzen. Da eine gewöhnliche Hure solchen Anforderungen nicht gerecht werden konnte, führte dieses doppelte Bedürfnis gegen Ende des 15. Jahrhunderts zur Entstehung des Kurtisanenwesens, einer kulturell überhöhten, verfeinerten und gesellschaftlich anerkannten Form der Prostitution. Wie hoch die gesellschaftliche Integration der betreffenden Frauen gewesen ist, kann man schon aus dem Namen ersehen, der ihnen gegeben wurde: Die «cortigiana» war eigentlich die Hofdame, die an allen anderen europäischen Höfen eine Angehörige des Adels war. In Rom hingegen verstand man darunter eine Frau, die ein Verhältnis mit einem oder mehreren Mitgliedern der Kurie hatte. Von der gewöhnlichen Prostituierten unterschied sie ihre Bildung, ihr Auftreten, ihr Nahverhältnis zu den Großen des Kirchenstaates, und nicht zuletzt auch die unvergleichlich bessere Bezahlung. Obwohl sie sich für Geld verkaufte, galt die Kurtisane als «ehrbare» Frau. Rechtliche Nachteile ergaben sich für sie aus diesem Beruf zunächst keine. Eine derartige Frau konnte auch ein hoher geistlicher Würdenträger offiziell zu seiner Geliebten machen, ohne daß er nachteilige Auswirkungen auf seine Karriere befürchten mußte; im Gegenteil: Ein Verhältnis zu einer berühmten Kurtisane zu haben, war eine Art Statussymbol, mit dem man seine Zugehörigkeit zur Oberschicht unter Beweis stellen konnte.

Für die betroffenen Frauen ergab sich aus diesen Besonderheiten des Kurtisanenwesens die Möglichkeit, ein unabhängiges Leben in Wohlstand zu führen und soziale Anerkennung zu finden, die für Frauen aus den unteren Bevölkerungsschichten ansonsten unerreichbar war. «Im heiligen Rom leben sehr viele Huren, die so hoch geachtet werden und zu solchem Reichtum gelangen, daß sie Königinnen zu sein scheinen», hieß es in einem 1550 veröffentlichten Traktat[27]. Diese Möglichkeit, durch die Prostitution einen sozialen und wirtschaftlichen Aufstieg zu schaffen, ohne mit dem Problem gesellschaftlicher Ächtung konfrontiert zu werden, machte das Kurtisanenwesen zu einem im Europa der frühen Neuzeit einzigartigen Phänomen. Kein Wunder also, daß Frauen aus ganz Italien, ja sogar aus ganz Europa, nach Rom zogen, um in der heiligen Stadt ihr Glück als Kurtisanen zu machen. Einige von ihnen schafften über den Umweg der Edelprostitution glänzende Karrieren, die ihnen später ermöglichten, als selbständige Geschäftsfrauen unabhängig zu leben oder mit einer stattlichen Mitgift, die sie sich als Kurtisanen verdient hatten, eine respektable Ehe zu schließen. Andere wiederum führten als Kurtisanen zwar kein Luxusleben, wie es in der zeitgenössischen Literatur gerne dargestellt wurde, konnten sich aber eine solide Existenz ohne materielle Not aufbauen. Vielen blieb jedoch der Aufstieg von der gewöhnlichen Prostituierten zur Kurtisane verwehrt, so daß ihr Leben in Rom sich kaum von dem anderer europäischer Huren unterschied.

Zwischen Verehrung und Verfolgung

Die historische Entwicklung
des Kurtisanenwesens

Die Wurzeln

*D*ie Forderung nach Ehelosigkeit und sexueller Enthaltsamkeit von Priestern war, seit man im 4. Jahrhundert diesbezüglich erste rechtliche Bestimmungen erlassen hatte, auf praktische Schwierigkeiten gestoßen. Erst als Papst Innozenz II. am 3. Laterankonzil (1139) die Spende der Weihen zu einem trennenden Ehehindernis erklären ließ, kam man der Verwirklichung dieses Ideals etwas näher: Nun konnten verheiratete Männer nur noch dann zu Priestern geweiht werden, wenn ihre Frau sie durch Ablegung eines Keuschheitsgelübdes freigab. Für die Erlangung der Bischofsweihe war sogar der Eintritt der Ehefrau in ein Kloster Voraussetzung. In Folge dieser Entwicklung fand im 14. und 15. Jahrhundert an Stelle der rechtlich nicht mehr möglichen Klerikerehe das Konkubinat in Priesterkreisen weite Verbreitung[1]. In Rom, dem Zentrum der Christenheit, trat dieses Phänomen konzentrierter auf als anderswo. Die immer wieder erneuerten Versuche der Kurie, die Geistlichen der Stadt zur Auflösung derartiger Lebensgemeinschaften zu zwingen, hatten nie mehr als kurzfristigen Erfolg. Dies zeigte sich einmal mehr, als 1374 von Beamten Papst Urbans V. verfügt wurde, daß Kleriker bei Strafe der Exkommunikation ihre Konkubinen entlassen sollten. Von den fünf Geistlichen der römischen Kirche S.Angelo in Peschiera erschienen damals nicht weniger als vier vor dem Notar Antonio de Scambiis, um sich, dem päpstlichen Erlaß entsprechend, von ihren Konkubinen zu trennen[2]. Ein Beispiel, das stellvertretend für viele andere steht. Der Chronist Stefano Infessura berichtete 1490, daß der päpstliche Vikar Giacomo Botta, Bischof von Tortona, ein Dekret erlassen hatte, das allen Klerikern und Laien bei Strafe der Exkommunikation und Verlust ihrer Ämter und Pfründen das öffentliche oder heimliche Halten von Konkubinen verbot. Als der Papst davon erfuhr, ließ er den Vikar zu sich kommen und «zankte ihn des erwähnten Verbots wegen aufs grimmigste aus, befahl ihm, den Erlaß sofort zurückzunehmen und erklärte, das Konkubinat sei gar nicht verboten»[3]. Die Folge dieses Verhaltens war, so Infessura, daß es in Rom kaum noch Priester oder Kurialen gab, die ohne Konkubinen lebten. Auch wenn man in Betracht zieht, daß Infessura eine persönliche Abneigung gegen Papst Innozenz VIII. hatte, die in seiner Chronik immer wieder deutlich zutage tritt, berechtigt das nicht zu der Annahme, daß seine Aussage gänzlich erfunden sei. Daß man dem Papst, der übrigens selbst uneheliche Kinder hatte, die er öffentlich protegierte, ein derartiges Verhalten zutraute, ist Beweis genug für die Selbstverständlichkeit, mit der selbst höchste kirchliche Würdenträger das Konkubinat tolerierten.

Unter Innozenz' Nachfolger, dem berüchtigten Papst Alexander VI. Borgia, erreichte die Unmoral der römischen Geistlichen ihren Höhepunkt. Die Existenz eines Bordells in der ewigen Stadt wurde nicht nur geduldet, sondern zu einem einträglichen Geschäft für die Angehörigen der Kurie gemacht: Zwei Abgeordnete des Papstes vermieteten 1496 dem Korsen Ludovico Romanelli das Amt eines «Capitaneus Prostibuli de Ponte Sixto», eines Vorstehers des Bordells bei Ponte Sisto. Romanelli mietete von den Beamten des Papstes das Recht, von jeder der dort lebenden Huren einen monatlichen Tribut von zwei Carlini einzuheben, sowie einen Spielsalon und ein Gasthaus im Bordell zu betreiben. Daß sich daraus beträchtliche Gewinne für beide Seiten ergaben, liegt auf der Hand[4]. Das zügellose Leben, das viele Beamte der Kurie zur Zeit Alexanders VI. führten, wird in einem Brief an Silvio Savelli aus dem Jahr 1502 drastisch beschrieben: «Wer würde sich nicht schämen, die grauenvollen und ungeheuerlichen Akte der Wollust aufzuzählen, die ohne Achtung vor Gott und vor den Menschen an diesem Ort begangen werden? Die Häufigkeit des außerehelichen Beischlafs, des Inzests, der Vergewaltigungen von Knaben und Mädchen, die Zahl der Huren, die im Palast des heiligen Petrus herumlungern und der Herden von Kupplern, die dort umherlaufen, übersteigt in ihrer Schamlosigkeit jene der Bordelle und der Freudenhäuser»[5]. Da Savelli 1501 aus politischen Gründen von Alexander VI. enteignet und verbannt worden war, kann auch beim Autor dieses Briefes eine starke persönliche Abneigung gegen den Papst angenommen werden. Die Zustände an der Kurie mögen hier daher etwas übertrieben dargestellt sein. Daß die Schilderung im wesentlichen der Wahrheit entspricht, ist allerdings durch andere zeitgenössische Quellen belegt[6].

An der Wende vom Mittelalter zur Neuzeit waren Konkubinat und Hurerei beim römischen Priestertum so weit verbreitet, daß die Vorstellung einer Wiederbelebung des Hetärenwesens der griechischen Antike den gebildeten Kritikern dieser Mißstände als wünschenswerte Verbesserung erscheinen mußte. Durch das Studium der antiken Autoren hatten die Humanisten der Renaissancezeit Kenntnis von der Existenz der Edelprostitution im alten Griechenland erhalten. Die antike Hetäre war die «Gefährtin», die den griechischen Männern bei ihren Symposien, von denen ehrbare Frauen ausgeschlossen waren, Gesellschaft leistete, sie angenehm und gebildet zu unterhalten wußte, mit Gesang und Tanz erfreute, und gegen Bezahlung ein dauerhaftes Verhältnis mit einem oder mehreren Liebhabern einging. Sie befriedigte also nicht nur die sexuellen Bedürfnisse ihrer Freunde, sondern war überdies imstande, das Vakuum auszufüllen, das durch den gänzlichen Ausschluß der ehrbaren Frau vom öffentlichen und geselligen Leben entstanden war. Sie hatte einen festen Platz in der antiken Gesellschaft und sie wurde zu einem der beliebtesten Motive der mittleren und neueren Komödie[7]. Berühmte Vertreterinnen dieser Zunft waren einflußreiche Freundinnen der größten griechischen Staatsmänner, Denker und Künstler. Als reiche Frauen machten einige von ihnen religiöse Stiftungen und genossen nach ihrem Tod sogar göttliche Verehrung. Obwohl sie – wenn auch auf höchster Ebene – Prostitution betrieben, bezeichnete man sie nicht als Huren, sondern gab ihnen den ehrenvollen Namen «Hetäre», «die Gefährtin»[8].

Die geschlechtsspezifischen Gesellschaftsstrukturen der antiken griechischen Stadtstaaten hatten manche Ähnlichkeit mit denjenigen Roms an der Wende vom 15. zum 16. Jahrhundert. Die ehrbare Frau wurde in beiden Fällen so streng auf den häuslichen Bereich beschränkt, daß man ihr sogar die Teilnahme an Festmahlen oder sonstigen geselligen Veranstaltungen, bei denen sie mit anderen Männern als ihrem Gemahl und ihren Verwandten zusammentreffen konnte, verwehrte. «Der Ehestand in jenem Lande krankt daran, daß ihre Sitten gewöhnlicherweise den Frauen ein so strenges, sklavisches Gesetz auferlegen, daß der oberflächlichste Umgang mit einem Fremden ihnen ebenso hoch zum Verbrechen angerechnet wird, als der allervertrauteste», schrieb Michel de Montaigne, der 1580 in Rom gewesen war[9]. Im gleichen Jahr wunderte sich auch der Niederländer Arnold Buchell darüber, daß die römischen Mädchen aus ehrbaren Familien, sobald sie zwölf Jahre alt geworden waren, kaum noch das Haus verlassen durften. «Eine Jungfrau oder eine Matrone zu verwöhnen, erweckt Verdacht und ist nicht ohne Gefahr. Denn was den unsrigen Frauen eine Ehre ist, ist für die ihrigen eine Schande»[10], schrieb er. Die kulturell bedingte Absenz der Frau vom öffentlichen Leben, die im antiken Griechenland die Entstehung des Hetärenwesens begünstigt hatte, wurde im Rom der Renaissancezeit noch verschärft durch den bereits besprochenen Männerüberschuß und durch die berufsbedingte Verpflichtung fast der gesamten männlichen Oberschicht zur Ehelosigkeit. Der Mangel an ebenbürtigen Gefährtinnen wurde am päpstlichen Hof, der immerhin einer der glanzvollsten Europas war, um so schmerzlicher empfunden, als das weibliche Element an den meisten Höfen der Renaissancezeit durchaus eine wichtige Rolle spielte. Der lebenslustige Kardinal Bibbiena, der durch seine freundschaftlichen Beziehungen zu Isabella d'Este und den engen Kon-

takt zum mantuanischen Hof den Umgang mit Damen in Rom besonders vermißte, war daher begeistert, als er 1515 erfuhr, daß Giuliano de'
Medici sich nach seiner Eheschließung in der ewigen Stadt niederlassen
wollte. Nun durfte man erwarten, daß Giulianos Gemahlin, Filiberta
von Savoyen, eine größere Zahl von Hofdamen mitbringen und so den
Mangel an vornehmer Weiblichkeit verringern würde. «Die ganze Stadt
sagt: Jetzt sei Gott gelobt», schrieb er an den Bräutigam, «denn hier
fehlte nichts anderes als ein Hof von Damen, und diese hohe Fürstin
[...] wird uns dazu verhelfen und wird den römischen Hof vollkommen
machen»[11]. Gelegentlich wurde der Damenmangel durch den Besuch
einer von ihrem Hofstaat begleiteten Fürstin vorübergehend beseitigt,
doch brachte auch das seine Schwierigkeiten mit sich. Als Isabella d'Este
1515 auf Befehl des Papstes ihren Romaufenthalt bis in den Karneval
hinein verlängerte, um diesem mit ihren Damen besonderen Glanz zu
verleihen, waren keineswegs alle Mitglieder der Kurie begeistert. Das
enge und vertraute Verhältnis der meisten Kardinäle zu den mantuanischen Hofdamen war so offensichtlich, daß allgemein darüber gespot-
tet wurde, weshalb einer der Hofbeamten verärgert bemerkte, daß eine
Stadt wie Rom eben kein «schicklicher oder angemessener Aufenthalts-
ort für Frauen» sei[12].

Da also Rom einerseits keine Stadt für vornehme Damen war und die
Herren der Kurie andererseits nicht auf gehobene weibliche Gesellschaft
verzichten wollten, mußte eine ganz spezifische Lösung für dieses Problem gefunden werden. So entstand, in Anlehnung an das antike
Hetärenwesen, gegen Ende des 15. Jahrhunderts die Idee der «Kurtisane», als der Gefährtin des päpstlichen Hofbeamten. «Quedam cortegiana, hoc est meretrix honesta» («eine sogenannte Kurtisane, das heißt,
eine ehrbare Hure») schrieb der päpstliche Zeremonienmeister Johannes Burckard 1498 in seinem «Liber Notarum»[13]. Burckards Definition
ist der älteste bekannte Beleg für den Gebrauch der Bezeichnung «Kurtisane» für eine Prostituierte und nicht für eine vornehme Hofdame, wie
dies ursprünglich der Fall war. Daß er sie mit einer Erklärung verband,
macht deutlich, daß es sich um einen damals neuen, eben erst aufge-
kommenen Gebrauch dieser Bezeichnung handelte, der noch nicht
jedem geläufig war. Die Erklärung, die er beifügt, ist einfach und treffend: Die Kurtisane war zwar eine Prostituierte, eine Frau, die sich für
Geld verkaufte, gleichzeitig aber war sie «honesta», was hier nicht als
«ehrlich», sondern vor allem als ehrbar und gesellschaftlich anerkannt
zu interpretieren ist. Der Name «Cortigiana» (lat.: «Curialis») bezeichnete eigentlich die Hofdame, die weibliche Ergänzung des Höflings
oder «Cortigiano», die an anderen Höfen entweder Ehefrau oder Toch-

ter eines Aristokraten war. Hier hingegen wurde dieser Titel nicht wegen des Vorrechts der Geburt, sondern aufgrund ganz anders gearteter «Verdienste» um den Hof verliehen. «Diejenigen, die Kurtisanen genannt werden, weil sie angeblich der römischen Kurie dienstbar sind»[14], schrieb Ponto Cosentino 1524 eindeutig zweideutig. Die Dienste, die diese Frauen den Angehörigen der Kurie erwiesen, gingen über diejenigen weit hinaus, die eine gewöhnliche Prostituierte hätte leisten können. Denn neben der Erfüllung sexueller Wünsche hatten sie auch die Aufgabe, die fehlenden Hofdamen zu ersetzen und mit ihrer Anwesenheit Bankette und sonstige gesellige Veranstaltungen zu verschönern. Selbstverständlich war dafür ein gewisses Auftreten, Benehmen und ein Minimum an Bildung erforderlich; Eigenschaften, die die Kurtisane von der Prostituierten unterschieden und die entsprechend honoriert wurden. Für die Kritiker der unmoralischen Zustände am päpstlichen Hof schien es noch das kleinere Übel zu sein, wenn die Kurialen ein Verhältnis mit einer Kurtisane hatten, die sie ein- oder mehrmals wöchentlich besuchten, anstatt wie bisher in eheähnlicher Gemeinschaft mit einer Konkubine zu leben. Auch war es der Würde der Kurie zuträglicher, wenn die hohen Herren bei geselligen Veranstaltungen in Begleitung vornehm wirkender Edelprostituierter erschienen, als weiterhin den freien Zugang gewöhnlicher Huren zum päpstlichen Palast zu dulden.

Zwischen Verehrung und Verfolgung

Die Glanzzeit der römischen Kurtisanen, die Zeit ihrer höchsten gesellschaftlichen Anerkennung, reichte vom späten 15. bis in die beiden ersten Jahrzehnte des 16. Jahrhunderts. In dieser Zeit waren die Kurtisanen anerkannte Mitglieder der Oberschicht, die Zutritt zum päpstlichen Hof hatten und deren privilegierte Stellung durch keine Moralgesetze beeinträchtigt wurde. Es war die Zeit großer Kurtisanen wie Imperia, die – wenn man den Dichtern glauben darf – von den höchsten Herren wie feine Damen hofiert und bei ihren Ausgängen von einem Heer vornehmer Verehrer begleitet wurden[15]. In den frühen zwanziger Jahren gab es dann, wohl unter dem Einfluß der massiven Moralkritik, die die eben erst entstandene Bewegung Luthers an der Kirche übte, erste Bestrebungen, die Prostitution in Rom einzudämmen. 1520 wurde das Konvertitenkloster «Santa Maria Maddalena» gegründet, welches ehemalige Kurtisanen, die ihre Sünden bereuen wollten, aufnahm[16]. Gleichzeitig wurde verfügt, daß jede Kurtisane, die in Rom starb, ein Fünftel ihres Vermögens diesem Kloster hinterlassen müsse. Setzte sie sich darüber hinweg, so war ihr Testament ungültig, und ihr ganzes Erbe fiel an die Konvertiten[17]. Diese Einschränkung der Testierfreiheit war die erste konkrete gesetzliche Benachteiligung für den Kurtisanenstand. 1522 verbot der sittenstrenge Papst Hadrian VI., der als Niederländer für den lockeren Lebenswandel der Römer kein Verständnis aufbrachte und bei der Bevölkerung entsprechend unbeliebt war, den «mulieres inhonestas» das Tragen des «habito romano», der Kleidung der vornehmen Römerinnen[18]. Ziel dieser Verfügung war es, die Kurtisanen wenigstens aufgrund ihres Gewandes von den Damen des Adels unterscheidbar zu machen. Da Hadrian bereits im September 1523 starb, konnte diese Bestimmung nie wirksam werden und geriet bald wieder in Vergessenheit.

Das sogenannte «goldene Zeitalter» der Kurtisanen ging 1527 mit dem «Sacco di Roma» zu Ende. Die Eroberung Roms durch die Söldner des Connétable de Bourbon, die in der Folge monatelang plünderten, brandschatzten, mordeten, vergewaltigten und mutwillig Kunstwerke von unschätzbarem Wert zerstörten, war der Todesstoß für die unbeschwerte Renaissancegesellschaft der ewigen Stadt. Kurtisanen konnten zwar weiterhin eine glänzende Karriere machen, doch war ihr gesellschaftlicher Status nicht mehr so unbestritten wie früher: Die traumatischen Ereignisse des Sacco hatten bei vielen der Betroffenen den Wunsch nach innerer Einkehr und Buße geweckt und hatten so dazu beigetragen, daß auch in Rom der Ruf nach kirchlicher und moralischer Erneuerung mehr Gehör finden konnte. Einer der ersten Päpste, die diesem Wunsch nach umfassender Reform Rechnung trugen, war Paul III. Farnese. 1536 ernannte er neun seiner persönlichen Ratgeber zu Mitgliedern einer Kommission, die den Zustand der Kirche in Italien untersuchen und etwaige Verbesserungsvorschläge machen sollte. Unter den Mißständen, die von dieser Kommission beanstandet wurden, war auch der anerkannte und ehrenvolle Status der römischen Kurtisanen[19]. Der Papst erinnerte sich nun des Gesetzes seines Vorgängers Hadrian und ließ die Caporioni, die römischen Bezirksvorsteher, anweisen, in Zukunft dafür zu sorgen, daß die Kurtisanen das Verbot, den «habito romano» zu tragen, berücksichtigten[20]. Immer wieder wurde in den folgenden Jahrzehnten von den Caporioni darüber beraten, wie man die Kurtisanen zur Befolgung dieser Vorschrift bringen könnte; Erfolg war ihren diesbezüglichen Versuchen offenbar nicht beschieden[21]. Ansonsten blieben die Maßnahmen, mit denen Paul III. die Unmoral in Rom zu bekämpfen suchte, auf die Gründung frommer Stiftungen beschränkt: 1536 wurde das Kloster Santa Caterina della Rosa ins Leben gerufen, welches sich zur Aufgabe machte, arme Mädchen zu künftigen Ehefrauen zu erziehen, und sie dann mit einer kleinen Mitgift zu verheiraten. Diese Maßnahme war notwendig geworden, weil mittellose Familien ihre Töchter oft noch im Kindesalter an gutzahlende Kunden zu verkaufen pflegten[22]. 1542 wurde auf Betreiben des Ignatius von Loyola das Kloster Santa Marta gegründet, das – so wie das Konvertitenkloster – als Zufluchtsstätte für bußwillige Kurtisanen gedacht war. Da es nur wenig Zulauf hatte, wurde es 1573 in ein gewöhnliches Kloster umgewandelt[23].

Erst in der zweiten Hälfte des 16. Jahrhunderts wurden Gesetze erlassen, die die Attraktivität des Kurtisanenberufes ernsthaft beeinträchtigten. Julius III. del Monte verbot den Kurtisanen 1550 den Gebrauch von Kutschen[24]. Diese Verordnung war ein harter Schlag für das Kurtisanenwesen, da Kutschen als besonderer Luxus galten, und somit ein Statussymbol ersten Ranges waren. In den folgenden Jahrzehnten war das immer wieder erneuerte Kutschenverbot eines der am häufigsten übertretenen Gesetze und somit auch eine der besten Einnahmequellen des Kirchenstaates. Drastischer waren die Reformmaßnahmen, die Paul IV. Carafa einleitete: Er bestrafte die Kuppelei mit dem Tod[25] und dachte daran, den Kurtisanen bei strengsten Strafen den Verkehr mit Geistlichen zu verbieten, die bisher den wichtigsten Teil ihrer Kundschaft ausgemacht hatten[26]. Maßnahmen dieser Art erschwerten zwar das Leben der Kurtisanen, konnten aber, weil sie nie konsequent durchgeführt wurden, die gehobene Prostitution nicht wirklich eindämmen.

Eine entscheidende Wende brachte erst das Pontifikat von Pius V. Ghislieri (1566–1572), dem ersten Papst des 16. Jahrhunderts, der versuchte, das Laster in Rom mit allen Mitteln auszurotten. Im Gegensatz zu den meisten seiner Vorgänger hatte der aus einer verarmten Familie stammende Ghislieri, der sich als Dominikanermönch in der Inquisition hochgedient hatte, keinerlei Hang zu Luxus und Wohlleben. Die Hauptaufgabe seines Pontifikats sah er in der Bekämpfung der Häretiker, der Türken und in der Beseitigung der Unmoral. Daß sein Bekehrungseifer sich zuallererst auf die Mitglieder der Kurie und die Bewohner der ewigen Stadt richtete, war naheliegend. Die römischen Kurtisanen waren dem sittenstrengen Papst ein besonderes Ärgernis, das er ohne Pardon auszutilgen gedachte. «Es ist nicht gut, zu dulden, daß die schönsten Straßen des heiligen Rom, wo das Blut so vieler heiliger Märtyrer vergossen wurde und wo so viele Reliquien sind, wo fromme Gesinnung herrscht und wo der Heilige Stuhl und so viele Klöster ihren Sitz haben, von Huren bewohnt werden. Um so mehr, als diese Stadt, als Vorbild der ganzen Welt, zur Beschämung der Ungläubigen und der Häretiker frei von Sünden und Lastern sein sollte»[27], waren des Papstes eigene Worte. Bereits am 19.Mai 1566 ließ er die Caporioni davon in Kenntnis setzen, daß er die Kurtisanen in ein eigenes Stadtviertel verbannen wollte und daß sie nach einer geeigneten Lösung für dieses Problem suchen sollten[28]. Er griff damit auf eine Idee zurück, die bereits 1524 erstmals erwogen wurde, damals aber nicht zur Ausführung gelangt war[29]. Im Juni 1566 begann Pius mit der Durchführung seiner Pläne. Zunächst wurden alle Kurtisanen, die in Borgo – jenem Stadtviertel, das den Vatikan umgibt – lebten, durch «Sbirri» (Vorläufer der Polizisten) aus ihren Häusern vertrieben[30]. Im Juli folgten die ersten Ausweisungen berühmter Kurtisanen, denen befohlen wurde, innerhalb von sechs Tagen die Stadt und von zwölf Tagen den Kirchenstaat zu verlassen[31]. Den übrigen wurde mitgeteilt, daß sie ihre Wohnungen aufgeben und allesamt nach Trastevere ziehen sollten[32]. Das Entsetzen der Römer über diese Neuerungen war beträchtlich. Vor allem fürchteten sie die wirtschaftlichen Konsequenzen, die die Ausweisung so vieler wohlhabender Frauen mit sich bringen würde[33]. Die Bewohner von Trastevere wiederum wehrten sich gegen die Idee, ihre Häuser den Kurtisanen überlassen zu müssen. Über 400 von ihnen suchten den in Trastevere residierenden Kardinal Morone auf, um ihn zu ihrem Fürsprecher zu ernennen[34]. Weder Morone noch die vierzig Abgeordneten, die der Consiglio del Popolo kurz darauf zu Pius sandte, konnten den Papst von seinen Vorstellungen der moralischen Säuberung abbringen. Als die Abgesandten ihn baten, keine Kurtisanen mehr der Stadt zu verweisen, weil dies schlimme wirtschaftliche Folgen haben würde, geriet Pius in Zorn: Wenn sie wirklich Wert darauf legten, in ihrer Stadt Huren und Laster zu beherbergen, so sollten sie es tun, erklärte er. Er selbst werde dann allerdings Rom verlassen, «um einen anderen Ort zu seinem Sitz zu wählen, der weit entfernt und frei von allen Sünden sei»[35]. Da der Papst nicht bereit war, einzulenken, verließen in den kommenden Tagen über dreihundert der vornehmsten Kurtisanen fluchtartig die Stadt. Da sie in aller Eile ihre Güter verkauft hatten, trugen sie große Summen Geldes bei sich, so daß viele von ihnen noch im Kirchenstaat Opfer von Raubmorden wurden[36]. Systematisch wurden in den folgenden Wochen die reichen und wohlhabenden Kurtisanen des Landes verwiesen; nur diejenigen, die heirateten oder ins Konvertitenkloster eintraten, konnten sich der Verbannung entziehen[37]. Neben den ausgewiesenen Kurtisanen verließen zahllose andere Einwohner freiwillig die Stadt, weil der Papst, wie ein Chronist berichtete, «den Handel zwischen Christen und Juden gänzlich unterbunden hat, die Kurtisanen fortschickt, und weil

er Auftrag geben möchte, daß in den Gasthäusern kein anderes Fleisch
als vom Rind und vom Ochsen gekocht werden darf und daß kein verheirateter Mann dort hingehen kann, um zu essen»[38]. Die zahllosen Proteste und die öffentlichen Unruhen brachten Pius schließlich doch dazu,
einem Kompromiß zuzustimmen. Er sagte den Römern zu, daß er die
Kurtisanen in Hinkunft in der Stadt dulden wollte und gab dem Consiglio del Popolo den Auftrag, ein geeignetes Viertel zu suchen, wo man
sie alle unterbringen könne[39]. Da die Bewohner von Trastevere keinesfalls bereit waren, ihren Stadtteil zur Verfügung zu stellen, wählte man
den «Hortaccio» zum «Ghetto» der Kurtisanen, ein Gebiet zwischen
Piazza di Spagna und Piazza del Popolo, das sich besser für diesen
Zweck eignete, weil es weniger verbaut war. Im Oktober 1569 wurde
schließlich mit dem Bau einer Mauer begonnen, die den Hortaccio von
den übrigen Stadtteilen trennen sollte[40]. Kurtisanen, die außerhalb dieses Viertels aufgegriffen wurden, wurden öffentlich ausgepeitscht und
aus dem Kirchenstaat verbannt. Priester wurden beauftragt, die Kurtisanen in ihren Häusern zu besuchen, um sie zu einem besseren Leben
zu bekehren[41]. Zusätzlich wurden sie zum regelmäßigen Besuch von
eigens für sie veranstalteten Predigten gezwungen[42]. Nicht nur die Kurtisanen suchte Pius V. durch drastische Maßnahmen zu bekehren; auch
die übrige Bevölkerung Roms wurde strengen Moralgesetzen unterworfen: Frauenklöster mußten von Mauern umschlossen werden und
durften kein männliches Personal beschäftigen, verheirateten Personen
beiderlei Geschlechts wurde der Besuch von Gasthäusern verboten, und
unverheirateten Frauen wurde das Vermieten von Zimmern (eine der
wenigen weiblichen Verdienstmöglichkeiten) untersagt. Spitzel wurden
bezahlt, um Ehebruch und Konkubinat aufzudecken, die Gefängnisse
waren überfüllt mit vermeintlichen Ehebrecherinnen und mit Kurtisanen, die mit Priestern Verkehr gehabt hatten. Öffentliche Auspeit-
schungen waren an der Tagesordnung. In ihrem Eifer für die Kontrolle
der Einhaltung der Moralvorschriften verhafteten die Schergen des
Papstes sogar einen römischen Adeligen, der mit seiner Gemahlin in der
Kutsche gefahren war, weil sie ihm nicht glauben wollten, daß die Dame
tatsächlich seine Frau war[43]. Diese kompromißlose Vorgangsweise
brachte Rom an den Rand des Aufruhrs[44].

   Als Pius V. 1572 starb, kehrte die Stadt unter der milden Herrschaft
von Gregor XIII. bald wieder zum alten Lebensstil zurück. Vereinzelte
Versuche, die Kurtisanen wieder in den Hortaccio zu verbannen,
blieben ohne Erfolg[45]. 1585 wurde mit Sixtus V. Peretti ein weiterer
glühender Anhänger der kirchlichen und moralischen Reform zum
Papst gewählt. Seine Wünsche, die strengen Maßnahmen von Pius V.

zu erneuern, scheiterten jedoch am Einspruch seiner Ratgeber, die die wirtschaftlichen Konsequenzen eines solchen Schrittes und die Gefahr neuerlicher Unruhen fürchteten[46]. Man begnügte sich daher damit, den Kurtisanen zu verbieten, in den Hauptstraßen und in der Nähe von ehrbaren Frauen, Kirchen oder Klöstern zu wohnen, abends ihre Häuser zu verlassen[47], Verkehr mit verheirateten Männern zu haben[48], in der heiligen Nacht zur Messe zu gehen oder Männer zu empfangen[49], sowie an öffentlichen Umzügen und Festen teilzunehmen[50]. Ähnliche Maßnahmen wurden Jahre später auch von Clemens VIII. ergriffen, der außerdem erstmals erwog, die Kurtisanen zum Tragen gelber Ärmel zu zwingen, um sie so optisch von den «ehrbaren» Frauen zu unterscheiden. An den Straßen, die bevorzugt von Kurtisanen bewohnt wurden, ließ er Pflöcke anbringen, die verhinderten, daß dort Kutschen vorfahren konnten[51].

Während so auf der einen Seite das Leben der Kurtisanen immer schwieriger wurde und durch den Rückgang der gesellschaftlichen Anerkennung an Attraktivität verlor, traten andererseits die römischen Edelfrauen immer häufiger ans Licht der Öffentlichkeit. Gemeinsam mit ihren Ehemännern, den Kardinälen und den Beamten der Kurie nahmen sie nun an Banketten und Festen teil, wo sie mit den Herren an der gleichen Tafel sitzen und sogar mit ihnen tanzen konnten, ohne daß ihr Ruf dadurch gefährdet wurde[52]. In Verbindung mit den restriktiven Moralgesetzen bewirkte dieser Eintritt der vornehmen Ehefrau ins gesellige Leben der Stadt, daß das Zeitalter der Kurtisanen gegen Ende des 16. Jahrhunderts unweigerlich zur Neige ging. Der Geist der Gegenreformation hatte ein neues moralisches Bewußtsein hervorgebracht, in dem der ungenierte, genießerische und kulturell veredelte Umgang mit der Sexualität, der das Kurtisanenwesen getragen hatte, keinen Platz mehr fand. Geistliche wagten es immer seltener, in aller Öffentlichkeit ein Verhältnis zu einer Frau zu unterhalten, und zogen es eher vor, ihre sexuellen Bedürfnisse in aller Heimlichkeit und ohne kulturelle Verfeinerung bei einer Prostituierten zu befriedigen. Immer weniger Frauen gelang daher der Aufstieg von einer gewöhnlichen Hure zur Kurtisane. Das Übel der Prostitution konnte von der Gegenreformation jedoch nicht ausgerottet werden. Zwar wurden unzählige Stiftungen gegründet, die armen Mädchen Mitgiften spendeten, um ihnen so die Heirat oder den Eintritt ins Kloster zu ermöglichen[53], doch waren derartige Maßnahmen nicht ausreichend, um zu verhindern, daß Frauen aus Armut dazu getrieben wurden, sich zu prostituieren. Noch im 17. Jahrhundert schrieb daher der Engländer Lassels, daß die jungen Herren seines Landes hauptsächlich deshalb gerne nach

Italien reisten, «weil sie vernommen, daß der Orten gute Courtesanen und lustige Gesellschaft beym Frauenzimmer» zu finden sei[54]. Rom war auch zu diesem Zeitpunkt immer noch die Welthauptstadt der Prostitution.

Mütter und Töchter

Herkunft und Familienleben
der römischen Kurtisanen

*D*ie *Zahl der in Rom* lebenden Kurtisanen, ihre Präsenz im täglichen Leben der Stadt und ihre gesellschaftliche Anerkennung waren so groß, daß sie zu einer der «Sehenswürdigkeiten» wurden, die selbst ein gebildeter Fremder bei seinem Besuch in der ewigen Stadt zu «besichtigen» hatte. Wer aber waren diese Frauen, von denen fast alle zeitgenössischen Beobachter berichten, daß sie in Aussehen und Benehmen kaum von vornehmen Damen zu unterscheiden waren; woher kamen sie und was hatte sie dazu gebracht, sich zu verkaufen?

Die ungewöhnlich große Menge in Rom lebender Kurtisanen ist nur dadurch erklärbar, daß viele dieser Frauen keine gebürtigen Römerinnen waren. Tatsächlich bestätigen die archivalischen Quellen ebenso wie Reiseberichte und die zeitgenössische Literatur, daß nur wenige der Frauen, die den Beruf einer Kurtisane ergriffen, in Rom zur Welt gekommen waren. Die meisten von ihnen kamen aus anderen italienischen Städten, oder aus fernen Ländern nach Rom: Unzählige Spanierinnen, aber auch Französinnen, Deutsche, Griechinnen und Slavinnen hofften in der ewigen Stadt ihr Glück als Kurtisane zu machen.

Um zu verstehen, was Frauen aus ganz Europa dazu bewog, nach Rom zu ziehen, um sich dort zu prostituieren, muß man zunächst die Möglichkeiten betrachten, die sich einer Frau im 16. Jahrhundert für die Gestaltung ihres Lebens boten. Theoretisch standen ihr zwei Wege offen, wenn sie ihr Leben in gesellschaftlich anerkannten Bahnen verbringen wollte: Sie konnte heiraten oder in ein Kloster eintreten. Tatsächlich blieben aber beide Modelle für viele Mädchen unerreichbar, da im einen wie im anderen Fall eine Mitgift erforderlich war. Die Beschaffung einer Mitgift stellte für die Angehörigen der unteren Bevölkerungsschichten oft ein unüberwindliches Problem dar. Besonders Familien, die mehrere Töchter hatten, waren nur selten imstande, allen durch eine derartige Ausstattung den Schritt in ein «ehrbares» Leben zu ermöglichen. Mädchen, die keine Mitgift hatten, mußten also dafür sorgen, daß sie sich auf andere Weise durchs Leben brachten. Die Berufschancen, die sich ihnen dafür boten, waren allerdings sehr bescheiden. Eine unverheiratete, mittellose Frau konnte etwa Dienstmädchen, Wäscherin, Köchin oder Schankmädchen werden. In Städten mit einer regen handwerklichen Produktion, wie beispielsweise Lyon, konnte sie sich auch als billige Arbeitskraft in der Textilindustrie oder sogar bei Bauarbeiten verdingen[1]. Auf dem Land konnte sie als Magd und in der Erntezeit als

Taglöhnerin arbeiten. Anspruchsvollere Berufe außerhalb des Dienst-
leistungsgewerbes waren ihr kaum zugänglich. Allen diesen Beschäf-
tigungen war gemeinsam, daß sie bei schwerer körperlicher Arbeit
nur geringen Lohn und keinerlei gesellschaftliche Anerkennung brachten[2]. Sozialer Aufstieg konnte solcherart nicht erreicht werden. Vor
diesem Hintergrund ist es nicht mehr so erstaunlich, daß Frauen aus
ganz Italien, ja sogar aus ganz Europa, von Roms Ruf als einer «terra
da donne»[3], als einer Stadt, in der Frauen allein ihr Glück machen
konnten, angezogen wurden. Der Beruf einer Kurtisane, der nirgends
so blühte wie in Rom, war für alleinstehende, mittellose Frauen die
einzige realistische Möglichkeit, zu Wohlstand und sozialer Anerkennung zu gelangen, oder sich zumindest eine Mitgift zu verdienen, die
später eine respektable Eheschließung ermöglichte. Es ist daher naheliegend, daß die meisten Frauen in diesem Beruf den unteren sozialen
Schichten entstammten und auf diese Art versuchten, dem Elend zu entkommen.

Herkunft und Berufsbeginn

1539 erschien in Venedig der «Ragionamento del Zoppino», ein manchmal Aretino zugeschriebener Dialog. In diesem Streitgespräch erklärt
ein ehemaliger Kuppler namens Zoppino seinem Freund «das Leben
[…] und die Abstammung von allen römischen Kurtisanen». Ziel seiner
Ausführungen ist es, den Freund von der Minderwertigkeit und
Schlechtigkeit dieser Frauen zu überzeugen. Genüßlich berichtet er von
deren niedriger Herkunft, die in keinem Verhältnis zu ihrem damen-
haften Auftreten stehe: Von Lorenzina dal Forno sagt er beispielsweise,
sie sei zunächst gemeinsam mit ihrer Mutter Schankmädchen und Tän-
zerin in Gasthäusern gewesen. Eine gewisse Giulia del Sole wiederum
habe ursprünglich ihrem Vater, einem Kuhhirten, beim Schlachten und
Abdecken des Viehs geholfen und auch die anderen seien allesamt
Töchter armer Wäscherinnen, Wirte, Straßenhändler oder sonstiger
«kleiner Leute», wenn sie nicht wie die berühmte Tullia d'Aragona
bereits eine Kurtisane zur Mutter hatten[4].»Es reicht wenn du weißt, daß
sie von niedriger Herkunft sind, und daß ihnen solches Gehabe und solche Pracht nicht zustehen»[5], ist sein abschließender Kommentar. Wenn
auch prinzipiell der Quellenwert derartiger Schriften zu bezweifeln ist,
da sie stets durch Übertreibung und groteske Übersteigerung den Leser
zu unterhalten suchten, so ist doch anzunehmen, daß manche dieser
Aussagen einen wahren Kern haben.

In der zeitgenössischen Literatur ist die niedrige Abstammung der Kurtisanen ein häufig wiederkehrendes Motiv. In den Archiven hingegen finden sich nur selten konkrete Informationen über die Herkunft dieser Frauen. Während unverheiratete, «ehrbare» Mädchen in den Quellen meist als Töchter eines bestimmten Mannes bezeichnet werden (z. B.: «Caterina di Stefano Veneziano»), sind derartige Hinweise bei Kurtisanen selten. Daß ihrer Abstammung derart geringe Bedeutung beigemessen wurde, daß die Namen ihrer Väter nur in Ausnahmefällen und kaum je in Verbindung mit einer Berufsangabe genannt werden, läßt darauf schließen, daß es sich für gewöhnlich tatsächlich um Angehörige der untersten gesellschaftlichen Schichten handelte – um Töchter von Gelegenheitsarbeitern, kleinen Handwerkern oder Bauern. Diese Vermutung wird durch die wenigen Fälle bestätigt, in denen sich genauere Angaben über die Väter solcher Frauen finden: Von der Kurtisane Grazia Sangalli Romana beispielsweise wissen wir, daß sie die Tochter eines «Sbirro», eines Vorläufers des heutigen Polizisten, war – eine Information, die wir ausschließlich dem Umstand verdanken, daß sie von ihren Kolleginnen deshalb verspottet wurde[6]. Diese Abstammung dürfte bis zu einem gewissen Grad charakteristisch sein, denn der Sbirro war zwar einerseits ausführendes Organ der städtischen Obrigkeit, andererseits aber schon aufgrund seiner Tätigkeit und der schlechten Bezahlung ein rauher Geselle, der oft genug bei der Ausübung seines Berufes mehr Gewalt als nötig anwendete und dadurch selbst mit dem Gesetz in Konflikt geriet[7]. Es ist leicht vorstellbar, daß ein solcher Sbirro, ebenso wie ein schlecht verdienender Handwerker oder Straßenverkäufer, wenn überhaupt nur *eine* Tochter mit einer Mitgift ausstatten und ihr so die Heirat oder den Eintritt ins Kloster ermöglichen konnte. Hatte er jedoch mehrere Töchter, so ist es keineswegs erstaunlich, wenn eine von ihnen, so wie Grazia Sangalli, sich entschloß, Kurtisane zu werden. Auch Nanna, die Heldin von Pietro Aretinos «Kurtisanengesprächen», gibt übrigens an, daß ihr Vater ein «compagno del bargello», also ein Sbirro, gewesen sei[8]. Nur diejenigen, die besserer Abstammung waren als die meisten ihrer Kolleginnen, fügten ihrem eigenen Namen Name und Beruf des Vaters bei: Eine Marta bezeichnete sich als Tochter des Söldnerführers Giovanni Battista Romano, Vincenza war die Tochter des Gewürzhändlers Francesco de Setia und Olympia gab an, daß ihr Vater der «Magister» Francesco Romano gewesen sei[9]. Diesen wenigen Fällen steht jedoch das Heer jener Kurtisanen gegenüber, die es vorzogen, Namen und Beruf ihrer Väter zu verschweigen[10].

In vielen Quellen werden nicht die Namen der Väter, wohl aber jene der Mütter von Kurtisanen genannt. Besonders auffällig ist dieses Phänomen bei den Testamenten, wo immer wieder Kurtisanen ihre Mütter bedenken, während andererseits kein einziger Fall bekannt ist, in dem ein Vater erwähnt wird. Dies legt den Schluß nahe, daß viele dieser Frauen entweder als uneheliche Kinder keinen namentlich bekannten Vater hatten und daher schon durch den Makel ihrer Geburt der Unterschicht zuzuzählen waren, oder einer Familie angehörten, die durch den frühen Tod des Vaters in Not geraten war. Ein solches Schicksal beschreibt Francisco Delicado in seinem Roman «El retrato de la Lozana Andaluza»: Seine Heldin verliert früh ihren Vater, wodurch die Familie verarmt. Da ihre Mutter nicht das nötige Geld für eine Mitgift aufbringen kann, kann die Tochter, obwohl sie ungewöhnlich schön ist, nicht heiraten und muß sich mit Gelegenheitsarbeiten und gehobener Prostitution über Wasser halten[11].

Die meisten Kurtisanen waren demnach Angehörige der Unterschicht oder des verarmten Mittelstandes. Motiv für das Ergreifen dieses Berufes war wohl ausnahmslos der Wunsch, solcherart dem Elend zu entkommen und vielleicht sogar zu Wohlstand und sozialer Anerkennung zu gelangen: «Es ist eine schöne Sache, sogar von den vornehmen Herren als «gnädige Frau» angeredet zu werden, wie eine große Dame zu speisen und gekleidet zu sein, und ununterbrochen an Festen und Banketten teilzunehmen»[12], läßt Aretino eine von ihnen sagen. Für ein Mädchen der Unterschicht war ein solches Leben unerreichbar, für eine Kurtisane hingegen lag es durchaus im Bereich des Möglichen. Allerdings hatten sich keineswegs alle Frauen, die in Rom als Kurtisanen lebten, freiwillig entschlossen, dieser Tätigkeit nachzugehen. Aufgrund der ungewöhnlich guten Verdienstmöglichkeiten wurde vor allem sehr jungen Mädchen die Wahl dieses Berufes häufig von Dritten aufgezwungen, die sich auf diese Art ein bequemes Einkommen schufen. Oft waren es die eigenen Mütter, die blutjunge Mädchen mit Gewalt dazu brachten, sich zu prostituieren. Von den Einkünften einer Kurtisane konnte die ganze Familie erhalten werden, so daß mittellose Mütter kaum Skrupel hatten, ihre Töchter noch als halbe Kinder an wohlhabende Herren zu verkaufen. Schon 1536 hatte die römische Obrigkeit festgestellt, daß «viele junge Mädchen in der heiligen Stadt leben, die teils durch Armut, und teils durch die schändliche Habgier der Eltern und durch deren schamlosen Rat […] auf beklagenswerte Weise ohne ihre eigene Schuld, so wie Schafe zur Schlachtung, gewaltsam zum Hurengewerbe gedrängt und preisgegeben werden […].»[13] Ein ähnliches Urteil fällte 1560 der venezianische Gesandte Luigi Mocenigo: «Fast alle Bewohner dieser Stadt (Rom) sind Personen ohne Fleiß, weshalb sie fast immer in Armut leben; diese wiederum ist die Ursache, weshalb die Mehrzahl der Frauen leichtfertig ihre eigene Ehre, und die ihrer jungen Töchter, verkauft. Diese Ehrlosigkeit», so schrieb er weiter, «wurzelt einerseits, wie ich gesagt habe, in der Not, andererseits wird sie aber auch durch die großen Summen gefördert, die sie sich erhoffen, und die sie tatsächlich von Papstnepoten und anderen Reichen und Mächtigen häufig erhalten.»[14]

Daß diese Aussagen keineswegs übertrieben waren, wird auch durch andere Quellen bestätigt. Vor dem Gericht des Governatore di Roma[15] wurde 1591 ein Prozeß zwischen Dianora Senese und ihrer Tochter Isabella ausgetragen[16]. Die erst sechzehnjährige Isabella lebte zu diesem Zeitpunkt auf Betreiben ihrer Mutter bereits seit einem Jahr als Kurtisane. Sie beklagte sich bei ihren Freunden, daß ihre Mutter «sie schlug und bösartig behandelte»[17] und erklärte, «daß sie aus dem Haus der Mutter fliehen wollte»[18]. Nach anfänglichen Bedenken entwarf schließlich einer ihrer Liebhaber, Marcantonio Varese Romano, gemeinsam mit Freunden einen Plan, um ihr zur Flucht aus dem Haus der Mutter zu verhelfen: Er lud Isabella, ihre Mutter und ihre Tante zu einem Ausflug in einen Weingarten bei Porta Portese ein. Während man dort tafelte und sich vergnügte, schickte Isabella heimlich einen Diener Marcantonios mit einem Schlüssel zum Haus ihrer Mutter, um anhand einer von ihr verfaßten Liste ihr Hab und Gut zu holen und in eine von Marcantonio für sie gemietete Wohnung zu bringen. Offensichtlich war diese Maßnahme notwendig, da die Mutter, hätte sie von Isabellas Plänen gewußt, deren Besitz niemals herausgegeben hätte. Bei Einbruch der Dämmerung schließlich zogen sich Isabella und Marcantonio unauffällig zurück und bestiegen heimlich eine Kutsche, die sie ins neue Domizil der Kurtisane brachte. Die im Weingarten zurückgebliebene Mutter entdeckte das Verschwinden ihrer Tochter erst, als sie heimkehren wollte. Sie gab sich jedoch keineswegs geschlagen: Unter dem Vorwand, der Diener hätte nicht nur Isabellas, sondern auch einige ihrer eigenen Sachen fortgeschafft, klagte sie gegen die beiden auf Entführung und Diebstahl, wobei sie nicht davor zurückschreckte, die eigene Tochter ins Gefängnis zu bringen. Die Brutalität der Dianora Senese, die ihre Tochter aus Habgier zur Prostitution zwang und sie nach ihrer Flucht als Diebin vor Gericht stellen ließ, war leider kein Einzelfall. Immer wieder finden sich in den Gerichtsakten Fälle von blutjungen Kurtisanen, die von ihren Müttern regelrecht tyrannisiert wurden[19]. Wie verbreitet das Übel des Verkuppelns durch die leibliche Mutter war, zeigt auch die Tatsache, daß derartige Vergehen unter Reformpäpsten wie Sixtus V. exemplarisch bestraft wurden: Villamont berichtet von einem französischen Adeligen, der einer Mutter ihre noch jungfräuliche Tochter im wahrsten Sinne des Wortes abgekauft hatte. Als der Papst davon erfuhr, wollte er ihn sofort verhaften lassen, was jedoch dadurch verhindert wurde, daß der sichtlich über gute Beziehungen verfügende Delinquent rechtzeitig gewarnt wurde und nach Frankreich floh. Die Mutter des Mädchens hingegen wurde gefangen genommen und im Beisein ihrer Tochter bei der Engelsbrücke öffentlich hingerichtet[20].

Auf der anderen Seite riskierten mittellose Mütter, zur Zielscheibe des allgemeinen Spotts zu werden, wenn sie sich die Summen entgehen ließen, die sie durch die Verkuppelung ihrer Töchter verdienen konnten. Giovanni Drouet, ein hoher Beamter der Kurie, berichtete seinem Freund Vicino Orsini, mit dem er einen niveauvoll-frivolen Briefwechsel führte, 1573 von einem derartigen Fall: Ein Lautenspieler namens Maestro Andrea hatte die Aufgabe übernommen, ein ebenso schönes wie armes fünfzehnjähriges Mädchen zur Musikerin auszubilden. Als er deren Mutter den Vorschlag machte, die Jungfräulichkeit ihrer Tochter für die enorme Summe von 500 Scudi zu verkaufen, lehnte diese zur allgemeinen Überraschung ab. «Ihr seid eine Verrückte», warf ihr daraufhin der um seine Provision geprellte Kuppler vor, «eines Tages wird es das Mädchen mit irgendeinem unbekannten Vagabunden völlig umsonst treiben, und dann wird sie soviel verloren haben»[21]. Er formulierte damit klar und treffend, was wohl die meisten seiner Zeitgenossen, einschließlich der illustren Korrespondenten, dachten.

War es nicht die eigene Mutter, so war es häufig eine ältere Kurtisane, die ein junges Mädchen in ihr Gewerbe einführte. Das Heranziehen einer Nachfolgerin war eine beliebte Form der Altersversorgung, weshalb jene Kurtisanen, die nicht ohnedies eigene Töchter hatten, gerne elternlose Mädchen bei sich aufnahmen und ihnen die entsprechende Erziehung angedeihen ließen. Die hochberühmte Isabella de Luna beispielsweise nahm 1550 zwei Mädchen namens Laura da Modena und Margarita Cleopatra in ihrem luxuriösen Haus bei San Salvatore delle Copelle auf, um sie zu Kurtisanen auszubilden. Zwei Jahre später übten die beiden ihren Beruf bereits in eigenen Häusern aus, wobei sie den Kontakt zu Isabella aufrecht erhielten, die ihnen als mütterliche Freundin zur Seite stand[22].

Neben Müttern und älteren Kurtisanen waren es vereinzelt auch gewerbsmäßige Zuhälter, die ein junges Mädchen in ihre Gewalt brachten, um vom guten Geschäft mit der Prostitution zu profitieren. Allerdings blieben männliche Zuhälter in Rom eine ausgesprochene Randerscheinung, deren Opfer ausschließlich Prostituierte, nie aber Kurtisanen waren. Ein trauriges Beispiel ist die Geschichte der erst vier-

zehnjährigen Prostituierten Caterina da Velletri, die durch widrige
Umstände einem brutalen Kuppler namens Giovanni Antonio in die
Hände gefallen war[23]. Dieser mietete ihr eine Wohnung an der Piazza
Capranica, wo er sie zwang, sich zu prostituieren, und überdies prü-
gelte, wenn sie nicht mit jedem schlafen wollte oder zuwenig verdiente.
Caterina bat schließlich einen ihrer Kunden, Antonio Villano da Prato,
sie zu sich zu nehmen, um so der Tyrannei des Zuhälters zu entgehen.
Tatsächlich brachte dieser sie im Haus eines Freundes an der Piazza
della Dogana unter, wodurch sie seine und des Freundes Geliebte
wurde. Immerhin hatte Caterina solcherart den ersten Schritt auf dem
Weg von einer gewöhnlichen Prostituierten zur Kurtisane geschafft. Daß
sie diesen Weg jedoch keineswegs selbst gewählt hatte, zeigt nicht nur
ihre Hilflosigkeit gegenüber den Machenschaften des Zuhälters, sondern auch die geradezu kindliche Naivität, mit der sie wenig später den
Bekehrungsversuchen eines Freundes ihrer Liebhaber begegnen sollte[24].

Mädchen, die durch die Mutter oder eine ältere Kurtisane in den
Beruf eingeführt wurden, begannen ihre Karriere sehr früh, etwa im
Alter von dreizehn bis fünfzehn Jahren. Der erste Kunde war für sie
nicht selten ein vornehmer Herr, der bereit war, für das Privileg der
Entjungferung eines unberührten Mädchens ein kleines Vermögen zu
bezahlen. Wer seine Unschuld auf diese Weise verlor, wurde nicht
zur Hure, sondern zur Kurtisane, die darauf hoffen durfte, von ihrem
ersten Liebhaber für einige Zeit ausgehalten oder an dessen vornehme
Freunde weiterempfohlen zu werden. Das Geschäft mit dem Verkauf
der Jungfernschaft war so einträglich, daß gewinnsüchtige Mütter auch
vor Betrug nicht zurückschreckten: Der Mutter einer schönen jungen
Kurtisane namens Pandora wurde 1555 nachgesagt, sie habe ihre Tochter mindestens acht verschiedenen Kunden als «Jungfrau» verkauft[25].
In der zeitgenössischen Literatur finden sich zahllose Anspielungen auf
die verschiedenen Hilfsmittel, mit denen die Jungfräulichkeit solcher
Mädchen künstlich «wiederhergestellt» werden konnte[26].

Während die einen von ihren Eltern oder Zieheltern von Haus aus für
den Beruf einer Kurtisane bestimmt wurden und ihre Jungfräulichkeit
als wichtiges Startkapital einbrachten, kamen andere erst durch den Verlust ihrer Unschuld dazu, sich zu verkaufen. Für sie war der Berufsein-
stieg schwerer, da sie nicht mehr den Reiz des ehrbaren, unberührten
Mädchens besaßen, weshalb sie ihre Karriere meist als einfache Prostituierte beginnen mußten. Der Aufstieg zur Kurtisane war für sie zwar
möglich, aber keineswegs selbstverständlich, wie die Geschichte jener
Diamante zeigt, die sich selbst als «arme Frau und arme Kurtisane»
bezeichnete[27]. Sie hatte sich als junges Mädchen in einen Mann verliebt,

der sie aus dem Elternhaus entführte und von ihrem Heimatdorf nach Rom brachte. Da er ihrer bald überdrüssig wurde und sie verließ, mußte sich Diamante, um überleben zu können, an andere Männer verkaufen. Für den Beruf einer Kurtisane war sie allerdings wenig geeignet, denn sie hatte kaum Erfolg, war von Gewissensbissen geplagt und wurde nur durch die Angst vor der Rache ihrer Verwandten von der Rückkehr in ihr Dorf abgehalten. Viele junge Mädchen wurden so wie Diamante in ihrem Heimatort von Männern verführt. Häufig waren diese Männer Geistliche, wie jener Guido Castellani, der im Gefolge von Papst Clemens VII. 1530 zur Krönung Karls V. nach Bologna gereist war. Castellani lernte in Bologna eine Frau namens Margarita kennen, die seine Geliebte wurde und die ihm schließlich nach Rom folgte, wo er ihr ein Haus mietete und in den folgenden zwei Jahren auch für ihren Unterhalt sorgte[28]. Die aus Lothringen stammende Cosma del Bosco war um 1524 ebenfalls von einem Priester nach Rom gebracht worden. Als verführte Unschuld konnte sie allerdings nicht bezeichnet werden, da sie, wie ausdrücklich betont wurde, bereits in ihrer Heimatstadt Metz frei und ungebunden «wie eine römische Kurtisane» gelebt hatte[29]. Als Freundin und Geliebte mehrerer Kanoniker von Sankt Stefan war sie dort «als rechtschaffene Kurtisane bekannt» gewesen[30]. Nach ihrer Übersiedlung in die ewige Stadt war es ihr daher ein Leichtes, ihren Beruf weiterhin mit Erfolg auszuüben.

Viele der Ausländerinnen waren mit den zahllosen Söldnertruppen, die von einem Kriegsschauplatz Europas zum nächsten zogen, ins Land gekommen. Vor allem von den Spanierinnen, der zahlenmäßig größten Gruppe der in Rom lebenden Ausländerinnen, waren viele im Gefolge des für seine Marketenderinnen berühmten spanischen Heeres nach Italien gezogen. Über die Truppen des Herzogs von Alba beispielsweise schrieb Brantôme (in gewohnter Übertreibung), sie seien von über 400 Kurtisanen zu Pferd und etwa 800 zu Fuß begleitet worden, die alle «schön und mutig wie Prinzessinnen» gewesen seien[31]. Die gebürtige Spanierin Isabella de Luna, eine der berühmtesten Kurtisanen des 16. Jahrhunderts, hatte ihre Karriere auf diese Art begonnen. Jahrelang war sie, wie Bandello berichtet, mit dem Heer Karls V. durch Europa gezogen, bevor sie sich in Rom als Kurtisane niederließ[32]. Offensichtlich war dies keine schlechte Ausgangsposition, da die meisten Angehörigen des römischen Adels wenigstens vorübergehend im Kriegsdienst Lorbeeren zu verdienen suchten und im Heerlager den Umgang mit Marketenderinnen durchaus zu schätzen wußten. Für Frauen wie Isabella konnten so Kontakte entstehen, die später den Start einer Karriere als Kurtisane wesentlich erleichterten.

Die Armut war nicht das einzige Motiv, das Frauen dazu bewegte, Kurtisanen zu werden. Auch der Wunsch, einer schlechten Ehe zu entgehen, konnte für die Wahl dieses Berufes ausschlaggebend sein. Erstaunlich viele Kurtisanen gaben an, daß sie eigentlich verheiratet waren, ihren Mann aber verlassen hätten, weil die Ehe nicht funktionierte oder weil sie sich ganz einfach in einen anderen verliebt hatten[33]. Als Kurtisane konnten sie sich die wirtschaftliche Basis schaffen, die sie brauchten, um unabhängig von ihrem Mann leben zu können. Die Römerin Clementia de Rosatis beispielsweise hatte 1581 Giovanni Battista de Fabris, einen Reitlehrer oder Stallmeister («caballaritius») aus Gubbio, geheiratet. Die Ehe entwickelte sich zur Katastrophe: Er warf ihr vor, unmoralisch zu sein, während sie behauptete, er habe sie mehrfach bedroht, ihr ihr Kind weggenommen und er lebe überdies mit einer Prostituierten zusammen. Schließlich gelang es ihr, sich von ihm zu befreien, indem sie ihn wegen Ehebruchs mit der Kurtisane Vittoria Romana und wegen Pferdediebstahls anklagte und ihn so ins Gefängnis brachte. Er selbst wiederum erklärte, sie habe diese Anklagen erfunden, um ihn daran zu hindern, daß er sie ins Kloster stecken lasse. Als ihr Mann im Gefängnis war, nahm Clementia den Namen Livia an, zog in ein Haus an der Piazza Madama und wurde eine erfolgreiche Kurtisane. Auch als Giovanni Battista während der Sedisvakanz nach dem Tod Sixtus V. durch Intervention eines Monsignore freigelassen wurde, weigerte sie sich, zu ihm zurückzukehren und erklärte dem Richter ungeniert, daß sie es für sinnlos halte, es nochmals mit ihm zu versuchen[34]. Weniger dramatisch war der Fall einer anderen verheirateten Kurtisane namens Vincenza Veneta[35]. Sie hatte 1546 in Venedig einen gewissen Battista aus Brescia geheiratet, der einen Kammladen besaß. Drei Jahre später verließ sie ihn jedoch, weil sie sich in den venezianischen Edelmann Giovanni Battista Giustiani verliebt hatte. Sie folgte schließlich einem anderen Liebhaber nach Rom, wo sie als Kurtisane ein gutes Auskommen fand. Die Versuche ihres Mannes, sie zur Rückkehr zu bewegen, lehnte sie entschieden ab, was sie mit den lakonischen Worten begründete, er sei «häßlich und unangenehm»[36].

Das unabhängige Leben einer Kurtisane dürfte für viele unglücklich verheiratete Frauen ein verlockender Ausweg gewesen sein. Aus einem 1537 veröffentlichten Motu proprio Papst Pauls III. erfahren wir, daß es in Rom damals viele Ehefrauen gab, die «zur Beleidigung Gottes und zum Ärgernis der meisten Menschen, zur Befriedigung ihrer Gelüste ein ehrloses Leben» führten[37]. Um sich vor gewalttätigen Racheakten der verlassenen Ehemänner zu schützen, heißt es weiter, bewegten sie ihre Liebhaber dazu, den jeweiligen Gatten vor Gericht zu fordern, damit er sich bei Hinterlegung einer großen Kaution dazu verpflichtete, seine Frau nicht zu bedrohen oder zu verletzen. Konnte er die geforderte Summe nicht aufbringen, so riskierte der gehörnte Ehemann, ins Gefängnis geworfen oder sogar auf eine Galeere geschickt zu werden. Um diesen Mißständen vorzubeugen, verfügte der Papst, daß in Hinkunft nur jene Ehefrauen eine solche «Fideiussion» von ihrem Mann fordern konnten, die zuvor bei einer ehrbaren Frau oder in einem Kloster Zuflucht gesucht hatten. Ehemänner, die auf Betreiben ihrer Frau ins Gefängnis gekommen waren, erhielten durch das Motu proprio eine generelle Amnestie. Allerdings hatten nicht alle verheirateten Kurtisanen, wie hier beschrieben, ihre Männer aus eigenem Antrieb verlassen. Für manche wurde die Ausübung dieses Berufs zur wirtschaftlichen Notwendigkeit, weil es der Ehemann war, der aus beruflichen oder sonstigen Gründen fortgezogen war, ohne seine Frau materiell abzusichern oder ihr über seinen Aufenthalt genaue Nachricht zu hinterlassen[38].

Die Gründe, weshalb sich Frauen entschlossen, in Rom als Kurtisanen zu leben und die Art und Weise ihres Berufseinstiegs waren vielfältig. Dennoch hatte der Großteil dieser Frauen eines gemeinsam: Sie waren nicht in Rom geboren, sondern von auswärts zugezogen. Im Gefolge der Söldnerheere kamen Marketenderinnen ins Land, die nach Jahren des Umherziehens in Rom seßhaft wurden. Mädchen, die aufgrund ihrer niedrigen Herkunft nichts zu verlieren hatten, folgten ihren Geliebten in die ewige Stadt; Ehefrauen verließen ihre ungeliebten Männer, um in Rom unabhängig und frei zu leben; und mittellose Mütter reisten mit ihren blutjungen Töchtern dorthin, damit diese mit dem Verkauf ihres Körpers für den Unterhalt der Familie aufkommen konnten. All diese Frauen zeigten eine Bereitschaft zur Mobilität, die um so mehr erstaunt, als längere Reisen im 16. Jahrhundert mit beachtlichen Strapazen und Risiken verbunden waren. Mittellose Reisende mußten enorme Strecken zu Fuß zurücklegen oder andere Reisende bitten, sie gegen Bezahlung auf ihrem Pferd mitzunehmen[39]. Die damit verbundenen physischen Anstrengungen gefährdeten häufig die Gesundheit, während Banditen, Wegelagerer und Söldnertruppen ein ständiges Risiko für die Sicherheit darstellten. Nicht umsonst sah sich der Kirchenstaat veranlaßt, reisende Frauen durch eigene Gesetze zu schützen, in denen ausdrücklich betont wurde, daß man sie weder finanziell noch sexuell ausnützen dürfe[40]; und nicht umsonst machten immer wieder Frauen ihr Testament, bevor sie sich auf eine längere Reise begaben[41]. Die Hoffnung auf eine bessere Zukunft bewog dennoch Frauen aus ganz Europa, die Reise in die ewige Stadt anzutreten. Der Wunsch, die wenigen Chancen, die das Schicksal bot, optimal zu nützen war bei ihnen stärker ausgeprägt als die Angst vor den Gefahren, denen sie sich auf dem Weg nach Rom aussetzen mußten. Flexibilität und Risikobereitschaft waren Eigenschaften, die sich viele von ihnen auch dann noch bewahrten, wenn sie in ihrem Beruf bereits erfolgreich waren. Immer wieder folgten Kurtisanen ihren Liebhabern ins Heerlager oder in eine andere Stadt, und immer wieder waren sie bereit, die Strapazen einer Übersiedlung auf sich zu nehmen, sofern dies berufliche Vorteile versprach. Über die wohlhabende spanische Kurtisane Francesca Tornera sagte 1531 einer ihrer Freunde, er sei ihr in den letzten fünf Jahren in Palermo, in Rom und in Neapel begegnet. Ein anderer Zeuge gab an, sie vor einigen Jahren auf einem Schiff von Genua nach Rom kennengelernt zu haben, und ein Dritter berichtete, daß sie sich 1531 für einige Zeit in Ferrara aufgehalten hatte[42]. Francescas unstetes Leben hatte einen konkreten Grund: Ihr Freundes- und Kundenkreis bestand, wie bei so vielen Spanierinnen, hauptsächlich aus Angehörigen des kaiserlichen Heeres, denen sie, in der Hoffnung auf gute Verdienstmöglichkeiten, immer wieder ins jeweilige Hauptquartier nachreiste[43]. Ähnlich flexibel war Maria Fasarga, die als blutjunge Frau von Spanien über Neapel nach Rom gezogen war, wo sie sich 1580 als erfolgreiche Kurtisane niederließ. Die strengen Moralgesetze Sixtus' V. bewogen sie, 1585 die Stadt zu verlassen und nach Neapel zu übersiedeln, wo sie ihren Beruf weiterhin ausübte. Mehrere ihrer Bekannten gaben später an, sowohl in Neapel als auch in Rom Umgang mit ihr gehabt zu haben[44].

Mit einem Mut, der oft wohl der Mut der Verzweiflung war, nahmen solche Frauen ihr Schicksal selbst in die Hand: Sie stellten sich den Gefahren, die mit weiten Reisen und wechselnden Liebesbeziehungen verbunden waren, weil dies für sie der einzige Weg zu Wohlstand und Unabhängigkeit war.

Familiäre Bindungen

Enge familiäre Bindungen standen nicht in Widerspruch zum Beruf einer Kurtisane, sondern spielten im Gegenteil meist eine wichtige Rolle. Interessanterweise kann man bei solchen Familien häufig matrilineare, um nicht zu sagen matriarchalische Strukturen feststellen: Die Mutter, die oft die treibende Kraft war, die ein junges Mädchen dazu bewog, diesen Beruf zu ergreifen, spielte im allgemeinen auch dann noch eine große Rolle, wenn die Tochter längst erwachsen und erfolgreich war. Meist lebte sie im Haus ihrer Tochter, wurde von dieser unterhalten und machte sich ihrerseits vor allem in der Kommunikation mit Kunden nützlich. Sie war es, die ans Fenster trat, wenn jemand Einlaß begehrte, und dann entschied, ob den Betreffenden geöffnet werden sollte, oder ob es besser war, sie abzuweisen. Häufig hatte sie auch die undankbare Aufgabe, einem potentiellen Kunden zu erklären, daß sich ihre Tochter bereits mit jemand anderem zurückgezogen hatte. In einem solchen Fall mußte sie ihr ganzes diplomatisches Geschick aufwenden, damit der enttäuschte Freier seinem Zorn nicht durch die Anwendung von Gewalt Luft machte. Auch als Kupplerinnen waren die Mütter oft im Einsatz, wobei sie es waren, die mit den Interessenten über die Bedingungen verhandelten, unter denen die Tochter ihnen zu Willen sein wollte: Für die römische Kurtisane Lavinia hatte ihre Mutter Margareta verhandelt, als der reiche Monsignore Ciccolini sie zur Geliebten begehrte. Sie war es dann auch, die den Monsignore bei Gericht verklagte, nachdem dieser aus Eifersucht Lavinia überfallen und ihr Gesicht durch Messerstiche entstellen lassen hatte[45]. Als Kupplerin, als Kontaktperson und als tatkräftige Freundin war die Mutter im Hause einer Kurtisane unentbehrlich. Diejenigen, die keine Mutter mehr hatten, nahmen daher, wie Montaigne berichtet, eine andere ältere Frau bei sich auf, die sie dann für ihre Mutter ausgaben[46]. Kurtisanen, die aus anderen italienischen Städten nach Rom übersiedelten, brachten, wenn es ihnen möglich war, ihre Mutter in die neue Heimat mit[47]. Was auch immer eine Kurtisane tat, ob sie mit Freunden am Kamin saß und ein Pfänderspiel spielte[48], ob sie ein kleines Hauskonzert gab[49], oder ob es galt, das Haus gegen die Angriffe eines ehemaligen Liebhabers zu verteidigen[50] - stets nahm die Mutter aktiv am Leben ihrer Tochter teil.

Naturgemäß wurden die meisten Kurtisanen früher oder später auch selbst Mütter. Die Schwangerschaft wurde für gewöhnlich nicht als Nachteil empfunden und auch keineswegs vor der Umwelt verborgen. «Viele Leute haben gesehen, daß ich schwanger war», sagte die etwa zwanzigjährige Kurtisane Giovanna del Gedez, die durch die Gewalttätigkeiten zweier unbekannter Männer ihr Kind verloren hatte[51]. So wie die meisten anderen Leute betrachteten auch die Kurtisanen Kinder als eine mögliche Altersversorgung, die ihnen eine gewisse Sicherheit für die Zukunft geben konnte. Gerade bei der Kurzlebigkeit ihres Gewerbes war eine solche Sicherheit natürlich wünschenswert. Daß sie mitunter selbst nicht mit Bestimmtheit sagen konnten, wer der Vater ihres Kindes war, trugen sie, wenn man dem Dichter Domenichi glauben möchte, mit Heiterkeit. Er berichtet von einer schwangeren Kurtisane, die auf die Frage, wer der Vater ihres Kindes sei, schlagfertig mit «Senatus Populusque Romanus» geantwortet hatte[52].

Im Haushalt einer Kurtisane lebten außer ihrer Mutter und ihren Kindern häufig auch ihre Geschwister, wobei sie es war, die die Verantwortung für alle zu tragen hatte. Da die Kurtisanen als einzige Gruppe der berufstätigen Frauen genug verdienten, um eine Familie erhalten zu können, und da sie berufsbedingt entweder unverheiratet waren oder getrennt von ihrem Ehepartner lebten, wurden sie zu Haushaltsvorständen und Familienoberhäuptern, von denen auch männliche Mitglieder der Familie finanziell abhängig waren. Dementsprechend werden in den Quellen immer wieder Kurtisanen als Vorstände römischer Haushalte genannt: «Ein großes Haus mit Geschäftslokalen, welches Frau Gabriella Stella, Kurtisane, gehört. Sie wohnt dort selbst mit ihrer Familie», gab einer jener Beamten zu Protokoll, die 1517 die römischen Häuser registrierten. Und Gabriella Stella war kein Einzelfall in dieser Bestandsaufnahme[53]. Gerade das Kurtisanenwesen, das Produkt einer ausgesprochen patriarchalischen Gesellschaft, bewirkte nun, daß sich innerhalb dieser Gesellschaft matrilineare Strukturen bildeten. Nur dadurch wurde es möglich, daß der Bruder und Erbe der berühmten Kurtisane Fiammetta noch über dreißig Jahre nach deren Tod in offiziellen Dokumenten als «Messer Andrea della Fiammetta» bezeichnet wurde[54]. Und nur so ist es zu erklären, daß bei der Volkszählung von 1526/27 über zwanzig Prozent der Haushalte von Frauen geleitet wurden[55].

Die Verantwortung, die sich aus ihrer Position als Familienoberhäupter ergab, wurde von den meisten Kurtisanen sehr ernst genommen, auch wenn das unstete Leben, das sie für gewöhnlich führten, die Fürsorge für die Schutzbefohlenen erschwerte. So hatte die berühmte Kurtisane Saltarella, als sie 1539 aus nicht eindeutig geklärten Gründen mit ihrer Mutter Florenz verließ, um nach Rom zu ziehen, ihre kleine Tochter in der Heimatstadt zurückgelassen, wo diese in einem Nonnenkloster untergebracht war. Die Trennung von ihrem Kind war ihr sichtlich schwer gefallen, da sie immer wieder ihren ehemaligen Liebhaber, keinen geringeren als Ugo Griffoni, den engsten Berater Herzog Cosimos, bat, sich der Kleinen anzunehmen. Selbst der Sekretär des florentinischen Botschafters in Rom ersuchte Griffoni mehrfach in ihrem Auftrag, das Mädchen oft im Kloster zu besuchen und bei den Nonnen ein gutes Wort für es einzulegen. Sie selbst war mit der Oberin des Klosters, Suora Arcangela, in brieflichem Kontakt und wurde so über das Wohlergehen ihres Kindes informiert[56]. Daß das Kind einer erfolgreichen Kurtisane im Kloster erzogen wurde, war übrigens keine Seltenheit. Gerade wenn eine Kurtisane für ihre Tochter eine andere Zukunft als die einer Prostituierten wünschte, war es üblich, sie im Kloster erziehen zu lassen. In Verbindung mit einer stattlichen Mitgift tilgte die klösterliche Erziehung des Mädchens dann jeden Zweifel, den ein künftiger Ehemann gegenüber der Tochter einer solchen Frau eventuell hegen konnte. Auch Imperia, die berühmteste aller Kurtisanen, ließ daher ihre Tochter Lucrezia im Kloster der Nonnen von Campo Marzo erziehen, wo sie zu einer «reinen und sittsamen Jungfrau»[57] heranwuchs. Tatsächlich wurde das Mädchen später als vorbildlich tugendhafte und treue Ehefrau berühmt[58]. Lucrezias Schicksal ist keine Ausnahme: In den römischen Archiven finden sich immer wieder Hinweise auf Töchter von Kurtisanen, die, ausgestattet mit einer entsprechenden Mitgift, die oft auch ein eigenes Haus beinhaltete, ehrbare Männer geheiratet hatten[59]. Die Ziehtochter der höchst erfolgreichen Kurtisane Lucrezia Galletta alias «la Luparella» wurde nicht nur im Kloster erzogen, sondern entschied sich sogar, selbst Nonne zu werden und in den Konvent von Santa Marta einzutreten[60].

Wie sehr den römischen Kurtisanen das Schicksal ihrer Kinder am Herzen lag, kann man am besten an ihren Testamenten ablesen. Wenn sie ihren letzten Willen zu einem Zeitpunkt aufsetzten, zu dem ihre Kinder noch unmündig waren, so war es stets eines ihrer Hauptanliegen, dem Sohn oder der Tochter eine sichere Zukunft zu garantieren. In den meisten Fällen überwog die Sorge um die finanzielle Absicherung des Kindes, dem mit dem mütterlichen Erbe wenn es männlich war eine Ausbildung und wenn es weiblich war eine ehrbare Eheschließung ermöglicht werden sollte. In ihrem 1512, nur wenige Tage vor ihrem Tod, verfaßten Testament vermachte Imperia außer Legaten an ihre drei Diener und an ihre Mutter Diana ihr gesamtes Vermögen ihrer damals vierzehnjährigen Tochter Lucrezia, der es, wie ausdrücklich festgehalten wurde, als Mitgift dienen sollte. Als einziges Kind der legendären Kurtisane galt Lucrezia als wohlhabende Erbin, weshalb sie nach Imperias Tod ohne Schwierigkeiten verheiratet werden konnte. Spätestens 1514 wurde sie die Frau von Angelo Colonna, einem aus Siena stammenden Gewürzhändler («aromatarius»), womit ihre Zukunft gesichert war. Allerdings mußte sie noch mehrere Jahre um das mütterliche Erbe kämpfen, da es ihrer Großmutter gelungen war, die Existenz des Testaments zu verheimlichen. Mit der Begründung, daß Lucrezia als uneheliches Kind nicht erbberechtigt sei, versuchte Diana, Imperias ganzes Vermögen an sich zu reißen. Erst als 1521 gerichtlich entschieden wurde, daß mangels legitimer Kinder die uneheliche Tochter vor der Mutter der Verstorbenen erbberechtigt sei, konnte Lucrezia die ihr zustehenden Güter in Besitz nehmen[61]. Vielleicht war es das Beispiel der berühmten Imperia, das spätere Kurtisanen zur Vorsicht mahnte, wenn es um die

testamentarische Absicherung ihrer Kinder ging. Zur Zeit der Volkszählung 1526/27 lebte im Stadtteil Ponte eine gewisse Margarita Siciliana als Vorstand eines vierköpfigen Haushaltes[62], dem neben ihr noch
ihre Mutter, ihre Schwester und ein Diener angehörten. Offensichtlich
war Margarita kurz darauf selbst Mutter geworden, denn als sie im
August 1527, vielleicht ein Opfer der Gewalttätigkeiten im Rahmen des
Sacco di Roma, im Sterben lag, traf sie genaue Anweisungen für die
Zukunft ihrer neugeborenen Tochter Leonora Johanna. Laut Testament
hinterließ sie ihrer Mutter 25, ihrer Schwester 20 und ihrem Diener
10 Dukaten. Ihr übriger Besitz hingegen sollte von zwei Freunden für
die kleine Tochter Leonora verwaltet werden, die zur Universalerbin
eingesetzt wurde. Sobald diese der Brust entwöhnt war, sollte sie der
Großmutter zur Erziehung übergeben werden, welcher durch die beiden Tutoren dann regelmäßig eine Entschädigung für die dadurch verursachten Unkosten zu bezahlen war[63]. Vermutlich befürchtete Margarita, daß ihre Mutter (so wie die der fünfzehn Jahre zuvor verstorbenen
Imperia) dem Kind seine Erbschaft vorenthalten könnte, falls man sie
nicht der Kontrolle durch Dritte unterstellen würde. Tullia d'Aragona
wiederum hatte Mutter und Geschwister bereits verloren, als sie 1556
ihr Testament machte. Um so größer war ihre Sorge um den minderjährigen Sohn Celio, den sie zu ihrem Universalerben einsetzte. Sie verfügte, daß der «prottetore» des Kindes, Pietro Ciocca, ein Familiar des
Kardinals Cornaro, ihren gesamten Besitz verkaufen und derart anlegen
sollte, daß weder Celio noch andere über das Kapital verfügen konnten.
Die Zinsen dieses Vermögens sollte er für den Lebensunterhalt und für
den Unterricht des Knaben verwenden, der nach dem Wunsch der Mutter, die selbst eine berühmte Schriftstellerin war, «Literatur und andere
Tugenden» erlernen sollte. Erst im Alter von fünfundzwanzig Jahren
durfte Celio das mütterliche Erbe ausbezahlt werden[64]. Ähnliches verfügte die äußerst wohlhabende Imperia Veronni, als sie in ihrem 1569
verfaßten Testament für die Zukunft ihres verwaisten, unehelichen
Enkels Ludovico Ceci sorgte[65]. Sie hinterließ ihm beträchtliche Werte in
Form eines großen Hauses bei Macel' dei Corvi und eines Weingartens
bei Monte Testaccio. So wie im Fall des Sohnes von Tullia d'Aragona
sollte dieser Besitz bis zum fünfundzwanzigsten Lebensjahr des Knaben von den Exekutoren des Testaments verwaltet und von den Zinsen
Ludovicos Lebensunterhalt und Erziehung bestritten werden. Daß sich
die Fürsorge einer Kurtisane, deren eigene Kinder bereits verstorben
waren, ihren Enkelkindern oder anderen Verwandten zuwendete, ist
ebenfalls kein Einzelfall: Eugenia Veneta ernannte 1529 die beiden
Söhne ihrer verstorbenen Tochter Cecilia zu ihren Universalerben[66]. Die

ehemalige Kurtisane Francesca de Rubinis, die nie eigene Kinder gehabt hatte, machte sechzigjährig ein Testament zugunsten ihrer Nichten. Diesen Mädchen, die «sehr arm und in heiratsfähigem Alter» waren, sollte mit der Erbschaft eine Eheschließung ermöglicht werden[67].

Die Sorge um Kinder und Anverwandte ist ein soziales Merkmal, mit dessen Hilfe man Kurtisanen von gewöhnlichen Prostituierten unterscheiden kann. Während Kurtisanen versuchten, ihren Kindern ein Leben in sozialer Sicherheit zu ermöglichen, konnte es bei einfachen Prostituierten vorkommen, daß ein Kind in erster Linie als finanzielle Belastung empfunden und dementsprechend behandelt wurde. Die Prostituierte Magdalena beispielsweise hatte einen Sohn von ihrem Liebhaber Orazio da Velletri. Da sie die Verantwortung für das Kind nicht übernehmen wollte, schickte sie es kurzerhand den Verwandten ihres Freundes nach Velletri. Auch diese waren über den Familienzuwachs wenig erfreut, um so mehr, als der verheiratete Orazio die Vaterschaft leugnete: «Sie wissen ja wie es die Huren machen: sie behaupten, daß ihr Sohn von einem Bestimmten ist, aber in Wirklichkeit ist er von Hunderten»[68], erklärte er. Als Magdalena 1566 starb, war für die Verwandten Orazios der Moment gekommen, sich des mittlerweile zweijährigen Kindes zu entledigen. Manchen zufolge hatten sie es nach Rom ins Waisenhaus von Santo Spirito geschickt, während andere meinten, es sei «plötzlich» gestorben.

Die Sorge der Kurtisanen um die Zukunft ihrer Kinder ging meist dann zurück, wenn diese von ihren Vätern anerkannt worden waren und daher des mütterlichen Schutzes nicht mehr bedurften. Kardinäle und geistliche Würdenträger waren ebenso wie große weltliche Herren häufig bereit, ihre unehelichen Kinder zu legitimieren[69]. Als anerkannte Kinder bedeutender Väter konnten sie dann in höchste Würden aufsteigen und in die besten Familien einheiraten. Allerdings war die Legitimation von Bastarden keine Selbstverständlichkeit, sondern hing ausschließlich vom Gutdünken und Wohlwollen des Vaters ab. Vicino Orsini, der Herzog von Bomarzo, schrieb einige Monate nach der Geburt seiner unehelichen Tochter Orontea, die zusammen mit der Mutter im Haus des Witwers lebte: «Ich weiß nicht, ob sie zur Dame oder zur Bäuerin geboren ist, wenn sie etwas größer ist, wird man das besser entscheiden können»[70]. Zu Oronteas Glück beschloß er später, eine Dame aus ihr zu machen und sie als seine Tochter anzuerkennen.

Daß ihr Kind als Sproß einer vornehmen und mächtigen Familie aufwuchs, war für eine Frau, die aus einfachsten Verhältnissen stammte und als Edelprostituierte zu Wohlstand gekommen war, bestimmt eine große Genugtuung. Zugleich bedeutete es allerdings, daß sie auf eine

enge Bindung zu diesem Kind verzichten mußte, da vom Moment seiner Legitimation an nur noch der Vater über sein Schicksal zu bestimmen hatte. Nur wenn die Mutter das Opfer brachte, sich ganz von ihrem
Kind zu lösen, war dessen vollständige Integration in die vornehme
Welt des Vaters garantiert. De iure und de facto war ein Kind, das von
seinem Vater legitimiert worden war, nicht länger Mitglied der Familie
einer Kurtisane, weshalb es in ihrem Leben dann kaum noch eine Rolle
spielen konnte[71].

Die Hure als Dame

Der soziale Status der römischen Kurtisanen

Imperia, die «Kaiserin der Kurtisanen»

Als Inbegriff der großen Kurtisane des «goldenen Zeitalters» galt und gilt in der Fachliteratur die «göttliche Imperia». Sie scheint das Ideal der geistig hochstehenden, reichen und hochgeachteten Gefährtin bedeutender Männer am vollkommensten verkörpert zu haben. Von zeitgenössischen Autoren überschwenglich besungen, wurde die frühverstorbene «Kaiserin der Kurtisanen» schon bald zu einem Mythos. Ihre Berühmtheit, ihre Freundschaft mit den meisten hervorragenden Persönlichkeiten ihrer Zeit und nicht zuletzt ihr tragisches und mysteriöses Ende sollten Jahrhunderte später romantische Gemüter sogar dazu bewegen, sie zur Romanheldin zu machen[1]. Die meisten Informationen über Imperia entnehmen wir zwar der zeitgenössischen Literatur (die gelegentlich zu Übertreibungen neigte), doch hat die berühmte Kurtisane auch in den römischen Archiven Spuren hinterlassen. Umberto Gnoli gebührt das Verdienst, in seiner 1940 erstmals erschienenen Studie über die römischen Kurtisanen eine umfangreiche Quellen- und Literatursammlung zur Person Imperias vorgestellt zu haben, auf der auch alle späteren Darstellungen ihres Lebens beruhen[2].

Imperia war 1481 in Rom als Tochter der Diana di Pietro Cognati geboren und auf den Namen Lucrezia getauft worden. Vom Vater des Kindes ist lediglich der Vorname, Paride, überliefert. Die Mutter Diana, die wohl ebenfalls Kurtisane gewesen war, dürfte ihre Tochter schon früh als Nachfolgerin lanciert haben, denn bereits im Alter von 17 Jahren brachte auch diese eine uneheliche Tochter namens Lucrezia zur Welt. Vor 1499 heiratete die alternde Kurtisane Diana einen gewissen Paolo Trotti, einen Sänger der Sixtinischen Kapelle, der die niederen Weihen hatte und den Titel eines «continuo commensale», eines ständigen Tischgenossen des Papstes, führen durfte. In den folgenden Jahren kauften und mieteten er und Diana de Cognatis verschiedene Liegenschaften im Stadtteil Borgo und vergrößerten ihr Haus auf der Piazza Scossacavalli. Es wäre durchaus denkbar, daß diese kostspieligen Transaktionen zumindest zum Teil mit den Einkünften von Dianas hochbezahlter Tochter finanziert wurden. Der wohlklingende Name «Imperia», den diese als erfolgreiche Kurtisane annahm, taucht erstmals 1506 in den Quellen auf. Im Juni dieses Jahres nämlich berichtete der mantuanische Gesandte Girolamo Arsago, daß in Rom ein gewisser Jacomo Stella im Auftrag des päpstlichen Hofbeamten Alberto Becuto ermordet worden war. Als Motiv galt dessen Eifersucht wegen einer Kurtisane namens Imperia. Die Dame hätte jedoch nichts zu befürchten, erklärte der Chronist, da sie «durch die Gunst gewisser Kardinäle in höchstem Ansehen» stehe[3]. Es ist anzunehmen, daß die Kurtisane, von der Arsago berichtet, niemand anderer als Dianas Tochter Lucrezia war, die sich als erwachsene Frau in allen offiziellen Dokumenten «Imperia de Cognatis» nannte. Zwar gab es in Rom vereinzelt auch andere Frauen, die diesen Vornamen trugen, doch war keine von ihnen als Kurtisane so begehrt und gefeiert, daß sie in dieser Weise von mehreren Kardinälen protegiert worden wäre. Der Bericht des mantuanischen Gesandten kann also als Hinweis dafür gelten, daß spätestens um 1506 aus der Kurtisane Lucrezia die große Imperia geworden war, die alle bedeutenden Männer Roms um sich scharte[4]. Eine genaue Auflistung von Imperias Bewunderern verdanken wir Filippo Beroaldo, einem Humanisten aus Bologna, der für seine Tacitus-Kommentare bekannt war und später Leiter der Biblioteca Vaticana wurde. In einem fingierten Dialog mit ihr läßt er die Kurtisane selbst die wichtigsten ihrer Verehrer aufzählen und sich mit den kostbaren Geschenken brüsten, die diese ihr zu Weihnachten gemacht hatten[5]. Die Namen, die hier erwähnt werden, umfassen fast die gesamte geistige Elite der Stadt: Giacomo Sadoleto galt als einer der besten Latinisten seiner Zeit und wurde einige Jahre später zum Bischof von Carpentras und 1536 zum Kardinal ernannt. Thommaso Inghirami, genannt «Fedra», war der Vorgänger Beroaldos als Präfekt der Vatikanischen Bibliothek, und Kanoniker von San Pietro und von San Giovanni in Laterano. Sein korpulentes Äußeres ist durch ein Portrait Raffaels überliefert. Camillo Porzio war Professor der Rhetorik an der römischen Universität und wurde später Erzbischof und «cameriere segreto» von Papst Leo X. Angelo Colocci hatte die verschlafene Accademia Romana neu belebt, indem er die wichtigsten Köpfe der Stadt zu ebenso geselligen wie gelehrten Treffen in seine berühmten Gärten einlud. Er wurde später ebenfalls Bischof und päpstlicher Schatzmeister. Der Dichter Bernardino Capella war Domkanoniker von Sankt Peter und ein enger Freund Sadoletos, während Antonio Lelio Massimo und Fausto Evangelista Maddaleno-Capodiferro Angehörige der ältesten römischen Familien waren. Ob all diese bedeutenden Herren Imperia tatsächlich zu Füßen lagen, oder ob ihre Verehrung für die große Kurtisane und die kostbaren Geschenke, mit der sie diese angeblich zum Ausdruck brachten, der Phantasie des Dichters Beroaldo entsprangen, entzieht sich allerdings unserer Kenntnis. Von Colocci und Capodiferro jedenfalls sind aus späterer Zeit höchst unfreundliche Kommentare zu Imperia überliefert[6]. Doch auch wenn man nur davon ausgeht, daß die

Kurtisane all diese Herren aus der unmittelbaren Umgebung des Papstes persönlich kannte, so ist dies Beweis genug für die hervorragende Stellung, die sie in der römischen Gesellschaft innehatte.

Seltsamerweise fehlen in Beroaldos Liste gerade jene Männer, von denen mit größerer Sicherheit angenommen werden kann, daß sie für Imperia mehr als «gute Freunde» gewesen sind: Angelo del Bufalo und Agostino Chigi. Der Dichter, Dominikanermönch und spätere Bischof Matteo Bandello, der 1506 für einige Monate in Rom geweilt und bei dieser Gelegenheit vielleicht Imperias Bekanntschaft gemacht hatte, erzählte Jahre später in einer seiner Novellen, daß die Kurtisane mehrere Jahre von dem verheirateten römischen Adeligen Angelo del Bufalo ausgehalten worden war, und daß sie diesen leidenschaftlich geliebt hatte[7]. Angelo del Bufalo hätte seiner Geliebten, so erzählt Bandello, ein unermeßlich reich ausgestattetes Haus zur Verfügung gestellt, das die Bewunderung und das Erstaunen selbst der verwöhntesten Besucher hervorgerufen habe. Eines Tages habe der spanische Botschafter, der die berühmte Kurtisane persönlich kennenlernen wollte, Imperia in diesem Haus besucht. Überrascht und begeistert von der Schönheit der Dame des Hauses und vom delikaten Geschmack und Reichtum der Ausstattung, habe er sich lange bei Imperia aufgehalten, «und als er Lust hatte zu spucken, wandte er sich einem seiner Diener zu, spuckte ihm ins Gesicht und sagte: Mach' dir nichts draus, aber hier ist nichts was häßlicher wäre, als dein Gesicht.»[8] Soweit die vielzitierte Novelle, deren Wahrheitsgehalt angeblich durch einen Bericht des Botschafters von Ferrara aus dem Jahr 1508 bestätigt wird[9]. Wenn auch für Imperia, dem Zeugnis Bandellos zufolge, Angelo del Bufalo der Mann ihres Herzens war, so spielte doch ein anderer, viel bedeutenderer Zeitgenosse eine wesentlich wichtigere Rolle in ihrem Leben: der aus Siena stammende Agostino Chigi, der unumstritten der reichste Mann des Kirchenstaates war[10]. Er hatte sein Glück unter Papst Alexander VI. gemacht, der ihm das Recht zur Verpachtung der päpstlichen Alaunminen überschrieben hatte. 1502 gründete er sein eigenes Bankhaus, dem eine Reihe anderer Unternehmungen folgten. Am Höhepunkt seiner Macht hatte Chigi ein Kapital von 800000 Dukaten. 20000 Leute arbeiteten für sein Bankhaus, das neben 100 Büros in Italien auch über Niederlassungen in Alexandria, Konstantinopel, Kairo, Lyon, London und Antwerpen verfügte. 100 Schiffe fuhren im Auftrag seines Handelshauses über die Weltmeere. Der unvergleichliche Reichtum Chigis, der alle Päpste und fast alle Kardinäle der Zeit zu seinen Schuldnern zählte, wurde aufs Schönste von seinem Lebensstil widergespiegelt: Als echtes Kind seiner Zeit war er nicht nur überaus geschäftstüchtig, sondern hochgebildet

und ein Förderer von Wissenschaft und Kunst. Aus Freude am Schönen
und um sich und seinem Haus ein Denkmal zu setzen, ließ er die größten Künstler der Zeit für sich arbeiten: Raffael lieferte die Entwürfe für
die Familienkapelle in Santa Maria del Popolo und malte in seinem
Auftrag das Fresko der Sibyllen in Santa Maria della Pace. Baldassare
Peruzzi errichtete ihm 1508–1511 die prachtvolle Villa Farnesina in
Trastevere, die von Zeitgenossen als Musterbild der «villa suburbana»
besungen wurde. An der Decke der Loggia des Hauses malte Raffael
die Geschichte von Amor und Psyche, Peruzzi schmückte den Plafond
eines anderen Raumes mit einer Darstellung der Sternenkonstellation
am Tag von Chigis Geburt, und Sodoma dekorierte Agostinos Schlafzimmer im ersten Stock mit eindeutigen Szenen der Hochzeit von
Alexander dem Großen mit Roxane. Ohne zu übertreiben nannten
seine Zeitgenossen Agostino Chigi «il magnifico» – den Prächtigen.

Daß der frühverwitwete «König der Bankiers» geradezu prädestiniert
war, zum Liebhaber der «Kaiserin der Kurtisanen» zu werden, läßt sich
denken; und tatsächlich wurden die beiden nach 1506 zum berühmtesten Liebespaar von Rom. Welche Vorzüge Imperia als Geliebte des
reichsten Mannes der Stadt genoß, illustriert eine Anekdote, die Paolo
Giovio in seinem 1527 erschienenen Werk «De piscibus marinis»
erzählt[11]: Ein gewisser Tamisio erfuhr eines Tages, daß ein besonders
schöner und großer Fisch, entsprechend einem alten römischen Gesetz,
vom Händler den Konservatoren der Stadt übergeben worden war. In
der Absicht, sich von diesen zu einem guten Essen einladen zu lassen,
eilte er gleich darauf zum Kapitol, wo er jedoch erfahren mußte, daß der
Fisch bereits als Geschenk an den Kardinal Riario weitergeschickt worden war. Er begab sich daher zum Palast des Kardinals, wo er zu seinem Ärger feststellen mußte, daß auch dieser den prächtigen Fisch an
einen noch höheren Würdenträger, den Kardinal Sanseverino, schicken
ließ. Sanseverino wiederum sah in dem seltenen Stück eine Gelegenheit,
sich dem Bankier Agostino Chigi, bei dem er große Schulden hatte,
erkenntlich zu zeigen, und sandte den Fisch in dessen Villa nach Trastevere. Doch auch hier war die Reise des hungrigen Tamisio noch nicht
beendet, denn Chigi schickte den Fisch mit Blumen umkränzt zu seiner
Geliebten Imperia. Bei ihr endlich konnte Tamisio sich um die Mittags-
zeit präsentieren und den seltenen Fisch gemeinsam mit der Kurtisane,
die ihn erwartungsgemäß zum Essen einlud, verspeisen. Wenn man der
Aussage dieser Geschichte Glauben schenken möchte, so war in Rom
um 1510 die Kurtisane Imperia der einzige Mensch, der es sich leisten
konnte, Freundlichkeiten dieser Art ganz einfach anzunehmen, ohne sie
an Höhergestellte weitergeben zu müssen. Leider hat die Beziehung

Imperias zu Chigi, ebenso wie diejenige zu del Bufalo, in den Notariats-
und Gerichtsurkunden der Zeit keine Spuren hinterlassen[12]. Quellen
dieser Art informieren uns jedoch, daß es spätestens ab 1511 einen weiteren hochgestellten Verehrer gab, der in der zeitgenössischen Literatur
nicht erwähnt wird. Es war der Sieneser Enea Piccolomini, ein naher
Verwandter der Päpste Pius'II. und Pius'III. Dieser hatte sich in einem
rechtsgültigen Vertrag bereiterklärt, ein Haus zu errichten, das Imperia
Zeit ihres Lebens als Wohnsitz dienen sollte. Der Vertrag war so konzi-
piert, daß er für Piccolomini zum Verlustgeschäft werden mußte, es sei
denn, er konnte damit rechnen, von der Kurtisane durch besondere
Gunstbeweise belohnt zu werden. Man wird ihn daher als ein Beispiel
dafür ansehen können, wie ein Herr von Welt damals eine berühmte
Kurtisane auf elegante und großzügige Weise für ihre Liebesdienste
entlohnte[13].

Geliebt und begehrt von den mächtigsten Männern der Stadt, bekannt
und befreundet mit fast allen Mitgliedern der Kurie und besungen von
den meisten Schriftstellern ihrer Zeit, hatte Imperia scheinbar alles
erreicht, wovon eine Kurtisane träumen konnte. Dennoch muß es in
ihrem Leben Schattenseiten gegeben haben, die uns die Quellen verschweigen, denn anders wäre nicht erklärbar, weshalb Imperia, als einzige der berühmten Kurtisanen, im August 1512 Selbstmord beging.
Bandello meinte später, der Anlaß für die Verzweiflungstat sei ihre
unglückliche Liebe für Angelo del Bufalo gewesen. Dem widerspricht
jedoch, daß sich diese Liebe seit jeher in einer aussichtslosen Lage befunden hatte, da Angelo verheiratet war. Wahrscheinlicher ist daher, daß
Imperia plötzlich fürchten mußte, jenen Mann zu verlieren, der ihr bisher echte Zuneigung geschenkt und größtmögliche finanzielle Sicherheit garantiert hatte: Agostino Chigi. Tatsächlich ist überliefert, daß der
inzwischen bereits über vierzigjährige Witwer seit September 1511 ehrgeizige Heiratspläne hegte. Er verhandelte mit dem Markgrafen von
Mantua über eine Hochzeit mit dessen unehelicher Tochter Margarita.
Offensichtlich erwartete sich der Bankier von einer Verbindung mit dem
fürstlichen Haus der Gonzaga einen erheblichen Prestigegewinn, denn
er war bereit, auf alle damals üblichen finanziellen Forderungen an die
Familie der Braut zu verzichten und selbst seiner zukünftigen Frau eine
Mitgift von 10000 Dukaten zu bezahlen. Erst einige Monate nach Imperias Tod sollte dieses Projekt am Widerstand Margaritas scheitern[14]. Ver-
mutlich war es für Imperia ein harter Schlag, zu erkennen, daß sie von
Chigi nicht so geliebt wurde, daß er bereit gewesen wäre, ihretwegen
auf eine vorteilhafte Eheschließung zu verzichten. Auch eine gewisse
Existenzangst könnte sie anläßlich dieser Entwicklung überkommen

haben, denn immerhin war sie nun eine Frau von über dreißig Jahren (und somit für damalige Verhältnisse nicht mehr jung) und mußte damit rechnen, von Chigi nach seiner Heirat mit einer Tochter des Herrschers von Mantua «entlassen» zu werden. Zu allem Überfluß hatte der lebenslustige Witwer im gleichen Jahr 1511 auch ein blutjunges Mädchen, Francesca Andreazza, aus seinem venezianischen Elternhaus entführen und zur Erziehung in ein Kloster bringen lassen. Auch Imperia mußte wissen, daß diese seltsame Aktion nur den einen Zweck haben konnte, eine treu ergebene und kultivierte Lebensgefährtin für Agostino heranzuziehen. Tatsächlich wurde Francesca Andreazza später Chigis Geliebte, die er 1519, nachdem sie ihm bereits vier Kinder geboren hatte, auf ausdrücklichen Wunsch des Papstes auch heiratete[15]. Auf alle Fälle glaubte sich Imperia in einer derart ausweglosen Lage, daß sie am 13. August 1512 Gift nahm. Es half nichts, daß Agostino Chigi die berühmtesten Ärzte der Stadt an ihr Krankenbett schickte; die Wirkung des Giftes konnte nicht mehr aufgehalten werden. Immerhin konnte Imperia noch ihr Testament aufsetzen und erlebte die Genugtuung, daß ihr Papst Julius II. die Absolution und seinen Segen «in articulo mortis» ans Totenbett schickte. Am 15. August 1512 starb die «Kaiserin der Kurtisanen». Im Moment ihres Todes, so hieß es später, wurde Rom von einem starken Gewitter und Hagel heimgesucht. Agostino Chigi ließ seine Geliebte in einem prachtvollen Marmorgrab in der Kirche San Gregorio auf dem Monte Celio beisetzen, während die römischen Künstler ihre Trauer um die bewunderte Frau durch eine Flut von Gedichten zum Ausdruck brachten. Am berühmtesten wurden die Verse von Gian Francesco Vitale, in denen er den Tod der Imperia mit dem Verlust des Imperium Romanum gleichsetzte:

«Zwei Götter hatten Rom zwei große Geschenke gemacht:/ Mars das Imperium und Venus die Imperia./ Und damit Mars das Imperium, Venus aber die Imperia schaffen konnte,/ mußten beide, in gleicher Weise, all ihre Kräfte aufbieten./ Ihnen entgegen standen Fortuna und Tod,/ und es raubte Fortuna das Imperium, der Tod raubte Imperia./ Unsere Väter beweinten den Verlust des Imperiums, wir beweinen den ihrigen:/ Die Alten verloren ein Weltreich, wir aber, wir haben unsere Herzen verloren»[16].

Das Schicksal Imperias hat, bedingt durch das reiche Echo, das ihr Leben in der Literatur des 16. Jahrhunderts gefunden hat, das Kurtisanenbild der einschlägigen Publikationen nachhaltig beeinflußt. Die meisten Autoren sind der Verlockung erlegen, die Aussagen der Gedichte und Novellen über Imperia wörtlich zu nehmen, ohne der dichterischen Freiheit und der Lust an literarischen Höhenflügen Rechnung zu tragen[17]. Darüber hinaus nahmen die Autoren des zwanzigsten Jahrhunderts, ebenso wie diejenigen des sechzehnten, die Geschichte der Imperia zum Anlaß, ihre Phantasien spielen zu lassen: Wenn Lynne Lawner beispielsweise schreibt, daß Agostino Chigi seine Villa Farnesina «partly in honour of Imperia» bauen ließ[18], und daß Raffael und seine Schüler sie dort als Galathea und als Psyche verewigten[19], so ist dies nicht mehr als eine Wunschvorstellung der Autorin. Historisch belegbar sind derartige Aussagen jedenfalls nicht[20].

Zweifelsohne war Imperia eine große und bedeutende Kurtisane. Da wir aber kaum andere als von vornherein für die Öffentlichkeit bestimmte Aussagen über sie und mit Ausnahme ihres Testamentes überhaupt keine Zeugnisse von ihr selbst besitzen, bleibt ihr Bild trotz aller Berühmtheit schemenhaft: Das gesichtslose Idealbild einer Kurtisane des «goldenen Zeitalters». Uns soll es daher lediglich als Maßstab dienen, an dem wir spontanere, lebendigere und authentischere Aussagen von und über weniger bekannte Kurtisanen messen können.

«Cortigiana onesta» und «Puttana»

Um den gesellschaftlichen Status der römischen Kurtisanen abseits der schönen, althergebrachten Klischees beleuchten zu können, muß man zunächst berücksichtigen, daß es innerhalb der großen Gruppe von Frauen, die auf die eine oder andere Art von Prostitution lebten, enorme soziale Unterschiede gab. Zudem war das Ansehen des Berufsstandes der Kurtisanen im Laufe des 16. Jahrhunderts einer starken Wandlung unterworfen. Der glänzende Status einer Imperia blieb den Kurtisanen der beiden ersten Jahrzehnte des 16. Jahrhunderts vorbehalten. Schon im 1532 veröffentlichten «Ragionamento del Zoppino» wurde diese Epoche als längst vergangenes «goldenes Zeitalter» der Kurtisanenzunft bezeichnet, obwohl von den Verfolgungen späterer Jahrzehnte noch nicht einmal eine Ahnung bestehen konnte. Das spärliche Material, welches sich in römischen Archiven über die Kurtisanen dieser Zeit erhalten hat, besteht großteils aus Verträgen über Geldgeschäfte aller Art. Im Jahre 1501, zur Zeit des Pontifikats von Alexander VI., verpachtete beispielsweise der im Vatikan residierende Bischof von Volterra, Franceso Soderini, einen im Stadtteil Borgo gelegenen Grund mit Landhaus an die Kurtisane Adriana de Corneto und ihre Erben[21]. Der aus einer der ältesten florentinischen Familien stammende Bischof und die Kurtisane erscheinen in diesem Vertrag als absolut gleichwertige Partner. Adriana, die sichtlich nicht das geringste Interesse hatte, ihren Status als Kurtisane zu verbergen, wird als «curialis romanam curiam sequens» («Kurtisane, die der römischen Kurie verbunden ist») bezeichnet. Dies ist um so erstaunlicher, als in der Forschung bisher der Standpunkt vertreten wurde, daß der Titel «romanam curiam sequens» nur von Männern, und zwar von hohen Geistlichen der Kurie, beziehungsweise von großen Geschäftsleuten, die für die Kurie arbeiteten, geführt werden durfte. 1485 wurden «sowohl alle diejenigen, die Beamte des Heiligen Stuhls sind, als auch alle anderen Kurialen, die der römischen Kurie verbunden sind, welchen weltlichen oder geistlichen Ranges sie auch sein mögen», der zivilen Gerichtsbarkeit des Auditor Camerae unterstellt, während für die übrige Bevölkerung der Stadt das Tribunale del Senatore zuständig war[22]. Es wäre wohl zu gewagt, daraus schließen zu wollen, daß unter den hier genannten «alios curiales romanam curiam sequentes cuiuscumque dignitatis» auch Kurtisanen begriffen waren, und daß sie daher ebenfalls das Privileg genossen, ihre Rechtsstreitigkeiten vor dem Gericht des päpstlichen Hofes austragen zu dürfen. Die merkwürdige Doppelbedeutung des lateinischen Wortes «curialis», das sowohl die Würdenträger der Kurie, als auch die Kurtisanen bezeichnet, rückt eine solche Interpretation allerdings in den Bereich des Möglichen. Auf alle Fälle ist es aufschlußreich genug zu sehen, daß eine Vertreterin dieser Zunft in einem offiziellen, notariell beglaubigten und im Vatikan verfaßten Dokument einen Titel führt, der sonst den Angehörigen der Kurie und den Vertretern der weltlichen Oberschicht vorbehalten war. Und Adriana de Corneto war kein Einzelfall. Immer wieder findet man, neben denjenigen, die sich mit der einfacheren Bezeichnung «curialis» begnügten, in Notariatsinstrumenten der ersten beiden Jahrzehnte des 16. Jahrhunderts Kurtisanen, die den Titel «romanam curiam sequens» führten[23]. Eine von ihnen, Lucrezia Sgarrettona, hat sogar Eingang in die Literatur gefunden: Im «Ragionamento del Zoppino» wird sie gemeinsam mit Imperia als eine jener Kurtisanen angeführt, die im goldenen Zeitalter gelebt und ein gutes Ende, also ein Ende in Wohlstand, genommen haben[24]. Diese Frauen also waren es, die die Elite ihres Standes verkörperten, die «cortigiane» im ursprünglichen, eigentlichen Sinne des Wortes. Der Titel, den sie in aller Öffentlichkeit führten, weist sie als Personen aus, die zu den höchsten Kreisen des Kirchenstaates Zutritt hatten, und die somit gemeinsam mit den anderen «romanam curiam sequentes» zur eigentlichen Oberschicht der Stadt gehörten[25]. Der Grad der gesellschaftlichen Integration erfolgreicher Kurtisanen war derart hoch, daß es sogar möglich war, daß eine von ihnen in einem offiziellen Dokument die «curia romana», also den Vatikan, als ihren Wohnsitz angab[26]. Der päpstliche Zeremonienmeister

Johannes Burckard schrieb im Februar 1503 eine Episode in sein Tagebuch, die den besonderen Status mancher Kurtisanen aufs Schönste illustriert. Papst Alexander VI. hatte den in Ungnade gefallenen Kardinal
Orsini in der Engelsburg inhaftieren lassen. Er verweigerte dem Gefangenen jede Nahrung, um von dessen Familie 2000 Dukaten und eine
besondere Perle, die ebenfalls 2000 Dukaten wert war, zu erpressen.
Orsinis Mutter bezahlte die geforderte Summe, «während die Konkubine des Kardinals, die die besagte Perle hatte, persönlich in Männerkleidern zum Papst ging und sie ihm übergab»[27]. Orsini durfte daraufhin wieder mit Lebensmitteln versorgt werden, starb aber trotzdem
wenig später in der Haft. Daß eine Kurtisane persönlich vom Papst empfangen wurde und bei dieser Gelegenheit sogar dem weiblichen
Geschlecht verbotene Männerkleider trug, war für die römische Gesellschaft zu Beginn des 16. Jahrhunderts kein Anlaß zur Empörung. Viel
eher ereiferte man sich -begreiflicherweise- über die erpresserische Habgier des höchsten Kirchenfürsten.

Der Kreis jener Kurtisanen, die sich den «romanam curiam sequentes» zurechnen durften, war allerdings eine kleine Elite. Die anderen oft
ebenfalls sehr wohlhabenden und gesellschaftlich anerkannten Vertreterinnen dieses Standes bezeichneten sich in offiziellen Dokumenten
meist als «ehrbare Frau» («honesta mulier»)[28]. Auch diese Bezeichnung
hilft uns, den gesellschaftlichen Status der Kurtisanen dieser Epoche
besser zu verstehen. Während es in späteren Zeiten undenkbar gewesen wäre, das Attribut «ehrbar» einer Frau zuzugestehen, die sich von
Männern aushalten ließ, sah man zu diesem Zeitpunkt in der Verbindung der Worte «onesta» und «cortigiana» oder gar «meretrice» kein
Problem. Als «ehrbar» galt jeder, der aufgrund seiner finanziellen
Mittel, seiner Bildung und seines Auftretens Respekt verdiente, und
zwar unabhängig von seinem Geschlecht und seinen moralischen Qua-
litäten. Dieser Ehrbarkeitsbegriff, der für Männer noch jahrhunderte-
lang bestehen blieb, war jedoch in bezug auf Frauen schon bald einer
entscheidenden Wandlung unterworfen: Seit den dreißiger Jahren
des 16. Jahrhunderts verschwindet das Attribut «honesta» selbst für
berühmte Kurtisanen[29] und konnte nur noch von solchen geführt werden, denen es gelang, ihre Zugehörigkeit zu diesem Stand zu bestreiten
oder zu verschweigen[30]. Der Geist einer neuen Epoche manifestierte
sich nicht zuletzt darin, daß eine Frau nur dann als «ehrbar» gelten
konnte, wenn ihr Lebenswandel moralisch einwandfrei war. Diese neue
Ehrbarkeit war, im Gegensatz zu der der Männer, unabhängig von Geld,
Bildung und Kultur. Es ist jener Ehrbarkeitsbegriff, der für Frauen bis
in unser Jahrhundert hinein Gültigkeit behalten sollte. Daß Kurtisanen

sich nun nicht mehr als «ehrbare» Frauen bezeichnen durften, und daß in den kommenden Jahrzehnten immer häufiger Maßnahmen gegen sie ergriffen wurden, brachte eine Einschränkung ihres Sozialprestiges, die in deutlichem Widerspruch zu ihrem Lebensstil und ihrer materiellen Unabhängigkeit stand. Diese Ambivalenz ihrer gesellschaftlichen Stellung hatte zur Folge, daß sie in offiziellen Dokumenten nun gerne auf die Angabe ihres Berufes verzichteten, während sie im täglichen Leben keine Skrupel hatten, sich zu ihrem Stand zu bekennen: «Mein Beruf ist es, Kurtisane zu sein», sagte nicht ohne Stolz eine Giulia Fiorentina 1588 vor Gericht und fügte hinzu, daß sie sich vor sechs Monaten entschlossen habe, «dieses Handwerk auszuüben»[31].

Lediglich bei der Abfassung von offiziellen und notariell beglaubigten Dokumenten dürfte man auf eine gewisse Genauigkeit bei der Angabe des sozialen Status der beteiligten Vertragspartner Wert gelegt haben. Bei allen anderen Gelegenheiten war die Bezeichnung, die man den Kurtisanen gab, vom Gutdünken und Wohlwollen jedes Einzelnen abhängig: Selbst große Kurtisanen konnten von ihren Feinden «Hure» («puttana») genannt werden, während in den Gerichtsakten der Einfachheit halber auch jede Prostituierte als Kurtisane («cortigiana») bezeichnet wurde. Über Imperias Tochter Lucrezia schrieb ein gewisser Girolamo Negro in einem Brief aus dem Jahr 1522, sie sei «Tochter einer öffentlichen und berühmten Hure, der verstorbenen Imperia, einer edlen Kurtisane aus Rom» – die gleiche Frau wurde also in einem Atemzug als öffentliche Hure und als «edle» Kurtisane bezeichnet![32] Wie willkürlich die verschiedenen Ausdrücke für Kurtisanen und Huren gebraucht wurden, zeigt auch die 1517/18 entstandene Bestandsaufnahme der römischen Haushalte. Manche der Beamten, die die Häuser und ihre Bewohner zu registrieren hatten, interessierten sich überhaupt nicht für den Broterwerb der betreffenden Personen, während andere genaue Berufsangaben machten, die sie gelegentlich auch durch persönliche Kommentare ergänzten. Bei der Beschreibung des Pfarrsprengels von San Biasio ist beispielsweise von einer «Margarita cortesana putana»[33] die Rede, während die Töchter einer gewissen Smeralda als «liebenswürdige Kurtisanen» («piacevoli cortegiane»)[34] bezeichnet werden. Ein anderer Beamter unterschied in der Pfarre Santo Stefano in Piscinola zwischen ehemaligen Kurtisanen, solchen, die er als «curiale» bezeichnete, und Kurtisanen «mit der Kerze» («da candella»), «mit dem Licht» («da lume») und «der untersten Kategorie» («de la minor sorte»)[35]. In der Pfarre San Eustachio wiederum begnügte man sich damit, den Namen aller dieser Frauen unterschiedslos ein «p.» für «puttana» beizufügen[36], während man in San Lorenzo in Damaso jeder von

ihnen ein «c.» für «cortigiana» zugestand[37]. Diese Beispiele zeigen
deutlich, wie wahllos man mit derartigen Bezeichnungen umzugehen
pflegte, weshalb es unvorsichtig wäre, anzunehmen, daß sie eine klar
umgrenzte Hierarchie widerspiegeln. Man kann daraus lediglich
schließen, daß es innerhalb der Gruppe jener Frauen, die mit dem Sam-
melbegriff «cortigiane» bezeichnet wurden, seit jeher enorme soziale
Unterschiede gab.

Wie sehr man sich dieser Unterschiede bewußt war, zeigt die Selbstverständlichkeit, mit der auch auf der gesetzlichen Ebene zwischen Kurtisanen und Huren differenziert wurde: Als sich Papst Paul III. 1549 entschloß, den zerstörten Ponte di Santa Maria (den heutigen Ponte rotto)
durch keinen Geringeren als Michelangelo Buonarroti restaurieren zu
lassen, sollten die dafür notwendigen finanziellen Mittel durch eine
Sondersteuer aufgebracht werden. Zu den Berufsgruppen, die aus diesem Grunde zur Kasse gebeten wurden, gehörten auch die Kurtisanen.
«Diejenigen Huren von Rom, die Kurtisanen («curialis») genannt werden»[38], sollten laut Erlaß der Camera Apostolica ein Zehntel ihrer Jahresmiete für die Wiederherstellung der Brücke bezahlen. Betroffen
waren also nur jene Kurtisanen, die zu Recht den Titel «curialis» führten und die genug verdienten, um für eine derartige Besteuerung interessant zu sein. In der Folge zogen nun wieder Beamte durch die Straßen
der Stadt, diesmal, um die Häuser der wohlhabenden Kurtisanen zu
registrieren. Sie verzeichneten bei jeder einzelnen, wieviel Miete sie für
ihre Wohnung zu bezahlen hatte, oder wenn sie ihr eigenes Haus
bewohnte, wieviel es im Fall einer Vermietung eingebracht hätte. Die
421 Frauen, deren Namen auf dieser Liste stehen, gehörten zur wohlhabenden Oberschicht des Kurtisanenstandes im Jahr 1549[39]. Drei von
ihnen, darunter Isabella de Luna, zahlten für das Haus, das sie bewohnten, jährlich die enorme Summe von 100 Scudi. Die bescheidensten
unter ihnen mußten sich mit einer Wohnung, die nur drei Scudi im Jahr
kostete, zufriedengeben. Im Durchschnitt zahlten die römischen Kurtisanen damals etwa 30 bis 40 Scudi Jahresmiete und gehörten damit zwar
nicht zu den reichen, wohl aber zu den gutsituierten Bewohnern der
Stadt. Es wäre allerdings ein Fehler, zu glauben, daß die erwähnte
Steuerliste ein annähernd vollständiges Register jener Frauen darstellt,
die in Rom zu dieser Zeit von Prostitution lebten. Die Zahl der Prostituierten insgesamt muß um ein Vielfaches höher gewesen sein. Der
Erlaß der Camera Apostolica bezog sich ja ausdrücklich nur auf die
«curiales» genannten Prostituierten, während die anderen von dieser
Steuer verschont blieben. Dementsprechend wurden besonders verrufene Stadtteile, wie die Piazza del Pozzo bianco, wo die billigen Huren

Liste der steuerpflichtigen Kurtisanen (1549). Hier das Blatt, auf dem die berühmte Tullia d'Aragona genannt wird (ASR, Cam. I, Fabbriche 1514).

lebten, von den Finanzbeamten gar nicht erst besucht, obwohl die
unmittelbar benachbarten Plätze sehr wohl berücksichtigt wurden. In
den verschiedenen Fondi des Tribunale criminale del Governatore
begegnen wir in der Zeit vom 13. 07. 1548 bis zum 29. 12. 1550 insgesamt
100 Kurtisanen, von denen jedoch nur 13 sicher mit solchen, deren
Name auch auf der Steuerliste steht, identifizierbar sind[40]. 62 der in den
Gerichtsakten aufscheinenden Kurtisanen sind mit Sicherheit nicht in
der Steuerliste erwähnt. Dies mag in einigen Fällen darauf zurückzuführen sein, daß die betreffenden Damen in Stadtvierteln wohnten, die
in der sehr unvollständigen Liste nicht aufscheinen. In anderen Fällen
wohnten sie jedoch in Gegenden, die mit größter Genauigkeit registriert
worden waren: Eine Julia Veneta, die im November 1548 eine Strafe zahlen mußte, weil sie eine gewisse Ursulina in einem Wirtshaus geschlagen hatte, war in der Via Giulia ansässig[41]. Obwohl diese Straße samt
ihrer Umgebung von den Finanzbeamten genauestens erkundet worden
war, scheint sie in der Steuerliste nicht auf. Sie war offensichtlich nicht
wohlhabend genug, um für die Besteuerung in Frage zu kommen. Eine
Caterina Teutonica wiederum wohnte im ebenfalls genau registrierten
Viertel «Hortaccio». Sie ging im Oktober 1549 zu Gericht, weil sie von
einem Spanier mißhandelt worden war[42]. In der Steuerliste findet sich
kein Hinweis auf sie. Diese Beispiele mögen stellvertretend für unzählige andere illustrieren, daß es sich bei der Erhebung der steuerpflichtigen Kurtisanen von 1549 um eine bewußte Auswahl der gut situierten
Oberschicht dieser Berufsgruppe handelte. Die Prostituierten der niedrigen Kategorie wurden zwar nicht zur Kasse gebeten, waren aber als
eine der Unterschicht zuzuzählende Bevölkerungsgruppe, die noch
dazu einen permanenten Unruheherd darstellte, ganz anderen Repressalien ausgesetzt. Keine zwei Monate nach Bekanntmachung der Steu-
erverordnung erließ die Camera Apostolica ein weiteres Dekret, das sich
nun auf die eigentlichen Huren bezog: Den «Huren, die als Straßendir-
nen leben», welche ihrem niedrigen Gewerbe auf den Straßen und in
den Geschäftslokalen rund um die Piazza del Pozzo bianco nachgingen,
wurde befohlen, ihre Behausungen («habitatiunculas») innerhalb von
drei Tagen zu räumen[43]. Als Begründung wurde angegeben, daß sie mit
ihrer Hurerei die ganze Gegend in Unruhe versetzten, und in den vor-
angegangenen Monaten wiederholt Ursache von Morden, Verletzungen
und anderen skandalösen Ereignissen gewesen seien. Ganz bewußt
unterschied die römische Obrigkeit also zwischen den eigentlichen Prostituierten und Straßenhuren, die als öffentliches Ärgernis betrachtet
wurden, und denjenigen, die sich «curiales» nannten. Erstere suchte
man (allerdings ohne Erfolg) aus der Stadt zu vertreiben, während letz-

tere als gutverdienende Berufsgruppe ihren festen Platz in der römischen Gesellschaft hatten. Der himmelhohe Unterschied, der zwischen einer Kurtisane und einer gewöhnlichen Hure bestand, war auch im Bewußtsein der betreffenden Frauen stark verankert. Eine gewisse Laura Ferrarese, sichtlich eine arrivierte Kurtisane, ging 1532 in Begleitung ihrer Schwestern über die verrufene Piazza del Pozzo bianco. Als eine dort auf der Straße sitzende Prostituierte namens Bernardina Spagnola nicht, wie von ihr gefordert, aufstand, um der hochgestellten Kollegin Platz zu machen und ihr Reverenz zu erweisen, versetzte ihr diese kurzerhand eine Ohrfeige. Eine von Lauras Schwestern rief Bernardina voll Empörung zu: «Oh du Hure, hast du so wenig Respekt, daß du nicht aufstehst, wenn du eine solche Kurtisane wie diese, die berühmteste von Rom, vorbeigehen siehst?»[44]. Die erfolgreiche Kurtisane Camilla Senese «la Magra» war derart empört, als sie 1559 von ihrer Rivalin Pasqua während eines Streits als Hure («sgualdrina») bezeichnet wurde, daß sie diese grobe Beleidigung sogar noch vor Gericht zu Protokoll gab[45]. Sie selbst hatte einen wesentlich schöneren Namen für ihr Gewerbe parat: Sie bezeichnete sich als «galante Dame» («galantdonna»)[46]. Die Sonderstellung, die sie, nicht zuletzt durch die Gunst einflußreicher Liebhaber, genossen, verhalf selbst den Kurtisanen der «Verfallszeit» noch zu einem bisweilen an Überheblichkeit grenzenden Selbstbewußtsein. Eine Grazia Portughese wurde 1582 auf Betreiben ihrer verheirateten Nachbarin Lucrezia, mit der sie ständig Streit hatte, im Kapitol inhaftiert. Aufgrund der Intervention eines ihr befreundeten Edelmannes kam sie gegen die schriftliche Verpflichtung, Lucrezia nicht weiter zu belästigen, sofort wieder frei. Als sie in ihr Haus zurückkehrte, triumphierte sie über die Rivalin «und sagte, daß ihr Einfluß größer wäre, als der der anderen Frauen, und daß sie zeigen würde, wer sie sei»[47].

Verfolgung, Verfemung und das Entstehen einer neuen gesellschaftlichen Moral im Rahmen der kirchlichen Reformen veränderten in der zweiten Hälfte des 16. Jahrhunderts langsam die soziale Stellung und das Selbstverständnis der römischen Kurtisanen. Eine gewisse Selbstachtung, wohl bedingt durch ihren relativ großen Wohlstand, blieb ihnen jedoch bis zum Ende des Jahrhunderts erhalten: «Wenn ich auch mache, was ich mache, so halte ich doch auf meine Ehre», gab noch 1591 die aus Neapel stammende Kurtisane Elisabetta Sances zu Protokoll[48].

Lucrezia Galletta alias «la Luparella»

Die Möglichkeiten und die Grenzen, durch die das Dasein einer erfolgreichen Kurtisane in der zweiten Hälfte des 16. Jahrhunderts bestimmt
wurde, werden nirgends so deutlich wie in der Lebensgeschichte der
aus Bologna stammenden Lucrezia Galletta alias «la Luparella»[49]. Die
Anfänge ihrer Karriere liegen leider völlig im Dunkel, doch dürfte sie
spätestens um 1525 in Bologna geboren worden sein, da später behauptet wurde, sie sei bereits seit 1543 eine wohlhabende und angesehene
Frau gewesen[50]. »Mit Rücksicht auf ihren Stand und ihr Gewerbe» sei
sie eine Frau von ausgezeichnetem Ruf und Lebenswandel, gaben 1553
ihre Freunde an, «die ihren Beruf mit Erfolg ausführt, die immer mit
guten und rechtschaffenen Männern, mit Adeligen und Würdenträgern,
und nicht mit schlechten und ungerechten, Umgang hat»[51]. Tatsächlich
zählten die Mitglieder der untereinander verschwägerten römischen
Adelsfamilien Capranica und Rustici zu Lucrezias Freunden und Gön-
nern, die sich sogar noch dann für sie verbürgten, als sie einen Prozeß
gegen den reichsten und mächtigsten Bankier der Zeit, Bindo Altoviti,
auszufechten hatte. Lucrezia war eine ausgezeichnete Geschäftsfrau, die
es verstand, ihren Verdienst nicht, wie viele ihrer Kolleginnen, für
unnötige Dinge zu verschwenden, sondern gewinnbringend zu investieren. Spätestens seit 1546 begann sie, in großem Stil Geld zu verleihen[52], und beträchtliche Summen durch das Bankhaus der Altoviti[53]
anlegen zu lassen. Wie sie zu diesem Geld gekommen war, schilderten
ihre Gegner auf drastische Weise: «Die ganze Zeit war Lucrezia besonders geizig, sehr sparsam mit Geld, und setzte ihre gesamte Hoffnung
daran, Geld und Vermögen zu erwerben. Und wenn sie irgendwelche
Liebhaber oder Freunde hatte, war und ist sie gewohnt ihnen auf alle
Wege und Arten, sogar ungerechte und unerlaubte, Geld in großen
Mengen abzunötigen, und sie nicht nur zu betrügen, sondern ihnen
das Blut auszusaugen und den Männern gleichsam die Haut abzuziehen, indem sie sich entweder große Geldsummen von ihnen geben
ließ, oder sie Schuldscheine über Geldbeträge zu ihren Gunsten ausstellen ließ. Und seit jeher hatte sie diesen Ruf und wurde für eine
solche gehalten»[54]. Daß eine Frau wie Lucrezia großes Interesse daran hatte, von ihren hochgestellten Liebhabern gut bezahlt zu werden,
und daß sie versuchte, sich durch Sparsamkeit ein solides Vermögen
zu schaffen, wird wohl seine Richtigkeit haben. Daß sie jedoch ein
Ungeheuer war, das seinen Liebhabern das Blut aussog, ist kaum vorstellbar. Die hohe Gunst, welcher sie sich bei den Mitgliedern der

genannten Familien, nicht zuletzt bei Quintio de'Rustici, dem Bischof
von Mileto und Erben des berühmten Kardinals della Valle, erfreute,
wäre sonst kaum erklärbar.

Lucrezia Galletta war eine kluge Frau, die die geringen Chancen, die
das Schicksal ihr bot, perfekt zu nützen verstand. Als geistreiche und
vermutlich auch schöne Frau gelang es ihr, als Kurtisane zur Freundin
hochgestellter Männer zu werden. Das Geld, das sie auf diese Art verdiente, borgte sie gegen Zinsen an Personen aus ihrem Bekanntenkreis.
1551 zählten unter anderen Bischof Rustici, der Bankier Vincenzo Spada
und das Bankhaus der Cavalcanti in Florenz zu ihren Schuldnern[55].
Hätte sie sich nicht entschlossen, Kurtisane zu werden, so wäre sie nie
in die Lage gekommen, ihre unternehmerischen Talente zu entwickeln.
Die Tatsache, daß sie Kurtisane war, machte sie aber zu einem Zeitpunkt, da für eine Frau Ehrbarkeit bereits mit moralischer Integrität
gleichgesetzt wurde, verletzbarer als männliche Unternehmer. Als im
Dezember 1552 der langjährige Kassierer der Altoviti eines Nachts
mit der Kasse des Bankhauses, in der sich 6000 Scudi befanden, verschwand, versuchte Bindo Altoviti, sich bei Lucrezia schadlos zu halten. Er verwies darauf, daß der Kassierer, Francesco Spinelli, lange Zeit
Lucrezias Liebhaber gewesen war, betonte (wie wir oben gesehen
haben) ihren Geiz und ihre Habgier, und erklärte, sie sei Mitwisserin
und Komplizin des Entflohenen gewesen. Vor allem aber behauptete er,
daß die Geschäfte, die sie in den letzten Jahren über sein Bankhaus
getätigt hatte, ohne sein Wissen abgeschlossen worden waren, und zwar
nicht mit Lucrezias Kapital, sondern mit Geldern, die Spinelli aus dem
Gewinn der Bank veruntreut hatte. Handfeste Beweise für diese
Anschuldigungen fehlten, weshalb die Anwälte Altovitis immer wieder
auf Lucrezias blutsaugerisches Gewerbe verwiesen, um ihre Schuld
glaubhaft zu machen. Dennoch sollte es dem Bankier des Papstes nicht
gelingen, eine endgültige Verurteilung der Kurtisane zu erwirken.
Lucrezia mußte zwar im Jänner 1553 für einige Tage in Untersuchungshaft, ihre Geschäftsbücher und ihr Schmuck wurden beschlagnahmt, und vorübergehend riskierte sie sogar, der Folter ausgesetzt
zu werden. Einen Schuldspruch erlebte Bindo Altoviti jedoch nicht.
Noch 15 Jahre später, lange nachdem Bindo gestorben war, war der
Streit um Lucrezias eingefrorene Gelder beim Bankhaus Altoviti nicht
entschieden[56].

Sobald sie genügend Kapital beisammen hatte, um ausschließlich von
ihren Geldgeschäften leben zu können, wollte Lucrezia Galletta ihren
Status als Kurtisane, der ihren Feinden Angriffsflächen bot und sie im
Alltag Beschränkungen unterwarf, vollkommen abschütteln. Mit der

Begründung, daß sie zwar früher «unehrbar» gelebt hatte, jetzt aber schon seit längerer Zeit ihre Sünden bereute, keusch und ehrbar lebte, Umgang mit ehrbahren Frauen hätte, Almosen spendete, sich frommen Werken widmete, regelmäßig zur Beichte ging und die Eucharistie empfing, erreichte sie 1559, daß ihr durch den Governatore di Roma offiziell der Status einer ehrbaren Frau zugesichert wurde. Jene Gesetze, die sich auf Kurtisanen und Prostituierte bezogen, konnten auf sie daher nicht mehr angewendet werden[57]. Sechs Jahre konnte sich die «Luparella» ungestört ihres neuen Standes erfreuen. Dann begann «ein dunkles Gerücht aus dunklen Gefilden»[58] zu zirkulieren: Offensichtlich hatte sie jemand – der, wie es hieß, Lucrezia schon lange feindlich gesinnt war – bei den Konservatoren der Stadt verklagt, daß sie sich zu Unrecht den Kurtisanengesetzen entzog. Fünf weitere Zeugen mußte die Luparella nun aufbieten, um von neuem ihre Ehrbarkeit unter Beweis zu stellen. Nach gründlicher Prüfung wurde der Fall dem Governatore übergeben, der das Urteil seiner Vorgänger bestätigte, aber nur dann eine neue Urkunde darüber ausstellen wollte, wenn er einen ausdrücklichen Befehl des Papstes dazu erhalten würde. Ob Lucrezia diese Ehre zuteil wurde, wissen wir nicht. Tatsache ist jedoch, daß es ihren Feinden und Neidern nie gelang, ihr ernsthaft zu schaden.

Die Geschichte der Lucrezia Galletta zeigt uns, daß eine alleinstehende Frau zu diesem Zeitpunkt die Möglichkeit hatte, als Kurtisane, und zwar nur als Kurtisane, zu beträchtlichem Wohlstand zu gelangen. Wenn sie sich aber aus ihrem Gewerbe zurückziehen und ein ihrem Vermögen angemessenes Leben führen wollte, dann mußte sie sich vom Makel der Unmoral reinwaschen. Die Möglichkeiten dazu waren zweierlei: Entweder sie entschloß sich zu heiraten, und gab damit ihre Unabhängigkeit auf, oder sie verschaffte sich den neuen Status auf rechtlichem Weg. Die «Ehrbarmachung» der Lucrezia Galletta durch den Governatore di Roma ist ein sprechendes Beispiel dafür, daß Frauen auf diesem Weg zu reichen und unabhängigen Geschäftsleuten werden konnten. Um die Schwierigkeiten und den Neid, mit denen sie dabei ununterbrochen zu kämpfen hatten, zu überstehen, waren allerdings das ungewöhnliche Format und die Ausdauer einer «Luparella» notwendig. Die Ambivalenz des Standes einer ehemaligen, aufgrund ihrer finanziellen Mittel und ihres Einflusses für «ehrbar» erklärten Kurtisane wird in einem Testament deutlich, das Lucrezia Galletta am 06. 06. 1560 verfaßt hatte[59]: Sie wird in diesem Dokument als «domina Lucretia Galletta bononiensis, romanam curiam sequens» bezeichnet. Gleichzeitig mit diesem ihrer Tätigkeit als Geschäftsfrau durchaus angemessenen, für Kurtisanen zu dieser Zeit jedoch nicht mehr gebräuchlichen[60] Ehrentitel findet sich aber auch jener Passus, der nur in Testamenten von Prostituierten auftaucht: Sie hinterließ «entsprechend der Leoninischen Bulle» ein Fünftel ihres Vermögens dem Konvertitenkloster. Obwohl ihr der Governatore di Roma schriftlich bestätigt hatte, daß jene Gesetze, welche sich auf Kurtisanen beziehen, für sie keine Geltung mehr hatten, wagte sie es also nicht, die volle Testierfreiheit für sich zu beanspruchen, die Frauen von schlechtem Lebenswandel seit der 1520 von Leo X. erlassenen Bulle nicht mehr zustand[61]. Dies ist um so erstaunlicher, als Lucrezia zu diesem Zeitpunkt bereits eine Unternehmerin von internationalem Format war: Gemeinsam mit einer größeren Zahl von römischen Hocharistokraten und Kardinälen gehörte sie als einzige Frau zu jener Gruppe von Personen, die dem französischen König am 18.01.1560 im Rahmen des «grand Parti de Lyon» beträchtliche Kredite gewährten[62]!

Trotz ihres Geldes und ihrer hervorragenden Stellung wurde Lucrezia immer wieder von ihrer Vergangenheit eingeholt. Als Pius V. 1566 den Thron bestieg und die reichsten und angesehensten Kurtisanen der Stadt zwang, Rom zu verlassen, war die «Ehrbarmachung» des Governatore kein ausreichender Schutz mehr für sie. Sie mußte sich, um im Kirchenstaat bleiben zu dürfen, wie viele ihrer bedeutenden Kolleginnen verehelichen. Die Luparella löste das Problem auf ihre Weise: Sie heiratete 1566 einen gewissen Niccolò Turini, der bereits seit mehreren Jahren ein Angestellter ihres Bankhauses war. Die Ehe bestand allerdings nur auf dem Papier. Turini, dem als Mitgift das auf 2000 Scudi geschätzte Mobiliar von Lucrezias Wohnung am Arco dei Camigliani verschrieben worden war, teilte nicht einmal das Haus, geschweige denn das Bett seiner Ehefrau. Er blieb weiterhin ein Angestellter, der wie bisher in Lucrezias Namen für die Abwicklung einzelner Geschäfte sorgte[63].

Lucrezia Galletta war eine Frau, die unbeirrt ihren Weg ging und die es schließlich sogar schaffte, vergessen zu machen, woher ihr Reichtum ursprünglich kam. In jenen Dokumenten, die aus ihren letzten Lebensjahren stammen, wird die ehemalige Kurtisane als «honesta matrona» bezeichnet[64]. Als sie 1580 starb, hinterließ sie ihr enormes Vermögen dem Kloster Santa Marta, in dessen unmittelbarer Nachbarschaft sie jahrzehntelang gelebt hatte. Die Nonnen von Santa Marta hatten, wie aus der Klosterchronik hervorgeht, schon seit Jahren auf diese Erbschaft gehofft[65]. Daß es sich dabei um das Vermögen einer ehemaligen Kurtisane handelte, war ein kleiner Schönheitsfehler, dessen Spuren man zu verwischen suchte. Nur durch Zufall haben sich vereinzelt Dokumente erhalten, die Lucrezias Zugehörigkeit zu diesem Stand beweisen. In der Klosterchronik und im Archiv der Confraternita della Carità, von der

später ein Teil ihrer Erbschaft übernommen wurde, wird sie meist als
«gentildonna» Lucrezia Galletti-Luparelli bezeichnet. Der eindeutig-
zweideutige Spitzname der Kurtisane wird so zu einem eleganten Familiennamen, hinter dem man eher eine Aristokratin als eine ehemalige
Prostituierte vermuten würde. Der Fall der Luparella zeigt uns, daß eine
Frau auch noch zur Zeit der Gegenreformation als Kurtisane in Rom
einen glänzenden Aufstieg schaffen konnte. Doch selbst wenn sie auf
diese Art vermögend und einflußreich wurde, war es kein leichtes, den
Makel der Unmoral abzuschütteln und jenes Maß an Ehrbarkeit und gesellschaftlicher Anerkennung zu erlangen, welches für die Kurtisanen zu
Beginn des Jahrhunderts noch eine Selbstverständlichkeit gewesen war.

Im Dunstkreis der Macht

Im alltäglichen Leben war der soziale Status einer Kurtisane vor allem
an drei Faktoren ablesbar: An ihrem Auftreten in der Öffentlichkeit, an
ihrem Verhältnis zu großen Herren und an gewissen Statussymbolen.
«Die Kurtisanen schreiten in der Stadt [Rom] einher wie ehrbare Matro-
nen; sie fahren in Kutschen, die von Maultieren gezogen werden, und
am hellichten Tag machen ihnen Adelige, Gefolgsleute von Kardinälen
und Geistliche den Hof. In keiner anderen Stadt als dieser, die den anderen darin als Beispiel dient, haben wir eine derartige Mißwirtschaft gesehen»[66], schrieb 1537 das Kardinalskonsilium, welches Papst Paul III. bei
seinem Regierungsantritt beauftragt hatte, den Zustand der Kirche in
Italien zu untersuchen. «All das gehört geändert»[67], war die ab-
schließende Meinung der Kommission, welcher übrigens auch Kardinal
Sadoleto angehörte, der wohl schon vergessen hatte, daß er selbst einst
ein eifriger Verehrer berühmter Kurtisanen gewesen war... Tatsächlich
glichen Repräsentation und Selbstdarstellung der römischen Kurtisanen
zu diesem Zeitpunkt noch derjenigen vornehmer Damen, und es konnte
vorkommen, daß man ihnen öffentliche Triumphe bereitete, die sonst
den Angehörigen von Fürstenhäusern vorbehalten waren: Als die
berühmte Saltarella 1539 beschloß, von Florenz nach Rom zu ziehen,
war ihre Übersiedlung sechs Wochen lang ein wichtiges Thema in der
Korrespondenz des florentinischen Gesandten in Rom mit Ugo Griffoni,
dem ersten Ratgeber von Herzog Cosimo, der zugleich ein treu ergebe-
ner Verehrer der Kurtisane war. Saltarellas Ankunft wurde von ihren
römischen Bewunderern sorgfältig vorbereitet. «Herr Lattanzio», offensichtlich ein besonders wichtiger Verehrer, «hat für sie einen derart
triumphalen Empfang und so viel Unterhaltung angeordnet, daß es für

die Herzogin von Castro ausreichen würde», schrieb der Gesandte
Bracci an Ugo Griffoni[68]. Ihr Einzug in Rom am 25.11.1539 erweckte
den Eindruck eines Triumphzuges: «Frau Saltarella [...] wurde von
Herrn Lattanzio begleitet, und zwar mit so vielen Pferden, Dienern und
Waffen, daß es mir vorkam wie der Einzug der Marfisia ins türkische
Heerlager», erzählte ein Augenzeuge[69]. Solcherart wurde sie zuerst zum
Weingarten des Malatesta de'Medici, wo eine Erfrischung vorbereitet
war, und dann zum Festmahl in Lattantios Haus geleitet. Der Ehre, die
man ihr erwies, lag allerdings nicht bei allen die Bewunderung für die
schöne Frau zugrunde. Zumindest der Gesandte Bracci stand Saltarella
hauptsächlich deshalb zu Diensten, weil er ihrem Beschützer Griffoni
gefällig sein wollte[70].

Wer nicht selbst reich und mächtig war, konnte sein Ansehen beträchtlich steigern, wenn er einen bedeutenden Gönner hatte. Dies galt in der
römischen Gesellschaft auch für die Kurtisanen. Es ist kein Zufall, wenn
von Imperia 1506 berichtet wurde, daß sie «wegen der Gunst gewisser
Kardinäle in höchstem Ansehen» stehe[71], oder wenn ihre Kollegin
Ambrosina de Pironibus sich noch lange nach dessen Tod als einstige
Konkubine des Bischofs von Nicosia bezeichnen ließ[72]: Der gesellschaftliche Stellenwert einer Kurtisane wurde nicht zuletzt am Status
ihrer Liebhaber gemessen. «Weil sie mit einem Alessandro del Mazo
befreundet ist, ist Laura so hochmütig, daß man es in ihrer Nachbarschaft nicht aushalten kann», klagte 1567 die Kurtisane Marzia da
Viterbo über eine ihrer Kolleginnen und beeilte sich hinzuzufügen, daß
sie selbst «mindestens ebenso ehrenwerte Freunde wie sie» hätte[73].

Andererseits war auch für die Herren das Verhältnis zu einer oder
mehreren Kurtisanen Teil ihrer Selbstdarstellung, durch die sie ihre privilegierte Position zur Schau tragen konnten. Der reiche Monsignore
Claudio Ciccolini, der Liebhaber der Kurtisane Lavinia Romana, beschäftigte 1582 in seinem Haus einen Haushofmeister, drei Kammerdiener, drei bis vier Reitknechte, einen Kutscher und einen Gärtner.
Wenn er ausfuhr, folgten seiner Kutsche die Kammerdiener und sämtliche Reitknechte[74]. Für Herren wie ihn war das Verhältnis mit einer
Kurtisane die natürliche Ergänzung ihres Lebensstils. Wenn sie mit
großem Gefolge vor dem Haus ihrer Geliebten erschienen, war dies eine
willkommene Gelegenheit, ihre Macht und ihren Reichtum unter
Beweis zu stellen: Ein vornehmer Geistlicher, der Canonico de Palis, ließ
sich 1559 stets von Soldaten des Governatore begleiten, wenn er seine
Kurtisane aufsuchte. Einen ähnlichen Luxus gestattete sich auch der
Neffe des Governatore, der sich von der Garde seines Onkels, den
Alabardieri, eskortieren ließ, wenn er zu seiner Geliebten ging[75]. Der

*Ein vornehmer Herr (Erzherzog Ernst) fährt mit großem Gefolge
in einer offenen Kutsche aus. Kupferstich von Georg Lang (1593).
Nürnberg, Germanisches Nationalmuseum, Inv. Nr.: HB 9346.*

Glanz, den ein solcher Aufwand verbreitete, fiel zu gleichen Teilen auf
Kurtisane und Kunde. Das Verhältnis zu einer Kurtisane war für einen
Herren keine Schande, sondern sogar eine Art Statussymbol. Auch wer
sich nur gelegentlich den Luxus einer Liebesnacht leisten konnte, war
daher, wie Montaigne berichtet, stolz darauf, der betreffenden Kurtisane
am nächsten Tag öffentlich den Hof machen zu dürfen[76]. Dementsprechend wurden derartige Beziehungen ohne jede Heimlichkeit betrieben,
und niemand wunderte sich darüber, wenn sich ein geistlicher Herr wie
Monsignore Ciccolini vor seinen Freunden mit den besonderen Qua-
litäten seiner Geliebten brüstete[77].

Natürlich hatten Kurtisanen auch die Aufgabe, Festlichkeiten aller Art
durch ihre Anwesenheit zu verschönern: Zu einem Festmahl, das
Lorenzo Strozzi 1519 für die vier Neffen des Papstes, die Kardinäle
Rossi, Cibo, Salviati und Ridolfi, veranstaltete, waren drei Kurtisanen,
darunter die berühmte Matrema, geladen[78]. Bei einer Einladung, die der
Kardinal von Oristano am Dreikönigstag 1513 für den spanischen Botschafter, einige Bischöfe und den erst zwölfjährigen Federico Gonzaga
gab, waren mehr spanische Kurtisanen als italienische Gäste anzutreffen. Und bei einem Gelage, das der Kardinal von Mantua wenige Tage

darauf veranstaltete, waren neben sieben Bischöfen, dem römischen Adeligen Angelo Massimo und dem jungen Federico Gonzaga auch der stadtbekannte Spaßmacher Fra Mariano und die Kurtisane Albina geladen[79]. Man muß sich allerdings darüber im Klaren sein, daß eine Kurtisane, die die Ehre hatte, als einzige Frau an einer derart illustren Versammlung teilzunehmen, nicht als gleichwertige Partnerin, sondern als Unterhaltung für die anwesenden Herren geladen wurde. Dementsprechend wurde Albina auch gemeinsam mit dem Spaßmacher Fra Mariano der Platz am Tischende zugewiesen. Immerhin ermöglichte dieses System, daß Frauen, die aus einfachsten Verhältnissen stammten, mit den Angehörigen der höchsten Gesellschaftsschicht des Kirchenstaates an einem Tisch sitzen konnten. Als Kurtisanen konnten Frauen aus dem Volke in den Dunstkreis der Macht eindringen und vielleicht sogar auf subtile Weise politischen Einfluß gewinnen. Der Papstsohn Cesare Borgia nahm, als er sich 1502 im Auftrag seines Vaters gemeinsam mit dem Kardinal d'Albret und Francesco Trochia, dem Sekretär des Papstes, zu einer geheimen politischen Mission einschiffte, auch zwei schöne Kurtisanen mit auf die Reise[80]. Natürlich konnten Frauen bei solchen Gelegenheiten mit Informationen konfrontiert werden, die nicht für ihre Ohren bestimmt waren. Die enge Vertrautheit zwischen Kurtisanen und Männern, die politische Verantwortung zu tragen hatten, konnte dann drastische Folgen haben. 1498 hatte in Venedig ein derartiger Fall großes Aufsehen erregt: Die Kurtisane Laura Troylo war die Geliebte des siebzigjährigen Antonio Landi, eines angesehenen Angestellten der Cancellaria. Da es ihr seltsam vorkam, daß dieser häufig abends in ihrem Haus mit einem Gefolgsmann des Markgrafen von Mantua lateinische Gespräche führte, versteckte sie (die selbst nicht Latein konnte) einen ihrer Freunde hinter ihrem Bett, um die beiden zu belauschen. Dieser entdeckte nun, daß Landi dem Mantuaner wichtige Staatsgeheimnisse verriet. Er denunzierte den Verräter, der daraufhin in Lauras Haus verhaftet und wenig später öffentlich hingerichtet wurde[81]. 1569 wurde aus Rom berichtet, daß man Auftrag gegeben hatte, den Abbate de'Nobili zu verhaften. Die Kurtisane Marcina hatte nämlich gestanden, daß der Abbate den Plan hegte, sich ein Amt in unmittelbarer Umgebung des Papstes zu verschaffen, um diesen dann vergiften zu können[82]. Die Vertrautheit mit der Kurtisane war also auch Nobili zum Verhängnis geworden. Der Florentiner Filippo Strozzi hatte, als er in Rom lebte, ein enges Verhältnis zu Tullia d'Aragona, einer der berühmtesten und geistig hochstehendsten Kurtisanen ihrer Zeit. Strozzis Vertrauen zu ihr ging so weit, daß er sogar seine teils konspirative Korrespondenz mit Freunden in der Heimat in ihrem Beisein verfaßte. Er mußte sich daher eine Rüge vom wesentlich vorsichtigeren Francesco Vettori gefallen lassen: «Und weil Ihr mir mit der Tullia an Eurer Seite schreibt, möchte ich nicht, daß Ihr diesen [Brief] ebenso an ihrer Seite lest; wenn Ihr sie auch als geistvolle Kurtisane liebt, denn wegen ihrer Schönheit verdient sie es nicht, so möchte ich doch nicht, daß sie mir durch einen derer, die ich nenne Schaden zufügen kann»[83].

Es wäre denkbar, daß die eine oder andere Kurtisane die Ideen ihres hochgestellten Liebhabers beeinflussen konnte, oder daß sie brisante Informationen, so wie Vettori es im Falle Tullias befürchtete, gegen Geld oder Gefälligkeiten an Dritte weiterleitete. Allerdings hat dieses Betätigungsfeld der Kurtisanen, wenn man von den oben zitierten Ausnahmen absieht, in den Quellen keine Spuren hinterlassen.

Bestens nachvollziehbar sind hingegen die anderen Vorteile, welche Kurtisanen, neben dem materiellen Gewinn, aus dem vertrauten Umgang mit den Reichen und Mächtigen ihrer Zeit ziehen konnten. Da waren zunächst die kleinen Annehmlichkeiten des täglichen Lebens: Man wurde von den Herren zuvorkommend und höflich behandelt und konnte sich daher zeitweise der Illusion hingeben, man sei tatsächlich eine vornehme Dame. Wie das in der Praxis aussah, kann man am Beispiel der Camilla Senese «la Magra» bestens nachvollziehen: Am Ostersonntag 1559 empfing sie in ihrem Haus verschiedene Herren, die kurze Anstandsbesuche machten. Ein solcher Besuch dauerte nicht länger als eine Viertelstunde und diente ausschließlich dazu, Höflichkeiten auszutauschen: «Man sprach nichts anderes als: Küß' die Hände, wie geht es Ihnen?, und sie fragte mich nach einem anderen Herrn und dergleichen mehr», erzählte später einer der Besucher[84]. Zu Camillas Gästen gehörten so illustre Persönlichkeiten wie die Grafen Sforza di Santa Fiore, die Brüder des gleichnamigen Kardinals[85]. Auch der Neffe der Grafen, der künftige Herzog von Bracciano Paolo Giordano Orsini, hatte vertrauten Umgang mit ihr und übernahm es sogar, ihre Liebesbriefe weiterzuleiten[86]. Kardinal Pacecccho schickte ihr drei seiner spanischen Gefolgsleute, die abends für sie und ihre Freunde sangen[87]. Und als man vor Gericht behauptete, sie hätte sich damit gebrüstet, daß die Haustür ihrer Rivalin Lucrezia Greca in ihrem Auftrag in Brand gesteckt worden sei, konnte sie keinen Geringeren als Marcantonio Borghese, den obersten Advokaten der römischen Kurie, als Zeugen für die Unwahrheit dieser Aussage anführen[88].

Gerade vor Gericht waren die engen Beziehungen zu hochgestellten Persönlichkeiten naturgemäß von größtem Vorteil. Zahllos sind die Beispiele von vornehmen Herren, die sich mit ihrem Geld und ihrem guten Namen für Kurtisanen verbürgten: Als 1549 die beiden großen Kurtisa-

nen Isabella de Luna und Caterina Greca einen heftigen und vermutlich
auch gewalttätigen Streit ausfochten, mußten sich beide schriftlich verpflichten, der anderen in Zukunft friedlich gesinnt zu sein. Im Falle
eines neuerlichen Streits wurde den beiden Damen eine Geldstrafe in
der astronomischen Höhe von je 500 Scudi angedroht. Für Isabella de
Luna verbürgte sich Niccolò Orsini, während für Caterina Greca der
Genueser Adelige Niccolò Centurioni und der römische Aristokrat
Ortensio Pallini eintraten[89]. Adeligen, Geistlichen[90], Kurialbeamten[91],
Prokuratoren[92], Notaren[93] und Caporionis[94] waren derartige Freundschaftsdienste für Kurtisanen eine Selbstverständlichkeit. Noch wichtiger waren gute Beziehungen für jene Damen, die einer Straftat angeklagt wurden. In solchen Fällen konnte die enge Freundschaft zu einem
hohen Würdenträger die Verschleppung und schließlich die Einstellung
des Verfahrens bewirken: 1505 wurde eine Imperia aus Trastevere
gemeinsam mit ihrer Mutter Laura verklagt, dem Ehemann der Mutter,
Angelello Cesaris, einen nicht näher definierten Trank eingeflößt zu
haben. Das Verfahren mußte jedoch auf Befehl des Vikars von Rom eingestellt werden. Erst nach dem Tod des Bischofs konnten die beiden
Frauen 1506 zu einer Geldstrafe verurteilt werden[95]. Im Januar 1555
wurde die Kurtisane Hippolita Spagnola verklagt, weil sie sich nach
einem Fest von einem Verehrer – unter Mißachtung jenes Gesetzes, welches Kurtisanen den Gebrauch von Kutschen verbot – in dessen Equi-
page hatte heimführen lassen. Das Verfahren gegen sie wurde jedoch
kurz darauf «mit Rücksicht auf den hochwürdigsten Kardinal von Neapel» wieder eingestellt[96]. Niemand anderer, als der sittenstrenge Kardinal Gian Pietro Carafa, der im Mai des gleichen Jahres als Paul IV. den
Thron Petri besteigen sollte, hatte sich für die Kurtisane verwendet!
Kurz darauf profitierte die Kurtisane Camilla Ventura Senese von ihren
glänzenden Beziehungen zu Girolamo Federici, dem Governatore di
Roma: Ein Tuchhändler hatte behauptet, daß sie ihm zwei Scudi schulde
und sie daher mit einem gerichtlichen Zahlungsbefehl aufgesucht. Er
fand die Kurtisane in der Wohnung ihrer Nachbarin und Kollegin
Camilla Marescotta Senese[97], wo diese mit ihrer Mutter und einem Ver-
ehrer beim Mittagessen saß. Camilla, die der Ansicht war, daß die Forderungen des Händlers unberechtigt waren, entgegnete ihm voll
Empörung: «Schämst du dich nicht, mir mit einem Zahlungsbefehl
wegen zwei Scudi zu kommen, um so mehr, als ich den schriftlichen
Schutz («significatione») des Governatore habe»[98]. Es kam zu einem
Streit, der nach anfänglichen Beschimpfungen damit endete, daß der
Händler, nachdem er Camillas Mutter eine Ohrfeige versetzt hatte, von
dieser mit Steinwürfen aus dem Haus getrieben wurde. Er verklagte die

beiden Frauen daraufhin und erreichte, daß sie ins Gefängnis gebracht wurden. Nach einem kurzen Verhör wurden sie jedoch auf Befehl des Governatore entlassen, der schließlich auch Anweisung gab, das Verfahren gegen sie ganz einzustellen. Auch die Kurtisane Marta, als Tochter eines Capitano Giovanni Battista Romano von vornehmerer Abstammung als die meisten ihrer Kolleginnen, hatte vertrauten Umgang mit den Freunden des Governatore di Roma. Als sie eines Tages die Aufforderung erhielt, vor dem Gericht des Governatore als Zeugin zu erscheinen, glaubte sie zunächst, es handle sich um einen Scherz. Sie bat daher einen zufällig vorbeikommenden Freund, den Mantuaner Adeligen Camillo Capilupi, den sie als Vertrauten des Governatore kannte, diesen aufzusuchen, um festzustellen, ob man sie wirklich verhören wollte. Der Governatore gab Capilupi den Auftrag, sie zu ihm zu bringen, verhörte sie dann kurz wegen eines Mordfalls in ihrer Umgebung und schickte sie gleich darauf wieder nach Hause[99]. Immer wieder kann man den Quellen entnehmen, daß Kurtisanen, so wie Marta Romana und Camilla Senese, mit Hilfe ihrer hochgestellten Freunde der Untersuchungshaft entgehen oder sie zumindest wesentlich verkürzen konnten[100].

Nicht nur bei Gericht machten sich die Vorteile guter Beziehungen bemerkbar: Auch die gesetzlichen Beschränkungen, denen die Kurtisanen in der zweiten Hälfte des Jahrhunderts unterworfen wurden, konnten mit ihrer Hilfe umgangen werden. Ortensia Falcona Romana war es beispielsweise gelungen, vom Governatore di Roma eine Bewilligung zu erhalten, die ihr gestattete, in der Kutsche zu fahren, obwohl dies für Kurtisanen offiziell verboten war. Da sie die Kutsche benutzte, um mit so illustren Herren wie dem Kardinal del Monte, den sie als ihren «amico» bezeichnete, auszufahren, darf eine derartige Sondergenehmigung nicht weiter verwundern[101]. Die Kurtisane Marzia Conti war 1593, gemeinsam mit anderen bekannten Vertreterinnen ihrer Zunft, auf ausdrücklichen Befehl des sittenstrengen Papstes Clemens VIII. aus Rom ausgewiesen worden. Ihr Liebhaber, der verheiratete Markgraf Onofrio Santacroce, versteckte sie daraufhin auf seinem Landgut Veiano und ließ durch seine Hausjuristen beim Governatore und schließlich sogar beim Papst intervenieren, um die Rücknahme der Ausweisung durchzusetzen[102].

Die Nähe zu hochgestellten Persönlichkeiten und ihr oft aufwendiger Lebensstil machten die Kurtisanen zu einer Gruppe, die von der Stadtbevölkerung den oberen Zehntausend zugerechnet wurde. Ihre Namen und ihre Häuser waren allgemein bekannt und wurden so wie diejenigen von Botschaftern, Kardinälen und Adeligen als Orientierungshilfen

für Ortsangaben verwendet. Da es in Rom damals noch keine geregel-
ten Straßennamen gab, wurden die meisten Plätze ganz einfach nach
bedeutenden Persönlichkeiten benannt, die dort gerade ansässig waren.
Nicht selten handelte es sich bei diesen Persönlichkeiten um Kurtisanen: Vincenzo de Lugho de Margottis gab, nachdem er eines Nachts von
Don Vincenzo Carafa und dessen Komplizen überfallen worden war,
vor Gericht zu Protokoll, er hätte zunächst «zwischen dem Haus der
Porzia Napolitana und [dem] der Lucia Bolognese» seinen Bruder
getroffen und sei kurz darauf «dort bei der Türe der Lucia» angeschos-
sen worden[103]. Ähnliche Ortsangaben wurden gemacht, als zwei Jahre
später Ascanio Cavalcanti seinen Rivalen Claudio Rovier auf offener
Straße verletzt hatte: Der Diener des Opfers gab an, er selbst sei von den
Tätern «bis zum Platz der Isabella de Luna» verfolgt worden, und ein
anderer Zeuge erklärte, man habe Rovier «bis zum Eck der Philippa»
nachgesetzt[104]. Der Platz, an dem das Haus der berühmten Kurtisane
Fiammetta steht, trägt sogar heute noch ihren Namen[105].

All das darf jedoch nicht darüber hinwegtäuschen, daß die Sonderstellung, die manche Kurtisanen genossen, sehr verletzbar war. Sie
verdankten sie der Gunst hoher Herren, die wiederum hauptsächlich
darin begründet war, daß derartige Damen nicht nur ein probates
Mittel gegen sexuelle Nöte, sondern vor allem auch gegen die Langeweile waren. Dementsprechend wurden Kurtisanen von hochgestellten
Freunden oft als eine Art Spielzeug betrachtet, von dem erwartet wurde,
daß es auch die derbsten Späße seiner Geldgeber bereitwillig über sich
ergehen ließ. Der berühmte Condottiere Giovanni delle Bande Nere, der
Vater von Cosimo I. Medici, spielte seinem Freund Giovanni della Stufa
1520 einen Streich, dessen Protagonistin die Kurtisane Lucrezia alias
Matrema-non-vole war. Der Feldherr hatte erfahren, daß sein Freund im
Begriff war, gemeinsam mit Matrema von Rom aus nach Recanati zu
fahren, um die dortige Messe zu besuchen. Er schickte seinem Untergebenen Francesco degli Albizzi daher folgende Anweisung: Francesco
und seine Leute sollten in Recanati Spione postieren und sofort nach der
Ankunft des Liebespaares «zwanzig leichte Reiter von der Kompanie
organisieren, die Gianni nicht kennt, und sie ihm sofort, wohin er sich
auch begibt, hinterherschicken; diese sollen ihm die besagte Lucrezia
mit Gewalt entreißen und ihn selbst nackt im Bett zurücklassen. Und
falls seine Diener sich wehren, oder Aufruhr machen, sollen sie sie verprügeln, und dann die besagte Lucrezia zu mir bringen. Macht, daß sie
ihnen alle Sachen, die sie bei sich haben wegnehmen, aber daß sie unver-
letzt bleibt, und daß sie Gianni nicht verprügeln»[106]. Ein mächtiger Feldherr und enger Verwandter des Papstes wie Giovanni delle Bande Nere

konnte erwarten, daß ihm die Kurtisane einen derart derben Streich
nicht übel nehmen, sondern sich im Gegenteil durch das Interesse, das
er solcherart für sie bezeugte, sogar geschmeichelt fühlen würde. Abgesehen davon wird er sich wohl kaum den Kopf darüber zerbrochen
haben, was Matrema bei einer solchen Entführung eventuell empfinden
konnte[107]. Gefühle von Kurtisanen, wie Eifersucht oder Stolz, wurden
meist erst dann interessant, wenn sie zum Auslöser für ein amüsantes
Schauspiel wurden. 1559 war es zu einem derartigen Spektakel gekommen, als Camilla «la Magra» Senese Paolo Giordano Orsini im Haus seines Freundes Giuliano Ceffini «hinter dem Bett mit einer Frau die [nur]
mit einem Pelz bekleidet war» überraschte[108]. Der junge Fürst trug einen
Kranz von Moschus auf seinem Barett, der den Raum mit einem derart
intensiven Geruch erfüllte, daß Camilla beim Eintreten ausrief: «Oh,
was für ein Gestank, was für ein Gestank!»[109]. Während Paolo Giordano
auf sie zukam und sie umarmte, erhob sich auch die Kurtisane Pasqua
Patavina, jene Frau im Pelz, mit der er sich gerade vergnügt hatte.
Empört über die Störung, und weil sie die Bemerkung über den Gestank
auf sich bezogen hatte, begann sie, wie Camilla selbst berichtete, «mich
Hure zu nennen, und wollte mit einem Kerzenleuchter nach mir wer-
fen. Aber der Herr hielt sie zurück und versetzte ihr einen heftigen Stoß
und jene Edelmänner die mit mir gekommen waren, wollten eingreifen
und berührten ihr Gesicht etwas mit dem Degen, sodaß es etwas zer-
kratzt wurde. Ich wollte gehen, aber der Herr wollte nicht und nötigte
mich, mich zu setzen. Pasqua begann nun, mich von neuem zu
beschimpfen. Ich sagte ihr, daß ich nicht mit ihr herumschreien wollte,
und daß mich ihre Worte nicht kümmerten. Daraufhin sagte der Herr,
der nichts anderes wollte, als daß wir uns prügeln sollten, nachdem er
sah, daß ich nicht dazu bereit war: ‹Ihr habt mich jetzt befriedigt, geht
jetzt›»[110]. Der Vorfall wurde von den Gefolgsleuten des Fürsten in ganz
Rom verbreitet[111], und bald wußte jeder, daß Paolo Giordano Orsini
versucht hatte, eine Schlägerei zwischen den beiden Kurtisanen zu pro-
vozieren. Beispiele wie diese zeigen deutlich, wodurch Kurtisanen für
vornehme Herren unterhaltsam wurden: Für Männer dieser Art war es
ein himmlisches Vergnügen, eine Frau gewaltsam entführen und ins
eigene Bett bringen lassen zu können, ohne irgendwelche Konsequenzen befürchten zu müssen. Und sie konnten sich königlich amüsieren,
wenn zwei Kurtisanen sich ihretwegen miteinander schlugen. Daß diese
Frauen darüber hinaus auch ein kultiviertes Benehmen und gute Manieren an den Tag legen konnten, erhöhte zweifelsohne ihren Reiz, war
aber kaum dessen eigentliche Ursache. Weltliche und vor allem verheiratete Männer der Gesellschaft suchten bei Kurtisanen das, was ihnen

die Frauen ihres eigenen Milieus nicht bieten konnten und durften: derbes, ausgelassenes Vergnügen. Bildung und Kultur waren zwar eine willkommene Ergänzung, blieben aber stets eine Tugend, die am vollkommensten von hochgeborenen Damen verkörpert wurde[112]. Von der Kurtisane hingegen wurde erwartet, daß sie, wie Aretinos Nanna ihrer Tochter Pippa erklärte, jedermann durch angenehmes Geschwätz zufriedenzustellen wußte und daß sie stets schlüpfrige Witze und Seitenhiebe für diejenigen bereit hatte, die ein Verhältnis mit ihr beginnen wollten[113]. Die berühmte Beatrice da Ferrara schickte dem Papstneffen Lorenzo de'Medici, nachdem er bei der Belagerung von Urbino 1517 verwundet worden war, einen Brief ans Krankenlager, der die eben geschilderten Wesensmerkmale der Beziehung zwischen einer Kurtisane und einem großen Herrn deutlich widerspiegelt: Sie begann das Schreiben zwar mit den üblichen devoten Höflichkeitsfloskeln, die man einer sozial übergeordneten Persönlichkeit schuldete, doch schon nach wenigen Sätzen wechselte sie den Tonfall: «Ich habe von Eurem furchtbaren Unfall gehört, und wollte versuchen Gott für Euer Durchlaucht zu bitten, aber einige aufdringliche Leute, die schlimmer als Spanier waren, lagen mir Tag und Nacht in den Ohren, um mich... Na ja, Ihr wißt ohnedies genau was (fast hätte ich es ausgesprochen, aber aus Ehrerbietung schweige ich lieber), so daß ich nicht den kleinsten Augenblick übrig hatte um an Euch zu denken, so sehr war ich beschäftigt... ich werde Euch das ein andermal erzählen!»[114]. Mit Anzüglichkeiten dieser Art, von denen der Brief einige zu bieten hat, war der kranke Herzog wohl besser unterhalten als mit ehrerbietigen Genesungswünschen. Beatrice kannte ihre Position und ihre Aufgaben genau: Sie ließ keinen Zweifel an der übergeordneten Stellung des Adressaten, beschränkte die langweiligen Höflichkeitsfloskeln aber auf ein Minimum, um dann zu jenen geistvoll-frivolen Anspielungen überzugehen, die sich nur eine Kurtisane erlauben durfte.

Die jungen Herren der römischen Gesellschaft waren ihrerseits ständig auf der Suche nach Möglichkeiten, ihr heißblütiges Temperament auszuleben und zugleich ihre Männlichkeit und Stärke unter Beweis zu stellen. Aus einer derartigen Laune heraus veröffentlichten 1531 sechs von ihnen, darunter Paolo Emilio Orsini, einen Fehdebrief («sfida»), in dem sie sich verpflichteten, einen ganzen Tag lang gegen jeden zu kämpfen, der zu bezweifeln wagte, daß «ihre Dame und Herrin, die erlauchte Frau Tullia d'Aragona, durch die unendlichen Tugenden, die in ihr erstrahlen, mehr [Lob] verdient als alle anderen Frauen der Vergangenheit, der Gegenwart oder der Zukunft»[115]. Sogar der alternde Filippo Strozzi, Tullias damaliger Liebhaber, dürfte daran gedacht haben, sich an dieser «sfida» zu beteiligen. Francesco Vettori, dem Strozzis enges Verhältnis zu dieser Kurtisane ohnedies nicht geheuer war, versuchte in dem oben zitierten Brief jedenfalls, den Freund von einem derartigen Vorhaben abzuhalten: «Ich habe von ich weiß nicht was für Plakaten und Fehdebriefen, die im Umlauf sind, gehört, und die Vorstellung ein Mann wie ihr von 43 Jahren könnte sich für eine Kurtisane schlagen, hat mich sehr geärgert; und wenn ich auch glaube, daß ihr in den Waffen genauso geschickt seid, wie in der Wissenschaft und jeder anderen Sache, die ihr anpackt, so möchte ich doch nicht, daß ihr euch für eine derart leichtfertige Angelegenheit der Gefahr eines Duells aussetzt»[116]. Strozzi dürfte auf seinen Freund gehört und sich nicht an der Aktion der jugendlichen Hitzköpfe beteiligt haben. Sein Name steht jedenfalls nicht auf dem Fehdebrief. Für Tullia d'Aragona war die ganze Geschichte zweifelsohne eine willkommene Propaganda, wenngleich man davon ausgehen darf, daß das Motiv für die «sfida» wohl mehr der Wunsch nach Abwechslung und Unterhaltung, als die tatsächliche Ergebenheit für die Kurtisane gewesen war.

Bei allen Vorteilen, die ihre Stellung mit sich bringen konnte, waren die Kurtisanen als «Lohnempfänger» letztendlich doch so etwas wie Angestellte ihrer eigenen Liebhaber. Dieses Abhängigkeitsverhältnis war auch den großen unter ihnen durchaus bewußt: «Ich kann keine anderen Verhältnisse eingehen, weil ich im Dienst des Herrn Mario Bassio aus Bologna stehe», gab 1555 die wohlhabende Lucrezia Biondina zu Protokoll[117].»Ich war vierzehn Jahre lang Herrn Stefano del Bufalo zu Diensten und war für seine Wünsche verfügbar», sagte etwa zur gleichen Zeit auch eine gewisse Centia Romana[118]. Es konnte daher vorkommen, daß ein Liebhaber seine Freundin, so wie ein großer Herr einen Dienstboten, für «treue Dienste» besonders entlohnte: Ein «Reverendus Dominus Angelus» aus Carcasonne bestätigte am 03. 12. 1556, daß er «seit einiger Zeit Frau Cornelia, Tochter von Domenico aus Venedig, in seinen Diensten habe, die ihm zwei männliche Kinder geboren, gesäugt, und aufgezogen hat»[119]. Er wolle sie daher, so hieß es weiter, «für ihre Dienste und Arbeiten belohnen», weshalb er ihr eine Mitgift von 150 Goldscudi verschrieb, um ihr die Möglichkeit zu geben, sich sobald sie wollte zu verheiraten[120]. Falls er selbst sterben sollte, bevor Cornelia geheiratet hatte, mußte die Mitgift von seinen Erben bezahlt werden. Wenn auch die Geschäftsmäßigkeit, mit der ein Mann die Mutter seiner Kinder «entlohnte», für heutige Begriffe abstoßend wirkt, so war dies für damalige Verhältnisse eine durchaus großzügige Geste: 150 Goldscudi waren eine beachtliche Summe, wenn man bedenkt, daß die Mitgift, welche fromme Stiftungen an mittellose Mädchen zu zahlen pflegten, um ihnen eine Eheschließung zu ermöglichen, im allgemeinen nicht mehr als 10 bis 40 Scudi betrug. Für Cornelia bedeutete dies, daß sie etwa einen Handwerker heiraten und dadurch ihr Leben, trotz ihrer Vergangenheit, als ehrbare Ehefrau beschließen konnte.

Statussymbole

Für eine gesellschaftliche Gruppierung wie die Kurtisanen, deren soziale Stellung ambivalent und schwankend war, hatten diverse Statussymbole, mit denen man sich und der Umwelt die Zugehörigkeit zur Oberschicht beweisen wollte, einen besonders wichtigen Stellenwert. Dies schlug sich in einem oft übertrieben aufwendigen Lebensstil nieder, der den Zeitgenossen gleichermaßen Anlaß für Bewunderung und Spott war. In einem fingierten Brief an die imaginäre Kurtisane Brunela zählt der venezianische Schriftsteller Andrea Calmo all jene Dinge auf, mit denen die Erfolgreichen unter ihnen sich gerne umgaben: Exotische Tiere aller Art, ein reich ausgestattetes Haus, für ihre Tafel ausgefallene Delikatessen, mehrere Dienstboten, darunter wenn möglich ein Mohr, eine Gondel (an deren Stelle in Rom eine Kutsche trat) und natürlich wertvollen Schmuck[121]. Calmos Schilderung, die im Detail zwar übertrieben ist (wenn er etwa behauptet, er habe, allein um Brunela die gewünschten Tiere schenken zu können, zwei Grundstücke verkaufen müssen), faßt damit im wesentlichen jene Dinge zusammen, an denen man den Reichtum einer Person damals ablesen konnte. 1532 schilderten zwei alte Bekannte der Kurtisane Lucrezia Veronese, woran man erkennen könne, daß diese jetzt eine reiche Frau sei: «Lucrezia geht es jetzt ausgezeichnet und sie ist sehr reich: Sie hat etwa 18 oder 20 Matratzen, zirka 8 gute Kleider mit Ärmeln, in verschiedenen Farben, aus Atlas, Samt und Damast, und ich habe sie gesehen, wie sie 14 Ringe auf einmal an ihren Händen trug, und Siegel im Wert von je 10 Scudi, wobei sie mir gesagt hat, daß sie 4 Siegel im Wert von je 8 und 10 Scudi, und zirka 40 Ringe hat [...]. Sie hat drei Goldketten [...], nämlich diejenige, die sie schon vor dem Sacco hatte, von etwa 15 oder 16 Scudi, eine von 22 Scudi, und eine große, schöne, die ich gesehen habe und die, wie sie sagt, 30 Scudi wiegt. Und ich habe 3 silberne Saucieren und 2 ebensolche Salzfäßchen und viele silberne Gabeln und Löffel gesehen»[122]. Lucrezia, die, wie allgemein bestätigt wurde, ursprünglich sehr arm gewesen war und die ihren Reichtum den Raubzügen ihres spanischen Geliebten während des Sacco di Roma verdankte, war ganz nach Art der Neureichen sehr darauf bedacht, ihren Wohlstand zur Schau zu stel-

len. Und da sie ihr Silbergeschirr nicht so wie ihre zahllosen Ringe und
Ketten am Leib tragen konnte, um damit beim Ausgehen die Aufmerksamkeit der Leute auf sich zu lenken, verfiel sie auf ein anderes Mittel,
um auch ihren diesbezüglichen Reichtum zu demonstrieren: Eine Nachbarin berichtete, sie habe Lucrezias Silbersachen gesehen, weil diese
«sich ans Fenster setzte, um sie zu putzen, damit sie sie herzeigen
konnte»[123]!

Kleider, Schmuck und wertvoller Hausrat waren nicht nur für Kurtisanen wie Lucrezia Veronese, sondern auch für die meisten anderen
Bewohner der ewigen Stadt die wichtigsten Statussymbole. Vor allem
der Kleidung kam besondere Bedeutung zu, da sie in ganz Europa ein
wichtiges Mittel zur Abgrenzung ständischer und regionaler Unterschiede war. Die in zeitgenössischen Berichten stets wiederkehrende
Beobachtung, daß man die römischen Kurtisanen kaum von den vornehmen Damen der Stadt unterscheiden könne, hatte nicht zuletzt hier
ihre Ursache: Im Gegensatz zu ihren Kolleginnen in den meisten anderen europäischen Städten mußten die Prostituierten in Rom keine
bestimmte Kleidung tragen, die sie als Frauen ihres Standes erkennen
ließ. Erfolgreiche Kurtisanen trugen daher, so wie die Damen des Adels,
meist kostbare Gewänder, die ihrem materiellen Wohlstand und ihrer
privilegierten Stellung entsprachen. Trotz eines erstmals 1522 erlassenen Verbots[124] und trotz gelegentlich verhängter Geldstrafen[125] trugen
die Kurtisanen das ganze 16. Jahrhundert hindurch den «habito
romano», die Kleidung der römischen Patrizierinnen, die sie gerne mit
dem «panno listato», dem Schleier der ehrbaren Ehefrauen kombinier-
ten. Wer den sozialen Status einer Frau an ihrer Kleidung erkennen
wollte, mußte die Kurtisanen daher für vornehme Damen halten. Daß
Gewänder ein wichtiges Merkmal des gesellschaftlichen Ranges waren,
lag vor allem am enormen materiellen Wert repräsentativer Kleidungsstücke, der es weniger begüterten Personen unmöglich machte, auch
nur andeutungsweise mit dem Luxus der Vornehmen zu konkurrieren.
Ein kostbares Kleid war, im Gegensatz zu heute, nicht bloß ein schönes
Gewand, das nach einiger Zeit unmodern wird und seinen Wert verliert, sondern eine sichere Geldanlage, die auch nach Jahrzehnten kaum
etwas von ihrem Wert einbüßte. Für Kurtisanen waren Kleider daher in
doppelter Hinsicht von Bedeutung: Sie waren ein notwendiges Requi-
sit für jeden, der sich in höchsten Kreisen bewegen wollte, und sie waren
eine Geldanlage, die zusätzliche materielle Sicherheit bot. Dementsprechend akzeptierten Kurtisanen Kleider gerne als Bezahlung[126] und
scheuten sich nicht, sie zu verpfänden oder zu verkaufen, wenn sie in
Geldnot waren[127]. Ein aufwendiges Gewand war für eine Kurtisane kein

verschwenderischer Luxus, sondern eine sinnvolle Investition. Von der berühmten Saltarella wurde 1539 berichtet, daß sie sich drei Kleider machen ließ, für die sie insgesamt 200 Scudi bezahlte. Da sie kurz zuvor von hochgestellten Verehrern insgesamt 400 Scudi bekommen hatte, war es sicher eine vernünftige Entscheidung, einen Teil des Geldes in kostbares Gewand zu investieren[128]. Wer so wie Saltarella mit Kardinälen und Botschaftern verkehrte, mußte über eine entsprechende Garderobe verfügen. Tatsächlich wurde von ihren Besuchern bewundernd festgestellt, daß sie nur Kleider aus Samt und aus Goldbrokat trug[129]. Saltarella gehörte zur kleinen Elite hochbezahlter Kurtisanen, die sich einen solchen Luxus tatsächlich leisten konnten. Bei so mancher ihrer Kolleginnen war der Reichtum, den sie mit ihrer Kleidung demonstrierte, allerdings nur vorgetäuscht: Viele von ihnen trugen kostbare Gewänder, die sie sich eigentlich gar nicht leisten konnten. In den Archiven finden sich immer wieder Hinweise auf Kurtisanen, die für den Kauf eines repräsentativen Kleides Schulden machen mußten[130] oder die Gewänder trugen, die sie von Freunden oder Kolleginnen ausgeborgt hatten[131]. Vereinzelt mußten sich Kurtisanen sogar wegen Diebstahls kostbarer Kleidungsstücke vor Gericht verantworten[132].

Im alltäglichen Leben unterschied sich die Kleidung der Kurtisanen nicht von derjenigen vornehmer Damen. Bei der unmittelbaren Ausübung ihres Berufes zeigten sie jedoch Vorlieben, die eine deutliche erotische Komponente hatten: Wenn sie Kunden in ihrem Schlafgemach empfingen oder sich dort mit ihnen vergnügten, trugen sie gerne nichts anderes als einen kostbaren, pelzgefütterten Mantel[133]. Ein solches Kleidungsstück, ein seidenes Übergewand, das ganz mit seltenem, weißem Fuchspelz gefüttert war, hatte Saltarella 1539 von einem vornehmen Verehrer zum Geschenk erhalten[134]. Es dürfte also kein Zufall sein, daß das einzige, was die verheiratete Vincenza Veneta mitnahm, als sie 1549 ihren Mann verließ, um Kurtisane zu werden, ein Pelzmantel war[135]. Und es ist kaum ein Zufall, daß höchste Herren Gemälde in Auftrag gaben, die ihre Geliebte nur mit einem Pelz bekleidet zeigten[136]. Auch das Tragen von Männerkleidern war eine ausschließlich von Kurtisanen geübte Praktik, die jenen Kunden entgegenkam, die homoerotische Neigungen hatten. Darüber hinaus konnten Kurtisanen als Männer verkleidet nachts durch die Straßen der Stadt streifen, ohne befürchten zu müssen, daß sie belästigt oder gar Opfer von Vergewaltigungen würden. Eine Ipolita Spagnola erzählte 1589, daß sie, als sie einen Anschlag auf ihr Haus befürchtete, Männerkleider anlegte und so eine halbe Stunde lang vor ihrer eigenen Tür patrouillierte. Erst als sie sicher war, daß keine Gefahr mehr drohte, kehrte sie in ihr Haus zurück. Die Kleider, die sie bei dieser Gelegenheit trug, waren ihr eigener Besitz[137]. In den Inventaren von Kurtisanen finden sich daher häufig auch Männer-kleider[138]. Die besonderen Charakteristika der Kleidung von Kurtisanen beschrieb bereits 1512 der mantuanische Beamte Grossino in einem Brief an Isabella d'Este. Er war, so wie die meisten Bewohner der Stadt, am Festtag des heiligen Sebastian zur Kirche San Sebastiano gezogen, um die Reliquien des verehrten Heiligen zu sehen. «Ich glaube, daß ganz Rom dorthin ging», schrieb er der Fürstin, «die Straßen waren voll von Menschen, die kamen und gingen. Eine große Zahl von Kurtisanen ging dorthin, mit beträchtlichem Prunk und viele als Männer gekleidet, die einen zu Pferd, die anderen auf Maultieren reitend. Ich glaube, es ist schwer in Rom eine ehrbare Frau von einer Kurtisane zu unterscheiden, denn auch diese pflegen den Schleier der ehrbaren Römerinnen zu tra-gen. Und ich glaube, daß ganz Rom voll von ihnen ist»[139]. An diesem Erscheinungsbild der römischen Kurtisanen sollte sich das ganze 16. Jahrhundert hindurch nichts Wesentliches verändern.

Wer kostbare Gewänder besaß, mußte diese, so wie andere Wertge-genstände, gegen Diebstahl schützen, weshalb die meisten Kurtisanen ihre Kleider in versperrbaren Truhen zu verwahren pflegten[140] und sie bei Leuten ihres Vertrauens deponierten, wenn sie auf Reisen gingen[141]. Dennoch kam es im Laufe des 16. Jahrhunderts immer wieder zu Gerichtsprozessen, weil Freunde, Liebhaber, Kolleginnen oder Dienst-boten kostbare Kleidungsstücke von Kurtisanen entwendet hatten. Die spanische Kurtisane Francesca Tornera hatte, als sie 1532 geschäftlich nach Ferrara reiste, mehrere Kleidungsstücke, Schmuck und kostbaren Hausrat dem Geistlichen Melchior Ramirez zur Aufbewahrung überge-ben. Bei ihrer Rückkehr mußte sie feststellen, daß Ramirez die ihm anvertrauten Gegenstände verkauft und die Stadt verlassen hatte. Unter den veruntreuten Wertsachen war auch ein Kleid aus geblümtem Gold-brokat, das den beachtlichen Wert von 50 Scudi repräsentierte und nun von der Kurtisane Ines Sevigliana getragen wurde. Francesca ging zu Gericht und machte mehrere Zeugen namhaft, die das gestohlene Kleid genau beschreiben konnten und erklärten, daß sie es sofort wiedererkennen würden, oder es bereits als jenes der Ines Sevigliana wiedererkannt hätten[142]. Ein kostbares Kleid war ein auffälliger und unverwechselbarer Wertgegenstand, den jeder, der ihn mehrmals gese-hen hatte, mühelos identifizieren konnte. Es war bedeutend genug, um Gegenstand eines Gerichtsprozesses zu sein und um gemeinsam mit anderen Kostbarkeiten testamentarisch vererbt zu werden[143]. So wie die Kleidung war auch kostbarer Schmuck für Kurtisanen sowohl Status-symbol als auch Wertanlage und gerne akzeptierte Bezahlung. Die

Tiziano Vecellio, gen. Tizian: Mädchen im Pelz (um 1535).
Wien, Kunsthistorisches Museum, Inv. Nr.: GG 89. Die Dargestellte, die Tizian
sowohl nackt als auch bekleidet mehrmals für den Herzog von Urbino gemalt hat,
dürfte die Geliebte des Fürsten gewesen sein.

meisten von ihnen besaßen goldene Halsbänder, Perlenketten, Ringe und Armbänder, die für gewöhnlich Geschenke vornehmer Kunden waren[144]. Als wirksame Ergänzung teurer Gewänder trugen sie sie vor allem dann, wenn sie sich in der Öffentlichkeit zeigten. Für besondere Anlässe borgten sie sich mitunter von Freunden auch noch zusätzliche Schmuckstücke aus[145].

Der Luxus, den Kurtisanen bei Kleidung und Schmuck an den Tag legten, wurde, so behaupten zumindest die zeitgenössischen Schriftsteller, von der glanzvollen Ausstattung ihrer Häuser beinahe noch übertroffen. Die literarischen Werke, in denen der Reichtum solcher Wohnungen geschildert wird, sind Legion[146]. Besondere Berühmtheit erlangte eine Novelle Matteo Bandellos, in der das Haus der großen

Imperia beschrieben wird. Die Zahl der anwesenden Dienstboten und die prachtvolle Einrichtung, so schrieb Bandello, ließen sofort den Eindruck entstehen, daß die Herrin des Hauses eine Prinzessin sei. Die Repräsentationsräume bestanden aus einem Saal und zwei Zimmern, von denen das kleinere, das als «Camerino» bezeichnet wurde, eine besonders reiche Ausstattung hatte. Dieser Raum, in dem Imperia vornehme Besucher zu empfangen pflegte, war der Beschreibung nach nichts anderes als ein «Studiolo», ein mit Kostbarkeiten gefülltes Studierzimmer, wie es in den Palästen von Fürsten und in den Häusern der Gebildeten damals üblich war: Die Wände waren mit golddurchwirkten Seidentapeten bespannt, am Fußboden lagen kostbare Teppiche und auf einem goldgeschnitzten Gesims standen Vasen aus seltenen Materialien. Die Einrichtung bestand aus mehreren reichgeschnitzten Truhen und Schränken, sowie einem Tisch, auf dem Musikinstrumente und kostbare Bücher ausgebreitet waren[147]. Wie weit solche Schilderungen der Wahrheit entsprachen, ist heute kaum noch feststellbar, da sich in den Archiven nur sehr vereinzelt Beschreibungen der Häuser von Kurtisanen erhalten haben. Wir wissen beispielsweise, daß Saltarella 1539 ein Haus bezog, für das sie jährlich die beachtliche Summe von 80 Scudi Miete bezahlte. Der florentinische Gesandte Bracci zeigte sich von der Ausstattung dieser Wohnung beeindruckt. «Ich kann Euch versichern, daß es am päpstlichen Hof viele Kardinäle gibt, die nicht so prunkvoll wohnen, wie sie», schrieb er an Saltarellas Gönner Ugo Griffoni[148]. Was den besonderen Prunk dieses Hauses ausmachte, ist Braccis Beschreibung allerdings nur sehr undeutlich zu entnehmen. Wir erfahren lediglich, daß die Wände eines Zimmers ganz mit türkisfarbenem Damast ausgekleidet und reich mit Fransen verziert waren, daß es dort einen besonders schönen Alkoven gab, und daß Saltarella bereits über 1200 Scudi für die Gestaltung des Hauses ausgegeben hatte. Daß der Prunk ihrer Wohnung dem Palast eines Kardinals entsprach, ist zweifelsohne eine, vielleicht ironisch gemeinte, Übertreibung. Die Zahlen, die Bracci nennt, sind aber durchaus realistisch: Zehn Jahre später gab es in Rom mindestens neun Kurtisanen, die für ihre Häuser 80 oder mehr Scudi Miete bezahlten[149], und der Wert der Hauseinrichtung der wohlhabenden Kurtisane Lucrezia Galletta wurde 1566 von Sachverständigen auf über 2000 Scudi geschätzt[150]. Aus ihrem 1581 aufgenommenen Nachlaßinventar geht hervor, daß es in Lucrezias Haus am Arco dei Camigliani zwei Zimmer gab, die mit goldverzierten Ledertapeten ausgestattet waren, die in Rom damals als besonders vornehm galten. Ein weiterer Raum war mit Gobelins ausgeschlagen, während die Wand des Speisesaals im ersten Stock des Hauses mit 19 Kupfergefäßen verziert war. Lucrezia besaß zwei Klaviere, sechs Heiligenbilder, darunter eine Magdalenendarstellung, und eine größere Zahl von Nußholzmöbeln. Ihr Haus war zweifelsohne großzügig und komfortabel eingerichtet; übertriebener Luxus kann aus ihren Inventaren jedoch nicht abgelesen werden[151]. Was eine angesehene Kurtisane ausgeben mußte, um ihre Wohnung standesgemäß ausstatten zu können, erfahren wir aus einem Dokument aus dem Jahr 1576, als sich die berühmte venezianische Kurtisane und Dichterin Veronica Franco für einige Monate in Rom niederließ. Veronica kaufte von einem jüdischen Händler reich verzierte Ledertapeten für insgesamt drei Räume, sechs lederbezogene Sessel, fünf kleine bemalte Sitzbänke, eine Kredenz, drei Tische, ein französisches Nußholzbett und zwei gewöhnliche Betten mit Matratzen, Strohsäcken, Pölstern und Bettüberwürfen, zwei Kaminschirme «und andere notwendige Dinge». Der Preis für alle diese Einrichtungsgegenstände betrug insgesamt 220 Scudi[152]. Die Gegenstände, die hier genannt werden, finden sich bei fast allen Beschreibungen von Kurtisanenwohnungen. Der dafür geforderte Preis von 220 Scudi ist zwar nicht annähernd so hoch, wie der Wert der Einrichtung von Saltarella oder Lucrezia Galletta, dafür aber eine vermutlich realistische Angabe darüber, was eine Kurtisane im allgemeinen für die Ausstattung ihres Hauses ausgeben konnte oder wollte. Immerhin mußte selbst eine berühmte und gefeierte Frau wie Veronica Franco für den Ankauf dieser Gegenstände Schulden machen, die sie in der vorgesehenen Zeit nicht zurückzahlen konnte[153]. Ihr Beispiel zeigt uns, daß die Wohnungen erfolgreicher Kurtisanen zwar anspruchsvoll, aber keineswegs fürstlich eingerichtet waren. Wie in allen Bereichen müssen natürlich auch hier die sozialen Unterschiede zwischen den einzelnen Kurtisanen berücksichtigt werden. Wer so wie Maddalena Spagnola 1549 eine Jahresmiete in der enormen Höhe von 150 Scudi bezahlen konnte, bewohnte sicher ein wesentlich luxuriöser eingerichtetes Haus als diejenigen, die so wie Caterina Bolognese im gleichen Jahr nur 5 Scudi bezahlten. Dennoch war auch Caterina wohlhabend genug, um nicht als Prostituierte zu gelten und so wie Maddalena als Kurtisane besteuert zu werden[154].

Neben Kleidern, Schmuck und aufwendigem Hausrat war vor allem das Ausfahren in der Kutsche ein wichtiges Statussymbol. Die Kutschen waren eine Neuheit, die erst im 16. Jahrhundert aufgekommen war, und die dementsprechend als großer Luxus und als Privileg der Reichen und Mächtigen galt. Von Kardinal Borromäus wurde berichtet, er habe erklärt, daß man zwei Dinge nötig hätte, um in Rom erfolgreich zu sein: Man mußte Gott lieben, und eine Kutsche haben[155]. 1594 besaß in Rom eine Elite von etwa 600 Familien eigene Kutschen, während die weni-

Portrait einer Frau als Kleopatra. Venezianisch, 2. Hälfte 16. Jahrhundert.
Baltimore, Walters Art Gallery, Inv. Nr.: 37534. Das Bild zeigt ein mit
verschwenderischem Luxus ausgestattetes Schlafzimmer: Leder - oder Seidentapeten,
ein kostbarer Spiegel, ein geschnitzter, mit Samt überzogener Lehnstuhl und ein
Himmelbett mit kostbaren Textilien. Die Selbstverständlichkeit, mit der sich die
Dargestellte in ihrem Schlafzimmer portraitieren läßt, deutet ebenso wie
ihre reiche Kleidung und ihr Schmuck darauf hin, daß es sich um eine
wohlhabende Kurtisane handelt.

ger wohlhabenden Leute die begehrten Fahrzeuge bei Bedarf von den sogenannten «vetturini» mieten konnten[156]. Reiche Herren wie Monsignore Ciccolini benutzten, wie wir gesehen haben, die Ausfahrt in der Kutsche als einen Akt der Selbstdarstellung, begleitet von mindestens zwei Lakaien, die am Trittbrett des Wagens standen, und einem Troß von Dienern, der dem Gefährt zu Fuß folgte. Es mußte die Kurtisanen daher besonders hart treffen, als ihnen Papst Julius III. del Monte kurz nach seinem Regierungsantritt mit Erlaß vom 28. 02. 1550 ausgerechnet diesen Luxus strengstens verbot. «Angesichts des großen Mißbrauchs, den die Kurtisanen und Frauen von schlechtem Lebenswandel heutzutage mit dem Ausfahren in der Kutsche treiben, und weil es dadurch kaum noch möglich ist, sie von den Edelfrauen zu unterscheiden», wurde jeder «Kurtisane, Hure, oder Frau von schlechtem Lebenswandel» ab sofort der Gebrauch von Kutschen untersagt[157]. Bei Zuwiderhandeln drohte der Betreffenden die öffentliche Auspeitschung und die Verbannung aus dem Kirchenstaat. Um die Wirksamkeit des Verbots zu verstärken, sollte jeder, der einer Kurtisane seine Kutsche borgte, das Fahrzeug samt den Pferden verlieren, während der Kutscher, der es lenkte, mit zwei Seilschlägen zu bestrafen war. Den Herren, die gemeinsam mit einer Kurtisane ausfuhren, drohte hingegen eine Geldstrafe von 50 Scudi. Der Gebrauch von Kutschen dürfte bei Kurtisanen jedoch derart verbreitet gewesen sein, daß es trotz der harten Strafen noch Jahrzehnte dauerte, bis sich dieses Gesetz einigermaßen durchsetzen konnte. 1553 gab die Kurtisane Vincenza Veneta (die Exfrau des Kammhändlers Battista) noch ungeniert zu Protokoll, daß sie eine Kutsche besaß, die ihr ein Verehrer geschenkt hatte. Dieser hatte ihr, als er verreisen mußte, sogar den Vorschlag gemacht, sie solle das Gefährt, falls sie während seiner Abwesenheit in Geldnot käme, verkaufen. Bei seiner Rückkehr wollte er ihr dann eine neue Kutsche und zwei Paar Pferde schenken. Zu Vincenzas Angestellten gehörte dementsprechend auch ein Kutscher[158]. Es darf also nicht weiter verwundern, wenn im März 1555 die Caporioni bei einer ihrer Versammlungen feststellten, daß die Kurtisanen trotz des besagten Verbots nach wie vor eifrig Kutschen benutzten. Da der Stadt, wie sie meinten, daraus «größte Schmach und Schande» erwuchs, wandten sie sich in dieser Frage an den Kardinal von Neapel um Rat und Hilfe[159]. Der Kardinal versprach, daß er nach einer offiziellen Erneuerung des Kutschengesetzes für die Einhaltung desselben Sorge tragen würde. Allerdings wirken seine Beteuerungen wenig glaubhaft, wenn man bedenkt, daß er selbst nur wenige Tage zuvor die Einstellung des Verfahrens gegen die spanische Kurtisane Hippolita veranlaßt hatte, die aus ebendiesem Grund vor Gericht

gestellt worden war[160]. Die Caporioni entschlossen sich jedenfalls, vier
Herren aus ihrer Mitte zu bestimmen, die in Zukunft gemeinsam mit
dem Kardinal von Neapel über die Beachtung der Verordnung wachen
sollten. Dennoch blieb das Kutschenverbot eines der am häufigsten
verletzten Gesetze der Stadt. Zahllos sind die Beispiele von Kurtisanen,
die in den kommenden Jahrzehnten bei gelegentlich durchgeführten
Razzien in der Kutsche ergriffen und dann zu Geldstrafen verurteilt
wurden[161]. In vielen Fällen gehörten die Wägen, mit denen sie fuhren,
hochgestellten Persönlichkeiten: So wurden 1568 zwei Kurtisanen verhaftet, die die Kutsche von Scipione Gonzaga benutzt hatten[162], 1576
zahlte Giulio Soderini eine Strafe von 50 Scudi, weil Maria und Dianora Spagnola in seinem Wagen entdeckt worden waren[163], und 1582
wurde die Konkubine des Kardinalsbruders Ostilio Orsini ins Gefängnis gebracht, nachdem sie mit dessen Kutsche ausgefahren war[164]. Im
gleichen Jahr war einer der Gründe, weshalb Lavinia Romana ihr Verhältnis mit Monsignore Ciccolini beendete, daß er sie stets zu Fuß zu
sich kommen ließ, anstatt sie, wie sie es gewünscht hätte, in seinem
Wagen abholen zu lassen[165]. Lavinia empfand das als Zumutung,
obwohl sie natürlich wußte, daß ihr das Benutzen einer Kutsche eigentlich verboten war. Gerade wegen seiner häufigen Mißachtung war das
Kutschengesetz ein einträgliches Geschäft für den Kirchenstaat: Allein
im Juli 1584 mußten 42 Kurtisanen, die dagegen verstoßen hatten, insgesamt 2500 Scudi Strafe zahlen[166]! Es ist durchaus vorstellbar, daß man
es nicht zuletzt deshalb bei gelegentlichen Razzien und Geldstrafen
bewenden ließ, auf die härteren Leibesstrafen aber meist verzichtete,
weil dadurch dem Staat eine zusätzliche Einnahmequelle erwuchs, die
natürlich versiegt wäre, wenn die Kurtisanen gänzlich auf den Luxus
des Kutschefahrens verzichten hätten müssen. Erst unter dem strengen
Reformpapst Sixtus V. Peretti wurde das Gesetz mit einiger Härte verfolgt. Der französische Reisende Villamont, der im Herbst 1588 nach
Rom kam, berichtete jedenfalls, daß die Kurtisanen dort hochgeehrt
seien und die erstaunlichsten Freiheiten genössen, und daß man sie nur
deshalb von Edeldamen unterscheiden könne, weil ihnen von Papst
Sixtus das Benutzen von Kutschen bei harten Strafen verboten worden
sei: «Um sich der Härte dieser Verordnungen zu entziehen», so schreibt
er weiter, «gehen sie jetzt zu Fuß durch die Straßen, wodurch man sie
als Frauen ihres Standes erkennen kann»[167].

Im Gegensatz zu den Kutschen war die Beschäftigung von Dienern
ein Luxus, der keinerlei Beschränkungen unterworfen war. Selbst die
einfachste Kurtisane pflegte daher zumindest eine Magd in ihre Dienste zu nehmen. Einen einzigen Dienstboten zu haben, war allerdings

noch kein Luxus, sondern für jeden, der nicht der Unterschicht angehörte, also beispielsweise auch für Handwerker, eine Selbstverständlichkeit. Nur wer mehrere Leute in seinem Haus beschäftigte, konnte damit seinen höheren sozialen Status unter Beweis stellen. Die erfolgreichen unter den Kurtisanen hatten dementsprechend mehrere Dienstboten[168], von denen sie sich, ganz nach Art der vornehmen Damen, bei ihren Ausgängen begleiten ließen. Bei der Spanierin Maria Fasarga waren 1581 eine Dienerin Dorothea, die Diener Castro und Antonio und eine «schiava serva», die Mohrin Anna, beschäftigt[169]. Marias Personal entsprach damit vollkommen den Idealvorstellungen vom Haushalt einer «cortigiana onesta», da das Vorhandensein eines schwarzen Dienstboten als besonders vornehm galt. Andrea Calmo verwies in dem oben zitierten Brief darauf, daß er der Kurtisane Brunela neben zwei Dienerinnen und einem Knaben sogar einen «sarasin», also einen schwarzen Diener, bezahlt hätte[170]. Auch von Isabella de Luna wissen wir, daß sie eine schwarze Sklavin namens Scilla hatte, über deren künftiges Schicksal sie in ihrem Testament genaue Verfügungen traf[171]. Schwarze Sklaven waren ein Luxus, der auf eine gewisse Tradition zurückblicken konnte: Berühmt wurde der Fall der römischen Kurtisane Corsetta, die schon im späten 15. Jahrhundert einen dunkelhäutigen Diener hatte, den sie überdies Frauenkleider tragen ließ. Da man damals gerne der Knabenliebe frönte, dürfte es vielen der Herren, die Corsettas Haus besuchten, besonderes Vergnügen bereitet haben, zu entdecken, daß die «Mohrin» in Wahrheit ein Mann war. Entsprechend heftig war die Reaktion der Stadtobrigkeit, als sie 1498 über das wahre Geschlecht von Corsettas «Dienerin» informiert wurde: Der Mohr und seine Herrin wurden verhaftet und wie Verbrecher durch die Stadt geführt, wobei die Frauenkleider des Dieners hochgebunden wurden «damit man die Hoden oder Genitalien gut sehen konnte, und sein Betrug klar zutage trat»[172]. Die Kurtisane wurde nach dem Umzug wieder freigelassen, der bedauernswerte Schwarze jedoch einige Tage später öffentlich hingerichtet.

So wie männliche Haushaltsvorstände fühlten sich die Kurtisanen nicht nur für Familienmitglieder, sondern auch für die Dienstboten, die in ihrem Haus lebten, verantwortlich. Sie erhielten sie und beschützten sie gegen Dritte[173], nahmen sich aber gleichzeitig auch das Recht heraus, sie zu bestrafen und sogar physisch zu züchtigen, sobald ihnen dies angebracht schien[174]. Wenn eine Kurtisane ihr Testament machte, so wurden darin meist auch ihre Dienstboten bedacht[175]. Die Diener ihrerseits fühlten sich dem Haus, in dem sie lebten, oft sehr verbunden und waren auch bereit, es gegen Außenstehende in Schutz zu nehmen: Die

Diener der Kurtisane Angela Senza verprügelten deren Nachbarn, den spanischen Priester Dr. Gasparo Pontio, weil er ihrer Herrin stets seinen Abfall vor die Haustür warf[176]. Die Diener der Maria Fasarga wiederum taten alles, um die peinliche Tatsache, daß ihre Herrin in Untersuchungshaft war, zu verheimlichen. Als man die Magd Dorothea konkret auf Marias Verhaftung ansprach, reagierte sie gekränkt: «Man braucht meine gnädige Frau nicht zu verhaften», erklärte sie, «denn sie weiß sehr genau, wie sie sich verhalten muß»[177]. Das Leben einer Dienerin war allerdings ein hartes Los, denn bei geringem Lohn wurden größte Ergebenheit und Dienstfertigkeit erwartet. Wer diesen Anforderungen nicht entsprechen konnte, mußte mit Entlassung rechnen. Die ältliche Isabetta Pisana erzählte, daß ihre Herrin, eine reiche Kurtisane, die ein Haus mit Fresken bewohnte und ganz den Lebensstil einer großen Dame pflegte, sie bereits nach einer Woche entlassen hätte, weil sie ihren Vorstellungen von einer guten Dienerin nicht gerecht geworden sei: «Sie hatte mich einkaufen geschickt, und als ich zurückkam sagte sie, daß ich zu lange ausgeblieben war, und daß sie Dienerinnen wollte, die ihre Arbeit schnell verrichten, und deshalb entließ sie mich»[178]. Das Gefälle zwischen der Herrin und ihrer Dienerin war dermaßen groß, daß Isabetta nicht einmal den Namen der Frau kannte, für die sie eine Woche lang gearbeitet hatte: «Ich kann Euch nicht sagen wie sie heißt», gab sie zu Protokoll, «denn ich habe sie immer nur mit ‹Gnädige Frau› angeredet»[179]. Die Diener waren Personen, deren sozialer Rang in jedem Fall weit unter demjenigen ihrer Herrschaft lag. Vertraulichkeiten mit dem Personal waren daher auch bei Kurtisanen nicht üblich[180]. Dementsprechend wurde es von einer erfolgreichen Kurtisane als Zumutung empfunden, wenn man ihr den Vorschlag machte, ihr sündiges Leben aufzugeben und in die Dienste einer vornehmen Dame zu treten. Die Kurtisane Clementia de Rosatis alias «Livia» lehnte ein derartiges Ansinnen mit der Begründung «daß sie niemandes Dienerin sein wollte» sehr entschieden ab[181].

Bildung

Neben den besprochenen äußeren Merkmalen des Reichtums konnte der gesellschaftliche Rang einer Person auch an ihrem Bildungsgrad gemessen werden. Dementsprechend bestand einer der wesentlichsten Unterschiede zwischen einer Kurtisane und einer Prostituierten darin, daß die Kurtisane ein gewisses Maß an Bildung hatte, das es ihr erlaubte, sich in höchsten gesellschaftlichen Kreisen zu bewegen. Man erwartete von ihr, daß sie gute Manieren hatte, lesen, schreiben, singen, tanzen und ein Instrument spielen konnte. Auf welche Weise Frauen, die den unteren sozialen Schichten angehörten, zu dieser Art von Bildung kamen, ist nicht immer nachvollziehbar. Ausschlaggebend war zunächst wohl ein beträchtliches Maß an Intelligenz, das es den Mädchen erlaubte, rasch zu lernen und soviel als möglich von vornehmen Kunden abzuschauen. Von der berühmten Kurtisane Lucrezia alias «Matrema-non-vole» heißt es im «Ragionamento del Zoppino», daß sie als hübsches, aber aus einfachsten Verhältnissen stammendes Mädchen ursprünglich gänzlich ungebildet gewesen sei. Durch den Kontakt mit hochgestellten Kunden jedoch «begann sie, die Dinge zu verstehen und in den Häusern von Prälaten lernte sie, sich richtig zu kleiden und korrekt zu sprechen.»[182] Gelegentlich konnte es auch vorkommen, daß ein großer Herr Vergnügen daran fand, ein ungebildetes Mädchen von der Straße, das er zu seiner Geliebten gemacht hatte, zu einer Dame zu erziehen, wobei es wohl besonders pikant war, daß diese vermeintliche Dame ihm in Wirklichkeit für all das zur Verfügung stand, wovon er mit einer standesgemäßen Frau nicht einmal hätte sprechen dürfen. Einen solchen Fall schildert du Bellay in seinem Gedicht «La vielle courtisanne»: Die Erzählerin berichtet, daß sie mit 12 oder 13 Jahren erstmals von ihrer Mutter verkuppelt und dann mehrfach als «Jungfrau» verkauft wurde. Schließlich «einem besseren Weg folgend» wurde sie die Geliebte eines großen Prälaten, bei dem sie lernte «zu singen und zu tanzen/ Laute zu spielen und korrekt zu sprechen/ mich vorteilhaft zu kleiden/ und meinen Teint künstlich zu verschönern:/ Kurz, ich lernte dort durch gute Unterweisung/ die ersten Grundlagen meines Wissens»[183].

In den meisten Fällen war es jedoch eine alternde Kurtisane, nicht selten die eigene Mutter, die ihr Wissen an eine potentielle Nachfolgerin weitergab. So entstand eine sinnvolle Zusammenarbeit zwischen alten und jungen Kurtisanen: Die jungen erlangten eine Bildung, die ihnen auf normalem Weg nie zugänglich gewesen wäre, während die älteren sich durch das Heranziehen einer Nachfolgerin eine gewisse Altersversorgung schufen[184]. Die gebildetste und geistig hochstehendste der römischen Kurtisanen, Tullia d'Aragona, war auf diesem Weg zu ihrem Wissen gekommen[185]. Ihre Mutter, Giulia Campana, war selbst eine gefeierte Kurtisane und jahrelang die Geliebte des Kardinals Luigi d'Aragona gewesen. Sie förderte frühzeitig die Bildung ihrer Tochter, die schon als Kind eine ungewöhnliche Begabung erkennen ließ. Aus einem zeitgenössischen Bericht erfahren wir, daß sie als Halbwüchsige das Erstaunen gelehrter Männer hervorrief, weil sie «in latei-

nisch und italienisch Dinge sagte und schrieb, die jedes besseren Literaten würdig gewesen wären»[186]. Ihren großen Erfolg als Kurtisane
dürfte Tullia vor allem ihren hervorragenden Geistesgaben verdankt
haben, da ihr Äußeres dem damaligen Schönheitsideal nur bedingt entsprach. Ihre erstaunliche philosophische Bildung stellte sie in ihren
Gedichten und in ihrem 1547 veröffentlichten «Dialog über die Unend-
lichkeit der Liebe» unter Beweis, in dem sie schildert, wie sie mit den
Humanisten Benedetto Varchi und Lattanzio Benucci über Platons Auf-
fassung von der Liebe diskutiert[187]. Tullias Berühmtheit als gelehrte
Frau war so groß, daß auch andere Schriftsteller ihr in ihren Werken
ein Denkmal setzten: Sperone Speroni machte sie in seinem «Dialogo
dell'Amore» zur Dialogpartnerin der Dichter Niccolò Grazia und Francesco Maria Molza. Girolamo Muzio verewigte sie in vielen seiner
Gedichte unter dem hochtrabenden Pseudonym «Tirrenia», und Niccolò Martelli verglich sie in einem offenen Brief mit keinem Geringeren
als ihrem «Namensvetter» Marcus Tullius Cicero! Giraldi Cinzio und
Firenzuola standen Tullia zwar nicht besonders positiv gegenüber, fanden es aber immerhin der Mühe wert, sich in ihren Werken mit ihr zu
beschäftigen. Kein Wunder also, daß sich (wie der Dichter Domenichi
berichtet) in Tullias römischem Haus die Intellektuellen der Stadt trafen, um in entspannter Atmosphäre anspruchsvolle Themen, wie das
Werk Petrarcas, zu erörtern[188].

Tullia d'Aragona war, so wie ihre venezianische Kollegin, die dichtende Kurtisane Veronica Franco[189], zweifelsohne eine Ausnahme. Von
der Masse der Kurtisanen darf man kaum annehmen, daß sie einen ver-
gleichbaren Bildungsgrad hatten. Das Wissen, das sie sich, ohne je in
den Genuß einer seriösen Ausbildung zu kommen, aneigneten, war in
den meisten Fällen nicht mehr als ein oberflächlicher Anstrich von Bildung. Die mehr oder weniger erfolgreichen Bemühungen mancher Kurtisanen, kultiviert und gebildet zu erscheinen, forderten immer wieder
den Spott der zeitgenössischen Schriftsteller heraus. Die oben erwähnte
Matrema-non-vole hatte sich, wenn man den Dichtern glauben möchte,
einem lächerlichen Sprachsnobismus verschrieben: Sie, die ursprünglich selbst kaum der Schriftsprache mächtig gewesen war, sah sich, wie
Aretino schreibt, später als Erfinderin einer neuen, besonders gepfleg-
ten Sprache, wobei sie ihre Umgebung dazu anhielt, gebräuchliche Ausdrücke durch andere zu ersetzen, die ihr eleganter zu sein schienen[190].
Während er Matremas linguistische Ambitionen gnadenlos verspottet,
geht Aretino mit den anderen Kurtisanen noch härter ins Gericht. Er
unterstellt ihnen, daß sie nicht aus Interesse, sondern nur um ihre Kunden zu beeindrucken, stets die Werke von Ariost, Boccaccio und Petrarca

deutlich sichtbar auf ihren Tischen liegen hätten[191], und daß manche ostentativ in Büchern studieren, obwohl sie in Wahrheit nicht einmal lesen können[192]. Daß die Bildung von Kurtisanen mitunter nur vorgetäuscht war, mag seine Richtigkeit haben; daß sie aber samt und sonders lächerliche Hochstaplerinnen waren, ist wenig überzeugend. Man kann sich bei der Lektüre von Aretinos Schriften des Eindrucks kaum erwehren, daß er Frauen wie Matrema vor allem deshalb verspottete, weil sie sich über die intellektuellen Schranken, die ihrem Stand und ihrem Geschlecht traditionsgemäß auferlegt waren, hinwegsetzten und sich anmaßten, im kulturellen Leben der Stadt eine Rolle spielen zu wollen. Matremas tatsächliche Bildung scheint durchaus beachtlich gewesen zu sein, da ihr im «Ragionamento del Zoppino», wo man ansonsten keineswegs freundlich über sie berichtet, immerhin zugestanden wird, daß sie die meisten antiken und zeitgenössischen Autoren gelesen habe und daß sie so manchem Gelehrten in der Diskussion überlegen sei[193]. Das ganze Jahrhundert hindurch dürfte es Kurtisanen gegeben haben, die so wie Matrema genügend Bildung besaßen, um an geistig hochstehenden Gesprächen teilnehmen zu können. Noch 1581 vertraute der Philosoph Michel de Montaigne seinem Reisetagebuch an, daß er in Rom «zuweilen eine der öffentlichen Damen» besuchte, «um sie sprechen zu hören und an ihrer Behendigkeit meine Freude zu haben». Für Montaigne, der bestimmt ein anspruchsvoller Gesprächspartner war, war der Gedankenaustausch mit einer gebildeten Kurtisane ebenso vergnüglich wie die Teilnahme an einem theologischen Streitgespräch. Nur die Tatsache, daß sich die Damen die Konversation «gerade so teuer wie den ganzen Handel» bezahlen ließen, beeinträchtigte den intellektuellen Genuß[194].

In den römischen Archiven finden sich sehr vereinzelt und oft nur indirekt Hinweise auf den Bildungsgrad von Kurtisanen. Von einer Frau wie Lucrezia Galletta ist es zweifellos legitim anzunehmen, daß ihre Bildung ihrem Erfolg als Kurtisane und als Geschäftsfrau entsprach. Daß sie, im Gegensatz zu den Unterstellungen Aretinos, bestens lesen und schreiben konnte, zeigen ihre teils eigenhändig geführten Geschäftsbücher[195] und ihr letztes Testament, ein immerhin mehrseitiges Dokument, das sie mit sicherer und schöner Schrift selbst zu Papier gebracht hatte[196]. Daß sie darüber hinaus auch Bücher las, oder zumindest solche besaß, erfahren wir aus ihrem Nachlaßinventar, wo unter anderem ein voll gefüllter Bücherschrank erwähnt wird[197]. Ihre dichtende Kollegin Tullia d'Aragona hinterließ bei ihrem Tod 35 teils lateinische, teils italienische Bücher und 13 Musikbücher; für die damalige Zeit eine beachtliche Bibliothek[198]. Daß Kurtisanen im Besitz von Büchern waren, ist mehrfach belegt[199]. Ob sie diese auch lasen, oder wie Aretino meinte, sie lediglich als Statussymbole benützten, kann heute natürlich nicht mehr festgestellt werden. Kulturelle Ambitionen auf literarischem und musikalischem Gebiet gehörten jedenfalls zum Image einer erfolgreichen Kurtisane. Von der großen Imperia, dem Idealtyp der Kurtisane, berichtet Bandello, daß sie nicht nur italienische und lateinische Schriftsteller las, sondern auch selbst komponierte und dichtete[200]. Daß sich Kurtisanen als Schriftstellerinnen betätigten, ist mit Ausnahme der bereits erwähnten, berühmten Beispiele, heute nicht mehr nachzuweisen. Daß die Musik in ihrem Leben eine bedeutende Rolle spielte, ist hingegen vielfach belegbar. Von der jungen Laura da Modena, einer Schülerin der großen Isabella de Luna, wissen wir, daß sie 1552 damit beschäftigt war, das Lautenspiel zu erlernen[201]. Isabella Ximenes gab im gleichen Jahr einem ihrer Kunden Musikunterricht, bevor sie mit ihm ins Bett ging[202]. Camilla Senese «la Magra» veranstaltete 1559 in ihrem Haus kleine Konzerte[203]; und im Haus der Laura de'Valenti traf sich 1567 regelmäßig ein Kreis von Musikliebhabern, um gemeinsam mit der Dame des Hauses zu musizieren[204]. Noch 1606 lehrte die «berühmte Hure» Cicia ihre verwaiste Nichte, die sie zu ihrer Nachfolgerin heranziehen wollte, «zu musizieren, zu singen, zu tanzen und dergleichen»[205]. Zum Inventar jeder besseren Kurtisane gehörten dementsprechend auch Musikinstrumente[206].

Die große Bedeutung der Musik für das Kurtisanenwesen ist bestimmt kein Zufall. Die Pflege der weltlichen Musik war ein Merkmal höfischen Lebens[207]. An den italienischen Fürstenhöfen musizierten häufig auch die Hofdamen, die letztendlich das Vorbild der «Cortigiane» waren. Die Einstellung der Zeitgenossen zu musizierenden Frauen war allerdings sehr ambivalent: Die antike These, daß musikalische Betätigung Frauen besonders lüstern mache, war immer noch lebendig[208], weshalb das Musizieren selbst vornehmer Damen keineswegs unumstritten war. Nur jenen Frauen, die durch ihre noble Geburt und ihr zurückhaltendes, bescheidenes Betragen über jeden Zweifel erhaben waren, gereichte es zur Ehre, wenn sie gute Musikerinnen waren. Ansonsten wurde die musikalische Betätigung von Frauen als Zeichen von Leichtlebigkeit interpretiert. Kardinal Pietro Bembo, der Jahrzehnte zuvor ein glühender Bewunderer der musikalischen Fähigkeiten von Isabella d'Este gewesen war, schrieb daher 1541 an seine kleine Tochter Elena, die er in einem Kloster in Padua erziehen ließ: «Das Musizieren ist etwas für eitle und leichtlebige Frauen. Und ich möchte, daß Du die reinste und sittsamste Frau bist, die man sich denken kann»[209]. Er ermahnte das Mädchen daher, seinen brennenden

*Domenico Robusti, gen. Tintoretto: Musizierende Frauen (nach 1555).
Dresden, Staatliche Kunstsammlungen, Inv. Nr.: 265. Tintorettos Darstellung nackter,
musizierender Frauen zeigt, wie eng weibliche Musikalität und Erotik im Denken
der gebildeten Oberschicht der Renaissancezeit miteinander verknüpft waren.*

Wunsch, derartige Künste zu erlernen, zu unterdrücken und sich vielmehr darauf einzustellen, «demütig und gut und verständig und gehorsam zu sein»[210]. Einer Fürstin konnte ihre musikalische Begabung Ruhm
und Bewunderung einbringen. Die natürliche Tochter eines Kardinals
und einer ehemaligen Kurtisane mußte hingegen befürchten, daß das
Musizieren ihren Ruf und somit auch ihre Heiratschancen gefährdete.
Die erotische Bedeutung, die man der Musik beimaß, machte das Musizieren zu einer Tätigkeit, die von ehrbaren Ehefrauen zu vermeiden war.
Die Beschäftigung mit der Musik wurde so zu einem Privileg und Attribut der Kurtisanen; zu einem Mittel, das ihnen half, ihre Liebhaber adä-
quat zu unterhalten und zugleich die erotischen Genüsse, die sie ihnen
bereiteten, zu steigern[211]. Auch die anderen kulturellen Fertigkeiten, die
man von Kurtisanen erwartete, und die die meisten von ihnen zumindest oberflächlich beherrschten, hatten (so wie das Musizieren) letztendlich keinen anderen Zweck, als ihre anspruchsvollen Kunden in
möglichst vielen Bereichen befriedigen zu können. Sie sollten belesen

genug sein, um sich mit gebildeten Herren unterhalten zu können, wobei man von ihnen, im Gegensatz zu vornehmen Damen, erwartete, daß sie schlagfertig waren und auch unkonventionelle Gedanken frei und ungeniert zum Besten gaben. Sie sollten wissen, wie man sich in Gesellschaft hoher Würdenträger zu verhalten hatte, zugleich aber bereit sein, auf derbe Späße und Anzüglichkeiten positiv zu reagieren. Und sie sollten jene Künste beherrschen, die neben intellektuellem auch erotischen Genuß verschafften. Die Art und Weise, wie die Kurtisane diesen Ansprüchen gerecht wurde, hing von ihren Fähigkeiten und vom sozialen Stand und den Erwartungen ihrer Kunden ab. Wirkliche Bildung blieb vermutlich nur einer kleinen Elite vorbehalten, doch versuchten auch die einfacheren Kurtisanen, im Umgang mit ihren Kunden gute Manieren zu zeigen und sich zumindest äußerlich für Kultur zu interessieren.

Gerade am Beispiel der Bildung wird einmal mehr deutlich, wie ambivalent die soziale Stellung der Kurtisanen das ganze 16. Jahrhundert hindurch blieb. Während ein Mann ausgebildet wurde, um Neues zu schaffen, war das einzige Ziel der weiblichen Bildung, dem gelehrten Mann adäquate Zerstreuung zu bieten. Die geistigen Leistungen der Kurtisanen wurden daher nur dann honoriert, wenn sie dazu angetan waren, das Unterhaltungsbedürfnis ihrer Kunden zu befriedigen. Dafür genügte, neben guten Manieren, meist eine oberflächliche «Halbbildung», die es der Kurtisane ermöglichte «so sehr Hure im Bett, wie überall sonst eine vornehme Dame» zu sein[212]. Die vielgerühmte Bildung der römischen Kurtisanen darf also ebensowenig wie ihre soziale Anerkennung und ihre Unabhängigkeit darüber hinwegtäuschen, daß sie ihre einigermaßen privilegierte Stellung nur dem Umstand verdankten, daß sie sich an reiche und mächtige Männer verkauften. Das Kurtisanenwesen war ausschließlich auf die Bedürfnisse des Mannes zugeschnitten. Daß es zugleich begabten Frauen, wie Lucrezia Galletta die Möglichkeit bot, ihre Fähigkeiten zu nützen und ein selbständiges Leben in Wohlstand zu führen, war nicht mehr als eine unbeabsichtigte Nebenerscheinung.

«Mars» und «Venus»

Die Beziehung zwischen Kurtisane und Kunde

*T*ausende *von Männern* unterschiedlichster regionaler und sozialer Herkunft waren im Laufe des 16. Jahrhunderts Kunden von Kurtisanen. In den Archiven haben viele dieser Beziehungen allerdings keine oder nur sehr undeutliche Spuren hinterlassen. Oft ist es nur eine winzige Aktennotiz oder eine zufällig festgehaltene Bemerkung, die Jahrhunderte später den Beweis erbringt, daß ein bestimmter Mann tatsächlich Kunde einer Kurtisane war. Aus dem Kreis derjenigen, die nachweislich Beziehungen zu römischen Kurtisanen unterhielten, seien hier vier sehr verschiedene Herren herausgegriffen. Jeder von ihnen, der Hofbeamte, der Kardinal, der Fürst und der Kaufmann, war auf seine Art charakteristisch für einen bestimmten Kundentypus und steht somit stellvertretend für unzählige andere, deren Spuren sich im Laufe der Zeit verwischt haben.

Vier Kunden von Kurtisanen

Unter den zahllosen Ausländern, die Ende des 15. Jahrhunderts nach Rom kamen, um hier ihr Glück zu versuchen, befand sich auch der junge Deutsche Jacob Questenberg, der in den folgenden Jahren an der Kurie zu einiger Bedeutung gelangen sollte. Als typischem Vertreter der humanistisch gebildeten Kurialbeamten, die Rom zu Beginn des 16. Jahrhunderts bevölkerten, sei ihm hier nähere Beachtung geschenkt[1]. Vermutlich um 1465 wurde er als Sohn kleiner Leute, die mit jenen Questenbergs, die später in Österreich zu Macht und Ansehen kamen, nur den Namen gemeinsam hatten, in Wernigerode am Harz geboren. Durch die Protektion des Wormser Bischofs Johann von Dalberg, dem Haupt der Celtisschen literarischen Gesellschaft, wurde dem begabten Jüngling 1482 der Besuch der Universität von Erfurt ermöglicht, welche er zwei Jahre später mit dem Titel eines Baccalaureus verließ. Getrieben von «kaltberechnender Sorge», wie er später selber sagte, beschloß er seine Heimat zu verlassen und nach Rom zu ziehen, jenem Ort, wo sich einem ehrgeizigen jungen Mann von einfacher Herkunft am ehesten Aufstiegschancen boten. Nachdem er hier anfänglich seinen Lebensunterhalt durch das Abschreiben klassischer Werke verdient hatte, fand er bald in Marco Barbo, dem Kardinal von San Marco, einen neuen einflußreichen Gönner. Als Familiar des Kardinals lebte er im heutigen Palazzo Venezia, einem der wichtigsten geistigen und politischen Zentren der Stadt, wo er mit bedeutenden Persönlichkeiten in Kontakt kam und überdies seine Studien fortsetzen konnte. Durch die Unterstützung Barbos wurde ihm der Besuch der Lateinvorlesungen des berühmten Pomponius Laetus ermöglicht, während er sich im Hörsaal von Agyropulus, dem Erzieher von Lorenzo de'Medici, hervorragende Griechischkenntnisse aneignen konnte. Mit Hilfe seiner einflußreichen Gönner wurde auch sein beruflicher Ehrgeiz bald befriedigt. 1490 erhielt er das Amt eines apostolischen Brevenschreibers, kurz darauf folgten die Titel eines «familiaris Papae», eines «beständigen Tischgenossen des Papstes» und schließlich 1505 die Ernennung zum apostolischen Protonotar. Später sollten diesen Ämtern noch jenes eines «Clericus collegii», wodurch er mit der finanziellen Verwaltung des Kardinalskollegiums befaßt war, und eines wirklichen Geheimkämmerers («Cubicularius de numero participantium») folgen. Darüber hinaus beteiligte sich Questenberg natürlich auch an der Jagd, die die Kurialen auf gut dotierte Pfründen veranstalteten. Die eigentliche Attraktivität des Dienstes an der Kurie bestand ja in erster Linie in der Möglichkeit, sich durch die Erlangung solcher Ämter ein gesichertes und bequemes Einkommen verschaffen zu können. Im Laufe der Jahre gelang es Questenberg, eine beträchtliche Menge von Kanonikaten und anderen Pfründen in seiner deutschen Heimat zu erlangen, wodurch er zu einem äußerst wohlhabenden Mann wurde – eine Tatsache, die von seinen daheim zurückgebliebenen Lehrern und Freunden nicht ohne Neid registriert wurde. Selbstverständlich unterhielt er auch engen Kontakt zu seinen in Rom lebenden Landsleuten und spielte innerhalb der deutschen Kolonie eine bedeutende Rolle. Als 1509 für den Neubau der deutschen Nationalkirche Santa Maria dell'Anima Geld benötigt wurde, war seine Spende eine der höchsten, und wenige Jahre später war er einer der Vorsteher der Bruderschaft des deutschen Friedhofs. Mit jenen Freunden, die in der Heimat lebten, unterhielt er einen regen Briefwechsel, wobei er mitunter in eleganten lateinischen Versen bedauerte, sein Vaterland und seine Jugendfreunde verlassen zu haben. Als typisches Kind seiner Zeit war Questenberg nämlich auch dichterisch tätig, schrieb Oden an Freunde und Gönner und eine verloren gegangene Abhandlung über die antiken Denkmäler Roms. Seine hervorragenden Sprachkenntnisse nutzte er, um griechische Schriftsteller ins Lateinische zu übersetzen. Mit seiner eleganten Kalligraphie fertigte er berühmt schöne Abschriften der Werke antiker Autoren an, die als wertvolle Liebhaberausgaben für humanistisch gebildete Herren galten. Questenbergs historische Bedeutung liegt jedoch nicht in diesen Tätigkeiten, die ihn nicht wesentlich von anderen Zeit- und Berufsgenossen unterscheiden, sondern in seiner jahrzehntelangen Freundschaft zu dem großen Humanisten Reuchlin. Die beiden Deutschen hatten sich vermutlich 1490 in Rom kennenge-lernt und waren in der Folge durch regen Briefwechsel in Verbindung geblieben. In dem heftigen Streit, der sich 1514 wegen Reuchlins Gut-achten über hebräische Bücher zwischen ihm und dem Dominikaner-orden entwickelt hatte, war Questenberg einer seiner wichtigsten Für-sprecher am päpstlichen Hof. Allerdings dürfte er sich als guter Höfling davor gehütet haben, zu offen für seinen berühmteren Freund Partei zu nehmen, um nicht etwa das Mißfallen großer Herren zu erregen und sich damit selbst zu schaden. Als sich der Streit über Jahre hinzog und immer absehbarer wurde, daß die Sache Reuchlins verloren war, zog sich Questenberg mehr und mehr zurück, ließ Briefe des Freundes unbe-antwortet und bemühte sich nur noch, selbst unbeschadet aus der Sache hervorzugehen. Unmißverständlich ist daher auch die Rüge, die Reuch-lin in seinem letzten Brief an den alten Freund ausspricht: «Ich kenne ja [...] des alten Janus Antlitz; Du ziehst alles in Rechnung, blickst vor-wärts und rückwärts und willst bei niemandem anstoßen»[2]. Kurz dar-auf wurde Reuchlin offiziell verurteilt. Über Questenbergs weiteres Schicksal ist nichts Sicheres bekannt.

Die Person Jacob Questenbergs kann als stellvertretend für hunderte andere angesehen werden: Von niedriger Herkunft war es ihm durch Protektion einflußreicher Gönner sowie durch Intelligenz und Fleiß gelungen, innerhalb der kirchlichen Hierarchie eine durchschnittlich gute Karriere zu machen. Er verfügte nicht nur über den Ehrgeiz, son-dern auch über den Opportunismus, den ein einfacher junger Mann brauchte, um im komplizierten Ambiente der Kurie Erfolg zu haben. Dem Stil der Zeit entsprechend, beschäftigte er sich intensiv mit dem Studium der Antike und pflegte freundschaftlichen Umgang mit den großen Geistern seiner Epoche. Mit einem Wort: Es waren Leute wie er, die Rom um 1500 prägten. Dennoch wäre die lange Beschreibung sei-nes Lebens in diesem Zusammenhang nicht angebracht, wenn da nicht ein anderes kleines Detail in seiner Biographie wäre, das bisher nicht bekannt war: Der deutsche Geistliche, der als gebildeter und gutsitu-ierter Hofbeamter alle Eigenschaften besaß, die ihn zum Kunden einer «Cortigiana onesta» prädestinierten, hatte tatsächlich ein Verhältnis mit einer wohlhabenden Kurtisane namens Johanna de Fecholono. Wir wis-sen nichts weiter darüber, als daß dieser Verbindung eine Tochter namens Faustina entsprungen war, die, als ihre Mutter 1529 starb, mit einem gewissen Paolo Taffo aus Tivoli verheiratet war[3]. Aus Reuchlins Briefen wissen wir, daß Questenberg 1504 in eine nicht näher definierte unangenehme Situation geraten war. Vielleicht sind diese Schwierigkeiten in Zusammenhang mit der Geburt der Tochter Faustina zu sehen, die den ehrgeizigen Höfling plötzlich vor die Wahl stellte, entweder für sein Kind zu sorgen, was neben einer finanziellen Belastung vielleicht auch eine Beeinträchtigung seiner Karriere mit sich bringen konnte, oder sich den dadurch entstehenden Schwierigkeiten zu entziehen, indem er der Tochter die Anerkennung verweigerte. Daß es sich um Probleme dieser Art gehandelt haben könnte, wird dadurch erhärtet, daß Reuchlin seinem Freund bei dieser Gelegenheit das Paulus-Wort «Der Geiz ist die Wurzel alles Übels» in Erinnerung rief[4]. Tatsächlich war Faustina nicht legitimiert worden, obwohl in Rom sichtlich allgemein bekannt war, wer ihr Vater war, da sie sogar in offiziellen Urkunden als seine und Johannas natürliche Tochter bezeichnet wurde[5].

Für Männer wie Jacob Questenberg war die Beziehung zu einer Kurtisane die geradezu selbstverständliche Ergänzung einer Karriere am päpstlichen Hofe, die ihnen nicht nur sexuelle Befriedigung verschaffte, sondern auch dazu diente, ihren Status als Grandseigneurs unter Beweis zu stellen. Obwohl Gefühle bei solchen Beziehungen oft zweitrangig waren, konnte es vorkommen, daß sich aus dem Kontakt zwischen einer Kurtisane und einem ihrer Kunden ein Liebesverhältnis entwickelte, das zu einer eheähnlichen Beziehung führte, die nur aus Rücksicht auf die Karriere des männlichen Partners nicht legitimiert wurde. Ein mehr als prominentes Beispiel für dieses Phänomen ist die Verbindung des großen Schriftstellers und späteren Kardinals Pietro Bembo mit der ehemaligen Kurtisane Morosina[6]. Bembo war 1470 als Sohn des hochgebildeten venezianischen Patriziers Bernardo Bembo zur Welt gekommen. Da sein Vater immer wieder als Botschafter der Republik in die wichtigsten Zentren Italiens gesandt wurde, lernte Pietro schon früh die glänzenden Höfe von Florenz, Urbino und Ferrara kennen. Er erhielt dadurch eine höfisch-humanistische Prägung, die für sein weiteres Leben richtungweisend wurde. Wie sein Zeitgenosse Questenberg schlug auch Bembo aus finanziellen Überlegungen die Laufbahn eines Kurialbeamten ein, ohne deshalb seiner eigentlichen Berufung als Schriftsteller untreu zu werden. 1505 erschienen seine «Asolani», drei Prosadialoge über die Liebe, die er keiner geringeren als Lucrezia Borgia, der er in Ferrara den Hof gemacht hatte, widmete. 1525 folgten die «Prose della volgar lingua», einer der ersten bedeutenden Versuche einer «grammatica volgare» und somit ein wichtiger Markstein für die Entwicklung der modernen italienischen Sprache. Als offizieller Historiograph und Bibliothekar seiner Mutterstadt Venedig, ein Amt, das er seit 1530 innehatte, schrieb er schließlich die «Rerum Venetarum Historiae Libri XII», in welchen er die Geschichte der Republik von 1487

bis 1513 darstellte. Darüber hinaus veröffentlichte er Gedichte und
Oden an Freunde und Gönner, ebenso wie an seine Geliebte und an
seine Kinder. Denn so wie für die meisten seiner Zeitgenossen war auch
für Pietro Bembo die kirchliche Laufbahn keineswegs ein zwingender
Grund, auf intensive Beziehungen zum weiblichen Geschlecht zu verzichten.

1513 wurde eine gewisse Morosina, ein junges Mädchen von nur
16 Jahren, die offizielle Geliebte des damals bereits über Vierzigjährigen.
Trotz ihrer Jugend hatte Morosina zu diesem Zeitpunkt bereits eine
gescheiterte Ehe hinter sich. Da sie über eigene Einkünfte verfügte, die
so groß waren, daß ihre ältere Schwester Mariola ihr und nicht ihrem
Bruder Giovanni Battista testamentarisch die Aufgabe zuteilte, für ihre
alte Mutter zu sorgen, können wir annehmen, daß Morosina Kurtisane
war, auch wenn sie in keinem einzigen bekannten Dokument als solche
bezeichnet wurde[7]. Die Beziehung zwischen der Kurtisane und dem
päpstlichen Beamten entwickelte sich im Laufe der Jahre zu einem
eheähnlichen Verhältnis, dem erst der Tod der jungen Frau ein Ende
setzte. Theoretisch hätte Pietro Bembo, der lange Zeit nur die niederen
Weihen hatte, seine Geliebte auch heiraten können, doch hätte dies den
endgültigen Verzicht auf eine große kirchliche Karriere mit sich
gebracht. Es schien ihm daher ein Gebot der Vernunft zu sein, einerseits
die Beziehung zu Morosina nicht zu legalisieren und andererseits das
moralische Vergehen zu minimieren, indem er keinen höheren Weihe-
grad annahm, der ihn zur Ehelosigkeit verpflichtet hätte. Dieser Versuch, kirchliche Karriere und private Wünsche zu vereinen, dürfte
zwar Bembos moralisches Gewissen beruhigt haben, brachte ihn aber
in direkten Konflikt mit dem Kirchenrecht: Schon 1508 hatte er von
Julius II. die Kommende von Bologna nur unter der Bedingung zuge-
sprochen bekommen, daß er innerhalb von sechs Monaten die Profeß
ablegen müßte. Als ihm der gleiche Papst später auch noch die Kommende von Pola übertrug, war das nur darauf zurückzuführen, daß
Bembo behauptete, er sei dieser Verpflichtung nachgekommen, was keineswegs der Wahrheit entsprach. Da eine solche Lüge eigentlich strafbar war und die Ernennung außerdem ungültig machte, gestand er den
Fehler bei Regierungsantritt Leos X. öffentlich ein und erbat dafür die
Absolution. Der neue Papst verzieh ihm angesichts seiner großen Verdienste um den heiligen Stuhl und bestätigte ihn überdies in allen bisherigen Ämtern und Kommenden, allerdings unter der Bedingung, daß
er nun innerhalb eines Jahres die Profeß ablegen sollte. Auch dieses Mal
kam Bembo der unangenehmen Verpflichtung nicht nach und erhielt
vom sichtlich verständnisvollen Papst eine Verlängerung der Frist, die

schließlich alle zwei Jahre erneuert wurde, zuletzt am 05. 12. 1520 bis zum 05. 12. 1522 und darüber hinaus auf unbestimmte Zeit nach Gutdünken des Papstes. Diese angenehme Regelung hätte Bembos Gewissenskonflikten endgültig ein Ende setzen können, wäre sie nicht durch den plötzlichen Tod Leos X. (1521) hinfällig geworden. Vom sittenstrengen Nachfolger des Mediceers, dem Niederländer Hadrian VI., war eine solche Toleranz nicht mehr zu erwarten, weshalb Pietro Bembo am 06. 12. 1522, einen Tag nach dem Ablauf der letzten klar definierten Frist, doch noch die Profeß ablegte. Damit war seine Karriere innerhalb der Kurie gesichert, zugleich aber auch sein Status als zur Keuschheit und Ehelosigkeit verpflichteter Geistlicher endgültig festgelegt. So sehr Bembo auch versucht hatte, diesen Schritt zu vermeiden, blieb er letztendlich für sein Verhältnis zu Morosina ohne Bedeutung. Gemeinsam mit ihr zog er sich nun auf seine Villa in der Nähe von Padua zurück, wo er offiziell mit ihr zusammenlebte, und wo in den folgenden Jahren auch seine Kinder zur Welt kamen. Dem doppelten Makel ihrer Geburt als uneheliche Kinder einer verheirateten Frau und eines Geistlichen konnte durch die Legitimation relativ leicht abgeholfen werden. Bis zum Tod Morosinas, die 1535 im Alter von 38 Jahren in Padua starb, lebte Bembo mit ihr und ihren Kindern im gleichen Haushalt zusammen. Die Beziehung zwischen dem hohen Geistlichen und der ehemaligen Kurtisane hatte immerhin zweiundzwanzig Jahre gedauert. Obwohl Bembo den Verlust der Gefährtin zumindest äußerlich mit Fassung zu tragen wußte, dürfte ihr Tod ihn schwer getroffen haben. Noch Jahre später nämlich, als er bereits zum Kardinal ernannt worden war, schrieb er Sonette an sie, was ihm den öffentlichen Hohn des gefürchteten Spötters Pasquino eintrug[8].

Langfristig gesehen hatte sich Bembos Entscheidung für die Ablegung der Gelübde und gegen eine Eheschließung jedenfalls in jeder Beziehung bezahlt gemacht. Denn wenn man vom zweifelsohne vorhandenen Gewissenskonflikt absieht, welcher wohl die eigentliche Ursache für das lange Hinauszögern der Profeß war, so war es ihm auf diese Art gelungen, all das zu erreichen, was ein erfülltes und erfolgreiches Leben ausmachte: Er hatte neben seinem hervorragenden Ruf als Gelehrter und Dichter eine glänzende Karriere an der Kurie gemacht, die 1539 durch die Ernennung zum Kardinal gekrönt wurde. Darüber hinaus hatte er jedoch nicht auf die Freuden eines Familienlebens verzichten müssen und konnte seinen Besitz direkten, legitimierten Nachkommen hinterlassen. Das innige Verhältnis zu seiner Tochter Elena, von der er sagte «daß ich sicher auf der Welt nichts habe was mir kostbarer ist als dieses Mädchen»[9], war die Freude seines Alters. Für ihre

standesgemäße Verheiratung mit dem Venezianer Pietro Gradenigo
stürzte er sich in große Schulden, und als sie ihn schließlich zum
Großvater machte, schrieb er ihr besorgte Briefe, um sie in der fachge-
rechten Pflege des Neugeborenen zu unterweisen. All das schmälerte
seine Position als Kirchenfürst in keinster Weise, und als er 1547 in Rom
starb, war seine Stellung derart anerkannt und gefestigt, daß er sogar
als einer der «cardinali papabili»[10] galt.

Neben den meist hochgebildeten Vertretern der Geistlichkeit gab es
natürlich auch zahllose weltliche Herren, die in engem Kontakt zu den
römischen Kurtisanen standen. Die meisten Angehörigen großer Familien dürften zumindest vor ihrer Verheiratung oder später als Witwer
Verhältnisse zu Kurtisanen unterhalten haben. Viele waren auch als
Ehemänner nicht bereit, auf eine Geliebte zu verzichten, denn so wie für
die Geistlichen das Keuschheitsgelübde, so war für die Weltlichen die
Ehe nie eine wirkliche Fessel. Ein prominentes Beispiel ist der römische
Adelige Angelo del Bufalo, der seine Ehefrau Francesca de Cupis durch
jahrelange und stadtbekannte Verhältnisse mit der berühmten Imperia
und später mit Ambrosina de Pironibus betrog, was bezeichnender-
weise seinem Ruf als einem der hervorragendsten Herren der Stadt keinen Abbruch tat[11]. Religiosität und Unmoral, feinsinnige Bildung und
Gewalttätigkeit waren nicht nur keine Widersprüche, sondern jene
Komponenten, die den typischen römischen Grandseigneur dieser Zeit
erst ausmachten. Der Fürst Paolo Giordano Orsini, der zumindest in seiner Jugend ein vertrauter Gast römischer Kurtisanen war[12], vereinte in
seiner Person die extremsten Eigenschaften dieser zugleich feinsinnigen, rastlosen und gewalttätigen Zeit. Stellvertretend für viele weniger
berühmte Zeitgenossen sei ihm daher nähere Beachtung geschenkt[13].
Vermutlich 1537 war er als Sohn von Girolamo Orsini und Francesca
Sforza di Santa Fiore geboren worden. Da er beide Eltern früh verloren
hatte, wurde er vom Kardinal Santa Fiore, dem Bruder seiner Mutter,
erzogen. Als Angehöriger einer der reichsten und mächtigsten Familien
Italiens wurde er schon früh mit politischen und miltärischen Ehren
überhäuft: Cosimo de' Medici verlobte ihn bereits 1553 mit seiner erst
dreizehnjährigen Tochter Isabella, um ihn so für die kaiserliche Partei
zu gewinnen. Paul IV. ernannte ihn zum General und unterstellte ihm
die Aufsicht über die römischen Stadttore von San Lorenzo bis San Giovanni, und Pius IV. erhob 1560, unmittelbar nach dem Vollzug seiner
Ehe mit Isabella de'Medici, sein Lehen Bracciano zum Herzogtum. 1565
war es Orsini, der im Auftrag des Herzogs von Florenz die Kaisertoch-
ter Johanna, die zukünftige Gemahlin von dessen Sohn und Nachfolger
Francesco de'Medici, in Trient empfing. 1566 wurde er von Pius V.

anläßlich der drohenden Türkengefahr zum General der päpstlichen Armee ernannt, und 1571 nahm er an der Schlacht bei Lepanto teil, wobei er sogar ein feindliches Schiff eroberte – übrigens die einzige militärische Heldentat, die von ihm überliefert ist. «Als Oberhaupt und Vorstand der Familie Orsini gilt Paolo Giordano, Herzog von Bracciano und Schwiegersohn des Herzogs von Florenz», schrieb 1567 der venezianische Botschafter. «Er ist ein junger Mann von zirka 30 Jahren, außergewöhnlich dick, aber trotzdem stark und kräftig [...]; er gibt das Geld mit vollen Händen aus und ist so verschwenderisch, daß er über 150000 Scudi Schulden hat, obwohl er Einkünfte von 30000 Scudi [jährlich] hat»[14]. Diese Beschreibung dürfte äußerst treffend sein: Tatsächlich war Paolo Giordano für seine Verschwendungssucht bekannt, weshalb Herzog Cosimo immer wieder die astronomischen Schulden seines Schwiegersohnes begleichen mußte. Als Cosimo 1574 starb, hatte Orsini dennoch 135760 Scudi Schulden, zu denen noch 13830 Scudi an Zinsen kamen. Obwohl der neue Herzog Francesco seinem Schwager die erbetene Anleihe von 70000 Scudi verweigerte, organisierte dieser wenig später mit großem Pomp und Aufwand ein Fest für seine Cousine Costanza Sforza, die nach Rom kam, um den Papstsohn Giacomo Boncompagni zu heiraten. Paolo Giordano war ein Mensch, der in allem maßlos war: in seiner Verschwendungs- und Genußsucht ebenso wie in seinem Jähzorn, seiner Gewalttätigkeit und seinen Liebesleidenschaften. Als echter Renaissancemensch war er allen leiblichen Genüssen, besonders dem Essen und Trinken, zugetan, so daß er noch als relativ junger Mann für seine unglaubliche Leibesfülle berühmt wurde. Bereits 1562 hieß es, daß er wegen eines durch Fettsucht bedingten Nierenleidens im Sterben läge[15]. Obwohl er sich sichtlich wieder erholte, war er einige Jahre später derart schwergewichtig, daß ein normales Pferd ihn nicht mehr tragen konnte[16]. Dick, hellhäutig und mit rötlichem Haar, war er alles andere als ein attraktiver Mann. Die guten Manieren, mit denen er sein gewalttätiges Temperament zumindest äußerlich zügeln konnte, und die mit seiner Verschwendungssucht Hand in Hand gehende Großzügigkeit, machten ihn dennoch zu einem allseits beliebten und bewunderten großen Herren. Auch als er 1576 seine Frau Isabella auf den bloßen Verdacht hin, sie könnte ihn mit seinem Verwandten Troilo Orsini betrogen haben, eigenhändig erwürgte, änderte sich nichts an seiner glänzenden Stellung. Die Medici hatten Verständnis für derartige Gewalttaten: Nur zwei Tage zuvor hatte auch Isabellas Bruder Piero aus Eifersucht seine Frau Eleonore von Toledo durch mehrere Messerstiche getötet. Herzog Francesco, das Oberhaupt der Familie, ließ beide Morde ungesühnt. Vielleicht war sogar er es gewesen, der

Paolo Giordano auf die vermutliche Verletzung seiner Mannesehre aufmerksam gemacht hatte. Der nach Paris entflohene Troilo Orsini wurde
jedenfalls ein Jahr später durch einen von Francesco gedungenen Mörder erschossen. Paolo Giordano hingegen blieb weiterhin in bestem Einvernehmen mit der Familie seiner Frau, nahm als trauernder Witwer an
ihrem Begräbnis teil, und scheute sich auch nicht, Isabellas Verwandte
weiterhin um Geld zu bitten. Ähnlich kompromißlos zeigte sich der
Herzog von Bracciano einige Jahre später, als er sich leidenschaftlich in
die junge Vittoria Accoramboni verliebt hatte, die mit Francesco
Mignucci, dem Neffen des Kardinals Peretti, verheiratet war. Vermutlich in seinem Auftrag wurde Vittorias Ehemann 1581 ermordet, und
auch diesmal scheute sich Paolo Giordano nicht, dem Onkel seines
Opfers, Kardinal Peretti, einen offiziellen Beileidsbesuch abzustatten.
Nur wenige Tage nach der Ermordung Mignuccis heiratete Paolo Giordano, der seine Leidenschaft nicht länger im Zaum halten konnte, dessen Witwe Vittoria heimlich und gegen ein ausdrückliches Verbot des
Papstes. Als er die junge Frau nun unter dem Vorwand, sie sei in ihrem
Elternhaus nicht sicher, zu sich nahm und ausgerechnet in seinem römischen Lustgarten unterbrachte, war der Skandal perfekt. Ganz Rom war
nun überzeugt, daß der Kardinalsneffe im Auftrag Orsinis getötet worden war, damit dieser seiner bekannten Leidenschaft für dessen Frau
nachgeben könne. Der Herzog von Bracciano war zu mächtig, als daß
man ihn wegen eines derartigen Verdachts zur Rechenschaft hätte ziehen können, doch mußte er immerhin auf päpstlichen Befehl Vittoria zu
ihren Eltern zurückschicken und schwören, daß er sie nie wieder sehen
werde. Da der Herzog selbst unantastbar war, wurde nun seine Geliebte
wegen Verdachts der Anstiftung zum Mord längere Zeit ins Gefängnis
gebracht und zahllosen Verhören unterzogen. Paolo Giordano, der in
seiner Liebe ebenso maßlos war wie in seinem Haß und seiner Verschwendungssucht, war trotz des massiven Widerstands des Papstes
und der Medici nicht bereit, auf Vittoria zu verzichten. Am 24. 04. 1585
heiratete er sie offiziell, und kurz darauf machte er sie in seinem Testament zu seiner Haupterbin. Als im gleichen Jahr Kardinal Peretti, der
Onkel von Vittorias ermordetem Ehemann, als Sixtus V. zum Papst
gewählt wurde, schien es jedoch selbst dem mächtigen Herzog von
Bracciano angezeigt, Rom zu verlassen. Auf dem Weg nach Venedig
wurde er am 13. 11. 1585 vom Tod ereilt. Seine Witwe Vittoria wurde
wenig später in Padua ermordet aufgefunden.

Obwohl uns die Persönlichkeit Paolo Giordano Orsinis heute ungewöhnlich erscheinen muß, waren Männer wie er im Italien des 16. Jahrhunderts keine Seltenheit[17]. Ganz ähnliche Charakterzüge zeigte auch

einer seiner Jugendfreunde, der römische Patrizier Paolo de Grassi. Er hätte in der Geschichte keine Spuren hinterlassen, wenn er nicht durch sein heißblütiges Temperament zu wiederholten Malen mit dem Gesetz in Konflikt geraten wäre. Grassi gehörte zwar keiner der berühmten, großen Familien an[18], doch war er als Sproß einer alteingesessenen und reichen römischen Händlerfamilie eine stadtbekannte Persönlichkeit, der man allseits großen Respekt entgegenbrachte. Zu seinem Freundes- und Bekanntenkreis gehörten neben Paolo Giordano Orsini auch Mitglieder der anderen großen Adelsfamilien, wie der Massimo oder der Capozucchi. Grassis Vater Virgilio, der in einem Dokument aus dem Jahr 1531 als «nobilis iuvenis» bezeichnet wurde[19], war 1546 einer der «Consuli de'Mercanti di Roma» und erließ in dieser Eigenschaft gemeinsam mit anderen eine Art Gewerbeordnung für die römischen Sensale und Kaufleute[20]. Wie später sein Sohn Paolo, hatte auch Virgilio de Grassi in seiner Jugend engen Kontakt mit Kurtisanen und mußte sich 1532 sogar vor Gericht verantworten, weil er aus Eifersucht einen Bekannten seiner Freundin Faustina verprügelt hatte[21]. Allerdings dürfte Virgilio de Grassi derartige Jugendtorheiten bald abgelegt haben, da sein Name in den Gerichtsakten später nicht mehr auftaucht. Sein wahrscheinlich um 1535 geborener Sohn Paolo[22] war bereits ein großer Herr, als er 1559 erstmals aktenkundig wurde: Er bewohnte das Haus seines vermutlich schon verstorbenen Vaters auf der Piazza della Dogana, dem auch ein Warenlager und ein Stall angeschlossen waren. Für seine persönlichen Bedürfnisse stand ihm eine beachtliche Dienerschar zur Verfügung[23]: Ein gewisser Agnolo kleidete ihn an und aus, Bastiano war sein Kammerdiener, und die Soldaten Chirico, Cecco und Vincenzo waren bewaffnete Gefolgsleute, die ihn Tag und Nacht begleiteten. Darüber hinaus beschäftigte er einen gewissen Dario, der sichtlich eine Art Gesellschafter war, einige Stallburschen und bei Bedarf einen Fechtmeister, der ihn für bevorstehende Duelle trainierte[24]. Wenn er das Haus verließ, wurde er gewöhnlich von einem Gefolge von sechs Personen begleitet. Privat hatte er freundschaftlichen Verkehr mit den Angehörigen der besten Familien und ein dauerhaftes Verhältnis mit Camilla Senese, genannt «la Magra», einer der ersten Kurtisanen der Stadt.

Paolo de Grassi war überheblich und neigte dazu, gewalttätig zu werden, wenn jemand es wagte, sich seinem Willen zu widersetzen. Als er 1559, kurz nach dem Tod Papst Pauls IV., eines Nachts mit seinem Gefolge am Palast des Governatore vorbeikam, geriet er in maßlose Wut, weil einer der dort stationierten Soldaten ihn nach seinem Namen fragte. Überzeugt davon, daß der Soldat seine Kompetenzen über-

schritten hatte, ging Grassi mit dem Messer auf ihn los und rief den
anderen Wachsoldaten, die mit gezückten Schwertern aus dem Palast
kamen, um ihrem Kollegen zu helfen, voll Stolz entgegen: «Ich bin Paolo
de Grassi, wenn einer von Euch sich von mir umbringen lassen will,
dann soll er kommen!»[25]. Die Wirkung dieser Worte war beein-
druckend: Die eben noch wutentbrannten Soldaten entschuldigten sich,
weil sie Grassi nicht erkannt hatten, und ließen ihn unbehelligt ziehen.
Er war zu mächtig, um ihn direkt angreifen zu können. Daß sich diese
Szene unmittelbar nach dem Tod des Papstes abspielte, ist bestimmt
kein Zufall. Während der «Sedisvakanz», der Zeitspanne zwischen dem
Tod des alten und der Wahl des neuen Papstes, herrschten in Rom stets
Anarchie und Chaos: Das mehr oder weniger lange Fehlen eines Herrschers war Anlaß für Plünderungen und Gewalttätigkeiten aller Art, so
daß diejenigen, die wußten, daß sie Feinde hatten, sich für diese Zeit
sogar kleine Privatarmeen zulegten, sofern sie es sich leisten konnten.
Das Volk ließ seinen jahrelang aufgestauten Zorn an den nunmehr
schutzlosen Günstlingen des verstorbenen Papstes oder an besonders
verhaßten Institutionen aus, und die Angehörigen der großen Familien
genossen es, daß sie mit ihrem bewaffneten Gefolge für die Zeit des
«Interregnums» die wahren Herren der Stadt waren. Der neu gewählte
Papst erließ dann kurz nach Regierungsantritt traditionsgemäß eine
Amnestie für die in der Zeit der Sedisvakanz begangenen Verbrechen
(deren Untersuchung aufgrund des allgemeinen Chaos meist auch
kaum möglich gewesen wäre), worauf man wieder zu geordneten Verhältnissen zurückkehrte. Maßlose Persönlichkeiten wie Paolo de Grassi
sahen sich in der Zeit der Sedisvakanz noch weniger als sonst veranlaßt, ihr gewalttätiges Temperament zu zügeln. Der erwähnte Zusam-
menstoß mit den Leuten des Governatore war daher nur das Vorspiel
zu einer Serie von bewaffneten Konflikten. Als Grassi und sein Gefolge
kurz darauf von einer Gruppe unbekannter Männer, die er für Soldaten
des Governatore hielt, angegriffen wurde, wollte er als Rache eine regel-
rechte Revolte vom Zaun brechen. «Wir sind auf unserem eigenen
Grund und Boden, wir sind Römer, während der Sedisvakanz sind wir
die Herren und ist das Volk der Herrscher!»[26], rief er rasend vor Zorn.
Die Soldaten des Governatore, so behauptete er, «ficken unsere Frauen
und ficken unsere Schwestern»[27], weshalb es nötig sei, «daß wir Römer
uns zusammenschließen und [ihren Palast] anzünden»[28]. Zwar schickte
Domenico de'Massimi auf die Nachricht von dem Aufruhr einen Boten
zu Grassi, der ihm versicherte, Domenico würde ihm mit seinem
Gefolge zu Hilfe kommen, doch wollte man erst feststellen, ob die Mis-
setäter tatsächlich Leute des Governatore gewesen waren, bevor man

soweit ging, den Palast der obersten weltlichen Instanz der Stadt (wie Paolo vorschlug) in Brand zu stecken. Obwohl es Grassi letztendlich nicht gelungen war, seine Freunde für den Anschlag auf den Gouverneurspalast zu gewinnen, wurde der Fall nach Ende der Sedisvakanz Gegenstand einer gerichtlichen Untersuchung, die aber nach Erlaß einer Generalamnestie durch den neuen Papst (Pius IV.)[29] eingestellt worden sein dürfte.

Nur ein knappes Jahr später, im Juni 1560, stand Grassi bereits wieder vor Gericht. Er war eines Nachts mit Freunden und einer Kurtisane durch die Straßen der Stadt gezogen und bei der Kirche San Ambrogio auf eine Gruppe von Familiaren des Kardinals Gaddi gestoßen. Da Paolo die Leute Gaddis provoziert hatte, kam es zu einem Straßenkampf, in dessen Verlauf zwei Brüder des Kardinals schwer und einer seiner Angestellten lebensgefährlich verletzt wurden. Diesmal entging Paolo seiner Strafe nicht, denn die Verwandten eines Kardinals waren mächtige Persönlichkeiten. Er wurde aller seiner Güter für verlustig erklärt und für ewig aus dem Kirchenstaat verbannt[30]. Allerdings waren derartige Urteile, vor allem, wenn sie gegen einflußreiche Leute erlassen wurden, nur von sehr beschränkter Wirkung. Meist konnten die Delinquenten spätestens nach dem Tod des Papstes nach Rom zurückkehren und ihre Güter und Ämter wieder in Besitz nehmen. So darf es auch nicht weiter verwundern, wenn man Grassi Jahre später abermals in den Gerichtsprotokollen begegnet. Im April 1581 hatte der nunmehr fast Fünfzigjährige gemeinsam mit einem Komplizen einen Römer namens Valerius Collutius am Campo de' Fiori mit vier Degenstichen getötet. Das Gericht verurteilte ihn zu einer Geldstrafe von 200 Dukaten und verbannte ihn, falls er das Verbrechen gestehen sollte, für immer aus dem Kirchenstaat[31]. Das ist das letzte was man über den Lebensweg des Paolo de Grassi erfährt. Sein Verhältnis zu den römischen Kurtisanen wird uns in den folgenden Kapiteln des öfteren beschäftigen.

Anbahnung und Beginn von Beziehungen

War die Kurtisane noch sehr jung, so war es für gewöhnlich ihre Mutter, die die Gespräche mit eventuellen Interessenten führte, um für ihre Tochter ein möglichst lukratives Abkommen zu treffen. Es dürfte sich dabei meistens um höchst unromantische und sehr geschäftsmäßige Besprechungen gehandelt haben, bei denen beide Teile versuchten, ein Maximum für sich zu erreichen, wobei die Wünsche des Mädchens weder erfragt noch berücksichtigt wurden. «Unsere Beziehung begann in einem Weingarten, wo ich die Mutter ansprach», erzählte 1582 der wohlhabende Monsignore Claudio Ciccolini über den nüchternen Anfang seines dreijährigen Verhältnisses zur Kurtisane Lavinia Romana. «Ich machte mit der Mutter dieser Lavinia aus, daß sie mir ihre Tochter überlassen sollte, und sie versprach, sie mir zu übergeben», berichtete er weiter[32]. Daraufhin wurde zwischen den beiden vereinbart, daß Lavinia den Monsignore zweimal wöchentlich in dessen Wohnung besuchen sollte, wofür er ihr jeden Monat zehn Scudi bezahlen wollte. Arrangements dieser Art waren keine Seltenheit. Auch der reiche Genueser Bankier Tobia Pallavicino bot 1546 einer Kurtisanenmutter eine monatliche Bezahlung, um ihre Tochter ab und zu zu sich nach Hause nehmen zu können[33]. In diesem Fall wurde das Angebot abgelehnt, da die Mutter um den Ruf ihrer Tochter fürchtete, falls diese «Hausbesuche» machte, anstatt ihre Kunden in der eigenen Wohnung zu empfangen. Möglicherweise war diese Begründung aber lediglich eine Taktik, die den zahlungskräftigen Kunden dazu bringen sollte, sein Angebot zu erhöhen. Als die Kupplerin nämlich erfuhr, daß der Genueser, der keineswegs daran dachte, sich ihren Wünschen zu beugen, bereits mit einer anderen Kurtisane handelseins geworden war, schickte sie sofort nach ihm, um ihm mitteilen zu lassen, sie sei doch mit seinen Bedingungen einverstanden. Nicht immer wurden derartige «Verträge», die ja lediglich mündliche Vereinbarungen waren, auch tatsächlich eingehalten. Lavinia Romana war von dem Abkommen, das ihre Mutter für sie getroffen hatte, wenig begeistert und kam daher ihren Verpflichtungen nur sporadisch nach. Vor allem als ein vermutlich großzügigerer Kunde aufgetaucht war, wurde der Monsignore vernachlässigt. «Der Vertrag wurde dann nicht in dieser Form durchgeführt», berichtete er selbst, «[die Mutter] konnte sich nicht daran halten sie mir zweimal die Woche zu schicken, wie sie mir versprochen hatte, weil sie mir sagte, daß sie von einem Spanier ausgehalten wurde»[34]. Anscheinend war es selbstverständlich, daß ein Liebhaber, selbst wenn er «Dauerkunde» war, zurückstecken mußte, sobald ein besser zahlender Rivale aufgetaucht war. Ciccolini schien sich an dieser Konkurrenz auch nicht weiter zu stoßen, zog allerdings die Konsequenz, Lavinia nun kein monatliches Fixum mehr zu bezahlen. Statt dessen erhielt sie von ihm bei jedem zweiten oder dritten Besuch zirka fünf Scudi.

Mit zunehmendem Alter und Erfolg gewannen die Kurtisanen dann an Selbständigkeit und fällten die Entscheidung, ob und zu welchem Preis sie ein Verhältnis anfangen wollten, selbst. Um die Aufmerksamkeit künftiger Kunden auf sich zu lenken, trachteten sie danach, sich so oft und so vorteilhaft wie möglich in der Öffentlichkeit sehen zu lassen.

Willkommener Anlaß hiefür waren große kirchliche Feste und Prozessionen, bei denen die ganze Stadt auf den Beinen war, aber auch der normale, sonntägliche Kirchgang bot den Kurtisanen, ebenso wie die Ausfahrt in der Kutsche oder der Besuch eines Weingartens, Gelegenheit, ihre Reize zur Schau zu stellen[35]. An gewöhnlichen Tagen hingegen verbrachten sie jede freie Minute am Fenster, um sich einerseits dem «Publikum» zu zeigen und andererseits mit Nachbarinnen und Passanten zu plaudern[36]. Die Herren wiederum verbrachten ihre Zeit gerne damit – je nach Stand zu Fuß, zu Pferd oder in der Kutsche – durch die Straßen der Stadt zu flanieren, um dieses Schauspiel zu genießen. «Die Männer scheinen nur auf der Welt zu sein, um vor diesen Fenstern den Hut zu ziehen, tiefe Verbeugungen zu machen und im Vorübergehen einen feurigen Blick zu erhaschen», schrieb Michel de Montaigne, der überdies berichtete, daß einige Herren sogar das Oberteil ihrer Kutschen abheben ließen, um die Kurtisanen an ihren Fenstern besser beobachten zu können[37].

Hatte sich der Kunde für eine bestimmte Kurtisane entschieden, so war noch keineswegs gesagt, daß er mit ihr auch handelseins wurde. Zunächst mußte der Kontakt zu der betreffenden Dame hergestellt werden. Giacomo Acciaiuoli, ein Gefolgsmann des Kardinals Gesualdi berichtete 1591, die Kurtisane Clementia de Rosatis alias «Livia» gesehen zu haben, als er zufällig an ihrem Haus vorbeikam. Da sie ihm gefiel, sprach er zunächst mit ihrer Dienerin, die dann dafür sorgte, daß er von der Herrin empfangen wurde[38]. Langwieriger gestaltete sich der Beginn des Verhältnisses zwischen der deutschen Kurtisane Rodiconda und einem ebenfalls deutschsprachigen Reisenden[39]. Der junge Interessent ging zunächst, wie genau registriert wurde, zwei Tage vor Rodicondas Haus auf und ab, ohne jedoch zu versuchen, mit ihr in Kontakt zu treten. Erst am dritten Tag entschloß er sich, an ihre Tür zu klopfen und unter dem Vorwand, er hätte einen Brief für Rodiconda, um Einlaß zu bitten. Er wurde jedoch nicht zur Herrin vorgelassen, sondern mußte das Schreiben ihrer Dienerin übergeben. Erst als Rodiconda feststellte, daß der Brief gar nicht an sie gerichtet war, ließ sie den Fremden zu sich rufen, um ihn zurückzugeben. Jetzt endlich hatte er Gelegenheit, mit ihr zu sprechen und einen ersten Kontakt herzustellen. Beim Abschied erzählte er ihr, daß er auf einige Tage nach Neapel fahren wollte und übergab ihr einen kleinen goldenen Ring, den sie als Andenken an ihn behalten sollte. Bereits am nächsten Tag erschien er jedoch wieder bei Rodiconda, da man ihm, wie er behauptete, von der Reise abgeraten hatte. Als er sie nun immer wieder besuchte, deutete ihm die Kurtisane schließlich ihr Interesse an seiner schweren goldenen Halskette an,

*Zwei Herren bitten eine Kurtisane um Einlaß in ihr Haus. Zeichnung (nach 1550)
aus dem Manuskript «Mores Italiae» (fol. 72). Beinecke Rare Book and Manuscript
Library, MS 457, Yale University, New Haven, Connecticut.*

durch deren Überlassung er dann endlich in den Genuß ihrer Liebes-
gunst kam.

Wie die weitere Entwicklung dieser Beziehung zeigen wird, war die
umständliche Einführung des jungen Deutschen wohl darauf zurückzuführen, daß er zwar von der Kurtisane sehr angezogen war, vor den
Kosten eines Liebesabenteuers aber zurückschreckte. Diejenigen Herren hingegen, für die Geld keine besondere Rolle spielte, gingen bei
ihrer Liebeswerbung wesentlich direkter vor. Der römische Patrizier
Paolo de Grassi, der lange Zeit der Liebhaber der Kurtisane Camilla «la
Magra» Senese war, machte keine besonderen Umstände, als er um eine
ihm völlig unbekannte Spanierin namens Ottavia warb. Er hatte sie

zufällig auf der Straße gesehen, als er mit seinem Gefolge vor dem Haus der Kurtisane Beatrice stand. Vermutlich um diese zu ärgern, begann er sofort der Vorbeigehenden den Hof zu machen. «Paolo stellte sich vor sie hin und fixierte sie und sagte ihr: ‹Gib' mir einen Kuß!›», erzählte später einer seiner Begleiter, «und diese Spanierin weigerte sich ihm einen zu geben; und Paolo wiederholte es ihr und die Hure sagte: ‹Nicht hier, mitten auf der Straße›, und Paolo sagte: ‹Um Himmels Willen, küß' mich!›, so oft, daß sie ihn schließlich küßte.»⁴⁰ Nun wollte Paolo die Adresse der Kurtisane erfahren, worauf diese, über seine Verhältnisse sichtlich bestens informiert, obwohl sie nicht mit ihm bekannt war, ihm nur antwortete: «Geh' zu deiner Camilla und zu deiner Giulia Napolitana»⁴¹. Grassi ließ sich jedoch nicht so leicht abweisen, sondern fragte sie ungeniert, ob sie nicht mit ihm schlafen wollte. Erst als Ottavia erklärte, daß sie diese Nacht bereits einem Gefolgsmann des Kardinals Pio de'Carpi versprochen hatte, spielte er den Grandseigneur, der einen anderen nicht um sein Recht bringen wollte und ließ sie ziehen. Allerdings beauftragte er einen seiner Diener, der Kurtisane zu folgen und herauszufinden, wo sie wohnte. Wenig später konnte der «Spion» dann Paolo und seine Leute zum Haus Ottavias bei Monte Citorio führen. «Herr Paolo klopfte», erzählte der Zeuge weiter, «worauf am Fenster die Mutter der Ottavia erschien und ihm sagte, daß sie nicht öffnen wolle, weil gewisse Herren anwesend waren. Er klopfte ein zweites Mal, und Ottavia zeigte sich und sagte, daß sie nicht aufmachen wolle»²⁵⁴. Nachdem Grassi weiter insistierte und versprach, sie nicht lange aufzuhalten, öffnete sie ihm schließlich doch. Selbstverständlich hielt sich Grassi, nachdem er endlich Einlaß gefunden hatte, nicht mehr an sein Versprechen, sondern belagerte mit seinen Leuten Ottavias Haus mehrere Stunden bis in den Abend hinein, wobei er immer wieder versuchte, die Kurtisane dazu zu überreden, die Nacht mit ihm zu verbringen. Glücklicherweise hatte Ottavia eine Schwester, die in der Zwischenzeit für die Unterhaltung jener beiden Herren sorgte, die bereits vor Grassi in ihrem Haus anwesend gewesen waren. So konnten Eifersuchtsszenen vermieden werden, die sonst vermutlich unausweichlich gewesen wären. Erst nachdem diese beiden gegangen waren, gelang es Paolo, die Kurtisane dazu zu bewegen, ihn in sein Haus zu begleiten. Dem Kunden, dem sie den Abend bereits versprochen hatte, wurde die Nachricht hinterlassen, er könne sie, falls er auf seiner Verabredung bestehen sollte, bei Grassi abholen lassen. Daß Ottavia schließlich doch noch auf Paolos Werbung einging, lag vor allem daran, daß er ihr ein dauerhaftes Verhältnis mit großzügiger monatlicher Bezahlung in Aussicht stellte.

Nicht alle Freier waren so erfolgreich wie Paolo de Grassi. Es konnte durchaus vorkommen, daß Kurtisanen Angebote ablehnten, weil sie nicht lukrativ genug waren oder weil ihnen der betreffende Herr nicht gefiel. Die Kurtisane Aurelia de Angaria stand eines Tages vor ihrem Haus bei San Simeone auf der Straße, um ihr frisch gewaschenes Haar zu trocknen. Falls sie auf diese Art das Interesse der vorbeigehenden Herren erwecken wollte, so sollte sie nicht enttäuscht werden, denn ein junger Passant rief ihr begeistert zu: «Madonna, ihr habt einen schönen Lockenkopf!»[43]. Solcherart auf sie aufmerksam geworden, kehrte er tags darauf zu ihrem Haus zurück und erklärte: «Madonna, gestern schient ihr mir sehr schön zu sein, und heute noch viel mehr»[44]. Wenig später kam er abermals zu ihrer Wohnung, um nun endlich ein konkretes Angebot zu machen. Wie Aurelia selbst erzählte, beteuerte er, «daß er vor Sehnsucht nach mir starb, und daß er mir einen Scudo geben wollte»[45]. Da sie jedoch ablehnte, öffnete er eine samtene Börse und sagte: «Madonna, stecke deine Hand hier herein und nimm was du willst»[46]. Weder dieses verlockende Angebot, noch der Korb mit Birnen, den er ihr kurz darauf zum Geschenk machte, konnten Aurelia jedoch dazu bewegen, ihn zu erhören.

Verlauf der Beziehungen

Nur große Herren, für die Geld keine Rolle spielte, konnten es sich leisten, eine Kurtisane für sich allein in Anspruch zu nehmen. Die Kurtisane, die ein exklusives Verhältnis mit einem einzigen Kunden eingegangen war, wurde in den Quellen für gewöhnlich dann nicht mehr als «cortigiana», sondern als dessen «concubina» oder «femina» bezeichnet[47]. Im allgemeinen jedoch verschaffte auch ein vertragsmäßig festgelegtes Verhältnis zwischen einem Herren und einer Kurtisane dem männlichen Teil keinen «Exklusivanspruch» auf seine Geliebte. Die Verpflichtungen der Kurtisane erstreckten sich meist auf einige Tage der Woche, an denen sie ihrem Geldgeber zur Verfügung zu stehen hatte. An den übrigen Tagen stand es ihr hingegen frei, andere Liebhaber zu empfangen. Nicht selten dürfte der Hauptkunde selbst als Vermittler oder zumindest als wohlwollender Beobachter von Abenteuern seiner Freunde mit seiner eigenen Geliebten fungiert haben.

Lelio Capilupi, ein mantuanischer Aristokrat im Dienste der Gonzaga, berichtete 1546 in einem Brief von seinem Liebesabenteuer mit einer in Rom lebenden neapolitanischen Kurtisane[48]. Capilupi, dem sichtlich die Mittel fehlten, um ein dauerhaftes Verhältnis mit einer Kurtisane einzugehen, hatte die «Napolitana» für eine Nacht verpflichtet. Um die zu erwartenden Liebesfreuden würdig einzuleiten, und vermutlich auch um seinen Status als Grandseigneur unter Beweis zu stellen, veranstaltete er am gleichen Abend ein Festessen für die Kurtisane und zehn ausgesuchte Freunde. Unter den Teilnehmern war nicht nur ein als «il Baron» bezeichneter reicher Spanier, der sich rühmte, ihr erster Kunde in Rom gewesen zu sein, sondern auch der Genueser Bankier Tobia Pallavicino, der die Napolitana, nach der oben erwähnten Ablehnung seines Angebots durch die Mutter einer anderen Kurtisane, zu seiner offiziellen Geliebten gemacht hatte. Um der alten Kupplerin, die ihre Entscheidung bereits bereute und hoffte, nun doch noch mit ihm handelseins zu werden, einen bösen Streich zu spielen, ließ Pallavicino ihr mitteilen, daß er am nämlichen Abend im Haus seines Freundes Capilupi mit ihr verhandeln wolle. Als sie dort, zur allgemeinen Überraschung, in Begleitung ihrer Tochter erschien, mußte sie jedoch feststellen, daß sie nur ungebetener Gast bei einem Festmahl zu Ehren der Konkurrentin war. Pallavicino wurde nun zum Gegenstand der Eifersucht zwischen den beiden Kurtisanen, während er selbst offensichtlich keinerlei Probleme hatte, das Abenteuer der Napolitana (deren Stellung als seine Geliebte er im übrigen keineswegs anzufechten gedachte) mit seinem Freund zu akzeptieren. Ähnlich unbekümmert verhielt sich dreißig Jahre später Monsignore Ciccolini, der seine Freunde regelrecht animierte, bei seiner Geliebten Lavinia Romana ihr Glück zu versuchen. Ein gewisser Capitano Federico erzählte über den Beginn seiner Bekanntschaft mit Lavinia, der Monsignore hätte ihm eines Tages vorgeschwärmt, «daß sie eine wunderschöne Frau sei, bescheiden und mit besten Manieren. Er wollte, daß ich sie sähe und zeigte sie mir, da sie in einem Zimmer in Monsignores Haus war. Und ich sah sie und sie schien mir wirklich schön zu sein»[49]. Als Federico daraufhin seinerseits begann, Lavinia den Hof zu machen und tagelang vor ihren Fenstern auf und ab zu gehen, zeigte Ciccolini nicht die geringste Eifersucht. Im Gegenteil: Als sich der Capitano bei ihm beschwerte, daß Lavinia ihn nicht erhören wollte, ließ er ihr sogar ausrichten, sie solle seinen Freund besser behandeln. Alessandro Drago wiederum war mehr als zufrieden, als ihm die Kurtisane Caterina di Ragusa, mit der er bereits seit vier Jahren ein Verhältnis hatte, 1548 eröffnete, daß sie nun auch eine Verbindung mit seinem Freund Antonio de Auffida eingehen wolle. Er vereinbarte mit dem Freund, gemeinsam für Caterinas Unterhalt zu sorgen, und so andere Konkurrenten auszuschalten[50].

Natürlich war eine derartige Gleichgültigkeit Rivalen gegenüber nicht immer gegeben. Zwar war es kein Problem, die Geliebte mit

Freunden und Gleichgestellten zu teilen, doch hatte die Toleranz dann ein Ende, wenn ein sozial Untergebener die gleiche Frau begehrte. Die junge Kurtisane Laura da Modena, eine der «Schülerinnen» von Isabella de Luna, stand 1552 noch am Beginn ihrer Karriere und hatte dementsprechend wechselnde Liebhaber. Als sie ein dauerhaftes Verhältnis mit Diego de Villucellada, einem Gefolgsmann des spanischen Botschafters, anfing, behielt sie zwei ihrer regelmäßigen Kunden bei. Ein dritter, ein gewisser Baldassare Spagnolo, war jedoch sozial derart untergeordnet, daß sie sich für seine Freundschaft genierte, und versuchte, diese vor Diego zu verbergen. Als er dennoch davon erfuhr, stellte er Laura zur Rede und nahm ihr das Versprechen ab, «daß dieser Baldassare mich nie wieder berühren würde»[51]. Mit einem so weit unter ihm stehenden Landsmann wollte Diego nicht teilen, während ihn die Existenz der beiden anderen Liebhaber nicht zu stören schien. Auf diese Art von «Ehrenkodex» spielte wohl auch Giraldi Cinzio an, als er in einer seiner Novellen von einer Kurtisane Nanna sprach, die von ihren vornehmen Liebhabern verlassen wurde, weil sie eine Nacht mit einem zwar wohlhabenden, aber ungepflegten und unkultivierten deutschen Reisenden verbracht hatte[52].

Rivalen wurden also akzeptiert, solange sie der gleichen Gesellschaftsschicht angehörten und solange sie nicht gegen die ungeschriebenen Gesetze des Kurtisanenwesens verstießen. Eine grundlegende Regel war es beispielsweise, stets den Vorrang desjenigen zu akzeptieren, dem sich die Kurtisane zuerst verpflichtet hatte. Diese Regel hatte Paolo de Grassi mißachtet, als er die Spanierin Ottavia in sein Haus holte, obwohl sie den Abend bereits einem anderen versprochen hatte. «Wenn der Herr kommt, den Ottavia erwartet hat, sagt ihm, daß ich sie zu mir nach Hause genommen habe», ließ er dem Konkurrenten ausrichten. «Und wenn ihm das nicht gefällt, dann soll er es mich wissen lassen, damit ich sie ihm zurückschicke»[53]. Hätte sich der Rivale, ein gewisser Messer Costanzo, damit zufrieden gegeben, so wäre der Fall auf elegante Weise gelöst worden. Costanzo war jedoch nicht gewillt, auf die ihm versprochene Liebesnacht zu verzichten und sandte daher durch einen Diener ein Schreiben an Grassi mit der Bitte, Ottavia zurückzuschicken. Anstatt sein Versprechen einzulösen, wies Paolo den Diener unwirsch ab: «Geh und sag deinem Herren, ich hätte gedacht, er wäre so höflich heute abend nicht nach ihr zu schicken. Und sag ihm, daß ich sie ihm nicht zurückschicken will, weder heute abend, noch morgen, sondern erst dann, wenn es mir gut erscheint!»[54] Als Costanzo, der sich mit einer derartigen Abfuhr natürlich nicht zufrieden geben konnte, den Diener ein zweites Mal mit der gleichen Bitte zu Grassi schickte, verlor dieser die Fassung und jagte den Boten unter Drohungen und Flüchen davon. Zwar hatte er solcherart erreicht, daß Ottavia bei ihm blieb, doch hatte er durch sein Verhalten einen Standesgenossen tödlich gekränkt. Wenige Tage später kam es daher zwischen den Leuten Grassis und jenen Costanzos zu blutigen Straßenkämpfen[55]. Aus einem ähnlichen Grund nahm auch ein Festessen ein schlimmes Ende, welches am Neujahrstag 1559 zu Ehren von Kardinal del Monte und Giovanni Ludovico, dem Bruder des Kardinals Pio de'Carpi, gegeben wurde. Unter den Gästen war neben anderen Kurtisanen die berühmte Martuccia, die mit Giovanni Ludovico ein Verhältnis hatte. Zu vorgeschrittener Stunde erschien mit großem Gefolge auch Giovanni Capezza, ein Verwandter der Carafa, der ebenfalls zu Martuccias Kunden gehörte. Sichtlich verärgert, weil er zuvor bei einer anderen Kurtisane keinen Einlaß gefunden hatte, begann dieser «Martuccia zu streicheln und zu küssen und wollte sie schließlich mit sich fortführen»[56]. Jetzt riß Giovanni Ludovico die Geduld, und er erinnerte den Rivalen daran, «daß es einem Ehrenmann nicht anstehe, derartige Dinge zu tun, nämlich eine Frau zu verführen, die mit einem anderen gekommen ist»[57]. Der darauf folgende Wortwechsel führte schließlich zu einem Handgemenge, an dem sich auch der Kardinal beteiligte und in dessen Verlauf einer der Diener verletzt wurde. Capezza, der eindeutig gegen die Regeln der römischen Gesellschaft verstoßen hatte, wanderte daraufhin für einige Tage ins Gefängnis. Nicht daß auch er ein Verhältnis mit der Geliebten Pio de'Carpis hatte, war sein Fehler gewesen, sondern daß er die «Exklusivrechte», die der andere für diesen bestimmten Abend erkauft hatte, nicht respektiert hatte. Auch in weniger vornehmem Milieu konnte es aus derartigen Gründen zu blutigen Konflikten kommen: Die Kurtisane Giannina Piemontese hatte unter ihren Liebhabern einen gewissen Cesare, einen Reitknecht des Kardinals Saraceni. Als dieser sie eines Abends lautstark fragte, ob sie mit ihm schlafen wolle, lehnte sie zuerst ab, da sie die Nacht bereits einem anderen versprochen hatte. Da Cesare sich nicht abweisen ließ, rief sie ihm schließlich zu: «Wohlan, komm herauf und zieh dich aus und leg dich ins Bett, und wenn Giovanmaria kommt, mein Freund, dem ich versprochen habe, mit ihm zu schlafen, werde ich sagen, daß ich Besuch habe, und er wird zufrieden sein, damit ich ein bißchen etwas verdiene»[58]. Giovanmaria zeigte allerdings nicht den Edelmut, den Giannina von ihm erwartet hatte, sondern bestand auf seinem «Recht», weshalb es zwischen den beiden Rivalen zum Kampf kam, in dessen Verlauf Cesare den anderen tötete.

Ein weiteres «Gesetz» für den Umgang von Kurtisanen mit ihren Kunden besagte, daß nur Frauen die Verhandlungen darüber führen durften, ob potentielle Liebhaber vorgelassen wurden oder nicht. 1589 war eine Gruppe junger Römer bewaffnet in das Haus der Ipolita Spagnola eingedrungen, nachdem nicht die Dame des Hauses oder eine Dienerin, sondern ein spanischer Besucher namens Alfiero ans Fenster getreten war und sie mit der Begründung, Ipolita sei noch «beschäftigt», fortschicken wollte. «Verzeiht uns, gnädige Frau», sagten sie später zu der Kurtisane, «denn wenn uns ein Mädchen geantwortet hätte, hätten wir keinen Aufruhr gemacht»[59]. Tatsächlich wurde allgemein bestätigt, «daß es in Rom nicht üblich war, daß in den Häusern von Frauen Männer antworten»[60], und auch die Kurtisane selbst beschwerte sich bei ihren Freunden, weil sie ihr einen Gast ins Haus gebracht hatten «der mit vornehmen Herren nicht umzugehen wußte»[61]. Wichtig war es auch, daß eine Kurtisane, die gleichzeitig mehrere Liebhaber hatte, keinen von ihnen sichtbar bevorzugte. Eine gewisse Polisena sagte dementsprechend über ihre drei fixen Freunde: «Die Liebe, die ich ihnen entgegenbringe, ist genau die gleiche, für den einen wie für den anderen»[62]. Eine Ausnahme von dieser Regel konnte natürlich dann gemacht werden, wenn einer der Kunden mehr bezahlte als die anderen.

Bestand zwischen einem Herren und einer Kurtisane ein festes Verhältnis, so ging die Beziehung der beiden weit über das rein Geschlechtliche hinaus. Paolo de Grassi war lange Zeit mit Camilla Senese befreundet, die den Spitznamen «la magra Curiale» führte. Als das Verhältnis der beiden noch ungetrübt war, verbrachten sowohl Paolo als auch sein Gefolge den Großteil ihrer Zeit in Camillas Haus. Grassi selbst blieb fast jede Nacht bei ihr, während seine Leute nach dem Abendessen in seine Wohnung zurückkehrten und dort übernachteten. «Sonntag war ich immer im Haus der Camilla», berichtete einer von Paolos Dienern, «mit Ausnahme, daß mein Herr dann ausritt um den Herrn Paolo Giordano zu besuchen [...]. Wir kehrten spät zur Camilla zurück und ich verließ das Haus nicht mehr. Gestern war ich einige Zeit im Haus der Camilla, vor dem man Ball spielte. Nachher ritt der Herr aus und ich begleitete ihn. Er kam spät ins Haus der Camilla zurück [...]»[63]. Der eigentliche Ausgangspunkt für Grassis Aktivitäten war zu diesem Zeitpunkt also nicht sein eigenes, sondern Camillas Haus, zu dem er auch in Abwesenheit der Herrin Zutritt hatte[64]. Bei ihr nahm er mit seinem Gefolge die Mahlzeiten ein, wobei er selbst für die Beschaffung der notwendigen Lebensmittel sorgte. Abends aß er gemeinsam mit Camilla und zweien seiner Leute, dem Soldaten Chirico, der für seine Sicherheit verantwortlich war, und dem Gesellschafter Dario alias «l'Abbate», die eigentlich mehr den Status von Freunden als von Untergebenen hatten. Nach dem Essen blieb die Gruppe noch ein Weilchen beisammen, um sich zu unterhalten oder Karten zu spielen, bis Paolo dann deutlich machte, daß er mit Camilla schlafen gehen wollte, worauf die beiden mit den anderen Leuten Grassis in dessen Haus zurückkehrten[65]. Es war keine Seltenheit, daß Freunde und Untergebene eines Mannes im Haus von dessen Geliebter ein- und auszugehen pflegten. Der Fischhändler Marcantonio Grisiani war bei der Kurtisane Laura de Valenti, der Geliebten seines Freundes Scipione de Guarinacci, fast ebenso oft anzutreffen wie dieser selbst. Als er vor Gericht angeben sollte, wie er die letzten Tage vor dem Verhör verbracht hatte, erklärte er, am Samstagabend mit Scipione bei Laura gegessen zu haben und bereits am Sonntag früh in Lauras Haus zurückgekehrt zu sein, wo er sie und Scipione noch im Bett vorfand. Nachdem er mit Scipione in Santa Maria del Popolo die Messe besucht hatte, war er dann schließlich zum Haus der Kurtisane zurückgekehrt, um wiederum dort zu Abend zu essen[66]. Scipione selbst sagte, er sei «gewohnt, zu jeder Zeit in Lauras Haus zu kommen, entweder allein oder in Begleitung, sowohl tagsüber als auch nachts»[67], wobei er manchmal auch mehrere Tage hintereinander bei ihr wohnte[68]. Auch Lauras Freunde hatten in ihrer Abwesenheit Zutritt zu ihrem Haus[69].

Es konnte natürlich vorkommen, daß sich bei derart intensiven Beziehungen auf beiden Seiten Gefühle zu entwickeln begannen. Von Saltarella und ihrem Favoriten Don Luigi von Avila, einem Günstling Karls V., sagte der Gesandte Bracci 1539, daß «er so in sie verliebt ist und sie in ihn, daß ich bezweifle, daß er sich von ihr trennen wird, um den Kaiser wieder aufzusuchen»[70]. Noch augenscheinlicher waren die Gefühle, die Laura de Valenti und Scipione de Guarinacci für einander hegten. «Ich habe mit Scipione oft über Laura gesprochen, und Scipione sagte mir, daß Laura ihn lieb habe und er sie, und ähnliches verliebtes Gerede»[71], erzählte der gemeinsame Freund Marcantonio – und auch Scipione selbst gab an, in die Kurtisane verliebt zu sein. Häufiger war es jedoch, daß die Kunden nur einen gewissen «Besitzerstolz» an den Tag legten, ohne daß sie deshalb ernste Gefühle für ihre Geliebte gehegt hätten. Monsignore Ciccolini, der einerseits seine Freundin Lavinia vor seinen Bekannten voll Stolz zur Schau stellte, betonte andererseits, daß seine Beziehung zu ihr nichts mit Liebe zu tun hätte: «Ich war noch nie in jemanden verliebt», erklärte er, «ich hatte immer in der üblichen Weise Verhältnisse mit Frauen und ich habe sie stets bezahlt»[72]. Sein Verhalten Lavinia gegenüber macht diese Aussage glaubhaft, auch wenn er schon aus eigenem Interesse vor Gericht den Eindruck von Gefühlskälte erwecken wollte, da er angeklagt war, aus Eifersucht einen Anschlag auf seine Geliebte angestiftet zu haben. Auch die Beziehungen, die Paolo de

Grassi zu Kurtisanen unterhielt, waren frei von Sentimentalität. Wenn er einen Straßenkampf vom Zaun brach, nur um die ihm völlig unbekannte Ottavia über Nacht bei sich behalten zu können, so war das lediglich ein Ausdruck seiner Überheblichkeit und seiner gewalttätigen Natur; nicht aber ein Zeichen von Zuneigung für die Kurtisane. Er hinterließ auch keine einzige Aussage, aus der man auf tiefere Gefühle für seine langzeitige Geliebte Camilla Senese schließen könnte.

Für die Kurtisane selbst war die Verliebtheit ein Berufshindernis, das besser zu vermeiden war. Eine verliebte Kurtisane riskierte nicht nur, durch die Bevorzugung ihres Geliebten die anderen Kunden zu vertreiben, sondern auch, daß ihre Gefühle vom Partner ausgenützt wurden. In beiden Fällen bezahlte sie ihre Leidenschaft mit erheblichen finanziellen Verlusten. Die Kurtisane Rodiconda beispielsweise hatte sich 1588 in ihren deutschen Verehrer verliebt. Sie gestattete ihm, sie mehrmals täglich zu besuchen, um sich dann mit ihm in ihr Zimmer einzuschließen und mit ihm zu schlafen. Natürlich blieb diese Situation den anderen Besuchern des Hauses nicht verborgen. Einer von ihnen berichtete, daß sich Rodiconda fast jedes Mal, wenn er in ihre Wohnung kam, mit dem Deutschen in ihr Zimmer eingeschlossen hatte, während ein anderer leicht indigniert erzählte, daß sie sich immer wieder «dem Deutschen vor Freude in die Arme warf und ihn in meiner Gegenwart umarmte und küßte, während der Deutsche das gleiche mit ihr tat – ohne Rücksicht auf meine Anwesenheit»[73]. Der Erfolg dieses unbedachten Verhaltens war, daß Rodiconda einen Teil ihrer Kunden verlor und daß die anderen nur noch dann kamen, wenn sie wußten, daß der Deutsche nicht anwesend war. Zu allem Überfluß versuchte dieser, Rodiconda am Ende auch noch um den Lohn für ihre offensichtlich reichhaltigen Liebesdienste zu bringen, indem er behauptete, er hätte ihr die goldene Kette, mit der er sie bezahlt hatte, nur geborgt. Es war überhaupt naheliegend, daß ein Mann, der bemerkt hatte, daß eine Kurtisane in ihn verliebt war, versuchte, ihre Liebe umsonst zu bekommen und überdies gewisse Besitzansprüche entwickelte: «Er will, daß ich verdiene und daß ich etwas besitze, aber er will nicht, daß irgendjemand mein Haus betritt»[74], beklagte sich Magdalena de Almatina über ihren Freund Pietro. Grazia Sangalli wiederum sagte eines Tages zu ihrem Geliebten Hieronimus Longus, der fast jede Nacht bei ihr schlief: «Heute abend möchte Herr Fabio aus Aquila kommen, um mit mir zu schlafen. Hab' ein Einsehen!»[75]. Da Fabio ein Mitglied der angesehenen und reichen Adelsfamilie Branconio war, zog sich Hieronimus auf ihre Bitte hin schließlich zurück[76]. Natürlich konnte es vorkommen, daß eine verliebte Kurtisane mit anderen Männern keinen Verkehr mehr haben wollte, wodurch sie sich, falls ihr Geliebter nicht über die notwendigen Mittel verfügte, um sie zu erhalten, ihre Existenzgrundlage entzog. Entsprechend groß war daher der Widerstand jener Leute, die von den Einkünften einer Kurtisane lebten, wenn sie bemerkten, daß diese sich verliebt hatte. Dianora Greca wurde, als sie sich in den mittellosen Matteo Napolitano verliebt hatte, von ihrer Mutter Marietta zunächst dazu gebracht, in der Kirche San Antonio einen Eid abzulegen, daß sie diesen nicht mehr treffen werde. Da sie sich nicht daran hielt, versuchte Marietta, Dianoras Dienerin durch Drohungen davon abzuhalten, Botschaften zwischen ihrer Tochter und Matteo weiterzuleiten. Als alles nichts half, beauftragte sie schließlich einen ihrer Freunde, den Geliebten ihrer Tochter zu überfallen und ihm sein Gesicht mit dem Messer zu verletzen. Offensichtlich hoffte sie, daß Dianoras Interesse an Matteo zurückgehen würde, sobald dessen Gesicht durch Narben entstellt war. Zu guter Letzt ließ sie ihm sogar durch einen gerichtlichen Bescheid ihr Haus verbieten. Es war jedoch alles umsonst: Nach wie vor war Dianora in Matteo verliebt, und trotz des offiziellen Verbots kam dieser täglich zur Hintertür ihres Hauses, um seine Freundin zu sehen und geheime Treffen mit ihr zu vereinbaren. Als Begründung für das massive Vorgehen gegen Matteo gaben Marietta und ihre Freunde an, «daß Dianora den ganzen Tag bei Matteo verbrachte und nicht mehr darauf achtete, etwas Gutes zu leisten»[77], womit wohl die Betreuung anderer Kunden gemeint war[78].

Unterhaltung

Die Aufgabe der Kurtisane beschränkte sich nicht allein auf die sexuelle Befriedigung ihrer Kunden. Sie war vielmehr für deren Wohlbefinden im weitesten Sinne und somit auch für deren Unterhaltung zuständig. Dies war um so wichtiger, als Rom, wenn man von der kurzen Zeit des Karnevals absieht, über kein geeignetes Unterhaltungsangebot verfügte, das den zahllosen alleinstehenden Herren Zerstreuung gebracht hätte. Nicht nur die Angehörigen der Kurie, sondern auch die Angestellten der Botschafter und der Kardinalshaushalte, die Kaufleute, die jungen Adeligen auf Kavalierstour, die Studenten, die Pilger, die Künstler und die Soldaten der Söldnerheere, die sich alle mehr oder weniger lange in Rom aufhielten, suchten Abend für Abend Unterhaltung, die in der ewigen Stadt nur schwer zu finden war. Die Kurtisanen hatten daher eine gesellschaftliche Funktion zu erfüllen, indem sie ihren Liebhabern und deren Freunden halfen, sich die Zeit zu vertreiben. Sie erreichten dies

vor allem, indem sie ihre Häuser öffneten, um Feste und gesellige
Abende zu veranstalten, bei denen man tanzte, spielte, diskutierte oder
musizierte – Vergnügungen, die uns heute mehr als harmlos erscheinen,
die aber im Haus einer ehrbaren Frau damals nicht möglich gewesen
wären. Aus diesem Grund war es eine Selbstverständlichkeit, daß im
Haus einer Kurtisane neben ihren Liebhabern auch zahllose andere
Männer verkehrten, wobei die meisten Besucher keine sexuelle Befriedigung, sondern lediglich Unterhaltung suchten. Von Saltarella wurde
1539 berichtet, daß sie «bis jetzt mit niemand anderem als Don Luigi
von Avila und unserem Herrn Lattanzio ein Verhältnis hat, obwohl die
ganze Welt hingeht um sie zu besuchen, weil bei ihr ungewöhnliche
musikalische Aufführungen und andere vornehme Unterhaltungen veranstaltet werden»[79]. Selbst als Pius V. mit seinen rigorosen Maßnahmen
zur Eindämmung des Kurtisanenwesens bereits begonnen hatte, blieben die Häuser dieser Damen Zentren der Geselligkeit und der Unterhaltung. Im September 1567 lebte die Kurtisane Laura de Valenti in
einem Haus am Hortaccio, jenem Viertel, das Pius V. zum Ghetto der
Kurtisanen ausbauen lassen hatte. Sie dürfte keine der Großen ihrer
Zunft gewesen sein, da diese im Laufe des letzten Jahres fast alle
gezwungen worden waren, Rom zu verlassen oder durch Heirat oder
den Eintritt ins Kloster ihrem sündigen Leben zu entsagen. Dennoch
war sie eine richtige Kurtisane, die neben einem festen Liebhaber,
Scipione de Guarinacci, auch eine ganze Schar von Freunden hatte, die
sich regelmäßig in ihrem Haus versammelte. Da war zum Beispiel der
erwähnte Fischhändler Marcantonio Grisiani, der von Kindesbeinen an
mit Scipione befreundet war und nun regelmäßig im Haus von dessen
Geliebter verkehrte. Im allgemeinen kam er, wie er selbst berichtete,
jeden zweiten Tag zu Laura zu Besuch, um bei ihr zu essen und sich zu
unterhalten, wobei er meist alleine, gelegentlich aber auch in Begleitung
von Freunden kam. «Ich habe Marcantonio manchmal alleine und
manchmal in Gesellschaft von drei oder vier von seinen Fischhändler-
freunden in Lauras Haus kommen sehen. Sie kamen abends um zu
musizieren, zu singen, zu scherzen und Spaß zu machen», erzählte auch
Scipione[80]. Als Gegenleistung für die Gastfreundschaft zeigte Marcantonio sich der Dame des Hauses durch verschiedene «Dienste» erkenntlich: Häufig schickte er ihr, was bei seinem Beruf naheliegend war, Fisch
für die abendliche Tafel, dann wieder war er ihr bei der Suche nach einer
Dienerin behilflich, und vielleicht schlug er sogar in ihrem Auftrag
feindlich gesinnte Nachbarinnen zusammen – zumindest wurde er dessen beschuldigt. Ein weiterer häufiger Gast in ihrem Haus war der
Priester Domenico Palicco. Er hatte Laura vor allem im vergangenen

Sommer häufig besucht «weil ich keine andere Unterhaltung hatte», wie er treffend formulierte[81]. Offensichtlich verbrachte er fast jede freie Minute in Lauras Haus, denn er kam manchmal nur für eine, dann wiederum für zwei oder mehr Stunden, besuchte sie sowohl tagsüber als auch abends und nahm häufig das Mittag- oder Abendessen mit ihr ein. Der eigentliche Grund seiner Begeisterung für Laura war jedoch ihre große Musikalität: «Ich kenne sie, weil sie musiziert und singt und sich an Musik erfreut», erklärte er, und da er selbst Musiker war, kam er häufig mit Freunden, um sie singen und spielen zu hören und um gemeinsam mit ihr zu musizieren[82]. Auch er revanchierte sich für die Gastlichkeit durch Freundschaftsdienste aller Art, vor allem aber dadurch, daß er gelegentlich für die ganze Gesellschaft kochte. In solchen Fällen kam er dann bereits einige Stunden vor dem Essen ins Haus, «weil er selbst das Abendessen vorbereiten wollte» und zog sich in die Küche zurück, um nur ab und zu den anderen Gesellschaft zu leisten[83].

Während Laura de Valenti vor allem Musikliebhaber anzog, war das Haus der sienesischen Kurtisane Camilla «la Magra» ein Treffpunkt für wohlhabende Händler. Neben ihrem Liebhaber Paolo de Grassi verkehrten dort vor allem Kaufleute, die vielleicht Berufskollegen Grassis waren. Ein gewisser Antonio Peruzzi aus Siena erzählte, er habe Camilla am Ostersonntag des Jahres 1559 einen kurzen Höflichkeitsbesuch abgestattet und bei dieser Gelegenheit dort «Herrn Francesco Lucini, Händler beim Pellegrino, Herrn Alvigi Castellani, ebenfalls Händler, der in der Via Giulia wohnt, und einen Doktor aus Cremona, der mit diesem Alvigi lebt», getroffen. Überdies waren noch Camillas Freundin und Kollegin Paola da Forli, ihr Liebhaber Paolo de Grassi «und die Angehörigen des Haushalts» anwesend[84], wobei alle bis auf Grassi ausschließlich zur Unterhaltung gekommen waren. Vor allem für die zahllosen Ausländer, die nach Rom kamen, waren die Häuser von Kurtisanen wichtige Adressen, wo man Landsleute treffen oder neue Bekanntschaften knüpfen konnte. Dementsprechend kam es häufig vor, daß der erste Gang eines in Rom angekommenen Fremden zum Haus einer Kurtisane führte, die er entweder anderswo bereits kennengelernt hatte oder die ihm durch Bekannte namhaft gemacht worden war. 1581 kam ein Spanier namens Christoforus Sotelius nach Rom. Bereits am ersten Abend erkundigte er sich nach der Adresse der spanischen Kurtisane Isabella Suarez, die er aus Neapel kannte und von der er wußte, daß sie vor kurzem nach Rom übergesiedelt war. Nachdem er ohne größere Probleme Isabellas Haus in der Via Condotti ausfindig gemacht hatte, schickte er einen Diener zu ihr, mit der Bitte, von der Dame des Hauses empfangen zu werden[85]. Tags darauf machte Sotelius dann mit drei

Freunden auch einer anderen spanischen Kurtisane namens Maria
Fasarga, welche er noch nicht kannte, seine Aufwartung[86].
Die Unterhaltung, die die Herren in den Häusern von Kurtisanen
fanden, reichte von einfachen Abendessen in geselliger Runde über
gemeinsame Gesellschaftsspiele und Feste mit Tanz bis hin zum Glücksspiel, bei dem es um große Summen Geldes ging. «Während des Essens
machten wir nichts anderes, als, so wie man es zu tun pflegt, zu scherzen und zu spaßen und uns bei Tisch zu präsentieren und einige Trink-
sprüche auszusprechen»[87], erzählte 1567 Domenico Palicco über die
Abende bei Laura de Valenti. Die Lebensmittel, die für solche Diners
benötigt wurden, wurden meist von den anwesenden Herren beige-
steuert[88]. Für die Zubereitung der Speisen beschäftigten besonders vornehme Kurtisanen eigenes Küchenpersonal. Die berühmte Panta hatte
sogar einen französischen Koch, um ihre anspruchsvollen Kunden entsprechend verwöhnen zu können[89]. Viele Kurtisanen verzichteten auf
solchen Luxus und bestellten das Essen der Einfachheit halber in einem
Gasthaus, dessen Wirt ihnen dann regelmäßig fertige Menüs ins Haus
lieferte[90].
Neben gewöhnlichen Abendessen wurden häufig auch kleine Feste
gefeiert. Die Kurtisane Sandrina veranstaltete im Dezember 1567 ein solches Fest, zu dem mehr als 12 Herren und ihre Kolleginnen Marzia da
Viterbo und Vittoria da Mantova geladen waren[91]. Die Gäste vergnügten sich zunächst mit Pfänderspielen und genossen dann eine Tanzvor-
führung der Gastgeberin[92]. Für die musikalische Umrahmung sorgte ein
Familiar des Kardinals von Montepulciano, der die Laute spielte[93]. Zum
Schluß tanzten die Kurtisanen dann mit den anwesenden Herren[94].
1567, als dieses Fest stattfand, hatte die Kurtisanenverfolgung durch
Pius V. gerade ihren Höhepunkt erreicht. An der Art und Weise, wie die
in Rom verbliebenen Kurtisanen mit ihren Kunden feierten, hatten die
Massenausweisungen jedoch nichts geändert. Sandrinas Fest unterschied sich kaum von jenem, das die Kurtisane Camilla Senese dreizehn
Jahre zuvor für ihre Freunde veranstaltet hatte: In Camillas Haus waren
damals zwanzig Herren und zwei Kurtisanen erschienen, die bis zum
Morgen miteinander musiziert und getanzt hatten[95]. Ähnliche Feste
wurden auch in den Häusern von Herren veranstaltet, zu denen dann
«viele Edelmänner und viele Kurtisanen» zu erscheinen pflegten[96]. Ehrbare Frauen konnte man bei solchen Gelegenheiten natürlich nicht
antreffen. Die Kurtisanen Vittoria, Marzia und Sandrina scherzten 1567
sogar darüber, «daß es kein Fest gab, zu dem andere Frauen kamen, als
wir»[97]. Das Tanzvergnügen war bei solchen Feiern mitunter sehr ausgelassen: Der Fischhändler Bastianello kehrte 1532 mit zirka zwanzig

Freunden im Haus der Kurtisane Faustina ein, wo sie «im Saal begannen, den Moriskentanz zu tanzen und tausend andere Dummheiten zu tun». Das Haus wurde dadurch derart erschüttert, daß in den Räumen im Erdgeschoß der Putz von der Decke fiel[98].

Viele Kurtisanen betrieben in ihren Häusern Spielsalons, die jedem geöffnet waren, der bereit war, um Geld zu spielen; ein Vergnügen, das sich um so größerer Beliebtheit erfreute, als es eigentlich gesetzlich verboten war. «Die Leute pflegten und pflegen zu ihrem Vergnügen und zu ihrer Unterhaltung in mein Wohnhaus zu kommen. Manchmal kommen sie, um sich mit mir die Zeit zu vertreiben und manchmal spielt man Karten, wie das Primspiel und andere Spiele, je nachdem, was gewünscht wird. Ich widme mich diesen Spielen, um die Gesellschaft zufrieden zu stellen, aber ich selbst spiele in hundert Fällen nur einmal»[99]. So schilderte 1593 die Kurtisane Betta de Bonis in bewußter Untertreibung die Vorgänge in ihrem Haus, das jahrelang eine bekannte Spielhölle gewesen war[100].

Auch als Begleiterinnen bei nächtlichen Vergnügungstouren waren Kurtisanen stets gefragt. Zahllose Männer zogen Nacht für Nacht auf der Suche nach Unterhaltung singend und lärmend in Gruppen durch die Straßen der Stadt. Wenn sich in ihrer Gesellschaft Frauen befanden, so waren dies mit Sicherheit Kurtisanen[101]. Besonders ausgelassen war das nächtliche Treiben in der Zeit des Karnevals, der in Rom stets mit großem Aufwand gefeiert wurde. Die Kardinäle und Angehörigen der wichtigsten Familien konkurrierten Jahr für Jahr in der Veranstaltung prunkvoller Feste, aber auch das einfache Volk kam bei Umzügen, Wettläufen und Maskeraden auf seine Rechnung[102]. Die Kurtisanen waren dabei stets im Zentrum des Geschehens. Im Februar 1538 berichtete der florentinische Botschafter, daß das schönste Maskenfest der Saison von den Mitgliedern der Familie Strozzi veranstaltet worden war: «Am Faschingssonntag gaben sie ein Abendessen, zu dem sie viele Damen, das heißt Kurtisanen, einluden, und dabei machten sie eine Parade von Maskierten in maurischen Kleidern: lange weite Gewänder aus schwarzem Samt, gefüttert mit goldenem Seidenstoff und dazu gleich gearbeitete Hüte mit schwarzen Federn»[103]. Die Reichen und Mächtigen vergnügten sich nicht nur auf derart exklusiven Festen; im Schutz ihrer Masken nahmen sie auch gerne am anonymen Karnevalstreiben teil. Camilla da Pitigliano hatte im Karneval des Jahres 1565 mehrere solcher Vergnügungsfahrten mit dem Kardinal del Monte unternommen. «Ich bin mehrmals mit dem besagten Kardinal del Monte in seiner Kutsche maskiert durch Rom gefahren», gab sie später zu Protokoll, «wobei der Kardinal manchmal als Witwe und manchmal als Zigeuner verkleidet

«Der neue Lustgarten»: Tafelnde und musizierende Gesellschaft in einer Gartenlaube.
Anonymer Stich nach David Vinckboons, Amsterdam 1602.
Königliche Bibliothek, Den Haag.

war und manchmal einen langen Überwurf trug»[104]. Begleitet wurden
sie von mehreren anderen maskierten Männern und Frauen «und so
fuhren wir alle gemeinsam in der gleichen Kutsche mit dem Kardinal
zum Vergnügen durch Rom»[105]. Daß der Karneval es möglich machte,
daß ein Kardinal als Frau verkleidet mit Kurtisanen durch Rom zog,
mußte den Vertretern der kirchlichen Reform ein Dorn im Auge sein;
um so mehr, als del Monte diesbezüglich bestimmt kein Einzelfall war.
Spätestens seit Pius V. gab es daher Versuche, vor allem die Maskeraden
von Kurtisanen während des Karnevals zu verbieten[106]. Da die betreffenden Verordnungen immer wieder erneuert werden mußten, dürften
sie kaum sehr beachtet worden sein[107].

In der schönen Jahreszeit gehörten Ausflüge in die Umgebung, vor
allem aber Besuche der Weingärten, zu den beliebtesten Freizeitbe-
schäftigungen der Römer. Auch Montaigne berichtet, daß er gerne «die
Weingärten, welche wirkliche Gärten mit Lusthäusern sind und sich
durch besondere Schönheit auszeichnen», besuchte. Jeder, der in Rom
etwas auf sich hielt, allen voran die Kardinäle und die Angehörigen der
großen Adelsfamilien, besaß einen solchen Weingarten. «Das sind
Schönheiten», schrieb Montaigne weiter, «die jedem geöffnet sind, der
sie genießen will, wozu er will, sei es auch zum Schlafen und in Gesellschaft – wenn die Herren nicht da sind, die das nicht gerade gern
sehen»[108]. Viele Kurtisanen besaßen eigene Weingärten, in denen sie

gesellige Zusammenkünfte mit ihren Kunden veranstalten konnten. Zugleich aber pflegten sie, so wie andere Römer, auch Vergnügungsfahrten zu den Gärten der Großen zu unternehmen. 1555 fuhr die Kurtisane Camilla Marescotta Senese gemeinsam mit ihrer Kollegin Bernardina und drei vornehmen Verehrern in der Kutsche zum Weingarten der Familie Altoviti. Unterwegs trafen sie auf einen gemeinsamen Freund, den Söldnerführer Lorenzo Minerbetti, den sie aufforderten, sie zu begleiten. Beim Weingarten angekommen, mußte erst der Pförtner gefunden werden, damit der Park, der in Abwesenheit der Herrschaft versperrt war, für die Besucher geöffnet wurde[109]. Das Vergnügen, das den Herren bei solchen Gelegenheiten geboten wurde, bestand natürlich nicht nur darin, daß man in schöner Umgebung im Freien tafelte und scherzte. Im Anschluß an das Essen zog sich die Kurtisane meist mit ihrem Liebhaber zurück, um auch seine sonstigen Bedürfnisse zu befriedigen[110]. Ein Bekannter der spanischen Kurtisane Maria Fasarga, die 1585 wegen der Repressalien Sixtus'V. von Rom nach Neapel übersiedelt war, schilderte Jahre später in einem Verhör anschaulich auch diesen Aspekt der «Landpartie». Als Maria in Neapel lebte, bat sie eines Tages ihren damaligen Liebhaber, Don Giovanni de Robles, einen Ausflug aufs Land zu organisieren. Don Giovanni mietete daraufhin eine Kutsche und machte sich mit Maria, ihrer Kollegin Beatrice da Foralva und einem Freund auf den Weg zur Wallfahrtskirche Madonna dell'Arco. Auf halbem Weg kehrte man wegen der großen Hitze in einem Wirtshaus ein, «wo Herr Giovanni etwas zu essen herrichten ließ. Und nachdem er gegessen hatte, vergnügte sich Herr Giovanni mit Frau Maria in einem schlecht eingerichteten Zimmerchen, wo die beiden zusammen waren um miteinander zu sprechen, zu spielen und um jene anderen Dinge zu tun, die ein Mann und eine Frau machen, wenn sie zusammen sind, nämlich mit einander zu schlafen, sich zu genießen und dem Vergnügen nachzugehen»[111].

Beendigung der Verhältnisse

In den meisten Fällen waren die Beziehungen zwischen Kurtisanen und ihren Kunden zeitlich begrenzt. Zwar konnte es vorkommen, daß eine Kurtisane, so wie Pietro Bembos Geliebte Morosina, schließlich zur Lebensgefährtin eines ihrer Kunden wurde und mit diesem in eheähnlicher Gemeinschaft lebte, doch hörte sie in diesem Moment auf, eine Kurtisane im eigentlichen Sinne zu sein. Immerhin dauerten derartige Beziehungen meist ein paar Monate, häufig auch mehrere Jahre. Die

Spanierin Maria de las Rissas war, als man sie verhörte, mit dem einen
ihrer Liebhaber seit dreieinhalb Jahren, mit dem anderen seit neun
Monaten befreundet[112]. Das Verhältnis zwischen Lavinia und Monsignore Ciccolini hatte drei Jahre gedauert[113], und Caterina da Ragusa
war sechs Jahre lang die Geliebte von Alessandro Drago gewesen, bevor
sie 1550 auseinandergingen[114]; eine Liste, die sich beliebig fortsetzen
ließe.

Das Ende einer Beziehung konnte verschiedenste Ursachen haben.
Häufig kam es vor, daß ein Mann sein Verhältnis mit einer Kurtisane
beendete, sobald er daran dachte, zu heiraten. «Als ich beschlossen
hatte, zu heiraten, sagte ich eines Nachts als wir im Bett waren zu Alexandra, die damals meine Konkubine war, daß sie auf irgendeine Weise
vorsorgen möge, um alleine zurecht zu kommen»[115], erzählte 1532
Giovanni Battista de Bacatiis. Niccolò Mariani hatte mit der Kurtisane
Betta de Bonis nicht nur über vier Jahre ein Verhältnis gehabt, sondern
auch mit ihr gemeinsam eine Art Spielhölle betrieben. Dennoch gab er
an, den Kontakt zu ihr völlig abgebrochen zu haben, nachdem er geheiratet hatte[116]. Der sardische Heerführer Jacobo de Boza wiederum war
zwar bereits verheiratet, ließ sich aber auf seinen Feldzügen von Diana
de Barletta begleiten, die auf den Spitznamen «Musacchina» hörte. Als
er sich vom Kriegsdienst zurückzog, um in die Heimat und somit auch
zu seiner Frau zurückzukehren, löste er sein Verhältnis mit der Kurtisane auf[117]. Ebensogut wie Heiratspläne oder die Rückkehr eines
Nichtrömers in seine Heimat konnte natürlich auch das Erlöschen der
physischen Anziehungskraft oder ganz einfach ein Streit auslösendes
Moment für eine Trennung sein. Im Regelfall nahmen es Kurtisanen mit
Fassung zur Kenntnis, wenn sie von ihrem Liebhaber verlassen wurden,
beziehungsweise beschränkten sich darauf, falls es nötig war, ihre finanziellen Ansprüche diesem gegenüber durchzusetzen. Allerdings war
nicht jede ohne weiteres bereit, sich mit dem Verlust des Geliebten abzu-
finden. Bita de Bellis Bonorum verlor die Beherrschung, als sie von dem
Mailänder Adeligen Alessandro, in den sie sichtlich verliebt war, verlassen wurde. Sie bewarf eines Nachts, «so wie wir Kurtisanen es zu tun
pflegen, wenn wir Liebeskummer haben»[118], die Fenster Alessandros
mit Kalkmörtel und beschimpfte ihn als «becco cornuto», um ihn gleich
darauf zu bitten, mit ihr zu schlafen. Wie man sich denken kann, war
das nicht die geeignete Methode, um den Geliebten zurückzugewinnen.
Eine Cintia Romana verfolgte ihren Freund Stacchino, als er nichts mehr
von ihr wissen wollte, sogar mit einem Stock bewaffnet durch die
Straßen Roms, um ihn zu verprügeln[119].

Häufig war es die Kurtisane selbst, die die Beziehung löste. Ihre

Beweggründe konnten schlechte Bezahlung oder schlechte Behandlung durch den Liebhaber, das Vorhandensein besserer Angebote, gelegentlich aber auch der Wunsch, sich aus dem Gewerbe zurückzuziehen und zu heiraten, sein. Lucrezia Senese alias «Musina» verbot Ascanio Cavalcanti ihr Haus, nachdem er seine Versprechen, ihr ein Kleid zu schenken und die Miete zu bezahlen, nicht eingelöst und ihr überdies auch die Bezahlung mit Bargeld verweigert hatte[120]. Camilla «la Magra» Senese, wollte von Paolo de Grassi nichts mehr wissen, als er begann, sich intensiv um andere Kurtisanen zu bemühen und sie zu mißhandeln[121]. Vincenza Veneta entließ 1553 einen ihrer beiden Liebhaber mit der Begründung, sie wolle nur noch mit dem anderen befreundet sein «und in den Ruhestand treten»[122]. Lavinia Romana wiederum weigerte sich, ihre Beziehung zu Ciccolini aufrecht zu erhalten, da sie das Gefühl hatte, von diesem nicht mit dem gebührenden Respekt behandelt zu werden und außerdem die Aussicht hatte, sich zu verheiraten[123]. Allerdings mußte sich eine Kurtisane, die ihrem Liebhaber den Laufpaß gab, darüber im Klaren sein, daß sie sich durch eine derartige Kränkung den Haß ihres einstigen Geliebten zuziehen konnte. Dem Geist der Zeit entsprechend war es für einen Herrn eine Schande und eine Verletzung seiner Mannesehre, von einer Frau verlassen zu werden. Der gleichgültigste Kunde, der nicht die geringsten Einwände hatte, wenn es darum ging, die Gunst der Kurtisane mit anderen zu teilen, konnte daher rasend vor Eifersucht werden, sobald ihn diese nicht mehr empfangen wollte. Als sich Lavinia entschloß, Monsignore Ciccolini zu verlassen, legte dieser plötzlich ein ungeahntes Interesse für sie an den Tag. Immer wieder schickte er eine Dienerin zu ihr, um ihr kleine Geschenke zu bringen und sie dazu zu überreden, zu ihm zurückzukehren. Umsonst. Lavinia ließ ihm nur selbstbewußt ausrichten, «daß sie keinesfalls mehr in Monsignores Haus kommen wollte, und daß er sie bei sich zu Hause aufsuchen sollte, falls er etwas von ihr wollte»[124]. Als Ciccolini merkte, daß seine Versuche, die Kurtisane zurückzugewinnen, nicht zuletzt deshalb hoffnungslos waren, weil diese im Begriff war, einen wohlhabenden Händler namens Morengho zu heiraten, wurde er von einer Mischung aus Eifersucht und Haß überwältigt. Er ließ Lavinia eines Tages, als sie gerade in die Kirche gehen wollte, überfallen und ihr einen «Sfregio» zufügen: Maskierte Männer verletzten ihr Gesicht mit Messerstichen, so daß man sichergehen konnte, daß sie für den Rest ihres Lebens durch Narben entstellt bleiben würde. Der Monsignore kam deswegen vor Gericht und gestand auf der Folter, das Verbrechen angestiftet zu haben. Für seinen Haß wird es eine Genugtuung gewesen sein, daß die Kurtisane nach dem Verlust ihrer Schönheit vermutlich nicht mehr von Morengho geheiratet wurde. Auch Paolo de Grassi wurde gewalttätig, als Camilla Senese ihn nicht mehr empfangen wollte. Mit einer Gruppe bewaffneter Freunde drang er, offensichtlich in der Absicht, sie zu verprügeln oder ihr so wie Lavinia einen Sfregio zuzufügen, eines Abends in Camillas Haus ein. Glücklicherweise waren mehrere Freunde und Diener anwesend, die verhindern konnten, daß der Kurtisane tatsächlich ein Leid zugefügt wurde. Grassi mußte sich für dieses Mal auf Beschimpfungen und Drohungen wie: «Hure, Dirne, ich werde dir das Gesicht zerschneiden und dir den Hintern versohlen»[125] beschränken. Wenige Tage später wurden, laut Aussage der Nachbarn, wiederum von Grassi und seinen Kumpanen im Morgengrauen Camillas Fensterläden zerstört. In der gleichen Nacht ereilte ein ähnliches Schicksal auch die Häuser ihrer Kolleginnen Giulia Napolitana und Ortensia Falcona Romana, die sich Paolos Haß zugezogen hatten, weil erstere seinem Freund Horatio de Camerino den Laufpaß gegeben hatte und letztere sich geweigert hatte, Camillas Nachfolgerin zu werden. Damit nicht genug, brachte Grassi an der Haustür seiner Exfreundin auch noch folgende Schmähschrift an: «Camilla Senese, die Magere, beherbergt Schergen, Wirte und Schufte»[126]. Für eine Kurtisane wie Camilla, die mit Angehörigen der ersten Familien Roms verkehrte, war das natürlich eine grobe Beleidigung.

Nicht immer trafen Haß und Eifersucht eines entlassenen Liebhabers die Kurtisane selbst: gelegentlich waren es erfolgreichere Rivalen, an denen sich der Zorn eines Abgewiesenen entlud. Ein solcher Fall hatte 1552 in Rom für Aufregung gesorgt: Der adelige Geistliche Ascanio Cavalcanti und der französische Notar Claudio Rovier waren damals so eng befreundet gewesen, daß allgemein bestätigt wurde, man könnte sie für Brüder halten. Beide hatten ein Verhältnis mit der Kurtisane Lucrezia «Musina», was ihre Freundschaft in keinster Weise beeinträchtigen konnte. Erst als Musina (wie oben erwähnt) mit Cavalcanti, der ihr die Bezahlung verweigerte, nichts mehr zu tun haben wollte, mit Rovier aber nach wie vor in bestem Einvernehmen stand, kam es zum Bruch zwischen den beiden. Nun fühlte sich Ascanio von seinem Freund hintergangen: Er bildete sich ein, Lucrezia wäre durch Rovier dazu gebracht worden, ihn zu verlassen, und begann diesen zu hassen. Eines Nachts überfiel er den ehemaligen Freund, nachdem dieser das Haus der Kurtisane verlassen hatte, mit acht bewaffneten Leuten. Noch bevor sich Rovier, der überdies durch sein bodenlanges Notarsgewand behindert war, in Lucrezias Haus flüchten konnte, hatte Cavalcanti ihn tödlich verletzt. Die Gewalttat hatte vermutlich das doppelte Ziel, einerseits den Freund zu bestrafen, dem Cavalcanti vorwarf, er hätte ihn absichtlich bei Lucrezia «ausgestochen», und sich andererseits an der Kurtisane zu rächen, die so ihren besten Kunden verlor[127].

Der Vollständigkeit halber sei jedoch erwähnt, daß es gelegentlich auch Herren gab, die nicht die Kontrolle über sich verloren, wenn sie von ihrer Geliebten verlassen wurden. Vicino Orsini hatte mehrere Jahre mit seiner wesentlich jüngeren Konkubine Laura in Bomarzo zusammengelebt, bevor diese sich – vermutlich, weil sie sich nach einem gleichaltrigen Liebhaber sehnte – entschloß, ihn zu verlassen. In langen Gesprächen versuchte er sie von ihrem Vorhaben abzubringen, indem er ihr versicherte, er würde sie nie gegen eine andere Frau eintauschen, und ihr ausmalte, daß sie, «da ein solcher Überfluß an Frauen in Rom herrsche»[128], dort nur schwer ihren Weg als Kurtisane machen könnte. Als es ihm nicht gelang, sie zu überzeugen, ließ er sie schließlich ziehen und gab ihr sogar noch zweihundert Scudi in bar und etwa ebensoviel in Wertgegenständen mit auf den Weg.

«*Himmlische Freuden*» und «*Teuflische Lust*»

Die Einstellung zur Sexualität und das Sexualleben von Kurtisanen zwischen Anspruch und Wirklichkeit

*D*ie kurze Zeitspanne zwischen spätem 15. und frühem 16. Jahrhundert zeichnete sich – vor allem in Italien – durch eine für die Geschichte des Christentums ungewöhnlich positive Bewertung der Sexualität aus. Die neue Betrachtungsweise der antiken Autoren durch den Humanismus, die gestattete, die Schriften der Alten nicht nur als Wegbereiter des Christentums anzusehen, ermöglichte nun auch den Zugang und die Auseinandersetzung mit den höchst profanen Seiten der klassischen Literatur. Damit verbunden war fast zwangsläufig die Erkenntnis vom Stellenwert der Erotik für die griechische und römische Kultur, die zugleich auch durch die überlieferten Werke der bildenden Kunst bestätigt wurde. Der Wille zur Wiederbelebung der antiken Lebensformen bewirkte bei der intellektuellen Oberschicht eine neue Einstellung zu Sexualität und Erotik, die ohne Rücksicht auf christlich-moralische Grundsätze gelebt und nach außen getragen wurde. Die Lust an der Befriedigung sexueller Begierden war natürlich nichts Neues. Neu war allerdings, daß man die Freude an der Sexualität in ihren unterschiedlichsten Erscheinungsformen, selbst jenen, die vom Christentum als «widernatürlich» verdammt wurden, nun offen diskutieren, besingen und leben konnte. Die theoretische und praktische Auseinandersetzung mit Hetero- und Homosexualität wurde erstmals seit der klassischen Antike wieder «salonfähig» gemacht und zu einem kulturtragenden Element erhoben. Damit verbunden war eine Überhöhung der Sexualität, die dadurch erreicht wurde, daß man sie nicht auf den Geschlechtsakt reduzierte, sondern durch verschiedene andere Genüsse verfeinerte. Ein erlesenes Mahl mit guten Speisen und Weinen, gepflegte und geistreiche Konversation, sowie Musik und Tanz sollten im Idealfall das Rahmenprogramm bilden, das den Akt der geschlechtlichen Vereinigung vom Animalischen löste und zu einem außergewöhnlichen Erlebnis erhob. Der neue Zugang zur Sexualität blieb demgemäß ein höchst elitäres Vergnügen.

Authentische Quellen über die Einstellung der geistigen Oberschicht Italiens zur Sexualität sind kaum überliefert. Unser Wissen und unsere Theorien zu diesem Thema beruhen fast ausschließlich auf der reichen Produktion von erotischer Literatur, die in dieser Zeit eine große Blüte erlebte. Daß ein beträchtlicher Prozentsatz jener Autoren, die in ihren Werken Eros und Sexus feierten, dem geistlichen Stand und vielfach sogar dem hohen Klerus angehörte[1], kann durchaus als charakteristisch angesehen werden. Die gebildeten und weltoffenen Geistlichen der Zeit um 1500, die von keinen materiellen und weltlichen Sorgen belastet wurden, waren die eigentlichen Träger der neuen Kultur, was nicht zuletzt damit zusammenhängen mag, daß die Ehefrauen in dieses Konzept der Erotik nicht einbezogen waren. Die Veröffentlichung erotischer Literatur und von vornherein zum Druck bestimmter Briefe über wirkliche oder imaginäre sexuelle Abenteuer war für die Autoren eine Art von intellektuellem Exhibitionismus, der den tatsächlich erlebten Genuß noch steigern konnte. Was diese Schriften uns vermitteln, ist daher ein gefiltertes, ideales Bild der Sexualität dieser Zeit, das mehr über das Wunschdenken der Autoren als über die eigentliche Realität verrät. Vor allem aber sind diese Zeugnisse ausschließlich von Männern geschrieben, die hier ihre eigenen Phantasien und Wünsche wiedergaben, auch wenn sie sie gerne weiblichen Personen in den Mund legten.

Zu den raren Beispielen eines geistig anspruchsvollen privaten Briefwechsels, in dem auf die Themen Sexualität und Erotik Bezug genommen wird, gehört die Korrespondenz von Niccolò Machiavelli und Francesco Vettori aus den Jahren 1513 bis 1515[2]. Seitdem er nach dem Sturz der Republik von den Medici aus Florenz verbannt worden war, hatte Machiavelli einen regen Briefwechsel mit seinem alten Freund Vettori, dem florentinischen Botschafter in Rom, begonnen. Als leidenschaftlicher Politiker, der sehr darunter litt, daß er vom Exil seines Landgutes aus keine Möglichkeit zur aktiven Teilnahme am öffentlichen Leben hatte, versuchte er, über den Freund die Gunst des Medicipapstes Leo X. zu erringen. Seine Briefe sind daher großteils wohlkalkulierte Kommentare der momentanen politischen Situation, die dem Papst bei geeigneter Gelegenheit vorgetragen werden und ihn vom Scharfsinn des Verbannten überzeugen sollten. Neben diesem mit aller Ernsthaftigkeit geführten politischen Diskurs erzählten sich die Freunde aber auch höchst private Dinge, bei denen Erotik und Homoerotik, vermischt mit Zitaten aus der antiken Literatur, eine bedeutende Rolle spielten. In Vettoris Haus in Rom verkehrten, entsprechend den Gepflogenheiten der ewigen Stadt, auch einige Kurtisanen und Kavaliere, die als Homosexuelle verschrieen waren. Da ein Freund die Befürchtung geäußert hatte, daß dies dem Ruf Vettoris schaden könnte, fragte er Machiavelli, ob auch er diese Meinung teile. In seiner Antwort gab der Florentiner zu verstehen, daß er selbst sowohl Männer als auch Frauen zu lieben wüßte. Diejenigen, die dafür kein Verständnis hätten, seien Dummköpfe, die nicht begriffen, daß einem Ehrenmann derartiges Verhalten niemals schaden könne: «Sie wissen nicht, daß derjenige, der bei Tag für weise gilt, niemals nachts für verrückt gehalten wird; und daß das, was derjenige, der als Ehrenmann gilt und etwas zählt, unternimmt, um seine Seele zu erweitern und fröhlich zu leben, ihm keine Last sondern Ehre bringt, und anstatt daß er schwule Sau oder Hurenbock genannt wird, nennt man ihn leutselig, nachgiebig und Mann von Welt»[3]. Ein Jahr später schrieb der alternde Vettori an seinen Freund, daß er sich aus Langeweile verliebt habe. Er könne nämlich kaum noch lesen, weil sein Augenlicht schwächer werde, könne nur in Begleitung ausgehen und wenn er zuhause seinen Gedanken nachhänge, werde er trübsinnig. Die einzige Rettung aus diesem tristen Dasein sei die Auseinandersetzung mit der Sexualität: «[…] es ist eine Notwendigkeit, daß man sich darauf beschränkt, an erfreuliche Dinge zu denken, und ich kenne keine Sache an die zu denken und die zu tun mehr erfreut, als zu ficken. Mögen die Leute philosophieren, soviel sie wollen: das ist die reine Wahrheit, die viele denken, aber nur wenige aussprechen»[4]. Machiavellis Antwort zeigt die Befriedigung, die der geistig hochstehende Korrespondent aus diesem ebenso ernsthaften und höchsten Ansprüchen entsprechenden wie frivolen Briefwechsel ziehen konnte: «Wer unsere Briefe sehen könnte, verehrter Freund, würde sich sehr über ihre Widersprüchlichkeit wundern, denn zunächst würde ihm scheinen, daß wir ernsthafte Männer sind, ganz den großen Dingen zugewandt, und daß in unserem Geist nie ein Gedanken reifen könnte, der nicht Ehrbarkeit und Größe in sich trägt. Dann aber, nachdem er das Blatt umgedreht hätte, würden ihm die gleichen Männer leichtfertig, unbeständig, lüstern und leeren Dingen zugewandt erscheinen»[5]. Diesen scheinbaren Widerspruch eines edlen Geistes, der seinem Körper kein lüsternes Vergnügen verweigerte, erklärte Machiavelli nun zum einzig richtigen Lebensprinzip: «Diese Vorgangsweise, die einigen unwürdig scheinen mag, erscheint mir lobenswert, weil wir die Natur nachahmen, die vielfältig ist; und wer diese zum Vorbild nimmt, kann nicht getadelt werden»[6]. Machiavellis lockerer Konversationsstil kann nicht darüber hinwegtäuschen, daß in diesem Naturverständnis ein wesentliches Erklärungsmuster für die Verbindung geistig-hoher und körperlich-niedriger Prinzipien im Leben der intellektuellen Oberschicht der Renaissance zu finden ist.

Eine ähnliche geistige Naturverbundenheit zeigte auch der zweite bedeutende Korrespondent, dessen private Briefe sich intensiv mit dem Themenkreis der Sexualität befaßten: Vicino Orsini, Herzog von Bomarzo[7]. Nach einigen Jahren in Kriegsdiensten zog sich Orsini um 1560 auf seine Besitzungen in Bomarzo zurück, wo er, in völliger Abkehr vom politischen und militärischen Leben des Kirchenstaates, nur noch seinen körperlichen und geistigen Vorlieben lebte. Zentrales Anliegen wurde ihm die Errichtung des sogenannten «Boschetto», eines von ihm erdachten und geplanten «Wäldchens» meterhoher grotesker Skulpturen, der heute noch eines der beeindruckendsten Zeugnisse manieristischen Schöpferwillens ist. Orsinis Vorstellungen eines glücklichen Lebens schienen sich für ihn am ehesten in den Auffassungen Epikurs widerzuspiegeln. Mit fünfunddreißig Jahren, so schrieb er in betonter Unterspielung 1558 an Alessandro Farnese, sei er noch genauso unwissend wie zum Zeitpunkt seiner Geburt. Nur in einer Sache habe er Gewißheit erlangt, daß nämlich Epikur ein «galant'homo», ein Ehrenmann, gewesen sei[8]. Die durch die Schriften Ciceros fragmentarisch überlieferten Lehren Epikurs machten die Erlangung der Glückseligkeit zum höchsten Ziel menschlichen Handelns. Da diese vor allem durch Lust erreicht werden konnte, war die wichtigste Tugend, zunächst zu erkennen, was Lust und was Schmerz verursachen könne, um Ersteres dann zu fördern, Letzteres hingegen zu vermeiden. Höchste Lust war für Epikur die völlige Abwesenheit von Schmerz, die durch Gesundheit, physisches Wohlbefinden und geistige Ruhe erreicht wurde. Der Genuß, so wichtig er auch war, sollte daher nie soweit gehen, daß er die Gesundheit schädigen oder die künftige Genußfähigkeit einschränken konnte. Diese Philosophie des maßvollen Genusses hatte sich Vicino Orsini zumindest oberflächlich zu eigen gemacht: «Man muß darauf achten, seiner Wege zu gehen und alles zu tun, um fröhlich zu leben, Belastungen und Unbequemlichkeiten zu vermeiden und die Zeit zu nehmen, wie sie kommt, denn alles andere sind Kleinigkeiten», schrieb er 1574 an einen guten Freund[9]. «Fröhlich zu leben» («viver allegramente»), das war für ihn nichts anderes als die ausgewogene und lustvolle Befriedigung körperlicher und geistiger Bedürfnisse. Der Briefwechsel, der sich zwischen ihm und Giovanni Drouet, einem Beamten der päpstlichen Kurie, in den letzten zwanzig Jahren seines Lebens entwickelte, beschäftigte sich daher hauptsächlich mit jenen drei Dingen, die Vicino (neben seinem «Wäldchen») für sein Wohlbefinden wichtig waren: mit interessanten Büchern, edlen Speisen und Weinen und mit der Sexualität. Wie eng leibliche und geistige Genüsse für ihn verbunden waren, verdeutlicht eine Stelle aus seinen Briefen an Drouet: Wie so oft, hatte er dem Freund ein Faß erlesenen Weines nach Rom geschickt, um sich bei diesem für eine Sendung von Büchern zu bedanken. «Ich glaube das Faß Wein müßte jetzt angekommen sein, und es wäre mir lieb, wenn es den Geschmack, die Würze und die Qualität der Bücher hätte, die Ihr mir geschickt habt», ließ er Drouet wissen[10]. Die Befriedigung seiner sexuellen Bedürfnisse suchte Orsini, spätestens seit er verwitwet war, in den Armen von Mätressen, von denen er, wie er anläßlich seines vierzigsten Geburtstages stolz an Alessandro Farnese schrieb, «durch die Gnade

Gottes» mehr als eine hatte[11]. Als über Fünfzigjähriger legte er 1574 in
einem Brief an seinen Geistesfreund Giovanni Drouet eine Art «eroti-
sches Credo» vor. In unnachahmlicher Weise entwickelte er aus dem
Dank für die Übersendung von Äpfeln, Honig und Quittenmus sexuelle Metaphern aus dem Bereich der Früchte, die er dem Hohen Lied
des Alten Testaments, Vergils «Bucolica» und dem «Traumbuch» des
Artemidoros entlehnt hatte[12]. Derart göttliche Früchte, so meinte er dop-
peldeutig, seien für ihn als provinziellen «Waldbürger» eigentlich zu
edel, «doch ich werde es zu schätzen wissen, einer jener Satyrn zu sein,
die, wenn sie sich auch nicht mit Jupiter an einen Tisch setzten, doch
kamen, um etwas von der übriggebliebenen Suppe zu schlecken»[13]. Im
Anschluß daran setzte er der Mahnung Drouets, er solle sich aus
gesundheitlichen Gründen vor den drei «P», «pesce, porco, pasta»
(Fisch, Schwein und Teigwaren), hüten, seine eigene Interpretation entgegen: «Ich deute die drei P, daß sie «potta, potta, potta» (Vagina,
Vagina, Vagina) sagen wollen: Nun ist es zwar nötig, sich vor ihr zu
hüten, aber da sie süßer als Quittenmus und Äpfel ist, würde ich mich,
auch wenn ich keine Zähne mehr hätte, ans Lecken begeben»[14]. In einer
Sprache, die in ihrer an Derbheit grenzenden Offenheit an die Werke
Aretinos erinnert, drückte Orsini mit dieser Selbstdarstellung als «sup-
peschleckender Satyr», der auch zahnlos noch die süßen Säfte der weiblichen Scham aufsaugen würde, zugleich seine Lust an Sexualität, an
kulinarischen Freuden und seine Sehnsucht nach Naturverbundenheit
aus. Die Metaphorik, die er hier verwendete, ist charakteristisch für die
gebildete Elite, die es solcherart schaffte, mit sichtlicher Freude am
Ordinären Sinnesfreuden darzustellen, ohne deshalb niedrig zu erscheinen. Einer ähnlichen Sprache bediente sich auch Giovanni Drouet, wenn
er etwa Orsinis Konkubine Laura, die ihrem alternden Liebhaber den
Beischlaf verweigert hatte, ausrichten ließ, er bitte sie, «daß sie ‹das
Schwert in die Scheide stecken solle›»[15]. In einem weiteren Brief berichtete er seinem Freund unter Verwendung eines aus der antiken Mytho-
logie entlehnten metaphorischen Vokabulars von seinem Besuch bei
einer Kurtisane, bei der auch Vicino schon mehrmals zu Gast gewesen
war. Die «Gattin des Vulkan»[16], wie er sie nennt, hatte ihm beim
Abschied freundlich aber bestimmt zu verstehen gegeben, daß er für
häufigen Sex nun schon zu alt sei. «Mein Bruder», habe sie ihm gesagt,
«sei nicht unverschämt; die Zeit, da Du die Kräfte des Herkules hattest,
ist vorbei. Es reicht also, wenn Du mich höchstens einmal in jeder der
vier Jahreszeiten besuchst. Und dem Herrn Vicino Orsini wirst Du
sagen, daß er mich, da er mehr Saft hat, häufiger sehen kann; nämlich
jeden Vollmond»[17].

Die Angst vor dem altersbedingten Verlust der Sinne und der Genußfähigkeit zieht sich seit 1573 wie ein roter Faden durch den Briefwechsel der alternden Freunde. Immer wieder versicherte Orsini, daß er sich nun, entsprechend den Lehren Epikurs, seiner Gesundheit zuliebe von den Sinnesfreuden fernhalten wolle; verwirklicht wurden diese Vorsätze allerdings nie. Als Mittel gegen die Beschwerden des Alterns schien ihm der Verkehr mit einer jungen, gänzlich unerfahrenen Frau besser geeignet zu sein als die Enthaltsamkeit. «Ich sehe, daß der Geist, trotz des Alters, angesichts einer jungen Frau munter wird», schrieb er 1573 an Drouet, «aber wenn Ihr es auf meine Art macht, darf sie nicht älter als fünfzehn Jahre sein, weil sie in diesem zarten Alter die Mängel der Alten noch nicht kennen, während die Bejahrteren sich über deren Verfassung lustig machen»[18]. Getreu dieser Philosophie wählte Vicino, nachdem seine langjährige Geliebte Laura ihn verlassen hatte, die fünfzehnjährige Tochter eines Vasallen zu deren Nachfolgerin. Die Jugend seiner neuen Gefährtin bescherte seinem Körper ungeahnte Freuden. Die geistige Unterhaltung, die er an der Kurtisane Laura so geschätzt hatte, konnte ihm das ungebildete, unerfahrene Bauernmädchen jedoch nicht bieten: «Ich habe viel zu vögeln, aber wenig Unterhaltung, und für mich wäre viel Unterhaltung und wenig vom Rest nötig», schrieb er an Drouet[19]. Erst 1582 dürfte Vicino, mit 59 Jahren für damalige Verhältnisse bereits ein Greis, durch ständige Impotenz und schwache Gesundheit zur Aufgabe seines Sexuallebens gezwungen worden sein. Für ihn bedeutete das den Verlust von Lebenssinn und Lebensfreude. Niemandem würde er raten, sich von Venus und Bacchus zu enthalten, schrieb er an Drouet, «denn seit ich mich von Frau Venus verabschiedet habe (die mir doch, wie ich glaube, für die Stärkung der Lebenskraft von einigem Nutzen war), hat mich das in jeder Weise so melancholisch in der Seele gemacht, daß ich glaube, dabei mehr verloren als gewonnen zu haben»[20].

Vicino Orsini war ein später Vertreter jener geistigen Elite der Renaissancezeit, für die eine Symbiose aus intellektuellem, sexuellem und kulinarischem Genuß höchstes Glück bedeutete. Der weibliche Körper war für Herren dieser Art ein Genußmittel, das, vor allem in Verbindung mit einem anmutigen Geist, zum Spender lebenswichtiger Freuden wurde. Die einzige Gruppe von Frauen, die diese Art von Vergnügen gewährleisten konnte, waren die Kurtisanen, da von Huren nur die animalisch-körperlichen und von standesgemäßen Ehefrauen bestenfalls die geistigen Bedürfnisse des Partners befriedigt wurden.

Zugleich schmeichelten sich die Männer der gebildeten Oberschicht, daß sie auch aus der Warte der Frauen die begehrenswertesten Liebha-

ber seien. In einem Werk des Sienesen Antonio Vignali mit dem bezeich-
nenden Titel «La Cazzaria di Arsiccio Intronato» wird erklärt, weshalb
gelehrte Männer für Frauen die besten Liebhaber seien: Während sich
bei gewöhnlichen Männern alles auf das «kurze Spiel des Fickens»
beschränke[21], welches Frauen oft unbefriedigt zurücklasse, könnten
Männer, die studiert haben, ihren Partnerinnen ganz andere Freuden
bieten: Durch das Erzählen galanter Liebesgeschichten würden sie sie
vor und nach dem Verkehr angenehm unterhalten. Beim Geschlechtsakt
selbst könnten sie aufgrund erlernter anatomischer Kenntnisse besser
auf die Bedürfnisse der Frau eingehen. «Diejenigen, die studieren, kennen tausend gute Streiche und tausend süße Arten, die in ihren Büchern
geschrieben stehen, und da sie zu denen gehören, die wissen, wie die
Scheide von innen beschaffen ist, können sie all die freudenspendenden
und geheimen Wege wiederfinden»[22]. Außerdem wüßten sie, wie man
eine Schwangerschaft vermeiden und bei Bedarf eine Abtreibung durch-
führen könne[23]. Diese kurze Stelle des Eigenlobs ist allerdings die einzige des ganzen Werkes, die auf die weiblichen sexuellen Bedürfnisse
Bezug nimmt. Eigentlicher Inhalt der Abhandlung ist, neben dem Lob
der Homosexualität, die hypothetische Frage, weshalb es nicht möglich
sei, daß das männliche Glied mitsamt den Hoden in die Scheide der
Frau eindringen könne, wovon sich der Autor besonderen Genuß versprechen würde. Ansonsten werden, wie bereits bei Machiavelli und
Orsini, die Geschlechtsorgane gepriesen, weil sie dem Manne Befriedigung verschaffen. Von der weiblichen «potta» wird verlangt, daß sie
möglichst elastisch sein sollte, um sich den unterschiedlichen Größen
der männlichen «cazzi» besser anpassen zu können. Meist sei sie aber,
wie bedauernd festgestellt wird, zu groß, um dem Mann wirkliches
Vergnügen zu bereiten[24]. An den Frauen wird kritisiert, daß sie riesige
Glieder bevorzugten, wie sie nur die wenigsten Männer tatsächlich hätten. Diese Gier der Frauen nach riesigen männlichen «Schwänzen», ein
Symbol für die sexuelle Unersättlichkeit des weiblichen Geschlechts, ist
ein Motiv, das sich in der Literatur der Zeit häufig findet. Denn obwohl
die zahllosen Äußerungen über Sexualität und Erotik ausschließlich von
Männern stammen und selbst von Kurtisanen wie Veronica Franco oder
Tullia d'Aragona nur ätherische Liebesgedichte überliefert sind, war
man in der frühen Neuzeit allgemein davon überzeugt, daß die Lüsternheit der Frauen von Natur aus größer und schwerer kontrollierbar sei
als die der Männer[25]. Vor allem für die pornographische Unterhaltungsliteratur war die sexuelle Gier der Frauen ein dankbares Motiv. In
Aretinos «Kurtisanengesprächen» wird allen drei «weiblichen Stän-
den», den Nonnen, den Ehefrauen und den Huren, nachgesagt, daß sie

sich in diesem Punkt durch nichts voneinander unterschieden. In gleicher Weise wären sie gierig nach Männern und nach großen Gliedern, so daß sie, wenn gerade kein geeigneter Partner verfügbar sei, auch vor Masturbation nicht zurückschreckten. Die Nonnen, so erzählt seine Nanna, benützten zu diesem Zweck in Murano hergestellte längliche gläserne «Früchte», «nur waren an jedem Stengel zwei Schellen von einer Größe, daß eine Janitscharenmusik sich ihrer nicht hätte zu schämen brauchen. [...] Und selig war die, die den größten und dicksten für sich erwischte; und keine von den Nonnen genierte sich, den ihrigen zu küssen, und sie sagten, diese Früchte hülfen ihnen, den Anfechtungen des Fleisches zu widerstehen»[26]. Gefüllt mit warmem Wasser wurden sie von den Nonnen verwendet, um ihre sexuelle Gier selbst zu befriedigen[27]. Diejenigen, die keine gläsernen Tröster zur Verfügung hatten, «mußten ihre Brunft an den Knöpfen der Kaminfeuerböcke auslassen. Sie bohrten sie sich hinein, indem sie sich darüberlehnten, und schlugen mit den Beinen um sich wie die Gepfählten der Türkei»[28]. Die sexuelle Gier der Frauen, so behauptet Aretino, ginge sogar soweit, daß sie auch am sogenannten «Trentuno», der Vergewaltigung durch einunddreißig verschiedene Männer, Gefallen fänden. In einer seiner Geschichten schleicht sich eine Ehefrau in jene Kammer, in der ihr Mann eine junge Bäuerin vermutet, wodurch sie, wie erhofft, selbst in den Genuß eines «Trentuno» kommt, den er und seine Freunde der anderen zugedacht hatten. «Als sie zwanzig gehabt hatte», so Aretino, «begann sie's zu machen wie die Katzen, die vor Wollust kreischen und greulich miauen»[29]. Obwohl sie keineswegs sanft behandelt wurde und am Ende vom Sperma der 31 Männer «bis zu den Knien hinab in der Schmiere lag»[30], zeigte sie sich vom Ausgang dieses Abenteuers höchst befriedigt. Die Bäuerin hingegen war sehr gekränkt, als sie erfuhr, welches Vergnügen ihr durch die List der Herrin entgangen war.

Diese «naturbedingte» Lüsternheit des weiblichen Geschlechts suchte man traditionsgemäß durch das Ideal der Jungfräulichkeit und der keuschen Ehefrau zu domestizieren. Eine Frau, die als «ehrbar» gelten wollte, durfte selbst beim ehelichen Verkehr keine Freude an der Sexualität zeigen; ein Mann, der mit einer solchen Frau verheiratet war, kam gar nicht auf die Idee, besondere erotische Genüsse bei seiner Ehepartnerin zu suchen. Selbst ein Genußmensch wie Vicino Orsini war der Überzeugung, «daß man seine Gemahlin nach Gründen der Vernunft und nicht nach solchen des Vergnügens» aussuchen sollte[31]. Die Aufgabe der Ehefrau bestand ausschließlich darin, der Familie standesgemäße Erben zu schenken. Sexuell aktiv zu sein, Lust zu zeigen und dem Mann das Gefühl zu geben, daß er ihrem Körper ungeahnte Freuden bereite und daß sie selbst an seinen ausgefallensten Ideen Spaß habe, das war hingegen die Aufgabe der Kurtisane. In seinen «Sonetti Lussuriosi», erotisch-pornographischen Gedichten, die er als Ergänzung der berühmten Stichserie der «Modi», der Darstellung von 16 verschiedenen Positionen des Geschlechtsverkehrs durch Marcantonio Raimondi, verfaßt hatte, zeichnet Pietro Aretino genau dieses Bild der Kurtisane[32]. In diesen, großteils in Dialogform gehaltenen Gedichten, zeigen Frauen, die eindeutig als Kurtisanen charakterisiert sind[33], während des Verkehrs unverhohlen ihre Lust, formulieren ihre eigenen sexuellen Wünsche, ergreifen selbst die Initiative und ermutigen die Partner zu verbotenen Praktiken wie dem Analverkehr. Vor allem aber vermitteln sie den Männern das Gefühl, hervorragende Liebhaber zu sein und bewundern, analog zur bereits besprochenen Vorstellung von der Gier der Frauen nach übermäßig großen Gliedern, den Penis des jeweiligen Partners. «Ich will keinen Schatz, sondern diesen Schwanz», läßt er eine dieser Frauen ausrufen, «denn er ist es, der glücklich machen kann!/ Das ist ein Schwanz für Kaiserinnen,/ dieses Kleinod ist mehr wert, als eine Goldmine!»[34] Eine andere gesteht vor Glück, daß sie im Moment der Vereinigung sich selbst und den Partner am liebsten ganz in die Geschlechtsorgane verwandelt sehen würde: «Weil ich jetzt einen so gewaltigen Schwanz spüre,/ der mir den Rand der Scheide umdreht,/ möchte ich ganz und gar Scheide sein,/ und ich möchte, daß Du ganz Schwanz wärest»[35]. Die Männer wiederum betonen mit sichtlichem Genuß, welch großes Vergnügen sie durch die Verwirklichung ihrer eigenen Wünsche auch der Frau bereiten werden: «In die Scheide mach ich's Euch dieses Mal/ und in den Arsch dieses andere; und in der Scheide und im Arsch wird der Schwanz/ mich glücklich und Euch glücklich und selig machen»[36], heißt es da.

Die sexuelle Freiheit und die Möglichkeit, erotische Freuden nicht nur zu genießen, sondern dem damit verbundenen Glück auch Ausdruck zu verleihen, war zweifelsohne einer der Vorteile des Kurtisanenberufs. Wie keine andere Frauengruppe konnten sie ihre sexuellen Bedürfnisse ausleben und mit unterschiedlichen Männern befriedigen, ohne weiterreichende Konsequenzen fürchten zu müssen. «Die Freiheit ist das kostbarste Kleinod, welches eine Hure besitzt», heißt es in Francesco Ponas erotischer Novellensammlung «La Lucerna». «Da sie nicht der Tyrannei eines Ehemanns oder dem Willen der Eltern unterworfen ist, kann sie sich ihren Liebhabern hingeben (wozu sie vom natürlichen Verlangen und von der Lüsternheit des Geschlechts kraftvoll getrieben wird), ohne befürchten zu müssen, daß man sie aufgrund der Verletzung ihrer Ehre ermordet»[37]. Tatsächlich machten immer wieder Kurtisanen von der

Möglichkeit Gebrauch, ihre Sexualität frei zu leben und zu genießen. Selbst in den römischen Gerichtsakten, die ansonsten kaum Aufschluß über das Liebesleben oder die sexuellen Gewohnheiten der Bevölkerung geben, wird dieses Phänomen vereinzelt greifbar. 1588 hatte sich die deutsche Kurtisane Rodiconda in einen jungen Landsmann verliebt, der für einige Monate ihr Favorit wurde. Der Jüngling brüstete sich vor Rodicondas Dienerin, daß diese «gar nicht satt werden konnte, dieses Geschäft zu tun, nämlich sich von ihm ficken zu lassen, weil es ihr so sehr gefiel»[38]. Sogar vor Freunden und anderen Verehrern fiel sie dem Deutschen um den Hals, küßte ihn und erzählte zugleich, wie glücklich er sie machte[39]. Eines Tages stürmte sie mit ihrem jungen Liebhaber aus dem Schlafzimmer, wo sie sich etwa eine Stunde lang eingeschlossen hatten, und rief ihre Dienerin, um ihr voll Stolz und Glück zu verkünden: «Man kann einfach nicht widerstehen, wenn man viermal innerhalb einer Stunde kommt»[40]. Nur eine Kurtisane hatte die Möglichkeit, ihrer Freude an der Sexualität derart offen Ausdruck zu verleihen. Dennoch dürfen wir nicht den Fehler machen, anzunehmen, daß der Beruf der Kurtisane zwangsläufig und meistens mit sexuellem Genuß verbunden war. Zwar hatte sie die Möglichkeit, ihre Liebhaber zumindest in beschränktem Maße selbst zu wählen, doch erfolgte die Auswahl nicht so sehr aufgrund körperlicher als materieller und sozialer Vorzüge. Der Liebhaber wiederum suchte bei der Kurtisane vor allem seine eigene Befriedigung und erwartete von ihr, daß sie ihm willig jedes für sie noch so unangenehme Vergnügen gewährte. Selbst Pietro Aretino war sich darüber im Klaren, daß dies für die Kurtisane mitunter nicht nur physisch unangenehm, sondern auch demütigend sein konnte. Keine der Kränkungen, die Männer Frauen antun könnten, läßt er seine Nanna sagen, sei so schlimm «wie die abscheuliche Schmach, die man uns antut und deren Gestank zum Himmel schreit: Man dreht und wendet uns und schiebt uns hin und her auf alle erdenklichen Arten bei Tage und bei Nacht; und wenn eine nicht in alle Schweinereien einwilligt, die sich nur ausdenken lassen, so muß sie im Elend umkommen»[41]. Am schlimmsten, so sagt sie, seien die Reichen, deren Lüsternheiten um vieles ausgefallener seien als die gewöhnlicher Männer: Sie hätten eine besondere Vorliebe für den Analverkehr und verlangten von den Kurtisanen, daß sie während des Coitus drehende Bewegungen machten und ihnen unanständige Worte zuflüsterten, um ihre Lust anzuheizen[42]. Vor allem aber würden sie von solchen Männern, ohne Rücksicht auf ihr eigenes Empfinden, zu reinen Lustobjekten degradiert: «Und wie sie aus vollem Halse lachen, wenn sie ihn hineinschlupfen und wieder rauskommen sehen oder wenn sie schief- oder vorbeistoßen, wie sie vor

Kurtisane und Kunde im Schlafzimmer. Zeichnung (nach 1550) aus dem Manuskript
«Mores Italiae» (fol. 17). Beinecke Rare Book and Manuscript Library, MS 457,
Yale University, New Haven, Connecticut.

Wonne beinahe umkommen, wenn sie uns damit wehtun! Manchmal nehmen sie einen ganz großen Spiegel und nachdem sie uns nackt ausgezogen haben, lassen sie uns die allerverrücktesten Stellungen einnehmen, die ihre Phantasie nur zu ersinnen vermag: dann lassen sie ihre lüsternen Augen über unser Gesicht, den Busen, die Schultern, den Bauch, die Möse und die Arschbacken schweifen, und ich kann dir gar nicht sagen, wie sie sich an dem Anblick weiden, welche Lust sie daran haben»[43]. Das Vergnügen, welches ein großer Herr bei einer Kurtisane fand, lag nicht zuletzt darin, daß er mit ihr all seine erotischen Phantasien ausleben durfte, und daß sie ihm nicht nur die Verwirklichung derselben gewährte, sondern ihm (unabhängig von ihren tatsächlichen Empfindungen) auch den Eindruck vermittelte, selbst Spaß daran zu haben. So sind auch manche Stellen aus Aretinos «Sonetti Lussuriosi» zu interpretieren, wo beispielsweise beschrieben wird, wie eine Frau das erigierte Glied des scheinbar protestierenden Mannes ergreift, um es in ihren After einzuführen[44]. Daß eine Frau aus eigener Initiative etwas tat, was jede andere abgelehnt hätte, weil es von kirchlichen Autoritäten verboten war und von den meisten Frauen als unangenehm empfunden wird, bescherte dem Kunden der Kurtisane doppelte Lust. Die tatsächliche Abneigung der meisten Frauen gegen den Analverkehr war Aretino, so wie vielen seiner Zeitgenossen, sehr wohl bekannt. Sowohl in den «Sonetti Lussuriosi», als auch in den «Kurtisanengesprächen» wird immer wieder darauf hingewiesen, daß der Verkehr «von hinten» nur für den Mann ein Vergnügen sei[45]. Bei der gebildeten Oberschicht Italiens war aber zu Beginn des 16. Jahrhunderts, analog zur griechischen Päderastie, die Knabenliebe und damit verbunden der Wunsch, auch Frauen «wie Männer zu gebrauchen», weit verbreitet. Vor allem die hohe Geistlichkeit zeigte eine besondere Vorliebe für dieses Phänomen, welches daher auch gerne als «Prälatenspeise» oder «Vergnügen der Vornehmen» bezeichnet wurde[46]. Eine besondere Blüte erlebte die neuzeitliche Knabenliebe in der Toskana, wo sogar literarische Gesellschaften mit eindeutig homosexuellen Tendenzen gegründet wurden[47]. Einer dieser Gesellschaften, der Sienesischen Accademia degli Intronati, gehörte Antonio Vignali, der Autor des bereits erwähnten Dialogs «La cazzaria dell'Arsiccio Intronato» an. In diesem Werk, das hauptsächlich dem Lob der Homo- und Bisexualität gewidmet ist, setzte er sich unter anderem auch mit der einschlägigen Etymologie auseinander: «Buggerare», das Wort für homosexuellen und Analverkehr, hätte sich, so Vignali, aus dem Ausspruch eines Königs entwickelt, der beim Anblick des Afters seines Lustknaben begeistert «che buco raro» («was für ein seltenes Loch») gerufen habe. Diejenigen, die behaupteten, das Wort

käme von «bucum errare» («sich im Loch irren»), seien hingegen
schlecht informiert[48]. Derartige Etymologien sind intellektuelle Spiele-
reien, die in den Kreisen bisexueller Schriftsteller sehr beliebt waren.
Ähnliches findet sich auch in den Werken Aretinos oder seines Schülers
Niccolò Franco[49]. Sogar im oben erwähnten Briefwechsel zwischen
Machiavelli und Francesco Vettori spiegelt sich die Vorliebe der gebildeten Toskaner für die Knabenliebe wieder, wenn etwa Machiavelli von
den diesbezüglichen Abenteuern eines gemeinsamen Freundes berichtet oder Vettori es als Verantwortungslosigkeit darstellt, daß Eltern ihren
halbwüchsigen Sohn einem jungen Hauslehrer anvertrauen[50]. Selbst
Bernardo Dovizi, der spätere Kardinal Bibbiena, fühlte sich, als er 1511
in einem Brief an Isabella d'Este eine Lobeshymne auf ihren zwölfjährigen Sohn Federico Gonzaga anstimmte, verpflichtet zu betonen,
daß er damit keine schmutzigen Absichten verbinde. Immerhin war, wie
er selbst schreibt, allgemein bekannt, daß die «Toskaner ein gutes Urteil
über Knaben haben, weil sie sich viel mit ihnen beschäftigen und sie
sehr lieben»[51]. Auch in Rom trieb die neuzeitliche Päderastie die schönsten Blüten: 1578 wurde publik, daß eine Gruppe homosexueller Spanier und Portugiesen ihre Mitglieder in der Kirche San Giovanni a Porta
Latina mit der bei Hochzeiten üblichen Liturgie zu verheiraten pflegte.
Die solcherart getrauten homosexuellen Paare lebten dann, wie sie
meinten, mit dem Segen Gottes als Eheleute zusammen[52]. Obwohl die
Gruppe denunziert wurde und einige ihrer Mitglieder auf dem Schei-
terhaufen endeten, konnte die Homosexualität auch in den folgenden
Jahren nicht ausgerottet werden. Noch 1588 beschrieb der Niederländer
Arnold Buchell anläßlich einer Romreise dieses Phänomen: «Die Mehr-
zahl der Italiener, sicherlich durch keine andere als die Eingebung des
Teufels [getrieben], neigen der verkehrten Venus zu und lieben die
Päderastie»[53], hielt er mit sichtlichem Widerwillen fest.

   Die meisten Anhänger der neuen Knabenliebe, egal ob Prälaten, Dichter oder große Herren, waren aber keine Homosexuellen im eigentlichen
Sinne, sondern bisexuell. Das gleiche Vergnügen, welches sie beim Verkehr mit einem Knaben empfanden, fühlten sie auch, wenn sie eine Frau
«wie einen Mann gebrauchten». Verstärkt wurde dieses Vergnügen
noch, wenn die Frau dabei Männerkleider trug und sich so auch optisch
in einen Knaben zu verwandeln schien. Aretinos Nanna rät ihrer Tochter Pippa, großen Herren das Geld aus der Tasche zu ziehen, indem sie
sich diese Vorliebe zunutze machen und sich, wenn der Kunde sich aus-
kleidet, selbst dessen Kleider überziehen soll: «Sobald der Herr dich aus
einer Frau plötzlich in einen Jungen verwandelt sieht, wird er sich auf
dich stürzen wie der Hunger aufs warme Brot, und er wirds gar nicht

abwarten können, bis du dich zu Bette legst, sondern dich mit dem Kopf gegen die Wand oder dich auf eine Truhe aufstützen lassen. Ich will dir nichts weiter sagen als dies: Laß dich lieber vierteilen, als daß du ihm das Geringste erlaubst, ehe er dir das Barett und das Wams geschenkt hat, damit du in Zukunft in dem Gewand zu ihm kommen könnest, wofür die hohen Herren eine besondere Vorliebe besäßen»[54]. Der Anblick einer Frau in Männerkleidern war an sich schon etwas Unerhörtes und Erregendes, weil die Kirche seit jeher Frauen verboten hatte, solche zu tragen[55]. Eine Frau, die sich über dieses Verbot hinwegsetzte, konnte – so wie Jeanne d'Arc – dem Vorwurf ausgesetzt werden, die «natürliche Ordnung» der Geschlechtertrennung und des männlichen Primats in Frage zu stellen. Dennoch trugen die römischen Kurtisanen, als einzige Frauen ihrer Epoche, häufig und gerne Männerkleider, sei es aus Gründen der Bequemlichkeit oder weil sie ihre bisexuellen Kunden damit besser in ihren Bann ziehen konnten. Trotz der großen Verbreitung des Analverkehrs und seiner Beliebtheit bei den meisten Herren gab es auch Kurtisanen, die – vielleicht aus religiöser Überzeugung – nicht bereit waren, sich in dieser Weise von ihren Kunden gebrauchen zu lassen. Die Kurtisane Magdalena Veneta etwa gab 1554 zu Protokoll, daß sie einem Kunden, der sie «in den Arsch ficken und Analverkehr mit ihr» wollte, erwidert habe, «daß ich keine solchen Sachen mache und wenn er mich von vorn vögeln wolle, wie es sich gehört, möge er es tun, ansonsten solle er verschwinden»[56].

Auch wenn es nicht um Analverkehr ging, von der Kurtisane wurde erwartet, daß sie nicht einfach «die Beine breit» machte, sondern aktiv dafür sorgte, daß ihr Partner zum Höhepunkt kam. Niemand ginge zu den Kurtisanen, heißt es im «Ragionamento del Zoppino», würden sich diese beim Verkehr wie Statuen und mit dem Gesicht nach oben ins Bett legen[57]. Wie das richtige Verhalten einer Kurtisane in Ausübung ihres Berufes auszusehen hatte, erzählt einmal mehr Aretinos Nanna: «Es gibt keinen Mann, der sich nicht im siebenten Himmel dünkt», verrät sie ihrer Tochter Pippa, «wenn seine geliebte Freundin im Augenblick, wo er ihr das Züngelchen zwischen die Lippen schiebt, ihm nach dem Ding greift, es zwei- oder dreimal zusammenpreßt, bis es sich aufbäumt, und, sobald es sich bäumt, es ein bißchen schüttelt. Dann läßt sie das tatenlustige Ding fahren, wartet einen Augenblick und nimmt seine Oliven in ihre flache Hand und streichelt sie sachte. Hierauf tätschelt sie ihm den Popo, krabbelt ihm an den Haaren herum und fängt wieder an, ihn auf den Hintern zu klatschen, bis der Pint, ganz saftgeschwollen, aussieht wie einer, der sich übergeben möchte, aber nicht kann. Der Liebhaber aber, dem solche Liebkosungen widerfahren, steht da voll Stolz wie ein Abt und würde sein Vergnügen nicht mit dem eines gekitzelten Schweinchens vertauschen; und wenn er gar sieht, daß sie, die er zu reiten gedachte, sich als Reiterin auf ihn schwingt, da haucht er voll süßer Wollust seine Seele aus»[58]. Immer wieder kann man der erotischen Literatur des 16. Jahrhunderts entnehmen, daß die hier beschriebene weibliche Aktivität als ungewöhnlich und entsprechend erregend empfunden wurde. Die Tatsache, daß die Frau beim Verkehr nicht passiv unter dem Mann lag, sondern sich auf ihn schwang, um ihn zu «reiten», war für ihren Partner ebenso aufreizend, wie wenn sie ihn bat, seinen Orgasmus so lange hinauszuzögern, bis auch sie «gekommen» sei[59]. Derartiges Verhalten war so außergewöhnlich, daß es im «Ragionamento del Zoppino» als eine typische Hurenpraxis dargestellt wird. Gerade für die Kurtisane sei es, so Zoppino, charakteristisch, daß sie ihren Partner im entscheidenden Moment bitte, zu warten: «Die gerissene Frau sagt ihm, daß er nicht zu schnell kommen soll, bittet ihn, sich nicht zu beeilen und daß er auf sie warten soll, damit sie nicht zurückbleibt ohne gekommen zu sein; und sie bedeutet ihm, sich jetzt sanft, jetzt heftig, dann langsam und dann wieder schnell zu bewegen, und spielt ihm vor, daß sie zweimal kommt. Und sie wollen nicht, daß du ihn früher herausziehst, als bis du dreimal gekommen bist; und daß sie gekommen sind, zeigen sie dir mit tiefen Seufzern, oder mit fröstelnder Zunge, oder mit starkem Pulsschlag, oder durch Verdrehen der Augen, oder indem sie sich fast ohnmächtig geben, oder durch stammeln, oder aber indem sie dich seufzend küssen»[60]. Daß derartiges Verhalten keineswegs immer gespielt sein mußte, zeigt das oben zitierte Beispiel der Rodiconda, die ihrer Freude darüber, bei einem einstündigen Verkehr gleich viermal «gekommen» zu sein, selbst vor Dritten Ausdruck verliehen hatte. Daß gerade dieses Verhalten von Zoppino zitiert wurde, um die Verlogenheit des Kurtisanenstandes glaubhaft zu machen, mag ein Indiz dafür sein, daß es vielen Männern unmöglich schien, daß Frauen den Geschlechtsverkehr, besonders wenn er wie hier bezahlt wurde, tatsächlich derart lustvoll erleben konnten. In manchen Fällen werden derartige Zweifel wohl auch berechtigt gewesen sein. Die überschwengliche Freude der Rodiconda legt jedenfalls die Vermutung nahe, daß sie es nicht gewohnt war, von ihren Kunden in dieser Weise befriedigt zu werden.

Neben Beschreibungen der weiblichen Aktivität und des echten oder vorgetäuschten Orgasmus der Kurtisanen wird in der erotischen Literatur des 16. Jahrhunderts auch den unterschiedlichen Stellungen, die beim käuflichen Verkehr praktiziert wurden, breiter Raum gewidmet. In der «Puttana errante», einem um 1540 entstandenen Versepos, wird

behauptet, daß die Kurtisanen nicht weniger als zweiundsiebzig verschiedene Stellungen kennen, mit denen sie den Geschlechtsverkehr
immer wieder überraschend gestalten könnten[61]. Einige dieser Stellungen werden namentlich genannt, wobei Bezeichnungen wie «la Gian-
netta» («Spazierstock»), «Chiesa in Campanile» («Kirche im Glocken-
turm») oder «la Grue» («Kranich») gebraucht werden, die sich auch in
anderen Werken der Zeit finden[62]. Besonders ausführlich wird dieses
Thema in dem pseudo-aretinischen «Dialogo fra Maddalena e Giulia»,
einem fingierten Gespräch zweier Kurtisanen, behandelt. Giulia zählt
ihrer Kollegin hier nicht weniger als fünfunddreißig verschiedene Positionen auf, die alle mit einem Namen versehen und genau beschrieben
werden. In ihrer Aufzählung kommen auch all jene Bezeichnungen vor,
die aus den zitierten anderen Werken bekannt sind. «Die einund-
dreißigste [Stellung]», sagt sie beispielsweise, «ist, wenn die Frau auf
der Seite liegt und der Mann steht, und sie drückt die Hinterbacken über
den Bettrand hervor, und das heißt «Argument von vorn». Wenn sie
dann mit dem Gesicht nach oben liegt und die Beine außerhalb [des Bet-
tes] gegen die Wand stemmt und der Mann steht zwischen ihren Beinen und während er sie vögelt, hebt die Frau eines der Beine und senkt
das andere, so heißt das «Mit den Füßen musizieren» und ist die zwei-
unddreißigste; aber wenn sie mit dem Gesicht nach unten liegt und
jedes ihrer Beine über den Schultern des Mannes hält, und er sie auf
diese Weise fickt, so heißt das «Beine am Hals auf verkehrt» und ist die
dreiunddreißigste Art»[63].

Der sexuelle Einfallsreichtum, der hier zur Sprache kommt, war sicher
eines der Erfolgsrezepte der Kurtisanen. Der Geschlechtsverkehr allein
machte aber noch nicht den ganzen Reiz einer Liebesnacht mit einer solchen Frau aus. Die erotische Vielfalt fand vielmehr Ergänzung in dem
eingangs besprochenen «Rahmenprogramm», welches auch die intellektuellen, sozialen und kulinarischen Bedürfnisse des Kunden befriedigte. Illustriert wird dieses Ritual durch einen weiteren Privatbrief, den
der mantuanische Adelige Lelio Capilupi im November 1546 an einen
Freund in Urbino sandte[64]. Capilupi hatte sich ein einziges Mal eine
Nacht mit der «Napolitana», einer sehr gefragten Kurtisane, die die
Geliebte des reichen Bankiers Tobia Pallavicino war, geleistet. Um dieses Erlebnis gebührend zu feiern und ihm den entsprechenden Rahmen
zu geben, lud er – wie schon oben erwähnt – die Dame und zehn vornehme Herren zu einem von ihm ironisch als «Hochzeitsmahl» bezeichneten festlichen Abendessen ein. Erst nachdem die Gäste gegangen
waren, ging Capilupi mit der Kurtisane zu Bett, um eine «göttliche»
Nacht zu verbringen, in der er kein Auge zumachte. Am darauffolgen-

den Morgen speisten die beiden wiederum gemeinsam, und die Kurtisane verbrachte noch einen Großteil des Tages in Capilupis Haus, wobei
sie mit seinen Mitbewohnern plauderte und ihnen neapolitanische Lie-
der vorsang. Selbstverständlich dürfen wir nicht davon ausgehen, daß
jeder Verkehr mit einer Kurtisane derart ausgiebig «gefeiert» wurde.
Das Bedürfnis, die Sexualität nicht auf den bloßen Geschlechtsakt zu
reduzieren, sondern sie durch kulturelle Momente zu verfeinern, war
allerdings ein besonderes Charakteristikum, durch welches sich der
Umgang mit einer Kurtisane vom Verkehr mit einer gewöhnlichen Hure
unterschied. Neben dem Musizieren war der kulinarische Genuß in
Form eines gemeinsam eingenommenen Mahls die häufigste Ergänzung
des sexuellen Vergnügens[65]. Wir wissen, daß 1565 Camilla da Pitigliano
stets mit dem Kardinal del Monte zu speisen pflegte, bevor sie die
Nacht bei ihm verbrachte, um mit ihm zu schlafen. Häufig blieb sie
anschließend auch den ganzen auf die Liebesnacht folgenden Tag im
Palast des Kardinals[66]. Ähnliches berichtete 1559 die Kurtisane Portia
über ihr Verhältnis zum Bischof von Polignano[67]. Auch Aretinos spitze
Feder setzte sich mit diesem Phänomen der Verbindung mehrerer
leiblicher Genüsse auseinander. In seinem «Pronostico Satirico», einem
ironischen Horoskop für das Jahr 1534, sagte er den Römern einen
besonders heißen Sommer voraus, «weshalb die Prälaten die im Aszen-
denten Ceres und Bacchus haben, ohne deren Hilfe Venus friert, sich
jeden Abend nach dem Essen zu Konklaven beiderlei Geschlechts
einschließen werden»[68]. Daß der sexuelle Genuß mit einem vorhergehenden kulinarischen Vergnügen verbunden sein mußte, war derart
selbstverständlich, daß selbst jene Frauen, die mehr Prostituierte als
Kurtisanen waren, versuchten, sich an diese Regel zu halten: Cintia
Romana berichtete 1595, daß sie einen Kunden gehabt hatte, der ihr von
einer Kupplerin vermittelt worden war. Cintia hatte ihn nicht einmal
nach seinem Namen gefragt. Dennoch setzte sie sich mit ihm zu Tisch,
bevor sie daranging, seine sexuellen Wünsche zu befriedigen[69].
  Trotz der großen Fülle erotisch-pornographischer Literatur des
16. Jahrhunderts und trotz der relativ häufigen Stellungnahmen zu
sexuellen Themen im privaten Briefwechsel hochgestellter Persönlichkeiten, bleibt das Bild der Sexualität von Kurtisanen, wie es hier zu
zeichnen versucht wurde, höchst schemenhaft. Männliche Vorstellungen von der unersättlichen sexuellen Gier der Frauen kontrastieren mit
ebenso männlichen Vorstellungen von der Demütigung der Frau durch
den Verkehr mit unterschiedlichen Männern. Am nächsten an die Wirklichkeit dürfte, bei aller Übertreibung, Aretinos Schilderung herankom-
men, der davon ausgeht, daß Kurtisanen prinzipiell Freude an der

Sexualität haben, bei der Ausübung ihres Berufes aber mit dem Problem konfrontiert werden, daß keineswegs jeder Kunde ein angenehmer Liebhaber sein muß. Weibliche Äußerungen zur Sexualität sind, mit der oben zitierten dürftigen Ausnahme der Rodiconda oder jener Kurtisanen, die den Analverkehr verweigerten, nicht überliefert. Die wenigen Briefe von Kurtisanen an hochgestellte Liebhaber hatten das Ziel, den Adressaten zu unterhalten und seinen diesbezüglichen Vorstellungen gerecht zu werden. Mehr als stereotype erotische Anspielungen enthalten sie daher nicht[70]. Ein Briefwechsel zwischen zwei Kurtisanen, die so wie Vicino Orsini und Giovanni Drouet als gleichgestellte Partner über diesen Themenkreis philosophiert hätten, hat vermutlich nie existiert. Was diese Frauen tatsächlich über Sexualität und Erotik dachten und wie sie diesen Aspekt ihres Berufes erlebten, kann daher heute nur mehr erahnt werden.

Syphilis, die Geißel des Jahrhunderts

Zu den großen Risiken des Kurtisanenberufes gehörte die Gefahr der Ansteckung mit einer Geschlechtskrankheit. Vor allem die Syphilis, die in Italien meist als «Franzosenkrankheit» («mal francese») bezeichnet wurde, war eine ständige Bedrohung für Kurtisanen und Kunden. Sie war 1494 bei der Eroberung Neapels durch die Truppen des französischen Königs Karl VIII. erstmals aufgetreten, worauf sie sich binnen weniger Monate seuchenartig in ganz Italien und schließlich in ganz Europa verbreitet hatte[71]. Die meisten zeitgenössischen Beobachter waren sich darüber einig, daß diese Krankheit etwas ganz Neuartiges war, wofür es in der Geschichte der Menschheit keine Vergleichsbeispiele gab. Obwohl man im Mittelalter stets davon überzeugt gewesen war, daß Krankheiten und Seuchen, wie beispielsweise die Lepra, eine Strafe Gottes für menschliches Fehlverhalten waren, wurde die neue Geißel, die Europa nun heimsuchte, nur von den wenigsten mit göttlichem Zorn in Verbindung gebracht. Schon frühzeitig hatte man erkannt, daß diese Krankheit vor allem durch Geschlechtsverkehr übertragen wurde und schon früh hatte sich gezeigt, daß sie sich vor allem unter den Angehörigen der höchsten Kreise und unter den Intellektuellen stark verbreitete. Dies mag einer der Gründe gewesen sein, weshalb die sofort einsetzende wissenschaftliche und literarische Beschäftigung mit diesem Thema versuchte, der Krankheit das Stigma der Gottesstrafe zu nehmen. Die gängige Meinung schrieb die Entstehung der fürchterlichen Seuche jenen Juden zu, die, aus Spanien vertrieben, Ende des

*Pauwel Franck, gen. Paolo Fiammingo: Das goldene Zeitalter. Aus der Serie «Amori»
(um 1585/89). Wien, Kunsthistorisches Museum, Inv. Nr. GG 2361.*

15. Jahrhunderts in Italien Zuflucht gesucht hatten. Andere wiederum
waren überzeugt, daß die Syphilis ursprünglich in Amerika beheimatet
gewesen sei, von wo aus sie die Spanier nach Europa eingeschleppt hätten. Die Schuld für das so plötzliche Auftreten der Krankheit wurde in
jedem Fall außerhalb der christlichen Welt gesucht. Die Erkrankung an
der Syphilis war schon bald ein berechenbares Risiko, welches man vor
allem mit dem außerehelichen Geschlechtsverkehr auf sich nahm; eine
unergründliche Strafe Gottes, wie beispielsweise die Lepra, war sie aber
nicht. Dies bewirkte, zusammen mit der raschen Verbreitung der Krankheit, eine relativ unbefangene literarische Auseinandersetzung mit dem
Thema Syphilis, das zu einem häufig verwendeten Motiv der burlesken
italienischen Dichtung des 16. Jahrhunderts wurde. Ein Problem, von
dem viele betroffen waren, wurde so zugleich literarisch verarbeitet und
entschärft. Zu einem moralischeren Lebenswandel sah man sich durch
das Auftreten der ersten seuchenartigen Geschlechtskrankheit der
Menschheitsgeschichte jedoch nicht veranlaßt. Aretino, Pistoia, Lasca
und Delicado, um nur einige zu nennen, setzten sich in ironischer Weise
mit dem neuen Problem auseinander. Andrea Calmo ging sogar so weit,
dem Schriftsteller und Maler Luigi Giancarli in einem seiner Briefe die
Ansteckung mit der Syphilis zu wünschen, weil sie, wie er meinte, eine

wichtige Inspiration für jeden Dichter sei[72]. Niccolò Campani, der sich als Schriftsteller «Stracino» nannte und, wenn man Bandello glauben darf, der großen Imperia Dichtunterricht erteilt hatte[73], war eines der prominentesten Opfer der Franzosenkrankheit. In einem ausführlichen Gedicht, dem «Lamento dello Strascino», beschreibt er zuerst seine durch die Krankheit verursachten Leiden, um dann im zweiten Teil seiner Freude über die anschließende Heilung Ausdruck zu verleihen[74]. Dieses Gedicht erfreute sich im Italien des 16. Jahrhundert einer unglaublichen Beliebtheit; es wurde immer wieder neu verlegt und in verschiedensten Werken der Zeit zitiert.

Daß den Kurtisanen oder zumindest den Huren in der zeitgenössischen Dichtung eine bedeutende Rolle bei der Verbreitung der Syphilis zugeschrieben wurde, liegt auf der Hand. In den «Sette dolori del mal franzese», einem Gedicht des berühmten Spaßmachers Maestro Andrea, wird der Leser aufgefordert, sich von den Huren gänzlich fernzuhalten, wenn er sich die geschilderten Leiden der Syphilis ersparen wolle[75]. Im «Ragionamento del Zoppino» wird den Kurtisanen vorgeworfen, daß sie aus reiner Geldgier selbst dann noch Kunden bedienten, wenn sie wüßten, daß sie infiziert seien[76]. Im «Lamento della cortigiana ferrarese» wird eine einst berühmte Kurtisane vorgeführt, die nun, durch die Franzosenkrankheit entstellt und entkräftet, als Bettlerin ihr Dasein fristen muß[77]. Auch Aretinos Nanna warnt ihre Tochter Pippa vor den Gefahren der Syphilis und führt ihr das schlimme Ende jener Kurtisanen vor Augen, die ihre Tage als unheilbar Kranke im Spital San Giacomo degli Incurabili beenden müssen[78]. Im «Purgatorio delle Cortigiane», aus der Feder des gleichen Maestro Andrea, wird dieses Spital zum «Fegefeuer», wo ehemalige Kurtisanen ihre Sünden abbüßen[79]. So naheliegend die Rolle von Kurtisanen und Prostituierten bei der Verbreitung der Syphilis auch sein mag, so schwer ist es nachzuweisen, daß bestimmte Kurtisanen an dieser Krankheit litten. Viel häufiger finden sich in Chroniken und anderen Quellen Hinweise auf bedeutende Herren, die an der Syphilis erkrankt waren. Zu den berühmtesten Opfern der Franzosenkrankheit gehörten die Könige Heinrich VIII. von England und Franz I. von Frankreich, sowie der große Humanist Erasmus von Rotterdam. In Rom erkrankte der Papstsohn Cesare Borgia an der Syphilis, und der venezianische Chronist Marino Sanuto berichtete, daß Andrea Lando, der Erzbischof von Kreta, daran gestorben war[80]. Sie waren keine Einzelfälle. «Diese Franzosenkrankheit hat in Rom viele Freunde unter den Priestern, und zwar vor allem unter den reichsten», schrieb Benvenuto Cellini, der 1524 beobachten konnte, wie ein falscher Arzt ein Vermögen verdiente, indem er den hohen Herren vorübergehende Linderung ihrer Leiden verschaffte, die dann wenige Wochen nach der Kur mit besonderer Heftigkeit zurückkehrten[81]. Als wirksamstes Gegenmittel erschienen Quecksilberkuren und seit etwa 1515 die Behandlung mit dem aus Amerika importierten Guajakholz, das auch gerne als «legno santo» oder «legno d'India» bezeichnet wurde[82]. Alle zwei Jahre wurde von den Betreuern des Spitals von San Giacomo degli Incurabili eine beträchtliche Summe dazu verwendet, große Mengen des teuren Holzes zu importieren, um die mittellosen Insassen des Spitals behandeln zu können[83]. Der mantuanische Gesandte berichtete 1534, daß der Kardinal Medici an der Syphilis erkrankt sei und nun ebenfalls mit dem «legno d'India» behandelt werde[84]. Auch Vicino Orsinis Herzensfreund Giovanni Drouet hatte sich noch in hohem Alter mit der Franzosenkrankheit infiziert, von der er sich nach der Behandlung mit Guajakholz geheilt glaubte. «Es scheint, daß Ihr Euch, nachdem Ihr das Holz genommen habt, von neuem mit Frau Venus trösten wollt», schrieb Orsini dem unverbesserlichen Freund[85].

Vergleichbare Hinweise auf venerische Erkrankungen bestimmter Kurtisanen sind kaum überliefert. Lediglich im Briefwechsel zwischen Francesco Babbi, dem Sekretär des florentinischen Botschafters in Rom, und Ugo Griffoni, einem engen Vertrauten Herzog Cosimos, findet sich eine entsprechende Stelle. Griffonis Geliebte, die berühmte Kurtisane Saltarella, war 1539 von Florenz nach Rom gezogen. Im Dezember dieses Jahres ließ der florentinische Botschafter bei Griffoni anfragen, was von gewissen Gerüchten über Saltarellas Gesundheit zu halten sei. Der Bischof von Forli hatte nämlich mehrere Schreiben nach Rom geschickt, in welchen er behauptete, daß Saltarella Florenz verlassen hatte müssen, «weil sie die halbe Stadt mit der Pelarella angesteckt hat»[86]. Eines ihrer Opfer sei auch Griffoni gewesen, der nun kein einziges Haar mehr am Leib habe. Die «Pelarella», der Verlust sämtlicher Körperhaare, einschließlich Wimpern und Augenbrauen, war eines der zahllosen Symptome des «mal francese». Da Saltarella auch in Rom in höchsten Kreisen verkehrte, hätte ihre Erkrankung im Kirchenstaat größtes Unheil anrichten können, weshalb es legitim war, daß sich der florentinische Botschafter persönlich um diese Angelegenheit kümmerte. Die Anschuldigungen des Bischofs von Forli dürften aber unrichtig gewesen sein, da Saltarella auch weiterhin mit höchsten Herren Umgang hatte und von Griffoni selbst keine diesbezüglichen Beschwerden vorliegen.

Das mögliche Ausmaß der Verbreitung der Syphilis bei den römischen Kurtisanen ist heute nicht mehr feststellbar. Auch die Akten des

Spitals von San Giacomo degli Incurabili geben darüber keinen Aufschluß, weil bei den Namenslisten seiner Insassen auf die Angabe des Berufes der betreffenden Personen verzichtet wurde[87]. Daß die Ansteckung mit einer Geschlechtskrankheit zu den größten Risiken des Gewerbes gehörte, kann dennoch nicht bezweifelt werden.

Die Kurtisanen und das Geld

«Habgierige Monster», gute Geschäftsfrauen und verarmte Huren

*E*in beliebtes *Thema* der Unterhaltungsliteratur des 16. Jahrhunderts waren die verschiedenen Taktiken, die Kurtisanen angeblich anwendeten, um ihren Liebhabern das Geld aus der Tasche zu ziehen. Der venezianische Schriftsteller Andrea Calmo klagt in dem bereits zitierten Brief an die imaginäre Kurtisane Brunela, daß ihn die Geschenke, die sie von ihm verlangt habe, an den Bettelstab gebracht hätten, und daß sie ihm überdies ihre Gunst entzogen hätte, sobald seine finanziellen Mittel erschöpft gewesen wären[1]. Aussagen dieser Art hatten zugleich den Zweck, junge Männer, wenn schon nicht aus moralischen Gründen, so doch wenigstens aus Angst vor dem Bankrott von kostspieligen Verhältnissen mit Kurtisanen abzuhalten[2]. Auch Pietro Aretino widmet sich in seinen «Kurtisanengesprächen» immer wieder dem Thema der habgierigen Prostituierten, die auf alle erdenklichen Wege versucht, ihre Liebhaber zu zusätzlichen Zahlungen oder zur Überlassung kostbarer Geschenke zu bewegen. Das Bild der geldgierigen Kurtisane, wie es von der zeitgenössischen Literatur gezeichnet wurde, spiegelt sich gelegentlich auch in den Aussagen derjenigen Leute wieder, die ein Interesse daran hatten, eine Vertreterin dieses Standes zu diffamieren: Man denke nur an die Gegner der Lucrezia Galletta, die 1553 vor Gericht ausdrücklich darauf hingewiesen hatten, daß Lucrezia gewohnt sei, ihren Liebhabern «auf alle Wege und Arten, sogar ungerechte und unerlaubte, Geld in großen Mengen abzunötigen, und sie nicht nur zu betrügen, sondern ihnen das Blut auszusaugen und den Männern gleichsam die Haut abzuziehen»[3]. Die Verwandtschaft solcher Aussagen mit denjenigen eines Aretino oder Calmo ist nicht zu übersehen. Dementsprechend wurde den Kurtisanen natürlich auch nachgesagt, daß sie sich bei der Auswahl ihrer Kunden ausschließlich von materiellen Überlegungen leiten ließen: «Nehmen wir an, es kommen zu dir fünf oder sechs neue Vögel», sagt Aretinos Nanna zu ihrer Tochter Pippa. «Sie sind in Gesellschaft irgendeines guten Bekannten von dir. Empfange sie wie eine vornehme Dame, nimm mit ihnen Platz und unterhalte dich mit ihnen munter, aber so anständig, wie du nur kannst. Und während du sprichst und zuhörst, schätze ihre Kleider und Schmucksachen ab und mache dir nach ihrem ganzen Benehmen einen Überschlag, was wohl etwa aus ihnen herauszuziehen sein dürfte. Dann nimm mit guter Art deinen Bekannten auf die Seite und befrage ihn nach den Verhältnissen eines jeden; hierauf mach dich wieder an dein Geschäft. Du gibst dem Reichsten den Vorzug, beäugelst ihn mit wollüstigen Blicken, tust, als ob du zum Sterben in ihn verliebt seist, und wendest niemals die Augen von den seinen ab, ohne einen tiefen Seufzer zu tun.»[4]

Höhe und Art der Bezahlung

Wie groß der durchschnittliche Verdienst einer Kurtisane tatsächlich gewesen ist, kann man anhand der überlieferten Quellen nur schwer ermessen. Er dürfte jedoch nicht annähernd so hoch gewesen sein, wie die zeitgenössischen Autoren gerne behaupteten. Möglicherweise gab es auch bei der Bezahlung, ähnlich wie beim sozialen Status der Kurtisanen, ein zeitliches Gefälle: Es ist anzunehmen, daß diejenigen, die zu Beginn des 16. Jahrhunderts den Titel «romanam curiam sequentes» führten, mehr verdienten als ihre Kolleginnen in der Zeit der Gegenreformation. Der Sacco di Roma, der den Untergang der unbeschwerten Renaissancegesellschaft der ewigen Stadt stark beschleunigt hatte, brachte naturgemäß auch für die Kurtisanen einschneidende Veränderungen mit sich. Ein französischer Augenzeuge, der das gräßliche Ereignis in einer langen lateinischen Chronik schilderte, führte unter anderem diesen Aspekt als Beispiel für das große Elend an, in welches Rom durch das Wüten der feindlichen Söldner geraten war: «Die Nymphen der Venus (die im Volksmund Kurtisanen genannt werden) welche den Schatz ihres Körpers zuvor nicht ohne große vorhergehende Umwerbung und um keinen geringeren Preis als zehn Dukaten für einen Geschlechtsverkehr zur Verfügung stellten, boten sich jetzt ohne Ansehen der Person, den Gelüsten eines jeden für einen Bissen Brot an»[5]. Ob die Kurtisanen des «goldenen Zeitalters» tatsächlich für eine einzige Liebesnacht die enorme Summe von 10 Dukaten[6] kassierten, ist nicht mehr beweisbar. Immerhin ist von der berühmten Matrema überliefert, daß sie nach dem Tod von Leo X. folgende Wette öffentlich anbot: Mit jedem, der bereit war, ihr 100 Dukaten zu bezahlen, wenn der Kardinal, den sie angab, zum Papst gewählt werden sollte, wollte sie falls ein anderer Kandidat ernannt würde, drei Nächte verbringen «und jeden erfreulichen Gehorsam leisten», ohne eine Bezahlung dafür zu verlangen[7]. Matrema selbst, die zu diesem Zeitpunkt sicher die gefragteste unter den römischen Kurtisanen war und mit Bischöfen und Fürsten vertrauten Umgang hatte, schätzte demnach den Wert einer Liebesnacht mit ihr sogar auf über dreißig Dukaten ein! Auch für die Zeit nach dem Sacco di Roma finden sich in der Literatur Angaben über astronomische Preise, die erfolgreiche Kurtisanen angeblich von ihren Liebhabern zu

verlangen pflegten. Brantôme erzählt beispielsweise, daß er bei seinem
ersten Romaufenthalt (1559) in eine Kurtisane verliebt gewesen sei, daß
er aber seine Leidenschaft nicht befriedigen konnte, da sie zehn bis
zwölf Scudi pro Nacht verlangte; ein Preis, der für einen normalen
Mann nicht zu bezahlen war[8].

Die Angaben, die sich in den diversen Archiven gelegentlich über die
Entlohnung von Kurtisanen finden, können derartige Preise jedoch
nicht untermauern. Auch erfolgreiche Kurtisanen pflegten für eine einzelne Liebesnacht nicht mehr als etwa ein bis vier Scudi zu verlangen:
1552 zahlte der Deutsche Johannes Schenbecken der Isabella Ximenes
einen Scudo für eine Nacht[9]; Lucrezia Senese alias «Musina» erhielt von
jedem ihrer drei Liebhaber je vier Scudi pro Treffen[10], und die Deutsche
Rodiconda ließ sich von einem Franzosen, der sie regelmäßig besuchte,
jedes Mal zwei Scudi bezahlen[11]. Offensichtlich wurde bei der Festsetzung des jeweiligen Preises auch die Zahlkraft des Kunden berücksichtigt: Eine Giulia Fiorentina gab 1588, nachdem sie erst sechs Monate
als Kurtisane gearbeitet hatte, über die Art der Bezahlung zu Protokoll:
«Ich erwarte Gefälligkeiten von denen, die mit mir zu tun haben, und
es gibt solche, die mir sechs oder vier Giuli, und solche, die mir fünfzehn Giuli bezahlen; je nachdem von welchem Stand sie sind»[12]. Ein
Goldscudo war damals 11,9 Giuli wert[13]. Aretinos Nanna gibt ihrer
Tochter sogar ausdrücklich den Rat, bei der Festsetzung ihrer Preise «die
Verhältnisse des betreffenden Kunden in Betracht zu ziehen. Mach es
so, daß du immer ein Dutzend Dukaten verlangst, gleichzeitig aber keinen aus dem Netz läßt, der dir nur ein Paar oder gar nur ein halbes Paar
gibt. Laß die hohen Preise ausposaunen und verheimliche die niedrigen. Wer dir nur einen Dukaten gibt, soll seine Sache verrichten und
den Mund halten; wer dir zehn gibt, soll es überall herumerzählen. Am
Ende des Monats sind all die heimlichen Einnahmen reiner Gewinn.»[14]
Es wäre denkbar, daß derartige Taktiken, die dazu dienen sollten, Prestige und Ansehen einer Kurtisane zu steigern, zu den übertriebenen
Preisangaben in der zeitgenössischen Literatur geführt haben. Denn
wenn es auch gelegentlich Kurtisanen gegeben haben mag, die es sich
leisten konnten, von ihren hochgestellten Liebhabern astronomische
Preise zu verlangen, so waren diese sicher nur eine verschwindende
Minderheit. In dem berühmten «Catalogo de tutte le principali et più
honorate cortigiane di Venetia», einer Art Preisliste für Kurtisanen, die
in der zweiten Hälfte des 16. Jahrhunderts in der Lagunenstadt verbreitet wurde, wird dementsprechend nur bei fünfzehn von insgesamt
210 Damen ein Tarif von zehn oder mehr Scudi pro Nacht angegeben.
Die überwiegende Mehrzahl der angeführten Kurtisanen, die immerhin

als die «wichtigsten und ehrbarsten» ihres Standes bezeichnet wurden,
verlangte nicht mehr als ein bis zwei Scudi für jeden Verkehr[15].

Dauerliebhaber pflegten ihrer Kurtisane ein monatliches Fixum zu
bezahlen und konnten als Gegenleistung einen oder mehrere Tage der
Woche für sich reservieren: Paolo de Grassi versprach der Spanierin
Ottavia, daß er für ihre Kleidung, Kost und Quartier aufkommen und
ihr 15 Scudi monatlich bezahlen wollte[16]. Caterina Sicula forderte 1532
von einem potentiellen Liebhaber «zehn Scudi im Monat und goldene
Ketten» für die Befriedigung seiner Wünsche[17]. Tobia Pallavicino bot
einer Kurtisane an «für die Kosten von Brot und Wein aufzukommen
und ihr 15 Dukaten im Monat zu geben», wenn sie ihn gelegentlich in
seinem Haus besuchen würde[18]. Monsignore Ciccolini wiederum hatte
1579 vereinbart, daß Lavinia Romana zweimal die Woche mit ihm schlafen und dafür 10 Scudi im Monat erhalten sollte[19]. Wenn derartige Preise
auch nicht annähernd die astronomischen Summen erreichen, die
zeitgenössische Autoren als Tarif für Kurtisanen nannten, so handelte
es sich dennoch um einen beachtlichen Verdienst. Man muß nur bedenken, daß eine Kurtisane, die zwei Scudi pro Nacht verlangte, theoretisch
immerhin bis zu 60 Scudi im Monat verdienen konnte, und daß diejenigen, die von ihrem Hauptliebhaber einen monatlichen «Gehalt»
bezogen, zusätzlich die Möglichkeit hatten, an mehreren Tagen der
Woche andere Kunden zu bedienen[20]. Der Verdienst einer Kurtisane, die
zwei Scudi pro Nacht erhielt, war damit sogar höher als das monatliche
Einkommen eines durchschnittlichen Geistlichen oder eines Angehörigen des niederen Adels: 1537 gab der sechsundvierzigjährige Domherr
Claudius Grenovi an, daß er über jährliche Einkünfte in der Höhe von
100 Scudi verfügte[21]. Der siebenundzwanzigjährige Geistliche Gaspar
de Ponte erhielt 200 Dukaten jährlich[22]. Die gleiche Summe verdiente
auch der zweiunddreißigjährige Giovanni Battista de Cavalibus, ein
Geistlicher aus Brixen, der päpstlicher Kämmerer war[23]. Ähnliche Angaben finden sich für Angehörige des Kleinadels und für wohlhabende
Händler: 1549 besaß der siebenunddreißigjährige Hieronimo de Otta-
vionis, ein sienesischer Adeliger, der aus politischen Gründen in Rom
im Exil lebte, Güter im Wert von 2000 Gulden[24]. Der ebenfalls aus Siena
stammende Händler Giovanni Battista di Galgano hatte im Alter von 52
Jahren ein Vermögen von 3000 Scudi erwirtschaftet[25]. Rinaldo de'Ursis,
der zum Freundeskreis der Kurtisane Rodiconda zählte, stand 1588 im
Dienst des mächtigen Kardinals Fachinetti. Sein Vater hatte ihm Ämter
im Wert von 1800 Scudi gekauft, um ihm zu ermöglichen, «daß ich als
Edelmann und meinem Stand entsprechend leben kann»[26]. Da Güter
aller Art im Jahr nicht mehr als höchstens zehn Prozent Gewinn abwar-

fen, ergibt sich auch für diese Leute ein jährliches Einkommen von maximal zwei- bis dreihundert Scudi. Dementsprechend wurde 1543 von den Procuratoren der zwar unehelichen, aber anerkannten Söhne des verstorbenen Napoleone Orsini, des Abtes von Farfa, gefordert, daß die Brüder und Erben Napoleones ihren Neffen mindestens je 200 Scudi jährlich für deren Lebensunterhalt zahlen sollten. Darüber hinaus sollten die Knaben vom Gewinn der Güter ihres Vaters jährlich je 100 Scudi ausbezahlt bekommen[27]. Auf der anderen Seite betrug der Monatslohn, den der Dienstbote eines großen Herren neben Kost und Quartier zu erwarten hatte, nie mehr als einen Scudo[28]. Wer bei weniger wohlhabenden Leuten in Dienst war, mußte sogar mit einer wesentlich geringeren Bezahlung auskommen[29]. Auch die zweihundert Soldaten («lanzi») der päpstlichen Garde erhielten 1535 lediglich 3,5 Scudi im Monat und ein Taggeld von zwei Carlini, wenn sie den Papst auf Ausritten oder Reisen begleiteten. Die Angehörigen der römischen «guardia delli leggieri» wiederum wurden mit sechs Scudi pro Monat entlohnt[30].

Für eine einzige Liebesnacht mußte man also, den oben zitierten Beispielen zufolge, ebensoviel auf den Tisch legen wie für den Monatslohn von mindestens ein bis vier Dienstboten. Der Verkehr mit einer Kurtisane wurde dadurch zu einem Luxus, den sich selbst gutsituierte Leute nur gelegentlich leisten konnten. Um Dauerliebhaber zu sein, mußte man daher nicht nur wohlhabend, sondern reich sein. Monsignore Ciccolini, der Liebhaber der Kurtisane Lavinia Romana, hatte dementsprechend ein wesentlich größeres Vermögen als die zuvor genannten Herren: Er besaß ein Amt an der Kurie im Wert von 8000 Scudi[31] und fast alle Häuser am Borgo Santi Apostoli, die er gegen eine Jahresmiete von je 25 Scudi hauptsächlich an Kurtisanen vermietete[32]. Sein monatliches Einkommen belief sich somit auf mindestens 100 Scudi, so daß er es sich ohne weiteres leisten konnte, seiner Geliebten ein Gehalt von 10 Scudi pro Monat zu bezahlen. Diejenigen, die an der Spitze der sozialen Pyramide des Kirchenstaates standen, die Kardinäle und die Bankiers, waren sogar noch um ein Vielfaches reicher als der schon sehr begüterte Monsignore Ciccolini: Der Bankier Girolamo Ceuli besaß, als er 1579 starb, ein Vermögen von 500000 Scudi. Der bereits erwähnte Tobia Pallavicino hinterließ seinen Erben 1581 400000 Scudi; und selbst die Inhaber kleinerer Bankhäuser verfügten über ein Kapital von zirka 70000 Scudi[33]. Der Kardinal Bernardo Salviati hatte zum Zeitpunkt seines Todes (1568) ein jährliches Einkommen von etwa 20000 Scudi, obwohl er einen beträchtlichen Teil seines Vermögens bereits 1559 durch unglückliche Spekulationen verloren hatte[34]. Alessandro Farnese, der 1534 im Alter von nur vierzehn Jahren zum Kardinal ernannt worden war, hatte 1572 jährliche Einkünfte in der Höhe von 80 000 Scudi. Als er 1589 starb, war sein Jahreseinkommen angeblich sogar auf 120 000 Scudi gestiegen[35]. Selbst die reichsten der Kurtisanen hätten nicht einmal gewagt, von derartigen Summen auch nur zu träumen. Da die Masse der Bevölkerung aber bettelarm war und nur eine Handvoll Leute über die Einkünfte eines Kardinals oder auch eines Monsignore Ciccolini verfügte, lagen sie mit ihren Verdienstmöglichkeiten immer noch im oberen Mittelfeld der sozialen Pyramide des Kirchenstaates.

Ganz anders verhielt es sich mit denjenigen, die sich zwar «Cortigiane» nannten, die in Wirklichkeit jedoch gewöhnliche Prostituierte waren. Sie verdienten nur einen Bruchteil dessen, was ihre hochgestellten Kolleginnen erwarten durften: Eine Camilla da Pistoia, die 1549 an der berüchtigten Piazza del Pozzo bianco ihrem Gewerbe nachging, erhielt von ihren Kunden, die sie nicht einmal nach dem Namen zu fragen pflegte, nur einige Quattrini für jeden Verkehr. Wenn ihr ab und zu jemand einen Giulio gab, so war dies schon etwas Besonderes[36]. Ein gewöhnlicher Scudo war damals 400 Quattrini oder 10 Giuli wert. Frauen wie sie sahen sich häufig gezwungen, zusätzliche Einnahmequellen zu finden, da ihr normaler Verdienst nicht zum Überleben reichte. Um ihr Gehalt aufzubessern, zogen sie nachts singend durch die Straßen der Stadt[37], tanzten regelmäßig in Wirtshäusern[38], oder arbeiteten nebenbei als Wäscherinnen[39]. Mit gutverdienenden Kurtisanen, die mit hochgestellten Persönlichkeiten verkehrten, hatten diese Frauen nichts gemeinsam.

Da die Kosten eines Verhältnisses mit einer Kurtisane also relativ hoch waren, konnte es vorkommen, daß ein weniger begüterter Kunde versuchte, diese Ausgabe mit jemandem zu teilen. So machte Alexander Drago seinem Freund Antonio de'Auffida 1550 den Vorschlag, von nun an die Gunst seiner langjährigen Geliebten Caterina Sclavona gemeinsam zu genießen und auch zu gleichen Teilen für deren Unterhalt aufzukommen[40]. Da es nur wenige Leute gab, die aufgrund eines großen Vermögens jederzeit über das nötige Bargeld für die Bezahlung einer Kurtisane verfügen konnten, akzeptierten die meisten dieser Damen auch eine Entlohnung mit Wertgegenständen. Dies war umso effizienter, als viele der Herren ihren gesamten Verdienst in Statussymbole wie Kleidung oder Schmuck investierten und daher wesentlich reicher aussahen als sie tatsächlich waren. Vor allem bei den zahllosen Ausländern, die sich nur vorübergehend in Rom aufhielten und bei dieser Gelegenheit nicht zuletzt amouröse Abenteuer suchten, war diesbezüglich Vorsicht geboten. Im Umgang mit Fremden riet Aretinos Nanna daher ihrer Tochter Pippa: «[…] halt hübsch deine Augen offen, um zu erfahren,

wann sie abreisen, und berechne die Zeit, die sie sich in Rom aufhalten
können, nach ihren Ringen, Agraffen, Halsketten, Spitzen und anderen
Kinkerlitzchen, die sie am Leibe haben. Denn auf ihr bares Geld ist
wenig zu rechnen»[41].
Tatsächlich finden sich in den diversen Quellen immer wieder Hinweise auf die Bezahlung von Kurtisanen mit Wertgegenständen. Der
Mantuaner Adelige Lelio Capilupi hatte der berühmten «Napolitana»
als Gegenleistung für eine Liebesnacht «zwei schöne, weiß verzierte
Hemden und zwei Paar Seidenstrümpfe» verehrt[42]. Camilla Galla hatte
1532 von ihrem deutschen Liebhaber Georg, einem Cantor des Kardinals Ridolfi, «wie man es unter Liebenden zu tun pflegt», eine Goldkette, einen Rosenkranz aus Ambra und ein Paar Leintücher erhalten[43].
Valerio Tornabuoni versprach seiner Freundin Faustina Romana, nachdem sie sechs Monate seine Geliebte gewesen war, «mir drei Kleider aus
Seide machen zu lassen, oder mir siebzig oder achtzig oder hundert
Scudi zu geben, je nachdem was ich vorzog»[44]. Außerdem wollte er ihr
ein Faß Wein und eine größere Menge Getreide und Holz schenken[45].
Der bereits mehrfach erwähnten Kurtisane Rodiconda wiederum war
sofort aufgefallen, daß der junge Deutsche, der um sie warb, eine
schwere Goldkette am Hals trug. Auf dezente Weise deutete sie dem
Verehrer, nachdem er sie mehrmals besucht hatte, ihr Interesse an diesem Schmuckstück an. Endlich bat sie ihn, ihr die Kette zu borgen, da
sie sie bei einem Fest tragen wollte. «Der Jüngling borgte sie ihr auf
zuvorkommende Weise, indem er die Kette vom Hals nahm und sie ihr
gab», erzählte später ihre Dienerin, «und ohne irgendetwas mit der Herrin gemacht zu haben, zog er sich wieder zurück»[46]. Als er das Schmuckstück wieder abholen wollte, führte ihn Rodiconda erstmals in ihr
Schlafzimmer, ohne jedoch die Türe abzuschließen, weshalb ihre Dienerin annahm, daß es zu keinem Verkehr gekommen war. Entgegen
ihren Erwartungen war der Deutsche jedoch nicht bereit, ihr die Kette
endgültig zu überlassen, weshalb er wenig später unverrichteter Dinge
wieder abziehen mußte. Die Kurtisane war daraufhin verärgert und
weigerte sich, ihren Verehrer weiter zu empfangen. Diese Methode hatte
schließlich den gewünschten Erfolg, denn nach einiger Zeit erklärte sich
der Deutsche bereit, ihr die Kette, die auf einen Wert von 124 Scudi
geschätzt wurde[47], doch zu schenken. Von jetzt an genoß er eine Art
unbegrenzten Kredit: Er konnte Rodiconda, die sich überdies in ihn verliebt hatte, jederzeit besuchen, und hatte mehrmals täglich Verkehr mit
ihr, ohne dafür zusätzlich bezahlen zu müssen.
Gerade weil der Verkehr mit einer Kurtisane eine kostspielige Angelegenheit war, versuchten viele der Kunden, sich entweder um die Be-

zahlung zu drücken, oder die Gegenstände, mit denen sie ihre Geliebte
entlohnt hatten, nach Beendigung des Verhältnisses durch allerlei Tricks
wieder zurückzubekommen. Ascanio Cavalcanti versuchte beispielsweise, solange es ging, seine Freundin Lucrezia «Musina» mit leeren
Versprechungen abzuspeisen: «Er hat mir versprochen, daß er mir ein
Kleid machen läßt und dann wollte er es mir nicht machen. Dann hat
er mir versprochen, die Miete für das Haus zu bezahlen, und auch das
weigerte er sich zu tun»[48], erzählte Lucrezia, die dem knausrigen Liebhaber daraufhin ihr Haus verbot. Viele der Männer, die ihre Freundin
mit Schmuckstücken oder sonstigen Wertgegenständen bezahlt hatten,
behaupteten nach Beendigung des Verhältnisses, sie hätten ihr die kostbaren Dinge lediglich geborgt. Immer wieder wurden solche Fälle von
der einen oder anderen Seite vor Gericht gebracht: Alfonso Altoviti, ein
Angehöriger der florentinischen Bankiersfamilie, ging 1532 vor Gericht,
um eine Goldkette und einen Goldring zurückzufordern, die er der Kurtisane Calidonia angeblich nur geborgt hatte. Mit größter Selbstverständlichkeit verweigerte Calidonia die Herausgabe der Gegenstände.
Ihre Begründung war einfach und offensichtlich auch überzeugend:
«Herr Alfonso weiß ganz genau, daß er mir die Kette und den Ring
gegeben hat, weil er mit mir geschlafen hat»[49]. Auch der oben erwähnten Rodiconda ging es mit ihrem deutschen Liebhaber nicht besser. Als
es nach einem intensiven zweimonatigen Verhältnis zum Bruch zwischen den beiden kam, versuchte der Deutsche seine kostbare Kette, die
einzige Bezahlung, die er für den reichhaltigen Liebesgenuß geleistet
hatte, wieder zurück zu bekommen. Zunächst erkärte er, er wolle für
einen Freund ein ähnliches Stück anfertigen lassen und brauche die
Kette als Modell für den Goldschmied. Rodiconda, die mit Taktiken dieser Art sichtlich vertraut war, brachte den Schmuck daraufhin bei ihrem
Freund Rinaldo de'Ursis in Sicherheit und behauptete, sie habe ihn für
50 Scudi versetzt. Jetzt fuhr der Deutsche mit schärferen Geschützen
auf: Er erklärte, daß er die Kette Rodiconda nur geborgt habe, worauf
Sbirri zu Rinaldo geschickt wurden und ihn zur Herausgabe des Stücks
zwangen. Rodiconda ging nun ihrerseits zu Gericht. Da sie mehrere
Zeugen dafür hatte, daß ihr der Deutsche die Kette tatsächlich
geschenkt hatte, und daß er außerdem von ihr durch intensive Liebesdienste schadlos gehalten worden war, ist anzunehmen, daß sie das
wohlverdiente Schmuckstück schließlich zurückbekam[50]. Da die Kette
auf einen Wert von 124 Scudi geschätzt wurde und das Verhältnis der
beiden zwei Monate gedauert hatte, kam Rodiconda auf diese Art zu
einem monatlichen Verdienst von über 60 Scudi.

Der Umgang mit dem Geld

Da die Kurtisanen häufig mit «Naturalien» bezahlt wurden, und da sie nicht selten auch um diese Entlohnung langwierige gerichtliche Kämpfe führen mußten, verfügten die meisten von ihnen, so wie ein Großteil ihrer Zeitgenossen, nur selten über größere Summen baren Geldes. Selbst gut verdienende Vertreterinnen dieses Standes sahen sich daher gelegentlich genötigt, Schulden zu machen. Die berühmte Tullia d'Aragona hatte 1526 eine größere Menge kostbarer Seidenstoffe gekauft, die sie aber nur teilweise bezahlen konnte. Für die auf den vollen Kaufpreis fehlenden dreißig Golddukaten gewährte ihr der Händler vier Monate lang Kredit[51]. Selbst 1532, als sie die Geliebte des unermeßlich reichen Filippo Strozzi war, mußte Tullia dem Schneider Giovanni Marco da Modena 165 Goldscudi schuldig bleiben, die sie innerhalb von zwei Monaten zu bezahlen versprach[52]. Auch Lucrezia Napolitana, die den stolzen Titel einer «cortisana romanam curiam sequens» führte, konnte, als sie 1520 ein kostbares schwarzes Kleid erwarb, nur ein Drittel des geforderten Preises sofort erlegen. Sie versprach allerdings, die fehlenden sechs Dukaten innerhalb eines Monats zu bezahlen und übergab der Verkäuferin vier Leintücher und ein Kleid als Pfänder, welche diese andernfalls zu Geld machen durfte[53]. Häufig wurde die Begleichung solcher Schulden an Liebhaber oder Verehrer delegiert, die das Geld dann entweder vorstreckten oder als Teil der Bezahlung betrachteten, die sie selbst ihrer Geliebten zu leisten hatten. In solchen Fällen konnte es zu komplizierten Umschuldungsverträgen kommen: Die Kurtisane Diana Napolitana sah sich 1519 außerstande, ihrem Landsmann Vincenzo Mirena die 13 Golddukaten zu bezahlen, die sie ihm schuldete. Der in Rom lebende Sizilianer Paolo de Bono verpflichtete sich daher, diese Summe innerhalb von zwei Monaten an Mirena zu bezahlen, während Diana versprach, das Geld später an Bono zurückzuerstatten[54]. Der aus Parma stammende Kurialbeamte Gaspare de Badalochis war 1532 mit der Kurtisane Vincenza Bolognese übereingekommen, daß er ein schwarzes Samtkleid, welches sie für 12 Scudi versetzt hatte, auslösen und dafür mehrmals mit ihr schlafen würde. Da es zwischen den beiden zu handgreiflichen Streitereien kam, bevor sie miteinander geschlafen hatten, gab er das Kleid an seinen Freund Octaviano de Alidos weiter, der nun seinerseits einige Nächte bei der Kurtisane damit bezahlen wollte[55]. Gelegentliche finanzielle Engpässe und die damit verbundene Gewohnheit Schulden zu machen, dürfen nicht darüber hinwegtäuschen, daß die meisten Kurtisanen wohlhabende Frauen waren, die es sich mitunter sogar leisten konnten, ihren Freunden zinslose Darlehen zu gewähren: Der adelige Geistliche Geronimo Castella schuldete 1505 der Kurtisane Margarita Tridentina 400 Golddukaten, deren Rückzahlung sie ihm später teilweise erließ[56]. Der Augsburger Geistliche Johannes Coler hatte 1506 von der deutschen Kurtisane Margareta Streisin ein Darlehen von 200 Golddukaten erhalten[57]. Der römische Adelige Jacobo Jacobacci, einer der Freunde von Paolo de'Grassi und Camilla «la Magra», borgte 1557 200 Goldscudi für ein Jahr von Diana de Albis. Er übergab ihr als Sicherheit einige Schmuckstücke, wertvolle Stoffe und «drei gebrauchte rote Kardinalskleider», die wohl Erbstücke von seinen beiden Onkeln Domenico und Cristoforo waren, die in der ersten Hälfte des Jahrhunderts den Kardinalshut getragen hatten[58].

Freundschaftsdienste dieser Art waren natürlich vergleichsweise selten. Im allgemeinen versuchten Kurtisanen, die über größere Summen Bargelds verfügten, diese so gewinnbringend wie möglich zu investieren. Beliebte Geldanlagen waren sowohl Häuser im Zentrum, als auch Weingärten am Stadtrand von Rom. Ein eigenes Haus und einen Weingarten zu besitzen, war, so behauptet der imaginäre Kuppler Zoppino, der Traum jeder echten römischen Kurtisane[59]. Tatsächlich hatten fast alle Kurtisanen, deren Erben zwischen 1529 und 1532 den geforderten Tribut an das Konvertitenkloster zahlen mußten, bei ihrem Tod mindestens ein Haus oder einen Weingarten hinterlassen[60]. Auch andere Quellen belegen, daß viele von ihnen Grund erwarben, und sich gelegentlich sogar verpflichteten, diesen zu verbauen. 1516 entschloß sich der römische Adelige Mario Boccabelli, seine ausgedehnten Gründe bei Santa Maria del Popolo zu parzellieren und an Leute zu vermieten, die bereit waren, dort Häuser zu errichten. Unter den acht Personen, mit denen Boccabelli zunächst ins Geschäft kam, befanden sich auch die Kurtisanen Bruna Florentina und Lucrezia Sgarrettona. Sie verpflichteten sich, so wie alle anderen Pächter, auf den betreffenden Grundstücken innerhalb eines Jahres die Fundamente eines Hauses zu errichten, und dabei mindestens 50 Dukaten zu investieren[61]. Die große Imperia besaß neben einem Weingarten, den sie 1511 erworben hatte[62], ein Grundstück in Borgo, auf dem sie zu bauen wünschte. Zu diesem Zweck schloß sie einen überaus günstigen Vertrag mit dem Sieneser Adeligen Enea Piccolomini: Sie verkaufte ihm alle ihre Rechte an dem Grundstück unter der Bedingung, daß er den jährlichen Censo von 16 Dukaten, mit dem es belastet war, bezahlte und daß er dort auf seine Kosten für sie ein Wohnhaus errichten sollte. Um zu garantieren, daß er die Bauzeit nicht unnötig in die Länge zog, forderte sie, daß er, bis das

Haus vollendet sei, jährlich 8 Fässer Wein und eine bestimmte Menge von Weizen und Holz an sie liefern müsse. Nach Abschluß der Bauarbeiten stand dann Imperia das lebenslängliche Nutzungsrecht dieses Hauses zu. Erst nach ihrem Tod sollte das Gebäude an Piccolomini fallen, der jedoch verpflichtet war, ihrer Tochter Lucrezia dafür eine Abfindung von 300 Dukaten zu bezahlen. So günstig dieser Vertrag für Imperia war, so ungünstig war er für Piccolomini. De Facto dürfte das Abkommen eine großzügige Form der Entlohnung gewesen sein, die der Sieneser für bereits erhaltene oder noch zu erwartende Liebesdienste leistete[63]. Viele Kurtisanen dürften sich so wie ihre berühmte Kollegin Imperia als Bauherrinnen betätigt haben. Der Dichter Coppetta schrieb Anfang der fünfziger Jahre, daß es zahllose Kurtisanen gäbe, «die nicht schön sind, und trotzdem gebaut haben, so daß ich mir nicht vorstellen kann, auf welche Weise sie das bewerkstelligen»[64]. Von der Kurtisane Ortensia Greca erzählt er, daß sie sich in einer vornehmen Straße «ein Haus, das einer Königin würdig wäre», gebaut habe[65]. Tatsächlich hatte eine Ortensia Greca zu diesem Zeitpunkt ein Haus bei der Kirche San Ambrogio errichten lassen, dessen Wert 1556 auf etwa 400 Scudi geschätzt wurde[66]. Die erfolgreiche Kurtisane Cesarea besaß um 1540 drei Häuser in der Via Giulia, von denen sie eines selbst bewohnte[67]. Die Bautätigkeit von Kurtisanen war ein derart wichtiger Faktor, daß man sogar bereit war, ihnen besondere Privilegien zu gewähren, um sie zu Investitionen bei städtischen Großprojekten zu bewegen. Als Pius IV. 1565 beschloß, das Viertel neben der Engelsburg als «Borgo Pio» verbauen zu lassen, hoffte er sichtlich auf die Mitarbeit der Kurtisanen. Jede von ihnen, die bereit war, in Borgo Pio ein Haus im Wert von mindestens 500 Scudi zu bauen, wurde, so hieß es in der Gründungsbulle, ab sofort von der lästigen Einschränkung ihrer Testierfreiheit und damit von der Verpflichtung, ein Fünftel ihres Vermögens dem Konvertitenkloster zu hinterlassen, befreit[68].

Geschäftstüchtige Kurtisanen beschränkten sich nicht auf den Kauf von Grundstücken oder den Bau von Häusern, da derartige Unternehmungen zwar prestigeträchtig und sichere Geldanlagen waren, zugleich aber nur wenig Gewinn abwarfen. Eine Investition, die hingegen mit Sicherheit einträglich und dementsprechend beliebt war, waren die sogenannten «Censi»: Leute, die plötzlich Bargeld benötigten, borgten die gewünschte Summe, meist für eine bestimmte Zeit, von Privatpersonen und bezahlten bis zur Rückgabe des Kapitals einen «Censo» von sieben bis zehn Prozent jährlich. Als Sicherheit gaben sie ihre Rechte an einem Grundstück oder Haus, die dem Gläubiger verfielen, wenn die geborgte Summe nicht rechtzeitig zurückerstattet oder die Zinsen nicht bezahlt werden konnten. Noch ergiebiger war jene Kreditform, die «Compagnia d'offizio» genannt wurde: Personen, die ein einträgliches Amt an der Kurie oder ein Kavallierat innehatten, konnten auch damit für die geliehene Summe bürgen und bezahlten dann bis zur Rückgabe des Kapitals jährlich sogar 12 Prozent Zinsen. Das Borgen von Privatpersonen war damit immer noch billiger als eine Anleihe bei einem professionellen jüdischen Wucherer: Die Juden durften zunächst 24[69] und später immerhin noch 18 Prozent Zinsen im Jahr verlangen[70] und berechneten häufig, entgegen den gesetzlichen Bestimmungen, einen Monat mit 15 Tagen. Wer die Möglichkeit hatte, für die benötigte Summe in Form eines Censo oder einer Compagnia d'offizio Sicherheit zu leisten, vermied daher den Weg zum berufsmäßigen Wucherer und borgte das Geld nicht selten von einer Kurtisane. Bei allen Vorteilen, die dieses Kreditsystem für beide Parteien mit sich brachte, war es natürlich immer mit einem gewissen Risiko verbunden: Einerseits konnte es vorkommen, daß der Gläubiger die finanzielle Notlage des Kreditsuchenden ausnützte, um überhöhte Zinsen zu verlangen: 1560 verklagte Pietro Foriano aus Ferrara die Kurtisane Laura da Venezia, weil sie ihm 50 Scudi auf drei Jahre geliehen hatte und dafür mit einem Scudo pro Monat bezahlt werden wollte. Dies entsprach einem Zinssatz von 24 Prozent, den lediglich jüdische Wucherer verlangen durften[71]. Andererseits gab es Schuldner, die sich weigerten, die festgesetzten Raten zu bezahlen: Giovanni Battista Perbenedictis aus Camerino hatte der Kurtisane Isabella Veneta einen Censo von 105 Scudi auf sein Haus in Rom verkauft. Als sie ihn verklagte, weil er die vereinbarten Zinsen nicht bezahlte, behauptete er, der Schuldvertrag sei von Isabella gefälscht worden und löste so einen jahrelangen Rechtsstreit aus, der schließlich durch einen gerichtlichen Vergleich beendet wurde[72].

Trotz dieser Risiken war das Verleihen von Geld ein einträgliches Geschäft, das von wohlhabenden Kurtisanen gerne betrieben wurde. Wie die finanzielle Lage und die Geldgeschäfte einer durchschnittlich gut verdienenden Kurtisane aussahen, zeigt uns das Beispiel der Lucrezia Ricci alias «la Biondina», die dem gehobenen Mittelstand ihrer Zunft angehörte: Als sie 1549 erstmals in den Quellen erwähnt wurde, bewohnte sie mit mehreren Dienstboten ein Haus, für das sie 33 Scudi Jahresmiete bezahlte[73]. Darüber hinaus besaß sie ein eigenes Haus in Trastevere und hatte größere Summen Geldes auf einer Bank hinterlegt[74]. Einem Cesare de Riccis, der vielleicht ein Verwandter war, gewährte sie mehrere Jahre lang ein zinsloses Darlehen von 200 Scudi[75]. 1559 kaufte sie einen Censo auf das Haus von Beatrix und Hieronimus Scalpellini, der ihr jährlich 5 Scudi einbrachte[76]. 1570 borgte sie dem römischen Adeligen Rutilio de Mantaco 100 Scudi in Form einer Compagnia d'offizio auf dessen Amt als «miles Pio». Sie erhielt dafür 12 Scudi Zinsen pro Jahr und wurde überdies für die Dauer des Vertrags am Gewinn der Einkünfte des Amtes beteiligt[77]. Mit Geschäften dieser Art gelang es ihr, sich ein beachtliches Vermögen aufzubauen, welches ihr auch im Alter noch ein sorgenfreies Leben garantierte[78].

Während die «Biondina» sich durch ihren Beruf und die Art, wie sie das dabei verdiente Geld investierte, einen soliden Wohlstand schuf, wurde ihre Namensschwester Lucrezia Galletta alias «la Luparella» etwa zur gleichen Zeit und auf ähnlichem Weg sogar zu einer der reichsten Frauen des Kirchenstaates. Nach 1546 dürfte sie die Geliebte von Francesco Spinelli, dem Kassierer des Bankhauses der Altoviti, geworden sein[79], und spätestens zu diesem Zeitpunkt begann die bereits wohlhabende Kurtisane in großem Stil Geld zu verleihen und über ihre Geschäfte genauestens Buch zu führen[80]. Spinelli, der anfangs auch meist als Vermittler ihrer Transaktionen fungierte, dürfte die Luparella mit den Praktiken der Geschäftswelt vertraut gemacht und ihr das Fachwissen vermittelt haben, das sie brauchte, um ihr Geld gewinnbringend anlegen zu können. Schon Ende der vierziger Jahre besaß sie ein Vermögen von über 8000 Scudi und galt daher allgemein als reiche Frau[81]. Zwei- bis dreitausend Scudi ließ sie seit 1549 regelmäßig durch Spinelli in Lyon, Neapel und Florenz investieren[82]. Als Francesco Spinelli im Dezember 1552 mit der Kasse der Altoviti spurlos aus Rom verschwand, wurde seine Geliebte sofort der Mitwisserschaft angeklagt. In einem jahrelangen Prozeß konnte ihr jedoch keine Schuld nachgewiesen werden[83]. Trotz der Schwierigkeiten, die sich für sie aus dem Streit mit Altoviti ergaben, blieb Lucrezia Galletta weiterhin eine erfolgreiche Unternehmerin. Sie hatte Geschäftsverbindungen mit den Bankhäusern der Cavalcanti in Florenz, sowie der Salviati und der Arnolfini in Lyon, über die sie enorme Summen investierte. In Rom hatte sie sich als Geldverleiherin sichtlich einen Namen gemacht: Römische Adelige, Beamte der Kurie und hochgestellte Persönlichkeiten wie der apostolische Protonotar Ferdinando Spinello[84], der Bankier Bernardo Acciaiuoli[85], der Bischof von Montefiascone Vincenzo Fuschieri[86], oder der bereits mehrfach erwähnte Monsignore Ciccolini[87] borgten beträchtliche Summen Geldes von ihr. Von den acht Geschäftsbüchern der Luparella, welche noch 1607 im Archiv des Klosters Santa Marta aufbewahrt wurden[88], hat sich bedauerlicherweise nur ein einziges bis heute erhalten[89]. Es informiert uns über einen Teil jener Geldgeschäfte (vor allem Censi und Compagnie d'offizio), die Lucrezia in der Zeit von 1560 bis zu ihrem Tod (1580) mit römischen Kunden abschloß. Mit den etwa 2000 Scudi, welche sie dieser Quelle zufolge 1560 zu verleihen begann, konnte sie innerhalb von zwanzig Jahren über 6000 Scudi Gewinn erzielen, indem sie freiwerdendes Kapital und dessen Ertrag sofort wieder neu investierte. Das Vermögen, welches sie bei ihrem Tod hinterließ, dürfte einige -zigtausend Scudi betragen haben und war somit dem Kapital eines kleineren Bankhauses vergleichbar[90].

Nicht alle gut verdienenden Kurtisanen besaßen das Finanztalent der Luparella. Isabella de Luna, die als eine der berühmtesten Kurtisanen des 16. Jahrhunderts gilt, hatte, solange sie ihren Beruf ausübte, vermutlich sogar bessere Verdienstmöglichkeiten als Lucrezia Galletta. Bei ihren finanziellen Transaktionen zeigte sie allerdings nicht deren Spürsinn. Als sie 1564 ihr Testament machte, war sie zwar äußerst wohlhabend, doch nicht annähernd so reich wie die Luparella. Ihr Vermögen bestand vor allem aus einem großen Haus bei San Salvatore delle Coppelle, welches 1545 ihr damaliger Liebhaber Roberto Strozzi in ihrem Namen zum Preis von 1600 Scudi erworben hatte[91]. Zum Zeitpunkt ihres Todes wohnten dort Paolo Pittorio und Pietro Paolo de Benedictis, die jährlich 130 Scudi Miete dafür bezahlten[92]. Den Großteil ihrer Ersparnisse, die enorme Summe von 3110 Scudi, hatte sie jedoch einem gewissen Juan Domenico Sorrentino aus Neapel geborgt[93]. Die Sicherheiten, die sie mit diesem vertraglich festgelegt hatte, waren allem Anschein nach nur sehr mangelhaft, da es ihren Erben später nie gelang, Sorrentino zur Rückzahlung dieser Summe zu bewegen[94].

Die Fälle der Isabella de Luna und der Lucrezia Galletta sind vergleichsweise gut dokumentiert, so daß man einigermaßen verläßliche Angaben über die Größe des Vermögens dieser Frauen machen kann. Im allgemeinen ist es aber fast unmöglich, das durchschnittliche Vermögen, welches eine Kurtisane im Lauf ihres Lebens erwirtschaftet hatte, zu rekonstruieren. Man kann dabei lediglich auf zwei Quellengattungen zurückgreifen: auf Testamente und auf die teilweise erhaltenen Protokolle der Erbstreitigkeiten zwischen den Hinterbliebenen von Kurtisanen und dem Konvertitenkloster. In beiden Fällen handelt es sich aber um Dokumente, die nur bedingten Aufschluß geben können. Das Testament hatte ja nicht die Aufgabe, die genauen Vermögensverhältnisse des Testierenden festzuhalten, sondern eine reibungslose Aufteilung seines Besitzes unter seine Erben zu ermöglichen. Dementsprechend wurden für gewöhnlich genaue Angaben über einzelne Legate gemacht und für den gesamten verbleibenden Besitz, dessen Umfang nicht näher definiert wurde, ein Universalerbe eingesetzt. Man kann daher lediglich aus der Höhe der Legate einen Rückschluß auf die Vermögensverhältnisse des Erblassers ziehen. Andererseits können auch die Protokolle der Erbstreitigkeiten zwischen dem Konvertitenkloster und den Hinterbliebenen von Kurtisanen nicht immer ein korrektes Bild der jeweiligen Verlassenschaft vermitteln. Sowohl die Kurtisanen selbst als auch ihre Erben versuchten im allgemeinen, den Tribut, den sie dem Kloster schuldeten, so niedrig wie irgend möglich zu halten. Da er aufgrund der Bulle Leos X. mindestens ein Fünftel des Gesamtvermögens der Betreffenden zu betragen hatte, mußte man also glaubhaft machen, daß dieses entsprechend gering war. In vielen Fällen wurden daher die Wohnungen verstorbener Kurtisanen von ihren Erben sofort aller Wertgegenstände beraubt. Bis das Konvertitenkloster von dem Todesfall erfuhr und einen Beamten schickte, um den Besitz der Verstorbenen zu inventarisieren, war dann kaum noch etwas Nennenswertes vorhanden[95]. Wenn eine Kurtisane Vermögenswerte in Form von Immobilien besessen hatte, so versuchte man dies entweder zu verschleiern, oder es wurde behauptet, daß sie nicht ihr selbst, sondern ihren Kindern, Geschwistern oder sonstigen Anverwandten gehört hätten. Solcherart gelang es den meisten der Erben, das Kloster zu einem Kompromiß zu zwingen und ihm im Endeffekt dann wesentlich weniger als den Gegenwert eines Fünftels der Hinterlassenschaft zu bezahlen: 1529 starb Johanna de Fecholono, die Mutter von Jacob Questenbergs Tochter Faustina. Sie hatte mehrere Häuser und Grundstücke in Rom und Preneste und «gewisse Darlehen, Schuldverschreibungen, Rechtstitel und Geldanlagen» besessen. Von ihren Erben wurde allerdings beteuert, daß es sich dabei nicht um Johannas Besitz, sondern um den Nachlaß von Faustinas bereits früher verstorbenen Geschwistern handle[96]. Als im gleichen Jahr die aus Neapel stammende Lucrezia de Cupis starb, wußte man mit Sicherheit nur, daß sie kurz vor ihrem Tod zwei Censi im Wert von 100 Scudi und 125 Dukaten gekauft hatte. Es hieß aber, daß sie darüber hinaus viele andere Güter besessen habe, über die man jedoch nichts Genaueres in Erfahrung bringen konnte[97]. Etwas konkretere Angaben besitzen wir über den Nachlaß der 1530 verstorbenen Kurtisane Camilla Florentina. Sie hatte die Mönche von Santa Maria del Popolo zu ihren Universalerben ernannt. Diese sollten den Konvertiten nun ein Viertel der Erbschaft überlassen, weshalb man den Besitz der Verstorbenen schätzen ließ. Camillas Hinterlassenschaft, zu der unter anderem ein Haus in der Via della Scrofa gehörte, wurde auf einen Wert von insgesamt 400 Scudi geschätzt[98]. Offensichtlich waren jedoch auch hier die ersten Informationen über den Besitz der Kurtisane nur mangelhaft: Acht Monate später mußte nämlich ein gewisser Jacob Sutor für ein weiteres Haus der Camilla Florentina, das in der Nähe von Santa Cecilia di Monte Giordano lag, eine Ablöse von 50 Scudi bezahlen[99].

Angela Greca, die Mutter und Erbin der 1556 verstorbenen Kurtisane Ortensia Greca, mußte den Konvertiten hundert Goldscudi für das Erbe ihrer Tochter bezahlen. Auch der Wert von Ortensias Vermögen, das hauptsächlich aus einem von ihr selbst errichteten Haus bei S. Ambrogio bestand, wurde somit auf vier- bis fünfhundert Scudi geschätzt[100]. In beiden Fällen dürfen wir davon ausgehen, daß sich die Schätzung vor allem auf den Besitz an Immobilien bezog, da Kleider, Schmuck und kostbarer Hausrat entweder vor der Inventarisierung entfernt oder (im Falle Ortensias) als Besitz der Mutter deklariert werden konnten.

Da die meisten der Kurtisanen, die zwischen 1529 und 1531 verstorben waren, offiziell zumindest ein Haus oder einen Weingarten hinterlassen hatten, kann man davon ausgehen, daß der Wert des Vermögens der Betreffenden, ähnlich wie im Fall der Camilla Florentina oder der Ortensia Greca, im Durchschnitt nicht weniger als vierhundert Scudi betrug[101]. Es wäre somit jenem Kapital vergleichbar, welches etwa ein Handwerker am Ende seines Lebens zusammengespart hatte: Der sechzigjährige Nicòla di Corganella, ein Schuhmacher im Ruhestand, gab 1549 zu Protokoll, daß er Güter im Wert von 600 Scudi besitze[102]. Das Vermögen erfolgreicher Kurtisanen dürfte in den meisten Fällen aber wesentlich höher gewesen sein. Man denke nur an Isabella de Luna oder an die oben erwähnte Lucrezia «Biondina»: Diese machte in ihrem Testament Legate und fromme Stiftungen im Wert von 335 Scudi und hinterließ überdies verschiedenen Freunden 400 Scudi in Form von Censi. Zusammen mit Hausrat, Schmuck und Kleidern dürfte ihr Besitz also insgesamt einen Wert von mindestens tausend Scudi gehabt haben[103]. Auch Magdalena da Brescia, die unter dem Namen Hippolita in Rom als Kurtisane lebte, besaß Hausrat, Kleidung und Schmuck im Wert von über tausend Scudi[104]. Noch wohlhabender war die ehemalige Kurtisane Imperia Veronni. Als sie am 16.04.1569 ihr Testament machte, gehörten ihr zwei Häuser bei Macel'de Corvi, ein Haus im Rione Monti und zwei Weingärten auf dem Monte Testaccio. Außerdem hatte sie Anspruch auf 1000 Scudi aus der Erbschaft ihres verstorbenen Sohnes Giulio Ceci und besaß eine größere Zahl von Censi[105]. Von Baglioncina, einer Kurtisane, die später geheiratet hatte, wurde berichtet, daß sie, als sie 1569 starb, der Compagnia de'SS. Apostoli 4000 Dukaten hinterlassen habe. Darüber hinaus, so hieß es, habe sie 1500 Dukaten in Compagnie d'offizi investiert und auch ihrem Ehemann beträchtliche Summen vererbt[106]. Daß Baglioncina kein Einzelfall war, kann man daraus ersehen, daß im November 1566, nachdem bereits über 300 der reichsten von ihnen ausgewiesen worden waren, immer noch Kurtisanen in Rom lebten, die ein Vermögen von über 2000 Scudi besaßen[107].

Man kann also davon ausgehen, daß selbst die ärmeren der Kurtisanen im Laufe ihres Lebens ein Vermögen von einigen hundert Scudi erwirtschafteten und sich damit einen bescheidenen Wohlstand sicherten, der demjenigen eines Handwerkers vergleichbar war. Viele von ihnen konnten sich aber ein wesentlich größeres Vermögen, bis hin zum echten Reichtum, aufbauen. Die Kurtisanen wurden dadurch zu einem wichtigen wirtschaftlichen und finanziellen Faktor des Kirchenstaats. Als 1585 das renommierte Bankhaus Gottardo und Ceuli bankrott ging, hieß es daher sofort, daß die Ursache für diese Katastrophe bei den Kurtisanen liege. Im gleichen Jahr nämlich hatte Sixtus V. mit ähnlich restriktiven Maßnahmen gegen das Kurtisanenwesen begonnen wie einst sein Vorgänger Pius V. Viele Kurtisanen hatten daher die Stadt verlassen und zuvor ihre Gelder abgehoben, die die meisten – so scheint es – bei Gottardo und Ceuli deponiert hatten[108]. Durch die plötzliche Verpflichtung, einer großen Zahl von Kundinnen gleichzeitig ihre nicht unbeträchtlichen Einlagen ausbezahlen zu müssen, geriet das Bankhaus natürlich in Schwierigkeiten. Im Volksmund aber hieß es, daß die Kurtisanen absichtlich den Bankrott provoziert hätten, «damit Monsignore Portico, der die Ursache und der Motor ihrer Unannehmlichkeiten ist, die 10000 Scudi verliert, die er bei dieser Bank hat»[109]. Auf alle Fälle konnte man, nicht zuletzt wegen der verheerenden Folgen, die die Abreise vieler Kurtisanen für Gottardo und Ceuli gehabt hatte, den Papst schließlich davon überzeugen, daß es aus wirtschaftlichen Überlegungen unklug wäre, die Kurtisanen durch allzu strenge Verordnungen gänzlich aus dem Kirchenstaat zu vertreiben.

Kurtisanen als Steuerzahler

Als Angehörige einer gut verdienenden Berufsgruppe hatten die Kurtisanen natürlich auch Steuerzahlungen zu leisten. Es wird in diesem Zusammenhang gerne darauf verwiesen, daß Papst Leo X. 1518 die heutige Via Ripetta mit Hilfe jener Gelder pflastern ließ, welche er durch die sogenannte «tassa delle puttane» (Hurensteuer) eingenommen hatte. Als Quelle dafür gilt vor allem eine Anekdote, die Domenichi 1576 in Venedig veröffentlicht hatte. «Es wurde in Rom die Strada del Popolo angelegt und mit Hilfe der Abgaben, die die Huren bezahlten, gepflastert», heißt es dort[110]. Offensichtlich hatte der Autor dieses damals bereits über fünfzig Jahre zurückliegende Ereignis bewußt vereinfacht, um seiner Geschichte die Pointe zu sichern. In dem Breve, welches Papst Leo X. am 11. 10. 1517 im Hinblick auf die bevorstehende Pflasterung

dieser Straße erließ, war von einer «Kurtisanensteuer» jedenfalls keine
Rede. Es hieß vielmehr, daß die fragliche Straße wegen der vielen Wall-
fahrten, die zur Kirche Santa Maria del Popolo gemacht wurden, von
allgemeinem Nutzen sei, und daß für ihre Pflasterung daher nicht nur,
wie sonst üblich, von den Besitzern der angrenzenden Häuser, sondern
«von allen Personen beiderlei Geschlechts, die in der Stadt Rom leben»,
eine entsprechende Steuer eingetrieben werden sollte[111]. Natürlich ist
naheliegend, daß die Personen weiblichen Geschlechts, die aufgrund
ihres Einkommens für eine Besteuerung in Frage kamen, hauptsächlich
Kurtisanen waren. Wäscherinnen, Schankmädchen oder Dienerinnen
wären wohl kaum imstande gewesen, derartige Zahlungen zu leisten.
Neben den Kurtisanen waren aber, dem päpstlichen Breve zufolge, auch
alle anderen einigermaßen gutsituierten Berufsgruppen zu einer entsprechenden Abgabe verpflichtet. Dennoch wurde dem Anteil der Kurtisanen an der Finanzierung des Straßenpflasters der Via Ripetta allem
Anschein nach eine besondere Bedeutung beigemessen: Ein französisch-
stämmiger Beamter der Kurie, der seit 1509 über die alltäglichen Ereignisse des römischen Lebens Buch führte, berichtete 1518 auch von der
Pflasterung der Via Ripetta. Er habe, so schreibt er, die Baustelle der
«Straße von Santa Maria del Popolo» besichtigt und dabei erfahren,
«daß man um diese Staße zu machen die Kurtisanen Roms Geld zahlen
läßt»[112]. Vielleicht war der Tribut, den man diesen Damen abverlangte,
größer als der der übrigen Bevölkerung, so daß sie als die eigentlichen
Geldgeber für die Pflasterung der Straße angesehen wurden. Vielleicht
war die Tatsache, daß auch die Kurtisanen für die Verbesserung eines
Wallfahrtsweges zahlen mußten, so pikant, daß man sie besonders her-
vorhob. Daß sie allein die Kosten für diese Investition zu tragen hatten,
scheint aufgrund des päpstlichen Breves jedoch wenig glaubhaft.
  Ähnlich verhält es sich mit jener Steuer, die Papst Paul III. 1549 für
die Renovierung des heutigen Ponte rotto[113] eintreiben ließ. Der Papst
wollte die zerstörte Brücke für das Jubiläum 1550 wiederherstellen lassen und beschaffte sich die notwendigen finanziellen Mittel durch die
Einhebung einer einmaligen Sondersteuer. In dem bereits besprochenen
Erlaß der Camera apostolica vom 26.06.1549 wurde daher verfügt, daß
«unter anderen» auch die Kurtisanen einen entsprechenden Tribut zu
entrichten hatten[114]. Die Eintreibung dieser Abgabe wurde dem Bankhaus von Bindo Altoviti übertragen. Die Kurtisanen Roms waren also
an der Finanzierung des Wiederaufbaus der Brücke beteiligt, doch
waren sie keineswegs, wie gerne behauptet, die einzigen Geldgeber für
dieses Projekt. Die erhaltenen Akten bestätigen vielmehr, daß fast alle
Berufszweige der Stadt eine derartige Steuer zu entrichten hatten und

daß einige schon im Juli 1548, also fast ein Jahr vor dem Steuererlaß für Kurtisanen, entsprechende Abgaben bezahlt hatten[115]. Der Anteil der Kurtisanen an den eingetriebenen Summen ist, den allerdings nur unvollständig erhaltenen Steuerprotokollen zufolge, dementsprechend gering[116]. Es kann also auch in diesem Fall von einer «Kurtisanensteuer» im eigentlichen Sinne keine Rede sein. Allerdings mußten die Kurtisanen bei der Eintreibung einer Sondersteuer aus organisatorischen Gründen anders behandelt werden als die übrigen Erwerbstätigen der Stadt, da sie im Gegensatz zu den anderen Berufsgruppen nicht in einer eigenen Zunft («arte») organisiert waren. Während die Eintreibung der Steuer in den Zünften dem jeweiligen «console dell'arte» übertragen wurde, dem ja vermutlich auch die finanziellen Verhältnisse der einzelnen Mitglieder bekannt waren, konnte man bei den Kurtisanen auf keine entsprechende Berufsvertretung zurückgreifen. Schon die Feststellung des Einkommens der betreffenden Damen wurde daher zum Problem, welches man 1549 zu umgehen suchte, indem man ihre Wohnverhältnisse feststellen ließ, um davon Rückschlüsse auf ihre Zahlkraft machen zu können. Die Eintreibung der Steuer mußte dann an ein Bankhaus und den von diesem eigens dafür eingesetzten «commissario» delegiert werden.

Die Finanzierung eines bestimmten Projekts durch die Einhebung einer Sondersteuer nur für Kurtisanen ist für den Kirchenstaat im 16. Jahrhundert derzeit also nicht beweisbar. Es gibt aber Hinweise darauf, daß man in Venedig, dem zweiten großen Zentrum des italienischen Kurtisanenwesens, zumindest einmal in dieser Form die Mittel für eine wichtige bauliche Maßnahme aufbrachte: Hieronimo Contarini hatte 1514 den Vorschlag gemacht, man könnte für die dringend notwendige Renovierung des Arsenals «alle Huren dieses Staates besteuern»[117]. Seine Idee wurde von der Regierung begeistert angenommen. «Eine neue Sache», schrieb der Chronist, «und man sagt, daß man bei Bedarf auf diese Art viel Geld einnehmen wird»[118].

Man kann anhand der oben zitierten Beispiele eindeutig nachweisen, daß die Kurtisanen so wie alle anderen Erwerbstätigen des Kirchenstaats gelegentlich für die Realisierung wichtiger Projekte Sondersteuern zahlen mußten. Darüber hinaus dürfte zumindest zeitweise auch ein regelmäßiger Tribut von ihnen verlangt worden sein. In der zeitgenössischen Literatur finden sich vereinzelt Hinweise auf eine derartige Abgabe: du Bellays «vielle courtisanne» brüstet sich beispielsweise, daß sie in ihrer Glanzzeit «von der Steuer befreit» gewesen sei[119]. Im 1532 veröffentlichten «Lamento della cortigiana ferrarese» klagt eine verarmte Kurtisane, daß diejenigen, die den «tributo» nicht zahlen

könnten, riskierten, ins Gefängnis geschickt zu werden[120]. Der Niederländer Buchell, der während seiner Italienreise (1587/88) auch nach
Rom gekommen war, schrieb in seinem «Iter Italicum», daß die Päpste
von den Prostituierten einst eine Steuer von einem Dukaten pro Jahr
verlangt hätten[121]. Seine Angabe bezieht sich aber eindeutig auf die Vergangenheit, während er für die Zeit seines Romaufenthalts keine derartigen Hinweise gibt. Für die Existenz einer regelmäßigen Kurtisanensteuer, zumindest während des Pontifikats von Paul IV. Carafa, spricht
jedoch folgende Episode: Die Kurtisane Portia war auf Befehl des sittenstrengen Papstes öffentlich ausgepeitscht, enteignet und aus dem
Kirchenstaat verbannt worden, nachdem man sie im Bett des Bischofs
von Polignano verhaftet hatte[122]. Diese Behandlung wurde von der
römischen Bevölkerung mit großem Befremden aufgenommen, da man
der Ansicht war, daß es das gute Recht einer Kurtisane sei, mit hochgestellten Herren, auch geistlichen Standes, Verkehr zu haben. Die allgemeine Verwunderung über das strenge Urteil war, so schrieb ein Chronist, vor allem deshalb so groß, «weil sie [...] 200 Scudi im Jahr für ihren
Tribut zahlte, unter dem die Kurtisanen immer sicher waren»[123]. Wenn
man dieser Aussage Glauben schenken will, so gab es in Rom spätestens
seit Paul IV. eine regelmäßige Kurtisanensteuer, die überdies ausgesprochen hoch gewesen sein dürfte, wenn eine einzige Vertreterin
dieses Standes einen jährlichen Tribut in der astronomischen Höhe von
200 Scudi zu leisten hatte! Pauls Nachfolger Pius IV. wiederum stellte
jenen Kurtisanen, die bereit waren, über 500 Scudi in die Bebauung des
neuen Stadtviertels Borgo Pio zu investieren, eine Befreiung von der
«Bezahlung der gewöhnlichen Hurensteuer» in Aussicht[124]. Auch aus
der Zeit Pius'V. gibt es Hinweise auf die Existenz einer Hurensteuer.
Cintia de Montefialisco, eine jener Prostituierten, die von den Massenausweisungen des Jahres 1566, die sich ja nur gegen die wohlhabenden Kurtisanen gerichtet hatten, nicht betroffen gewesen war,
verließ Anfang März 1567 freiwillig die Stadt. Als Grund dafür gab sie
an, daß sie die räumliche Beschränkung, der die Prostituierten nun
unterworfen wurden, nicht ausgehalten habe und daß sie nicht genug
verdient hatte, um gleichzeitig eine monatliche Miete von 15 Giuli und
den «tributo» zu bezahlen[125].

Gelebter Widerspruch

Das Verhältnis zu Kirche, Religion und Klerus

Der Umgang mit dem Glauben

So weltlich und sündig das alltägliche Leben der Römer und Römerinnen im 16. Jahrhundert auch gewesen sein mag, die meisten Bewohner der ewigen Stadt waren dennoch gläubige Christen. Der Glaube an Gott, an die himmlischen Heerscharen, an Paradies und Hölle war, anders als heute, selbstverständlicher und integrierender Bestandteil des Weltbildes, beherrschte Denken, Fühlen und Handeln des Großteils der Bevölkerung. Schicksalsschläge wurden daher oft als himmlische Strafe für Vergehen gegen die christliche Lebensweise interpretiert, wobei persönliches Unglück eine diesbezügliche Schuld des Betroffenen vermuten ließ, allgemeine Katastrophen, wie Hungersnöte, Epidemien oder politische und militärische Niederlagen hingegen die Verderbtheit der gesamten Bevölkerung bloßzulegen schienen. Seinen glühenden Wunsch, alles zu vernichten, was den Zorn Gottes erregen könnte, begründete auch Pius V. in der Bulle «Cum primum» (1566) damit, daß Vernachlässigung des Gottesdienstes, Simonie, Blasphemie und sinnliche Begierde die Ursache dafür seien, daß «Völker und Nationen häufig aufgrund der gerechten Rache Gottes mit dem Unheil der Kriege, Hungersnöte und Seuchen gestraft werden»[1]. Die Freiheit des Denkens und der Sitten, die die Wiederentdeckung der Antike gebracht hatte, wurde vielfach überschattet von der Angst vor himmlischen Strafen im irdischen Leben oder im Jenseits, denn auch wer gerne und häufig sündigte, blieb von den Grundsätzen der christlichen Lehre durchdrungen. Die Vorstellung von der Käuflichkeit göttlicher Barmherzigkeit bot für viele den Ausweg aus diesem Konflikt. Der Kauf von Ablässen, die Bezahlung von Messen, Pilgerfahrten und Akte der Buße, die gegen Bezahlung auch von Dritten ausgeführt werden konnten, beruhigten das Gewissen zahlloser Sünder. Michel de Montaigne zeigte sich beeindruckt, als er 1581 in Rom die nächtliche Karfreitagsprozession beobachtete, an der unter anderen fünfhundert Büßer teilnahmen, die sich selbst mit Hilfe von Peitschen den Rücken zerfleischten und diese Qualen mit sichtlicher Freude auf sich nahmen. Einige von ihnen, so vermutete der Franzose, sühnten dabei nicht ihre eigenen Sünden, sondern hatten sich als arme Leute zu diesem Bußwerk verkauft[2]. Auch von sündigen Menschen, die schließlich mehr Grund als andere hatten, sich um ihr Seelenheil zu sorgen, wurden die Gottesdienste, Prozessionen an Feiertagen, Ausstellungen kostbarer Reliquien und was die ewige Stadt dergleichen mehr an heilbringenden Zeremonien zu bieten hatte, häufig besucht. Motiviert wurden sie dabei sowohl von der Sorge um ihre unsterbliche Seele, als auch von der Freude am Feiern, denn die religiösen Feste gehörten zu den prunkvollsten und abwechslungs-reichsten Veranstaltungen, die öffentlich zugänglich waren. Die Religion durchdrang in Rom, der Hauptstadt der Christenheit, mehr als irgendwo sonst alle Bereiche des Lebens. Für die Bewohner der ewigen Stadt, egal ob männlich oder weiblich, arm oder reich, sündhaft oder ehrbar lebend, war der tägliche Kirchgang, die zumindest äußerliche Einhaltung der Fasttage und die Teilnahme an großen religiösen Festen eine Selbstverständlichkeit.

Gerade diese zentrale Stellung der Kirche im Alltagsleben jedes ein-zelnen hatte andererseits auch wieder eine Profanierung geistlicher Stätten zur Folge. Seit dem Mittelalter wurden in italienischen Kirchen gelegentlich seltsame heidnische Feste abgehalten: Bei einem «Festum Asinorum» beispielsweise wurde ein mit Priestergewändern bekleideter Esel in einer Prozession durch das Gotteshaus geführt[3]. Einen nicht weniger merkwürdigen Brauch überliefern Berichte aus dem Jahr 1523: Der Palast der Familie Colonna, der an die Kirche Santi Apostoli grenzt, war durch Fenster mit dem Gotteshaus verbunden. Jedes Jahr, zu den Kalenden des Mai, warfen Angehörige des Haushalts der Colonna durch diese Fenster Geflügel und anderes Getier auf die in der Kirche versam-melte Menge. Außerdem wurde in der Mitte der Kirche ein Schwein auf-gehängt, das demjenigen zufiel, der hinaufkletterte, um es an sich zu nehmen. Um die Aufgabe zu erschweren, wurden die Kletterer vom Dach der Kirche aus mit Wasser überschüttet. Die Zuschauer an den Fen-stern hatten dabei größtes Vergnügen, zu beobachten, wie eine große Zahl armer Leute «aufgeregt und wie gierige Tiere» sich um die zuge-worfenen Leckerbissen prügelte[4]. Dieses Fest, das 1523 als für einen ge-weihten Ort unpassend erklärt und in der Folge nicht mehr abgehalten wurde, ist ein extremes Beispiel dafür, daß die Kirchen, in denen stets eine große Menge von Menschen zusammenkam, im Alltagsleben der Stadt mehr als nur eine sakrale Funktion zu erfüllen hatten. Sie waren nicht nur Gotteshäuser, sondern auch Treffpunkt. Hier konnte man sehen und gesehen werden, Bekanntschaften schließen, Freunde treffen, aber auch Urkunden ausstellen lassen oder Verhöre abhalten[5]. Kein Wunder also, daß auch die römischen Kurtisanen die Kirchen häufig besuchten und sie mitunter als Kulissen benutzten, vor denen sie ihre Reize und ihren Reichtum besonders gut zur Schau stellen konnten. «Glaubst du denn, daß Sant'Agostino, Santa Maria della Pace und San Salvatore an Festtagen so gut besucht wären, wenn [die Kurtisanen] nicht dorthingingen?» wird im «Ragionamento del Zoppino» gefragt.

«Wenn Lorenzina hingeht, begleiten sie zehn Edelmänner, genausoviele folgen ihr und zweimal soviele erwarten sie. Wenn Matrema hingeht, wird sie außer von zehn Dienerinnen und ebensovielen Pagen und Mägden auch noch von großen Fürsten, wie Markgrafen, Botschaftern und Herzögen, begleitet. [...] Die Greca hat ihre Grafen und ihre Herren. Beatrica hat ihre Prälaten, wie Bischöfe, Priester und Äbte. Und Tullia [kommt] mit vielen Grünschnäbeln»[6]. Die Phantasie des Dichters hat die aus Dienern und Verehrern bestehende Gefolgschaft, die Kurtisanen beim Kirchgang zu begleiten pflegte, zweifelsohne um einiges größer dargestellt, als sie tatsächlich war. Daß die Teilnahme an großen religiösen Festen den Kurtisanen – ebenso wie den Vertretern der Oberschicht – ein willkommener Anlaß zur Prunkentfaltung und Selbstdarstellung war, ist jedoch auch durch andere Quellen belegt. 1480 erschienen die römischen Kurtisanen zum Fronleichnamsfest so reich gekleidet und geschmückt in Sankt Peter, daß Sixtus IV. befahl, ihnen den Schmuck abzunehmen[7]. Im Jänner 1512 nahmen unzählige Kurtisanen an den Feiern zum Fest des heiligen Sebastian teil, die, sofern sie nicht Männerkleider trugen, nicht anders als die Damen des Adels aussahen[8]. »Natürlich wirst du an den hohen Feiertagen nach Santa Maria del Popolo, Santa Maria della Consolazione, San Pietro, San Giovanni und in die anderen bedeutenden Kirchen gehen», erklärt Aretinos Nanna ihrer Tochter, «da werden alle galanten Herren, Höflinge, Edelleute scharenweise versammelt sein, um in aller Bequemlichkeit die Schönen mustern zu können [...]. Wenn du dann niederzuknien hast, so wirf dich ehrsam auf die Stufen des Altars, der am besten von den Anwesenden gesehen werden kann [...]»[9]. Tatsächlich war für die römischen Herren der Besuch von Kirchen an großen Festtagen nicht zuletzt deshalb interessant, weil man bei dieser Gelegenheit eine Vielzahl schöner Kurtisanen begutachten konnte. Der alternde Vicino Orsini schrieb an seinen Freund Giovanni Drouet, daß es eines der schlimmsten Zeichen von Senilität sei, wenn man an einem hohen Feiertag «eine Kirche, die voll von schönen Frauen ist», besuche, ohne dabei Lust zu empfinden[10].

Auch in den Akten der römischen Gerichte finden wir immer wieder Hinweise darauf, daß Kurtisanen in auffälliger Weise an den großen Kirchenfesten teilnahmen. Anna, die Dienerin Maria Fasargas, gab 1581 zu Protokoll, die spanische Kurtisane Isabella Suarez zwar nicht zu kennen, wohl aber bei einer solchen Gelegenheit auf sie aufmerksam geworden zu sein: Als kurz vor Ostern in San Giovanni in Laterano die Kopfreliquien der Apostelfürsten Petrus und Paulus gezeigt wurden, war ihr in der großen Zahl von Gläubigen gerade diese Frau aufgefallen, was darauf schließen läßt, daß Isabella durch Kleidung und Betra-

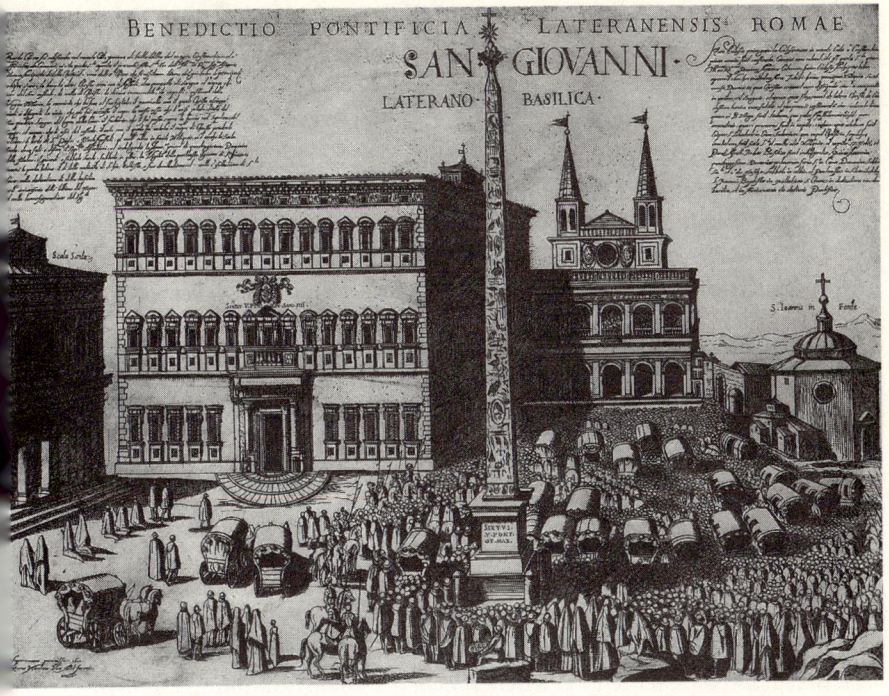

Eine große Volksmenge nimmt an einer religiösen Zeremonie vor San Giovanni
in Laterano teil. Kupferstich von Antonio Tempesta (nach 1586).
Amsterdam, Rijksprentenkabinet, Reichsmuseum.

gen die Aufmerksamkeit auf sich lenkte[11]. Annas Herrin, Maria Fasarga,
fuhr im gleichen Jahr verbotenerweise und ganz in der Art von Edeldamen in der Kutsche zur Kirche[12]. Die mehrfache Bedeutung der Kirchen
als Treffpunkte, Schauplätze religiöser Spektakel und Orte des täglichen
Gebets wurde von der Kurtisane Camilla «la Magra», der Geliebten
Paulo de Grassis, besonders anschaulich dargestellt. Auf die Frage, wie
sie den letzten Sonntag verbracht habe, antwortete sie im Frühjahr 1559:
«Sonntag ging ich zur Messe in San Salvatore, aber nachdem ich meinen Liebhaber dort nicht fand, ging ich gleich wieder. Und nachdem ich
den Diener meines Liebhabers traf, der mir sagte, daß er in San Pietro
war, ging ich dorthin. Ich wäre auf jeden Fall hingegangen, um die
Mädchen von Santo Spirito zu sehen. Und ich ging nach Santo Spirito,
wo ich die Messe hörte, und dann kehrte ich nach Hause zurück»[13]. Dieser einfache Bericht ist mehr als charakteristisch für die Bedeutung
sakraler Orte und Feste im Alltagsleben der römischen Bevölkerung: Die

Kirche San Salvatore in Lauro war eine der Lieblingskirchen der römischen Kurtisanen, weshalb sie auch von Herren wie Grassi gerne besucht wurde. Wer – wie Camilla – einen solchen Herren am Sonntag suchte, konnte daher durchaus damit rechnen, ihn in San Salvatore anzutreffen. An diesem speziellen Tag jedoch hatten sowohl Grassi als auch Camilla den Dom von Sankt Peter vorgezogen, weil dort ein besonders beeindruckendes Schauspiel geboten wurde: die Prozession der Kinder von Santo Spirito. Das Spital von Santo Spirito in Sassia war jener Ort, wo man unerwünschte Neugeborene, ohne gesehen zu werden, an einem Drehfenster ablegen konnte. Diese Kinder, angeblich waren es bis zu 500 pro Jahr, wurden in Santo Spirito erzogen und auf ein ehrbares Leben vorbereitet. Einmal im Jahr, am 25.April, dem Fest des heiligen Markus, zogen diese Kinder wie ein «großes Heer» vom Spital zur Kirche San Marco und weiter nach San Pietro in Vaticano[14]. Für Camilla war dies, wie für die meisten Römer, ein Spektakel, das sie sich nicht entgehen lassen wollte. Die Messe hörte sie schließlich erst in einer dritten Kirche, in Santo Spirito.

Die Teilnahme an religiösen Festen war nicht nur für Camilla Senese eine kommunikative Art der Freizeitgestaltung. Vergleichbare Aussagen wurden von verschiedensten Kurtisanen im Laufe des 16.Jahrhunderts gemacht. Am 15.September 1532 nahmen mehrere Kurtisanen an einer Prozession mit anschließendem Segen des Papstes in Sankt Peter teil. Clementia Lorena benutzte die Gelegenheit, um anschließend mit einer Gruppe von Freunden und Verehrern bei Hieronimo Montaguti einzukehren, der ein Haus beim nahe gelegenen Campo Santo bewohnte. Die Kurtisane Cosma del Bosco wiederum hatte während der Prozession bei Montaguti ihr Maultier eingestellt[15]. Lavinia Romana machte 1582 mit ihrer Familie in der Kutsche ihres Liebhabers, Monsignore Ciccolini, eine Fahrt zu den «sette chiese», den sieben Hauptkirchen Roms; eine klassische Mischung aus Vergnügungs- und Pilgerfahrt[16]. Selbst die Anbahnung von Liebesbeziehungen spielte sich mitunter im direkten Umfeld von Kirchen ab: Paolo de Grassi wurde 1559 auf die ihm völlig unbekannte Kurtisane Ottavia Spagnola aufmerksam, als diese im Begriff war, in die Kirche San Salvatore delle Coppelle zu gehen. Von plötzlicher Leidenschaft ergriffen, umwarb er die Kurtisane und versuchte, sie zu einem Kuß zu bewegen. Nach einigem Geplänkel ging Ottavia in die Kirche, während Paolo mit seinem Gefolge vor dem Gotteshaus auf sie wartete. Als sie wieder auf die Straße kam, wollte Grassi ein Rendezvous für die kommende Nacht vereinbaren, was Ottavia jedoch ablehnte. Schließlich beauftragte Paolo zwei seiner Männer, der Kurtisane zu folgen und herauszufinden, wo sie wohnte, um später bei ihrem Haus die Werbung fortsetzen zu können. Während er auf die Rückkehr der beiden wartete, unterhielt er sich mit dem Priester der Kirche[17]. Erlebnisse dieser Art, die für eine Kurtisane zweifelsohne erfreulich und erwünscht waren, waren nicht die einzigen, die mit dem Kirchgang verbunden waren. Wahrscheinlich war es die Regelmäßigkeit und Berechenbarkeit des Kirchenbesuches, die Widersacher von Kurtisanen immer wieder veranlaßte, ihre Gegnerinnen gerade bei dieser Gelegenheit überfallen zu lassen. Man denke nur an Lavinia Romana, die 1582, als sie gerade zur Sonntagsmesse gehen wollte, bei der Kirchentür von einem Unbekannten angegriffen wurde, der ihr (vermutlich im Auftrag ihres verlassenen Liebhabers) mit einem Messer das Gesicht zerschnitt[18]. Auch das Kircheninnere bot keinen Schutz vor Gewalttätigkeiten: Isabella Genovese ging 1554 zu Gericht, weil sie und ihre Magd in Santa Maria sopra Minerva von einem Feind beschimpft und geschlagen worden waren[19].

Spätestens seit 1550 wurde das weltliche Treiben in den römischen Kirchen von der Obrigkeit bekämpft. «Um den Mißbräuchen und Irrtümern vorzubeugen, die zum öffentlichen Skandal und zur Schmähung der Ehre Gottes und der heiligen Feste begangen werden, wird verfügt, daß niemand wagen soll, zu den Festgottesdiensten irgendeine Kurtisane oder Hure zu begleiten, oder während er sich an diesen Orten aufhält irgendetwas lasziveses oder ehrloses zu tun», hieß es im «Bando Generale» vom 28.02.1550[20]. Einige Jahre später wurde diese Bestimmung derart erweitert, daß mit Ausnahme adeliger Damen überhaupt keine Frauen mehr in männlicher Begleitung Kirchen besuchen durften. Kurtisanen sollten sich nur so lange in den Gotteshäusern aufhalten, wie zur Verrichtung von Gebeten oder zur Ablegung der Beichte notwendig war, und sie dann umgehend verlassen[21]. Ähnlich dem Kutschenverbot, hatten auch diese Bestimmungen wenig Wirksamkeit, so daß sie in regelmäßigen Abständen wiederholt werden mußten. Selbst als Pius V. 1566 in der Bulle «Cum Primum» härtere Strafen androhte, konnte dem weltlichen Treiben in und bei Kirchen kein Ende gesetzt werden. Zwei Jahre nach Erscheinen der Bulle mußte auf ausdrücklichen Befehl des Papstes ein neuerlicher Bando erlassen werden: «Wir befehlen, daß niemand wagen soll, in den Kirchen, Klöstern und heiligen Orten Krawall zu machen, Aufruhr, Lärm oder irgendeine Gewalttat zu verursachen, sondern daß die unmäßigen Gelächter und leeren, weltlichen Gespräche aufhören sollen», hieß es auch hier[22]. In den folgenden Jahren suchte man dem unwürdigen Treiben in den römischen Gotteshäusern durch die Schaffung einer eigenen «Kirchenwache» beizukommen[23]. Daß es zu solchen Mißständen hatte kommen können, war aber nicht so sehr auf den Unglauben und die Gottlosigkeit der römischen Bevölkerung zurückzuführen, als darauf, daß die Kirchen durch die zentrale Stellung des Glaubens zu Orten geworden waren, an denen sich ein Gutteil des alltäglichen Lebens abspielte.

Die Frömmigkeit der Sünderinnen

Obwohl sie einem sündigen Gewerbe nachgingen, waren viele Kurtisanen – so wie andere, die gegen die christliche Sexualmoral verstießen – im Prinzip gläubige Menschen. Die ehemalige Kurtisane Francesca de Rubinis beteuerte in der langen, religiös motivierten Einleitung zu ihrem Testament, daß sie «eine wahre Katholikin und treue Christin» sei[24], und auch die große Isabella de Luna erklärte, sie glaube «fest an die heilige katholische Religion, in welcher ich vorhabe und wünsche zu leben und zu sterben, und durch die ich meine Seele zu retten glaube»[25]. Daß diese Aussagen mehr waren als leere Floskeln, zeigt die übertriebene Rücksicht auf kirchliche Vorschriften, durch die sich viele Kurtisanen zumindest in jenen Bereichen auszeichneten, die nicht in direktem Zusammenhang zu ihrem Beruf standen. «Ich wünsche, daß du nicht jeden Samstag fastest wie die anderen Huren, die frömmer sein wollen als das Alte Testament», sagt Aretinos Nanna zu ihrer Tochter Pippa, «sondern nur an den Vigilien der hohen Feste, zu allen Quatembern und an allen Freitagen im März. Gib bekannt, daß du in diesen heiligen Nächten mit niemandem schläfst und verkaufe sie indessen heimlich dem, der das meiste dafür zahlt»[26].

Der Vorwurf falscher Frömmigkeit, den Aretino hier gegen die Kurtisanen erhebt, war in manchen Fällen sicher begründet. Sexuelle Enthaltsamkeit an kirchlichen Festtagen wurde vermutlich nur selten geübt. Der mantuanische Botschafter Francesco Gonzaga schrieb im Februar 1525 über das Leben in Rom zu Beginn des heiligen Jahres: «Wir führen hier ein wirklich religiöses Leben, so daß man sich in einem Mönchskloster glaubt, weil man in einer wunderbaren Observanz lebt; mit Ausnahme der Kurtisanen, die nicht von ihrem Geschäft ablassen, auch wenn es in diesem heiligen Jahr wenig passend erscheint»[27]. Immerhin gab es vereinzelt Kurtisanen, die sogar in Kauf nahmen, daß ihr religiös motiviertes Verhalten bei Kunden auf Ablehnung und Unverständnis stieß: Der französischen Kurtisane Guyona brachte ihre fromme Enthaltsamkeit 1532 die größten Schwierigkeiten ein. Als sie ihrem Landsmann Pietro Britono, dem Gefolgsmann eines Kardinals, aus religiösen Gründen am Ostersonntag den Beischlaf verweigerte,

warf er mit Komplizen Steine gegen die Fenster ihres Hauses. Einer der
Steine traf Guyona ins Gesicht, wodurch sie schwer verletzt wurde[28].
Auch die berühmte Beatrice da Ferrara berichtete 1517 in einem Schreiben an Lorenzo de'Medici, daß sie sich entschlossen hatte, sich selbst
und ihren Kunden in der Osterwoche Enthaltsamkeit aufzuerlegen[29].
Diese seltsame Verbindung eines höchst unmoralischen Lebenswandels
mit der gleichzeitigen Beachtung religiöser Vorschriften hatten die Kurtisanen mit vielen Bewohnern der ewigen Stadt gemeinsam. Ausländi-
sche Beobachter sagten den Römern jedenfalls nach, daß sie gerne die
äußerliche Befolgung christlicher Rituale mit wahrer religiöser Überzeugung verwechselten. «Der gemeine Mann scheint mir innerlich
weniger andächtig zu sein als in unseren guten französischen Städten,
aber er legt mehr, ja übertriebenen Wert auf die Einhaltung der äußeren
Formen», bemerkte Michel de Montaigne[30]. Als Beispiel für die merkwürdige Verquickung unmoralischen Lebenswandels und christlicher
Verhaltensweisen zitierte er die Geschichte einer Kurtisane, von der
man ihm erzählt hatte. «Irgend jemand lag mit einer Kurtisane im Bett
und versagte sich nichts von allem, was in dies Handwerk fällt, als es
vierundzwanzig Uhr schlug und das Ave Maria zu läuten begann: Mit
einem Satz war sie aus dem Bett und kniete auf dem Boden, um ihr
Gebet nicht zu versäumen. Als sie wieder einmal mit einem anderen bei
der gleichen Beschäftigung war, pochte ihre brave Mutter [...] an die
Tür und riß ihr zornig und wütend vom Hals ein Band, an dem eine
kleine Muttergottes hing; sie sollte nicht von dem Schmutz ihrer Sünde
befleckt werden, und die Junge verspürte in der Tat die äußerste Zer-
knirschung, daß sie das Bild nicht wie sonst ausgezogen hatte»[31]. Derartige Äußerungen von Frömmigkeit konnten, wie Aretino annahm,
eine wohlberechnete Taktik sein, mit der Kurtisanen ihre geistlichen
Kunden beeindrucken wollten. Wahrscheinlicher ist aber, daß sie
tatsächlich glaubten, durch die äußerliche oder zeitweilige Befolgung
kirchlicher Vorschriften die Schuld mildern zu können, die sie durch
ihren unmoralischen Lebenswandel auf sich geladen hatten. So wie
andere Christen gingen auch sie an großen Festtagen zur Beichte, um
die Vergebung ihrer Sünden zu erbitten. Daß sich für den Priester, der
die Beichte einer Kurtisane hörte, dabei manchmal ein Konflikt mit
der eigenen Moral ergeben konnte, liegt auf der Hand. Beatrice da Ferrara beschrieb dieses Problem in dem bereits zitierten Brief an Lorenzo
de'Medici auf sehr ironische Weise. Sie hatte sich in der Osterwoche
nicht nur zur Enthaltsamkeit entschlossen und die Messe besucht, sondern «halb zerknirscht» beim Prediger von Sant'Agostino die Beichte
abgelegt. Dieser Priester war, wie sie schreibt, bei Kurtisanen besonders

beliebt, weshalb am gleichen Tag auch mehrere ihrer Kolleginnen bei ihm gebeichtet hatten. «Am selben Tag, an dem ich beichtete, legten auch die Gambiera und die Tadea die Beichte ab, und zwar alle bei demselben Prediger; Euer Exzellenz können sich vorstellen, was er da in einem Zuge für schöne Dinge zu hören bekam. Wie glaubt Ihr stand es da um sein Gewissen?»[32].

Manche Kurtisanen suchten ihr Seelenheil sogar durch eine Wallfahrt zu fördern. So beschloß die wenig erfolgreiche Kurtisane Diamante, als sie sich 1565 aus ihrem Gewerbe zurückziehen wollte, zunächst nach Loreto zu pilgern und dann in ihr Heimatdorf zurückzukehren. Aus Angst, von ihrer Familie wegen ihrer moralischen Fehltritte umgebracht zu werden, gab sie den Gedanken an eine Heimkehr und an eine Änderung ihrer Lebensweise schließlich auf. Nach Loreto wollte sie aber trotzdem pilgern[33]. Diamante war nicht die einzige ihrer Zunft, die auf die Hilfe des berühmten Marienheiligtums vertraute. Sowohl Josima Kinch, als auch Johanna Ducis äußerten 1522 den Wunsch, nach Loreto zu pilgern. Für den Fall, daß sie zu Lebzeiten keine Gelegenheit zu einer derartigen Wallfahrt haben sollten, trafen beide testamentarische Vorsorge: Wer auch immer an ihrer statt nach Loreto pilgern und dort für sie beten wollte, sollte dafür aus ihrer Erbmasse je drei Golddukaten erhalten[34].

Die religiöse Gesinnung von Kurtisanen wird nicht zuletzt in ihren Testamenten greifbar[35]. Hier wird deutlich, daß keine von ihnen die Existenz von Fegefeuer und Hölle in Zweifel zog, und daß alle versuchten, ihren sündigen Seelen die damit verbundenen Qualen soweit wie möglich zu ersparen. So wie viele ihrer Zeitgenossen hinterließen auch sie größere Summen Geldes für das Lesen von Messen, für Almosen an kirchliche Institutionen oder für fromme Stiftungen, deren Angehörige als Gegenleistung für sie beten sollten. Mitunter trugen sie auch ihren Erben auf, genau präzisierte Bußwerke für ihr Seelenheil zu verrichten. Eine namentlich nicht bekannte Kurtisane soll von ihrem Erben sogar verlangt haben, für die Rettung ihrer Seele mehrmals auf Knien die Scala Sancta hinauf- und hinunterzurutschen[36]. Daß Menschen, die wie diese Frauen jahrelang, oft sogar ein ganzes Leben lang, wissentlich gegen die moralischen Grundsätze ihrer Religion verstießen, sich selbst als gläubig empfanden und ihre Sünden durch bezahlte Bußen und Gebete dritter kompensieren zu können meinten, muß heutzutage als Heuchelei erscheinen. Die Menschen des 16. Jahrhunderts empfanden dies anders: Sie waren von ihrer Kirche seit langem an die Käuflichkeit göttlicher Vergebung gewöhnt und innerlich überzeugt, selbst schwerwiegende Sünden wenn nicht ganz so doch teilweise auf solche Art sühnen zu können.

Das Verhältnis zum Klerus

Ein großer Teil der Kundschaft von Kurtisanen rekrutierte sich aus Angehörigen des niederen, hohen und höchsten Klerus. Daß Geistliche ein Sexualleben hatten, war allgemein akzeptiert, selbst offensichtliche moralische Verfehlungen galten nicht als Hindernis für die Erlangung höchster Würden. Mehrmals wurden in der Zeit der Renaissance Männer zu Päpsten gewählt, die durch die Legitimierung ihrer Kinder solche Fehltritte öffentlich eingestanden hatten und die ihren Nachkommen dann als oberste Kirchenherren die Wege zu einer glänzenden Karriere ebneten. Der berüchtigtste unter ihnen, Alexander VI. Borgia, war kein Einzelfall. Man denke nur an Paul III. Farnese, der seine vier Kinder legitimierte und seinem Sohn Pierluigi das Herzogtum Parma verschaffte. Die Farnese wurden dadurch in den Kreis der europäischen Herrscherfamilien aufgenommen[37]. Selbst Gregor XIII. Boncompagni, der als Nachfolger Pius'V. zu einem Zeitpunkt Papst wurde, als der Wunsch nach innerer Reform schon weite Kreise der katholischen Kirche ergriffen hatte, scheute sich nicht, seinen Sohn Giacomo öffentlich zu protegieren. Seine Pläne, ihm ein eigenes Fürstentum zu verschaffen, scheiterten zwar am Widerstand der Jesuiten und der Theatiner, doch wurde Giacomo Boncompagni durch die Verleihung von Titeln, Ämtern und Würden durch seinen Vater, die Republik Venedig und den König von Spanien reichlich entschädigt. Seine Hochzeit mit Costanza Sforza di Santa Fiore, einer der reichsten Erbinnen des Landes, wurde 1575 mit großem Pomp gefeiert[38]. Der Sohn des Papstes wurde zum Ahnherrn der heute noch in Rom lebenden Fürsten Boncompagni[39]. Auch die meisten Kardinäle waren diesbezüglich nicht viel zurückhaltender. Die Zahl der Väter legitimierter Kinder ist in ihren Reihen Legion. Markus Sittikus von Hohenems, der Neffe Pius'IV. und Vetter des heiligen Karl Borromäus, wurde als Kardinal zum Stammvater der Fürsten Altemps[40]. Vom Papstenkel Alessandro Farnese, einem der reichsten Kardinäle seiner Zeit, sagten bissige Zungen, es seien ihm nur drei Dinge im Laufe seines Lebens wirklich gut gelungen: der Palazzo Farnese, die Kirche il Gesù (beides Meilensteine der Architekturgeschichte) und seine Tochter Clelia, die eine gefeierte Schönheit war[41]. Auch die Kardinäle Pompeo Colonna[42], Giovanni und Bernardo Salviati[43] oder der bereits erwähnte Pietro Bembo[44], um nur einige zu nennen, hinterließen legitimierte Nachkommen.

Die Namen und Schicksale der Frauen, die ihnen diese Kinder gebaren, sind vielfach nicht überliefert. Oft waren es die Nachkommen selbst, die kein Interesse daran hatten, ihre niedrige Abstammung mütterlicherseits der Nachwelt kund zu tun. Oft waren es wohl auch Vertreter der Kirche, die die Sünden ihrer hochgestellten Würdenträger durch die Tilgung näherer Informationen über die betreffenden Frauen zu verschleiern suchten. So ergibt sich in vielen Fällen die groteske Situation, daß, in Umkehrung des alten römischen Sprichworts «mater semper certa est», hier nur die Namen der Väter, nicht aber diejenigen der Mütter bekannt sind. Eine Ausnahme bildet die berühmte Giulia Vanozza Cattanei, die langjährige Geliebte Alexanders VI. und Mutter mehrerer seiner Kinder, darunter Cesare und Lucrezia. Sie starb 1518 sechsundsiebzigjährig als wohlhabende Frau in Rom und wurde in Santa Maria del Popolo beigesetzt, wo ihr Grabstein erst um 1600 entfernt wurde[45]. Daß gerade sie dem Schicksal ewiger Vergessenheit entging, mag nicht zuletzt daran liegen, daß es innerhalb der katholischen Kirche niemals ernste Bestrebungen gab, das Andenken Alexanders VI. reinzuwaschen. Von jener Frau, die dem späteren Papst Gregor XIII. 1548 seinen Sohn Giacomo Boncompagni gebar, ist wenigstens der Name überliefert: In der kurz nach der Geburt ausgestellten Legitimationsurkunde wird als Mutter des Kindes eine gewisse Magdalena aus Carpi genannt[46]. Außer dieser kurzen Erwähnung ist von der Ahnfrau des Fürstenhauses jedoch nichts bekannt. So wie bei den meisten anderen Müttern von Kardinalskindern bleibt ihre Person und ihr Schicksal völlig im Dunkel.

Trotz dieser Überlieferungslücken dürfen wir davon ausgehen, daß viele dieser Frauen Kurtisanen waren oder als einfache Mädchen aus dem Volke durch ihr Verhältnis mit dem hochgestellten Geistlichen zu solchen wurden. Diese Annahme wird durch jene Quellen bestätigt, in denen sich Hinweise auf die Namen und Schicksale von Geliebten hoher geistlicher Würdenträger finden. Der apostolische Protonotar Antonio Galeazzo Bentivoglio, der Sohn von Johann II. Bentivoglio, dem Papst Julius II. 1506 die Herrschaft von Bologna entrissen hatte, verfaßte 1526 zugunsten seiner Geliebten sein zweites Testament. Er bestätigte darin seine letztwilligen Verfügungen von 1515, als er seine beiden natürlichen Söhne zu Universalerben eingesetzt hatte. Der Name der Mutter dieser Kinder wird nicht genannt. In der Zwischenzeit lebte der alternde Prälat mit einer gewissen Justina zusammen, der er sich «wegen ihrer Verdienste und den guten Taten und der Treue, die sie ihm erwiesen hat» besonders erkenntlich zeigen wollte[47]. Er verfügte daher, daß seine Erben Justina innerhalb eines Jahres nach seinem Tod 100 Golddukaten auszahlen und ihr einen Weingarten vor der Porta del Popolo und ein Haus in Preneste überlassen sollten. Alles, was sich zum Zeitpunkt seines Todes in diesem Haus und Weingarten befand, von den Möbeln über den Hausrat bis zu den Kleidern sollte in ihr Eigentum übergehen. Das gleiche galt für jene Güter Justinas, die in Bentivoglios Wohnhaus in Rom aufbewahrt wurden. Ein voll eingerichtetes Haus in Preneste, ein Weingarten vor den Toren von Rom und 100 Golddukaten waren ein beachtliches Kapital, das zwar nicht ausreichte, um ein sorgenfreies Leben in Unabhängigkeit zu führen, wohl aber eine Heirat oder den erfolgreichen Start einer Karriere als Kurtisane ermöglichen konnte. Welchen dieser beiden Wege Justina wählte, ist nicht überliefert. Ihr Fall zeigt jedoch, auf welche Weise ein großer kirchlicher Würdenträger für die Zukunft seiner Geliebten Sorge tragen konnte. In den Quellen finden sich immer wieder Hinweise, daß Mädchen, die längere Zeit die Geliebte eines hohen Geistlichen gewesen waren, nach Beendigung dieser Beziehung oder nach dem Tod ihres Geliebten als Kurtisanen lebten: Ambrosina de Pironibus war jahrelang die Konkubine von Aldobrandino Orsini, dem Bischof von Nicosia. Während dieser Zeit nahm sie eine Amme in ihre Dienste, die zwei Söhnchen, möglicherweise Kinder des Bischofs, für sie aufzog. Nachdem sie sich von Orsini getrennt hatte, wurde sie eine erfolgreiche Kurtisane, zu deren Kunden auch Angelo del Bufalo, die unglückliche Liebe der großen Imperia, gehörte[48]. Die damals zweiundzwanzigjährige Gratiosa Paduana war zur Zeit des Sacco di Roma die Konkubine von Raimondo Senili, dem Bischof von Rapolla. Nachdem dieser 1528 gestorben war, lebte auch sie weiterhin als Kurtisane in Rom[49].

Justina, Ambrosina und Gratiosa waren offizielle Konkubinen der betreffenden Herren, weshalb sie für die Dauer der Beziehung im Haushalt ihres Geliebten wohnten und keine anderen Kunden hatten. Sie waren daher zeitweilig keine Kurtisanen im eigentlichen Sinne. Diese nämlich bewohnten nach wie vor ihr eigenes Haus, besuchten Feste unterschiedlichster Art und betreuten die Kunden ihrer Wahl, auch wenn sie ein längerdauerndes Verhältnis mit einem Kirchenfürsten hatten. So hielt es die berühmte Kurtisane Panta, die die Geliebte des berüchtigten Kardinals del Monte war, bevor sie um 1561 die Freundin von Gasparo Biancho, dem Truchseß und Kammermeister des Papstes wurde[50]. Neben ihrem jeweiligen Hauptliebhaber hatte sie aber auch andere hochgestellte Verehrer wie Cesare Gonzaga und Rutilio de Mantaco[51]. Del Monte war keineswegs der einzige Vertreter des Kardinalskollegiums, der vertrauten Umgang mit Kurtisanen hatte: 1512 wurde der Kardinal Sixtus de Franciottis della Rovere, einer der Neffen des Papstes, nachts bei der Kirche San Simeone von einem Angehörigen des päpstlichen Haushalts verletzt. Der Grund dafür war, wie es hieß, eine Kurtisane[52]. Ein ähnliches Schicksal erlitt Jahre später der Kardinal Grimaldi, der 1534 bei einer nächtlichen Kavalierstour derart verprügelt wurde, daß er sich in ärztliche Pflege begeben und das Bett hüten mußte[53]. Im gleichen Jahr mußte sich der lebenslustige Kardinal gefallen lassen, daß er in einem Spottgedicht öffentlich verhöhnt wurde, weil ihn die Kurtisane Flaminia verlassen hatte[54]. Der Kardinal Cornaro wiederum unterhielt ein stadtbekanntes Verhältnis mit der Kurtisane Doralice, bis diese 1566 gemeinsam mit anderen erfolgreichen Kolleginnen aus dem Kirchenstaat ausgewiesen wurde[55].

Auch bei Festen kamen Kurtisanen und Bischöfe häufig zusammen, und zwar sowohl bei Feierlichkeiten, die von den hohen Herren selbst gegeben wurden, als auch bei geselligen Veranstaltungen in den Häusern der Damen. Am Dreikönigstag 1513 gab der Bischof von Oristano, Kardinal Pietro Serra de Munoz, ein Fest, zu dem mehr spanische Kurtisanen als italienische Herren geladen waren. Sigismondo Gonzaga, der Kardinal von Mantua, bat wenig später sieben Bischöfe und die Kurtisane Albina zum Abendessen[56]. 1535 wurden in Rom mehrere Feste zu Ehren des Herzogs von Ferrara veranstaltet, wobei auch hier die Kurtisanen nicht fehlen durften: Bei einer Feier im Haus des Bischofs von Pavia war neben den Kardinälen Campeggio und Ercole Gonzaga die Kurtisane Flaminia geladen. Tags darauf wurde der Herzog im Beisein von Tullia d'Aragona bei Kardinal Campeggio in Trastevere gefeiert[57]. Von Saltarella wurde 1539 berichtet, daß sie mit nicht weniger als fünf Kardinälen zu Abend gegessen hatte[58]. Kardinal del Monte war 1559 und 1560 bei Festen der Kurtisane Martuccia zu Gast; eine Tatsache, die nur deshalb überliefert ist, weil er beide Male in Schlägereien verwickelt war[59]. Selbstverständlich trugen die hohen Herren bei solchen Gelegenheiten weltliche Kleidung und oft sogar Waffen, was einen weiteren Verstoß gegen die geistliche Lebensart darstellte.

Paul IV. Carafa, der sich noch als Kardinal bei Gericht für die Kurtisane Hippolita verwendet hatte[60], war der erste Papst, der dem offen zur Schau gestellten Sexualleben der hohen Geistlichkeit ein Ende bereiten wollte. Am Morgen des 17.März 1559 wurde Pietro Antonio Casamassima, der Bischof von Polignano, im Palazzo della Cancelleria, wo er während eines Romaufenthaltes wohnte, mit der Kurtisane Portia, einer konvertierten Jüdin, im Bett überrascht und gefangen genommen[61]. Ein Diener des Bischofs hatte die beiden denunziert und so dem Papst die Gelegenheit verschafft, ein Exempel zu statuieren[62]. Bischof und Kurtisane wurden vor Gericht gestellt und über ihr Verhältnis befragt. Casamassima versuchte zunächst, seine Haut zu retten, indem er behauptete, daß Portia mit seinen Familiaren befreundet gewesen sei,

ihn selbst nur gelegentlich um einen Gefallen gebeten und als Gegenleistung Näharbeiten für ihn gemacht hätte. Seine Geliebte sei sie nie
gewesen. Diese sehr unglaubwürdige Darstellung wurde von Portia
nicht bestätigt. Da sie, im Gegensatz zum Bischof, der Meinung war,
nichts Unrechtes getan zu haben und daher auch keine Strafe fürchtete,
gab sie ihr Verhältnis mit Casamassima unumwunden zu. Sie war
bereits seit fünf Monaten seine Geliebte und hatte auch in der Fastenzeit mehrmals Verkehr mit ihm gehabt. Wenn sie beim Bischof schlief,
blieb sie meist auch den folgenden Tag in seinem Haus, weil sie der
Ansicht war, daß «es sich nicht gehört, tagsüber das Haus eines Bischofs
zu verlassen»[63]. Casamassima war entweder selbst gekommen, um die
Treffen mit ihr zu vereinbaren, oder er hatte ihr einen Diener geschickt,
durch den er ihr seine Wünsche mitteilen ließ. Während des Karnevals
hatte er einmal auch in Portias Haus übernachtet. Wann immer er die
Kurtisane besucht hatte, war er weltlich gekleidet gewesen. Am Abend
vor ihrer Verhaftung hatte er Portia selbst abgeholt, mit ihr zu Abend
gegessen und dann die Nacht mit ihr verbracht. Am folgenden Morgen
hatten sie noch zusammen gefrühstückt, bevor man sie verhaftete[64]. Die
Annahme, sie hätte für Casamassima Näh- und Hausarbeiten verrich-
tet, wies die Kurtisane empört zurück. Nachdem man ihn mit Portias
Aussage konfrontiert hatte, blieb dem Bischof nichts anderes übrig, als
seine Verfehlungen einzugestehen. Fassungslos über das Unglück, das
ihm widerfahren war, berief er sich nun auf das Beispiel der Kardinäle
und der höchsten Geistlichkeit: «Kardinäle, Bischöfe und andere Prälaten», so betonte er, «gehen und gingen am hellichten Tage zu Pferd, mit
weltlichem Barett und Degen durch Rom und in die Häuser der Kurtisanen; und sie führen diese Kurtisanen in der Kutsche in ihre Häuser,
machen öffentliche Bankette mit diesen Kurtisanen, wo Kardinäle und
andere Prälaten mit diesen Kurtisanen bei Tische sitzen»[65]. Nur dieses
Verhalten des päpstlichen Hofes, behauptete er, habe ihn zu seinem Verhältnis mit Portia ermutigt: «Ich hätte sie [Portia] nicht empfangen und
nicht aufgesucht, wenn ich gewußt hätte, daß es diesbezüglich irgend-
ein Verbot von Seiner Heiligkeit und seinen Ministern gibt, um so mehr
als ich am ganzen Hof eine allgemeine Toleranz gesehen habe, für
Bischöfe, Kardinäle und andere Prälaten»[66]. Casamassimas Empörung
darüber, daß man ausgerechnet ihn für ein Vergehen zur Verantwortung
zog, das so vielen noch höheren geistlichen Würdenträgern selbstverständlich war, ist nur zu begreiflich. Als Bischof einer kleineren Diözese,
der keiner einflußreichen Familie angehörte, war er für den Papst das
ideale Opfer, um ein Exempel zu statuieren, das auch Mächtigeren
Angst einjagen sollte. Anfang April wurde er wegen seiner moralischen

Vergehen seiner Würden entkleidet und zu lebenslänglicher Haft verurteilt[67]. Nicht weniger hart war das Schicksal der Kurtisane Portia: Sie wurde öffentlich ausgepeitscht, enteignet und aus dem Kirchenstaat verbannt[68]. Schon das Unglück des Bischofs hatte in Rom große Betroffenheit und allgemeines Bedauern ausgelöst; die Bestrafung der Kurtisane stieß nun auf vollkommenes Unverständnis. «Und über das Urteil gegen die Kurtisane Signora Portia hat sich jeder sehr gewundert», heißt es in einem zeitgenössischen Bericht, «weil sie öffentlich war und 200 Scudi im Jahr Steuer zahlte, womit die Kurtisanen immer sicher gewesen sind. Wenn auch der Bischof gegen das Gesetz verstoßen hatte, so traf sie doch keine Schuld, und trotzdem sind, wie man gesehen hat, beide bestraft worden. Es kann wirklich jeder sein glückliches Geschick loben, dem in Zeiten wie diesen kein Unglück widerfährt»[69].

Der Fall Casamassima wurde von Paul IV. zum Anlaß genommen, um über ein neues Gesetz nachzudenken, welches den Kurtisanen bei strengsten Strafen den Verkehr mit Priestern und mit verheirateten Männern verbieten sollte[70]. Zum Glück für den Kurtisanenstand verhinderte der Tod des Papstes die Umsetzung seiner Pläne, weshalb die hohe Geistlichkeit auch weiterhin in lockerer weiblicher Gesellschaft verkehren konnte. Das Liebesleben der meisten dieser Herren bleibt jedoch für die Historiker unergründlich, wenn man von den oben erwähnten Nennungen von Namen der Geliebten oder von natürlichen Kindern absieht. Ihre moralischen Verfehlungen haben keine Spuren hinterlassen, weil sie stillschweigend geduldet wurden, solange sie nicht Anlaß für ein öffentliches Ärgernis gaben, oder man, wie bei Casamassima, ein Exempel statuieren wollte. Lediglich für das «enfant terrible» des Kardinalskollegiums, Innocenzo del Monte, besitzen wir weitergehende Informationen, weil er mehrmals wegen Totschlags und anderer Gewalttätigkeiten vor Gericht stand und bei diesen Gelegenheiten auch seine sittlichen Verfehlungen untersucht wurden. Als Adoptivneffe und Günstling von Papst Julius III. war der einstige Straßenjunge gegen den Willen der Kurie 1550 siebzehnjährig zum Kardinal ernannt worden. Dieser Gunstbeweis war so aufsehenerregend, daß Gerüchte aufkamen, Innocenzo sei entweder der Sohn des Papstes oder, was noch schlimmer war, sein Geliebter[71]. Das Lotterleben des jungen Kardinals sollte in den kommenden zwei Jahrzehnten im Kirchenstaat immer wieder für Aufregung sorgen. 1560 ließ Pius IV. del Monte verhaften, weil er einen seiner Diener zu Tode geprügelt und während der Sedisvakanz zwei Morde begangen hatte[72]. Erst im September 1561 wurde er, nachdem er sich zur Zahlung einer Geldstrafe in der enormen Höhe von 100000 Scudi verpflichtet hatte, wieder freigelassen. In seinem Geständnis gab er nicht nur zu, die Morde begangen, sondern auch ein völlig unmoralisches Leben geführt zu haben: «Ich gestehe, daß es wahr ist, daß ich bisher ein laszives und ehrloses Leben geführt habe, indem ich weltliche Kleider, Soldatengewänder und Waffen getragen habe und indem ich mit verschiedenen Huren Umgang hatte und sie als Konkubinen in meinem Haus gehalten habe und indem ich eine Tochter einer dieser Huren als meine Tochter angenommen habe und durch verschiedene andere ehrlose Taten»[73]. Der Grund für seine Bestrafung und für die Durchleuchtung seines Privatlebens waren aber weniger die moralischen Vergehen als die Morde, die er begangen hatte. Zur Strafe für seine Verbrechen wurde del Monte 1561 nach Tivoli verbannt, wo zwei Jesuiten an seiner Besserung arbeiten sollten[74]. Der erwünschte Gesinnungswandel stellte sich jedoch nicht ein. 1565 liefen wiederum Untersuchungen gegen den exzentrischen Kardinal, doch erst unter dem strengen Papst Pius V. wurde er ernsthaft bestraft. Nachdem er beschuldigt worden war, in Siena eine Witwe und deren zwei Töchter entführt und zumindest eine der Frauen zu seiner Geliebten gemacht zu haben, wurde er 1569 zu lebenslänglicher Klosterhaft verurteilt[75]. Bis zu seinem Tod im November 1577 fand del Monte daher keine Gelegenheit mehr zur Verübung neuer Missetaten. Sein Verhältnis zu den römischen Kurtisanen ist durch einige Verhöre aus dem Jahr 1565 anschaulich dokumentiert[76]. Die Kurtisane Camilla da Pitigliano gab damals zu Protokoll, den Kardinal 1560, also kurz vor seiner ersten Verhaftung, in seiner damaligen Residenz, dem Palazzo di San Marcello, kennengelernt und dort einmal mit ihm geschlafen zu haben. Im gleichen Jahr (1560) bezeichnete ihre Kollegin Ortensia Falcona del Monte als ihren «amico» und sagte, daß sie mit ihm in der Kutsche ausgefahren sei[77]. Als der Kardinal den Karneval des Jahres 1565 in Rom verbrachte, erneuerte er den Kontakt zu Camilla da Pitigliano. Häufig war sie in seiner Residenz, dem Palazzo Jacobacci, zu Gast, um mit ihm zu speisen und anschließend die Nacht mit ihm zu verbringen. Wenn er in ihrem, dem Palast des Kardinals von Ferrara benachbarten Haus übernachtete, pflegte er sie, wohl aus Gründen der Diskretion, noch vor dem Morgengrauen zu verlassen. Immer wieder machte sie mit dem Kardinal in dessen eigener Kutsche und in Gesellschaft von anderen Männern und Frauen Vergnügungsfahrten durch die Stadt. Nach diesen Fahrten, bei denen alle Teilnehmer maskiert waren, kehrte del Monte manchmal mit der ganzen Gesellschaft in Camillas Haus ein, manchmal wiederum führte er die Kurtisane in seinen eigenen Palast, wo sie dann blieb, um mit ihm zu essen und zu schlafen. Gelegentlich hielt sie sich sogar mehrere Tage in der Residenz del Montes auf. Im Umgang mit der Kurtisane zeigte der sonst so derbe Kardinal durchaus gute Umgangsformen: Nachdem er Rom wieder verlassen hatte, schrieb er ihr mehrere Briefe, in denen er «sich mir empfahl und mich bat, daß ich ihm wohlgesinnt bleiben möge»[78].

Wie mild man, trotz aller Reformbestrebungen, in Rom noch im späten 16. Jahrhundert die moralischen Fehltritte von Kirchenfürsten zu beurteilen pflegte, zeigt das Beispiel des jungen Ernst von Bayern, der sich 1574/75 in der ewigen Stadt aufhielt[79]. Ernst war schon als Knabe von seinem Vater, Herzog Albrecht V., für den geistlichen Stand bestimmt worden, obwohl er aufgrund vorwiegend weltlicher Neigungen nur wenig dazu geeignet war. 1566 wurde er zwölfjährig zum Bischof von Freising, 1573 zum Bischof von Hildesheim gewählt. 1574 wurde der junge Bischof, dessen Freude an Gelagen, Jagd, Magie und Liebeleien immer wieder Anlaß zur Besorgnis gab, in Begleitung zweier geistlicher Erzieher nach Rom geschickt, wo er bei Papst Gregor XIII. freundlichste Aufnahme fand. Im Juli 1574 überließ man dem jungen Fürsten die berühmte Villa d'Este in Tivoli als Sommersitz. In dieser prachtvollen Umgebung fing Ernst, durch Vermittlung seines römischen Truchseß Camillo Baldi, ein Verhältnis mit einer Kurtisane an. Die beiden Erzieher des Prinzen, die an die römischen Verhältnisse nicht gewöhnt waren, entdeckten die Missetat und beschwerten sich bei allen hohen Würdenträgern über ihren mißratenen Schüler. «Sein in der stat wie die unsinnigen umbgloffen», schrieb Ernst, «und [haben] geschrien: Dii boni, princeps noster fornicatus est; die sach meniglich geklagt und schir mit trommetten ausruffen laßen, den schönen handl an vil cardinäl und die papst[liche] Heil[igkei]t selbst gebracht, als wan dem papstumb daran gelegen wär. Haben gewölt, der pabst sol dieselb person gefangen legen und mit ruetten ausstreichen [l]aßen, und in somma ain solches wesen darauß gemacht, das inen die pabst[liche] Heil[igkei]t selbst hat müeßen silentium imponirn»[80]. Die Sympathien des Papstes und der Kurie waren bei dieser Affaire eindeutig auf Seiten des jungen Prinzen, während man seinen allzustrengen Erziehern empfahl, in solchen Fällen in Hinkunft nachsichtiger zu sein. Aus Angst vor einer Wiederholung des Skandals erreichten Ernsts Erzieher, daß er im Sommer 1575 nicht wieder aufs Land zog. Als Sommerwohnung für den Prinzen wurde ein Palast bei San Marco in Rom gewählt, wo man den nunmehr zwanzigjährigen Bischof besser beaufsichtigen zu können glaubte. Dennoch gelang es Ernst, mehrmals nachts durch eine Hintertür das Haus zu verlassen und eine Kurtisane zu besuchen. Als seine nächtlichen Ausflüge entdeckt und die betreffende Tür versperrt gehalten wurde, fand der Prinz einen anderen Ausweg: Er beschaffte sich eine Strickleiter, mit deren Hilfe er aus dem Fenster stieg, um zu seiner Geliebten zu gehen. In der Nacht des 31.Juli 1575 entdeckten die Erzieher des Prinzen auch diesen «Fluchtweg» und schnitten die Strickleiter ab. Als Ernst am Morgen auf dem gewohnten Weg heimkehren wollte und bemerken mußte, daß sein Verschwinden entdeckt worden war, entschloß er sich kurzerhand, aus Rom zu fliehen. Erst im Oktober kehrte der Prinz, der in der Zwischenzeit bei Kardinal Granvella in Gaeta freundliche Aufnahme gefunden hatte, wieder nach Rom zurück. Seine ungeliebten Erzieher mußten sich von nun an auf Befehl des Papstes von ihm fern halten. Der einzige, der über Ernsts Verhalten wirklich erzürnt war, war sein Vater, Herzog Albrecht. Bei ihm legten Papst Gregor und mehrere Kardinäle persönlich Fürsprache für den Prinzen ein. Selbst einer der beiden verständnislosen Erzieher mußte zugeben, daß die Verführungen für einen jungen Mann in Rom größer als anderswo waren, weil dort «jenes Laster, welches doch die Brutstätte aller anderen ist, fast für nichts geachtet wird»[81]. Sogar Ernsts Tante, die fromme Großherzogin von Toskana, ermahnte einen der Erzieher, ihren Neffen nicht bei seinem Vater anzuschwärzen, weil er «doch nichts gethan [hat], was ihr Geistlichen zu Rom nicht schlimmer thut»[82].

Die moralischen Vergehen Casamassimas, del Montes und Ernsts von Bayern haben aufgrund der besonderen Umstände Spuren hinterlassen. Einzelfälle waren sie jedoch nicht.

Angesichts des lockeren Umgangs, den höchste Geistliche mit Kurtisanen pflegten, erstaunt es nicht, daß auch Angehörige des niedrigeren Klerus häufig moralische Fehltritte begingen. In einer Spottschrift aus der Zeit Hadrians VI. wird folgender Wunsch geäußert: «Ich möchte, daß die Bischöfe lernen, ihre eigentlichen Pflichten über die weltliche Macht und die mondänen Vergnügungen zu stellen. Was die Priester betrifft, so würde ich ihnen Ehefrauen geben, damit sie nicht mehr zu den Huren gehen, und den Mönchen würde ich Huren geben, damit sie aufhören, die Ehemänner aller verheirateten Frauen und die Ehefrauen aller verheirateten Männer zu sein»[83]. Tatsächlich war die Unmoral ein Übel, von dem der gesamte Klerus befallen war. In den Quellen finden sich immer wieder Geistliche unterschiedlichster Rangordnung als Kunden von Kurtisanen. Viele der bereits genannten Herren, wie Jacob Questenberg, Ascanio Cavalcanti oder Monsignore Ciccolini lebten von kirchlichen Pfründen und Ämtern und hatten daher zumindest die niederen Weihen. Die weitaus größte Gruppe von Männern, die uns in den römischen Gerichtsakten im Umfeld von Kurtisanen begegnet, waren Angehörige der Kardinalshaushalte, die ebenfalls großteils Kleriker waren. Immer wieder mußten auch Mönche oder Pfarrer eine Geldstrafe zahlen, weil sie im Konkubinat lebten[84]. Andere, wie der Priester Domenico Palicco, suchten in den Häusern von Kurtisanen lediglich Unterhaltung und angenehme Gesellschaft[85].

Die fleischliche Sünde und der vertraute Umgang mit Kurtisanen waren den Geistlichen im Laufe des 16. Jahrhunderts zur lieben Gewohnheit geworden, von der viele von ihnen selbst unter massivstem Druck nicht lassen wollten. Sogar 1570, als Rom bereits seit vier Jahren im Auftrag Pius'V. den strengsten Moralkontrollen unterworfen war, wurden in einem Weingarten mehrere Priester von San Pietro in Vincoli verhaftet, weil sie sich dort in weltlicher Kleidung mit zweifelhaften Frauen vergnügt hatten[86]. Der Kampf der Reformpäpste gegen die Unmoral war die längste Zeit ein Kampf gegen die Windmühlen. Noch unter Clemens VIII. (1592–1605) frönten Angehörige des hohen wie des niederen Klerus häufig den Sünden des Fleisches. Allerdings mußten sie im Klima der Gegenreformation größere Vorsicht walten lassen, als ihre unbekümmerten Vorgänger. Selbst Günstlinge des Papstes riskierten nun strenge Strafen, wenn sie der Unzucht überführt wurden. Die Zeiten, da ein hoher Geistlicher Kirchengut an seine legitimierten Kinder vererben konnte, waren um 1600 ebenso vorbei, wie diejenigen der offen zur Schau gestellten Verhältnisse zu Kurtisanen[87]. Hinter den Kulissen jedoch trieb die Unmoral auch im Zeitalter der Gegenreformation die schönsten Blüten.

Die Früchte der Gegenreformation

Vor diesem Hintergrund ist es nicht weiter erstaunlich, daß sich für die römischen Kurtisanen lange Zeit kein Konflikt mit der Kirche ergab. Vor allem in der Blütezeit des Kurtisanenwesens, zu Beginn des 16. Jahrhunderts, gab es gegen die gehobene Prostitution keine kirchlichen Gegenmaßnahmen im eigentlichen Sinne. Man beschränkte sich vielmehr darauf, den Kurtisanen immer wieder durch berühmte Prediger die Sündhaftigkeit ihres Lebens vor Augen führen zu lassen. «In diesen Tagen hat Bruder Egidio eine Predigt gehalten, um alle diese Huren von Rom zu bekehren», schrieb der mantuanische Gesandte im März 1508. Tatsächlich konnte Pater Egidio bei dieser Gelegenheit erreichen, daß einige Kurtisanen sich entschlossen, ihr bisheriges Leben aufzugeben und in die Klöster bei Ponte Sisto und San Gregorio einzutreten[88]. Beatrice da Ferrara beschrieb 1517 in einem Brief an Lorenzo de'Medici, wie der Prediger von Sant'Agostino zu Ostern versucht hatte, sein hauptsächlich aus Kurtisanen bestehendes Auditorium zu bekehren:

«Als er eine so beachtliche Zuhörerschaft sah, hatte er kein anderes Interesse mehr, als sie alle zu bekehren. Oh! Ein schwieriges Unterfangen! Meinetwegen hätte er hundert Jahre schwatzen können. Dennoch ist es ihm gelungen, daß die Gambiera sich entschlossen hat, Nonne zu werden und sich jetzt Schwester Sophia nennt»[89]. Während für Beatrice, wie sie selbst sagte, ihre Freiheit zu kostbar war, um sich von den Ausführungen des Predigers wirklich beeindrucken zu lassen, hatten seine Worte bei ihrer Kollegin Gambiera die gewünschte Wirkung gehabt. Immer wieder gelang es charismatischen Geistlichen, Kurtisanen durch die schreckenerregenden Schilderungen der Höllenqualen, die sie im Jenseits als Strafe für ihr Leben zu erwarten hätten, zur Umkehr zu bewegen. In drastischer Weise wird eine solche Predigt in Aretinos «Kurtisanengesprächen» geschildert: «Pfui, verruchte Konkubinen des Gottseibeiuns! Irrwischbräute! Luziferschwestern! Scham der Welt! Schandfleck eures Geschlechts in mulieribus!», läßt er den Prediger ausrufen. «Die Drachen der Hölle werden eure Seelen fressen, werden sie verbrennen; Pfannen voll siedenden Schwefels erwarten euch, rotglühende Bratspieße winken euch, die Tatzen der Dämonen werden euch zerreißen; in euer zuckendes Fleisch werden sie ihre Klauen schlagen, mit Schlangengeißeln werdet ihr gezüchtigt werden in aeternum, in aeternum»[90]. Daß die Prediger dieser Zeit vor derber Sprache und drastischen Schilderungen nicht zurückschreckten, beweisen die überlieferten Predigten eines Savonarola oder eines Martin Luther. Aretinos Schilderung, wenn auch bewußt komödiantisch, wird daher nicht allzuweit von den tatsächlichen Äußerungen der Priester entfernt sein. Die Androhung von Höllenqualen war zweifelsohne das beste Mittel, Kurtisanen zur Umkehr zu bewegen. Im diesseitigen Leben brachte ihnen ihr Beruf materielle und soziale Vorteile, die sie anders nie hätten erreichen können. Die Aufgabe von Wohlstand und persönlicher und sexueller Freiheit war daher ein schwerer Schritt, zu dem sie am ehesten durch die Angst vor den zu erwartenden Strafen im Jenseits motiviert werden konnten.

Im Zuge der Gegenreformation wurde den Kurtisanen, die bis dahin stets freiwillig zur Messe gegangen waren, gelegentlich der zwangsweise Besuch solcher Predigten verordnet. Im März 1556 wurde einer großen Zahl von Kurtisanen befohlen, die Predigt des Franceschino da Ferrara in der Kirche S. Apostoli zu besuchen. Der Erfolg war überwältigend: Nicht weniger als 82 von ihnen, «teils freiwillig und unter vielen Tränen, und teils durch Ermahnung, stellten sich nach der Predigt dem Prediger vor und ließen sich als Bereuerinnen ihres Lebens eintragen, wobei die einen in ein Kloster gehen und die anderen heiraten und als ehrbare Frauen leben wollen»[91]. Vor allem Pius V. bediente sich ab 1566 besonders häufig des Mittels der Zwangspredigt, um jene Kurtisanen, die er noch nicht aus der Stadt verbannt hatte, zu einer Änderung ihres Lebenswandels zu bringen[92]. Die Kurtisanen, aufgebracht und verängstigt durch die Verfolgung, der sie sich seit Amtsantritt dieses Papstes ausgesetzt sahen, reagierten nun aggressiv auf die Predigten. Ein Bericht vom 30.November 1566 beschreibt einen derartigen Bekehrungsversuch. Die Türen der Kirche Sant'Ambrogio, in der die Predigt stattfinden sollte, wurden von Sbirri kontrolliert, die darüber zu wachen hatten, daß nur Frauen das Gotteshaus betraten. Vor den Toren der Kirche drängten sich nämlich rund zweitausend Männer, die an diesem Schauspiel teilhaben wollten. Der Geistliche, der die Predigt halten sollte, wurde von den im Gotteshaus versammelten Kurtisanen mit Lärm und Gelächter empfangen. Er dürfte sich der Groteske dieser Situation bewußt gewesen sein, denn der Chronist berichtet, daß er sich selbst das Lachen nicht verbeißen konnte[93]. Weniger heiter ging es bei einer Predigt im März des Jahres 1567 zu: Der Geistliche warf den Kurtisanen mit derart scharfen Worten ihren sündhaften Lebenswandel vor, daß sich eine von ihnen, Nina da Prato, veranlaßt sah, ihn zurechtzuweisen. Während der Predigt erhob sie sich und rief dem erstaunten Priester zu, «daß es seine Aufgabe sei, das Evangelium zu erklären und nicht, ihre Lebensweise zu rügen»[94]. Nina da Prato mußte diesen offenen Widerstand teuer bezahlen. Sie wurde sofort verhaftet und wenig später öffentlich ausgepeitscht. Trotz derartiger Zwischenfälle wurden weiterhin regelmäßig Zwangspredigten veranstaltet. 1568 wurde von einem Tischler in der Kirche Sant'Ambrogio sogar eine eigene Kanzel angefertigt, «um den Kurtisanen zu predigen»[95].

Auch die nachfolgenden Päpste veranstalteten immer wieder Predigten, die die Kurtisanen der Stadt zur Umkehr bewegen sollten. Auf den extremen Zwang, den Pius V. angewandt hatte, verzichteten sie jedoch. In der Fastenzeit des Jahres 1593 wurden die beiden Kurtisanen Grazia Sangalli und Betta de Bonis von einem Sbirro, der zufällig an ihren Häusern vorbeikam, aufgefordert, eine derartige Predigt zu besuchen. Betta antwortete ungeniert, daß sie gerade einen Kunden betreue und daher keine Lust habe, zur Predigt zu gehen. Negative Auswirkungen hatte dieses Verhalten für sie nicht[96]. Diese vergleichsweise milde Haltung der Obrigkeit mag darauf zurückzuführen sein, daß man erkannt hatte, wie fragwürdig die Ergebnisse der spontanen Bekehrungen waren, die man mit solchen Predigten erreichen konnte. Anhand des oben erwähnten Berichts über die Massenbekehrungen nach einer Predigt des Franceschino da Ferrara im Jahr 1556 kann man diese Pro-

blematik bestens nachvollziehen. Die plötzliche Bekehrung von 82 Kurtisanen war einerseits den flammenden Worten des Priesters, andererseits aber auch dem Engagement und den Überredungskünsten der vornehmen Römerinnen zu verdanken, die ebenfalls zur Predigt gekommen
waren, um die Sünderinnen zur Umkehr zu bewegen. «Und es war
schön, die Barmherzigkeit der römischen Edelfrauen zu sehen, wie sie
[die Kurtisanen] in der Kirche bei sich empfingen, liebkosten, überredeten, zum Prediger führten und sie dann zu sich nach Hause mit-
nahmen, um sie von der Gelegenheit zur Sünde zu entfernen», erzählte
der Chronist[97]. Einem derart massiven Druck waren viele Kurtisanen
psychisch nicht gewachsen, so daß sie sich in einem Moment innerer Zer-
knirschung spontan entschlossen, ihr sündiges Leben aufzugeben.
Häufig kam es aber vor, daß sie diese Entscheidung wenig später, wenn
ihnen die volle Tragweite eines solchen Schritts bewußt wurde, bereuten
und wieder rückgängig machten. «Durch Predigten und Ermahnungen
der Prediger und anderer frommer Personen, aber vor allem durch göttliche Eingebung, pflegen sich viele ehrlose Frauen und Huren häufig
vom ehrlosen und schlechten, zum keuschen und guten Leben zu bekehren; diese Frauen hatten keinen festen Ort, wohin sie sich sofort
zurückziehen konnten, sondern wurden in Häusern von Herren und
Damen untergebracht, und sehr häufig, wenn die Glut des guten Vor-
satzes verging, kehrten sie wie die Hunde zum Erbrochenen zurück»; so
beschrieb auf plastische Weise Fanucci dieses Problem in seinem 1601 erschienenen Traktat über die frommen Stiftungen in Rom[98]. Auch die
zeitgenössische Unterhaltungsliteratur befaßte sich gerne mit dem Phänomen der nur zeitweiligen Bekehrung von Kurtisanen. Zwei lateinische
Gedichte des Pierre Gillebert, die in der Übersetzung du Bellays auf uns
gekommen sind, erzählen von einer Kurtisane, die sich nach innerer Läu-
terung entschließt, ins Kloster zu gehen. Nach kurzer Zeit entdeckt sie
aber, daß sie für das Leben einer Nonne nicht geeignet ist, und verläßt
den Konvent, um mit Freuden wieder ihren alten Beruf aufzunehmen[99].
Auch die «Vielle Courtisanne» du Bellays entschließt sich nach einer
Predigt spontan dazu, in ein Kloster einzutreten. Als sie feststellen muß,
daß die Nonnenkleider ihren Charakter und ihre Lebenseinstellung
nicht ändern konnten, bereut auch sie ihren Entschluß und kehrt ins
weltliche Leben zurück[100]. Tatsächlich kam es vor, daß ehemalige Kurtisanen, die Nonnen geworden waren, ihr Kloster später wieder verließen.
1527, während des Sacco di Roma, benützte eine Nonne des Konvertitenklosters den allgemeinen Aufruhr zur Flucht aus dem Konvent.
Zwölf Jahre lang führte sie daraufhin ein ungebundenes Leben, bevor sie
1539, als gealterte Frau, zurückkehrte und wieder um Aufnahme ins

Kloster bat[101]. Dieses 1520 von Kardinal Giulio de'Medici, dem späteren Papst Clemens VII., gegründete Konvertitenkloster war eigens für die Aufnahme ehemaliger Kurtisanen, Prostituierter und sonstiger Sünderinnen gegen die christliche Moral ins Leben gerufen worden. Daß die Bekehrung solcher Frauen mitunter nur sehr oberflächlich war, war den Mitgliedern der Confraternita della Carità, die mit der Verwaltung des Klosters betraut waren, durchaus bewußt. Sie beschlossen daher bereits 1536, bei jeder Frau, die ins Kloster eintreten wollte, genauestens überprüfen zu lassen, ob diese Entscheidung ihrer eigenen, inneren Überzeugung entsprach[102]. Diejenigen, die den Eindruck erweckten, daß sie ihren Entschluß später bereuen könnten, sollten erst gar nicht in den Konvent aufgenommen werden. Die Zahl der bußwilligen Kurtisanen war zwar nicht überwältigend, aber es fand sich doch jedes Jahr die eine oder andere, die ins Kloster eintreten und so ihren Frieden mit Gott machen wollte[103]. 1529, neun Jahre nach der Gründung des Konvents, lebten dort immerhin etwa sechzig ehemalige Kurtisanen als Nonnen[104]. Die Gruppe jener Frauen, die sich entschlossen, ihr Leben zu ändern und ins Konvertitenkloster einzutreten, wurde in den folgenden Jahren immer größer. 1555 war die Zahl der Nonnen derart angewachsen, daß man mehreren Kurtisanen die Aufnahme verweigern mußte, weil in den Gebäuden des Klosters kein Platz mehr für sie war[105]. Es wurde daher beschlossen, die an den Konvent grenzenden Grundstücke anzukaufen und die Räumlichkeiten des Klosters zu erweitern[106].

Der wachsende Andrang der Kurtisanen auf das Konvertitenkloster hing nicht zuletzt mit dem neuen geistigen Klima zusammen, das sich um die Jahrhundertmitte in Rom auszubreiten begann. Einer der Motoren dieser Erneuerungsbewegung war der heilige Philipp Neri, ein charismatischer Asket, der sich 1552 mit gleichgesinnten Geistlichen in der «Kongregation des Oratoriums» zusammengeschlossen hatte. Er und seine Anhänger zogen unermüdlich durch die Straßen der Stadt und ermahnten die Bevölkerung zur Umkehr. Obwohl man sie gerne belächelte, nagten ihre Vorhaltungen doch am Gewissen zahlloser Sünder. Für sein Bestreben, möglichst viele Menschen zu einem gottgefälligen Leben zu bekehren, schienen dem heiligen Philipp die Sünden des Fleisches einer der gefährlichsten Gegner zu sein. In seiner Angst vor den Fallstricken der sexuellen Begierden ging er sogar soweit, Geistlichen, die noch nicht alle Regungen des Fleisches in sich abgetötet hatten, von jeglichem auch seelsorgerischem Kontakt mit dem weiblichen Geschlecht abzuraten. Immer wieder habe sein Lehrer ihn angehalten, «daß ich die Frauen fliehen sollte, weil diese ein Hindernis für jeden sind, der im geistlichen Leben vorankommen möchte», erzählte später einer seiner Schüler[107]. Was für die Frauen im allgemeinen galt, war in bezug auf die Kurtisanen von besonderer Bedeutung. Sie waren es vor allem, die Philipps Wünschen nach einer sittlichen Erneuerung Roms im Wege standen. 1556 beteiligten er und mehrere seiner «spirituellen Söhne und Töchter» sich mit großem Eifer an der bereits erwähnten Bekehrungsaktion des Franceschino da Ferrara[108]. Trotz des beachtlichen Erfolges, den man bei dieser Gelegenheit erzielen konnte, war Philipp sich darüber im klaren, daß es unmöglich war, die gesamte Kurtisanenzunft zur Umkehr zu bewegen[109]. Viel mehr glaubte er erreichen zu können, indem er auf die Männer Einfluß nahm, um sie durch massiven moralischen Druck vom Umgang mit Kurtisanen abzuhalten. Bei vielen, vor allem jungen Männern, fiel sein Wirken auf fruchtbaren Boden; anderen wiederum war es Anlaß zu Spott und Hohn. Von mehreren Kardinälen, darunter dem lebenslustigen Alessandro Farnese, wurde berichtet, daß sie sich immer wieder über Philipps extreme Askese mokierten[110]. Überhaupt war der wachsende Einfluß des sittenstrengen Mannes vielen Bewohnern der ewigen Stadt ein Dorn im Auge, weshalb es, wie Philipp selbst gerne erzählte, immer wieder Versuche gab, seine Tugendhaftigkeit zu Fall zu bringen. So wurde er als junger Mann von Bekannten, die seine «Jungfräulichkeit» für vorgetäuscht hielten, in ein Zimmer gedrängt und eingesperrt, in dem sich zwei Kurtisanen befanden. Die Hoffnung der Zweifler, daß der Heilige den Reizen der beiden Frauen erliegen würde, wurde allerdings bitter enttäuscht: «Als Philipp sich in solcher Bedrängnis sah», heißt es in seiner Vita, «und bemerkte, daß er sich auf keine andere Weise von dieser Gefahr befreien konnte, kniete er nieder und betete mit solcher Glut, daß diese Elenden nicht einmal wagten, zu sprechen, geschweige denn, sich ihm zu nähern»[111].

Daß das Wirken des Heiligen nicht nur von lebenslustigen Herren, sondern auch von den Kurtisanen selbst mit Unbehagen betrachtet wurde, läßt sich denken. In diesem Zusammenhang ist die Geschichte einer reichen Kurtisane namens Cesarea zu sehen, die aus eigenem Antrieb versucht hatte, den Frauenfeind zu Fall zu bringen. Eines Tages hatte sie nach ihm geschickt und ihm melden lassen, daß sie krank sei und ihn zu sehen wünsche. In der Meinung, die Kurtisane läge im Sterben und wolle sich nun bekehren, war Philipp sofort zu ihr geeilt. Als er jedoch in Cesareas Haus «die Treppe hinauf gestiegen war, fand er dort diese Frau. Sie kam ihm entgegen und war mit nichts anderem, als einem durchsichtigen Schleier bekleidet, so daß man ihre ganze Nacktheit sah. Als der Vater das merkte», so erzählte später einer seiner Schüler, «bekreuzigte er sich sofort und flüchtete. Die Frau aber wurde

*Zwei Szenen aus der Vita des heiligen Philipp Neri: Einige leichte Mädchen
werden in sein Zimmer eingeschleust, um ihn zu verführen. Als er inbrünstig zu
beten beginnt, ziehen sie sich beschämt zurück (links). Die Kurtisane Corsetta
wirft ihm, erzürnt über ihren mißglückten Verführungsversuch, im Stiegenhaus einen
Schemel nach (rechts). Kupferstich, L. Ciamberlano zugeschrieben (tätig 1599–1641).
Wien, Graphische Sammlung Albertina.*

wütend, als sie ihre unanständigen Wünsche derart enttäuscht sah, und
warf dem Vater, der gleichsam die Stiegen hinuntergestürzt war, einen
Schemel nach, der ihn hätte töten können, wenn er ihn getroffen
hätte»[112]. Cesareas Zorn über den Mißerfolg ihrer Verführungsaktion
hatte vermutlich tiefere Wurzeln als nur gekränkten Stolz: Wäre es ihr
gelungen, den stadtbekannten Moralisten zu Fall zu bringen, so hätten
viele jugendliche Asketen ihr leuchtendstes Vorbild verloren, was wiederum dem Kurtisanenstand so manchen Kunden zurückgewonnen
hätte. Da Cesarea aber kein Erfolg beschieden war, brachte das Wirken
des Heiligen in den kommenden Jahrzehnten immer mehr junge Männer in einen Konflikt zwischen ihren sexuellen Bedürfnissen und den

hohen moralischen Anforderungen ihres geistlichen Vorbilds. Dieser
Konflikt wiederum konnte Kurtisanen bei der Ausübung ihres Gewer-
bes in die seltsamsten Situationen bringen. 1595, kurz nach dem Tod des
Heiligen, forderte die Kurtisane Lucia Bolognese den jungen Stefano
Calcinardi auf, sie zu besuchen, als dieser zufällig an ihrem Haus vorbeikam. Da er bereits einmal mit Freunden bei ihr zu Gast gewesen war,
betrachtete sie ihn als potentiellen Kunden. Natürlich konnte sie nicht
wissen, daß Stefano trotz seiner nächtlichen Ausflüge zum Kreis der
Anhänger des Philipp Neri gehört hatte und daß er nun sogar eine
Haarlocke des Verstorbenen als Reliquie an seiner Brust trug. Obwohl
er besten Willens war, seine Keuschheit zu bewahren, erlag Stefano der
Versuchung und nahm die Einladung der Kurtisane an. Als sie sich
jedoch umarmten und küßten, spürte Stefano an jener Stelle, an der er
die Reliquie trug, einen Schlag, der so mächtig war, daß er das Bewußtsein verlor. Zugleich hörte er die Stimme des Heiligen, die ihn ermahnte,
nicht zu sündigen. Erst als Lucia ihm Alkohol ins Gesicht spritzte kam
er wieder zu sich und verließ gleich darauf fluchtartig ihr Haus[113]. Wie
Lucia Bolognese auf dieses Wunder des heiligen Philipp reagierte, ist
nicht überliefert. Es ist jedoch anzunehmen, daß eine Kurtisane, die
mitansehen mußte, wie ein eben noch williger Kunde das Bewußtsein
verlor und dann in religiöser Verzückung vor ihr floh, von diesem Erlebnis nicht unberührt blieb.

Das Wirken und der Einfluß Philipp Neris und anderer charismatischer Reformer hatte in Rom gegen Ende des Jahrhunderts viele, aber
keineswegs alle Menschen zur Umkehr bewegt. Es gab daher immer
deutlichere Gegensätze zwischen denjenigen, die mit an Fanatismus
grenzendem Eifer versuchten, im Sinne ihrer Lehrer bekehrend zu wirken, und jenen, die die Tradition des freien und unbekümmerten
Umgangs mit Kurtisanen beibehalten wollten. Der Fall der mißglückten
Bekehrung der jungen Kurtisane Caterina da Velletri, der Anfang 1590
gerichtlich untersucht wurde, zeigt einmal mehr, auf welch seltsame
Weise religiöser Eifer und Amoralität im Rom des ausgehenden 16. Jahrhunderts nebeneinander existierten[114]. Der Fall ist nicht zuletzt deshalb
interessant, weil er sich im unmittelbaren Umfeld Philipp Neris
abspielte und erstaunliche Parallelen mit den bereits besprochenen Epi-
soden aus der Lebensgeschichte des Heiligen aufweist.

Caterina da Velletri war noch als halbes Kind in die Hände eines brutalen Zuhälters gefallen, der sie mißhandelte und gegen ihren Willen
zum Verkehr mit jedem beliebigen Kunden zwang. In ihrer Verzweiflung bat sie schließlich einen ihrer Kunden, Antonio Villano da Prato,
sie zu sich zu nehmen. Antonio brachte das erst vierzehnjährige

Mädchen in das Haus seines Freundes Giovanni Battista Mini, wo Caterina nun als die Geliebte der beiden jungen Männer lebte. Eines Tages beschlossen die lebenslustigen Freunde, ihrem sittenstrengen Bekannten Bastiano Beccano, der im Umkreis des Philipp Neri verkehrte, einen Streich zu spielen. Sie luden ihn zum Essen in ihr gemeinsames Haus ein und beauftragten Caterina, dem strengen Moralisten Avancen zu machen. Nach dem Essen drängten sie Bastiano gegen seinen Willen gemeinsam mit Caterina in ein Zimmer und versperrten die Tür; «und sie standen dort bei der Tür und lachten über das, was sie mir getan hatten», erzählte Bastiano später[115]. Wie die Freunde vermutet hatten, wurde Bastiano durch die ungewohnte Nähe der Kurtisane in größte Gewissensqualen gestürzt. Er fühlte sich «angestachelt vom Fleisch und vom Teufel» und hatte Angst, daß Caterina nun versuchen könnte, ihn zu verführen[116]. In seiner Not ergriff er einen Totenkopf, der im Zimmer war, den er streichelte und küßte, «um die Fleischeslust in mir abzutöten»[117]. Nachdem er seine sexuellen Begierden auf diese Art besiegt hatte, begann er, die junge Kurtisane zu ermahnen, daß sie ihr sündiges Leben aufgeben sollte, «indem ich ihr die Hölle, den Tod und das Paradies zu bedenken gab», bis das verwirrte Mädchen in Tränen ausbrach und die um ihren Spaß geprellten Freunde ins Zimmer kamen, um der Szene ein Ende zu bereiten[118]. Der fromme Bastiano hatte von nun an keinen anderen Wunsch mehr, als die Seele des jungen Mädchens zu retten. Immer wieder besuchte er Caterina, die er schließlich auch überredete, bei Pater Agostino in der Chiesa Nuova (der Ordenskirche des Philipp Neri) die Beichte abzulegen. In der Nacht vor der Beichte schlief er in Caterinas Zimmer am Boden, um zu verhindern, daß seine beiden Freunde Verkehr mit ihr haben konnten. Nach der Beichte brachte Pater Agostino das Mädchen, das sich nun entschlossen hatte, sein Leben zu ändern, in das Haus einer ehrbaren Frau namens Dianora Spagnola. Bei ihr und ihrer Familie wurde Caterina mit Freuden aufgenommen: «Wir waren alle fröhlich, weil sie den Wunsch hatte, nicht mehr in Sünde zu leben und nicht mehr des Teufels zu sein», gab Dianora später zu Protokoll[119]. Drei bis vier Wochen sollte Caterina im Haus der Spanierin bleiben, bis ihr zukünftiges Leben geregelt war. Sie selbst wollte nun eine Ehe eingehen, aber nach Gesprächen mit ihrem «Bekehrer» Bastiano, der sie ins Kloster schicken wollte, «besann sie sich anders und weinte und sagte, daß sie Nonne werden wollte»[120].

Inzwischen beschlossen die ehemaligen Liebhaber Antonio und Giovanni Battista, die der plötzliche und unerwartete Verlust Caterinas schwer getroffen hatte, das Mädchen zur Rückkehr zu bewegen. Zunächst versprachen sie Caterina eine eigene Wohnung, in der sie wieder als ihre Geliebte leben sollte[121]. Als sie auf dieses Angebot nicht einging, versuchten sie, sie mit einer List aus Dianoras Haus zu holen. Sie behaupteten, sie sollten Caterina im Auftrag von Pater Agostino zu einem Notar bringen, der sie heiraten wollte. Caterina sollte sich nachts, wenn sie Pfeifsignale der beiden hörte, aus dem Haus schleichen, damit sie sie zur Eheschließung bringen könnten. Das Mädchen erzählte Dianora die Geschichte, die ihr dringend abriet, auf den Vorschlag einzugehen. Lachend saßen die Frauen dann am Abend im Haus beisammen, während draußen Antonio und Giovanni Battista eine Stunde lang vergeblich Pfeifsignale gaben[122]. Nun beschlossen sie, das Mädchen gewaltsam aus Dianoras Haus zu entführen. Giovanni Battista engagierte eine alte Kupplerin, die in einer geborgten Kutsche gemeinsam mit zwei Dienern zu Dianora fuhr und behauptete, Caterina im Auftrag des Paters abholen zu müssen. Während Dianora, die das Mädchen begleiten wollte, den Raum verlassen hatte, um sich einen Mantel zu holen, zerrten die drei Caterina gegen ihren Willen in die Kutsche und brachten sie zur Hostaria della Scrofa. Dort hatten die beiden Liebhaber bereits ein Zimmer bestellt, in das das Mädchen nun eingesperrt wurde. Als Antonio und Giovanni Battista tags darauf ins Gasthaus kamen, um mit Caterina zu essen, wurden sie von Sbirri überrascht, die die Entführer und das Mädchen verhafteten. Der fromme Bastiano brachte die Sache nun vor Gericht. Nach anfänglichem Leugnen gestand Giovanni Battista die Entführung, beteuerte aber, daß es die Kupplerin gewesen sei, die ihn dazu angestiftet hätte, weil sie Caterina an einen Kardinal (dessen Name «ad bonum finem» unleserlich gemacht wurde) verkuppeln wollte. Die Kupplerin wiederum erklärte, sie hätte bei der Sache nur mitgemacht, weil man ihr gesagt hätte, Caterina werde gegen ihren Willen zum Eintritt ins Kloster gedrängt und weil Giovanni Battista ihr versichert hätte, daß er das Mädchen heiraten wollte. Giovanni Battista hingegen bestritt aufs Heftigste, daß er jemals Heiratsabsichten geäußert hätte, weil er offenbar fürchtete, daß man ihn nun zu einer Eheschließung mit Caterina zwingen könnte. Der fromme Bastiano wiederum, der Caterina für den Eintritt ins Kloster eine Mitgift von zwanzig Scudi und die nötige Kleidung versprochen hatte, zeigte sich vom Ausgang seiner Bekehrungsaktion enttäuscht. Über das weitere Schicksal Caterinas ist nichts bekannt. Der Fall ihrer mißglückten Bekehrung zeigt deutlich, daß sie, als erst vierzehnjähriges Mädchen, zum willenlosen Spielball unterschiedlichster Interessen geworden war. Die Wollust ihrer beiden Liebhaber, die Geldgier der alten Kupplerin und der religiöse Eifer Bastianos sahen in der Person des unerfahrenen Mädchens ein geeignetes Objekt. Die Gefühle Caterinas und ihre eige-

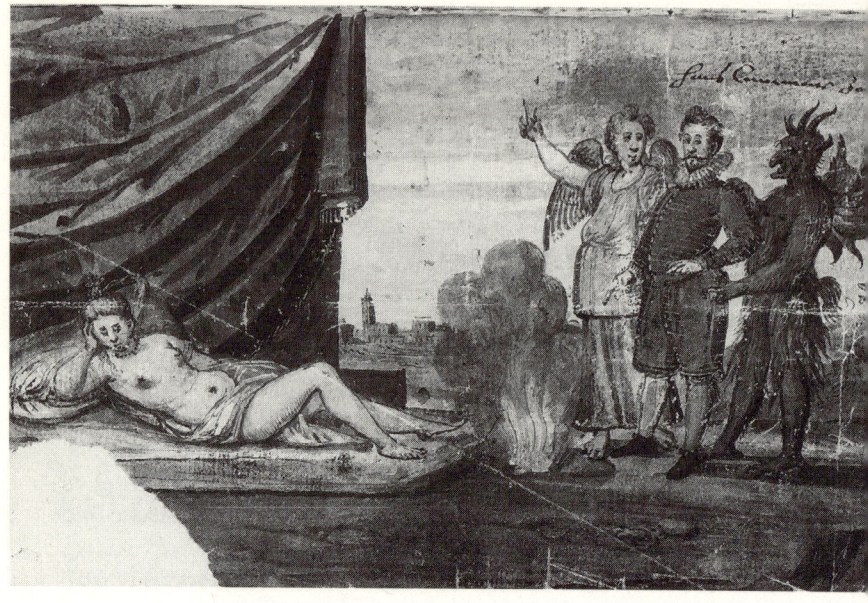

Die Tugend eines jungen Italien-Reisenden wird durch das Angebot käuflicher Liebe auf die Probe gestellt. Zeichnung im Stammbuch des böhmischen Adeligen Adam von Egg (nach 1593). Prag, Archiv des Nationalmuseums, Signatur: B 24.

nen Wünsche spielten für keinen der Beteiligten eine Rolle. Durch die massive Einflußnahme so unterschiedlicher Parteien kam Caterina einem Nervenzusammenbruch nahe und wußte zuletzt nicht mehr, was sie selbst von ihrem Leben wollte. Die Ergebnisse ihrer Bekehrung mußten daher in jedem Fall fragwürdig bleiben.

Die wachsende Bedeutung der Moral im Denken und Empfinden religiös engagierter Menschen spiegelte sich nicht nur in derartigen Bekehrungsversuchen, sondern auch in einer immer restriktiveren Gesetzgebung, mit der man versuchte, wenigstens besonders heilige Abschnitte des Kirchenjahres von der fleischlichen Sünde zu befreien. 1559 wurde den Kurtisanen verboten, sich in der Osterwoche in Borgo, dem Stadtteil am vatikanischen Tiberufer, aufzuhalten. Für die dort lebenden Kurtisanen kam dies einem Berufsverbot für die Dauer der Karwoche gleich[123]. Pius V. erwog im November 1566, den Kurtisanen in der Advents- und Fastenzeit, sowie an allen hohen kirchlichen Feiertagen jeglichen Verkehr mit Männern zu verbieten[124]. Um diese Idee zu verwirklichen, wollte er 1570 die Tore des eben errichteten Kurtisanenviertels am Hortaccio die ganze Fastenzeit über verschließen lassen. Da man ihm zu bedenken gab, daß die solcherart eingeschlossenen Kurtisanen verhungern müßten, weil sie dann keine Möglichkeit zum Einkauf von Lebensmitteln mehr hätten, befahl er, daß sie in dieser Zeit auf Kosten des Heiligen Stuhls mit Nahrungsmitteln versorgt werden sollten[125]. Der nicht minder moralische Sixtus V. verfügte 1586, daß Kurtisanen in der Weihnachtsnacht ihre Häuser nicht verlassen und keine Männer empfangen durften. Auch dies war nichts anderes, als ein Berufsverbot für die heilige Nacht[126].

Ob diese Gebote wirklich dazu beitragen konnten, auch jene unverbesserlichen Sünder, an denen die religiöse Erneuerungsbewegung spurlos vorbeigegangen war, zu einem moralischeren Lebenswandel zu bekehren, ist allerdings fraglich.

Opfer und Täterinnen

Kurtisanen im gesellschaftlichen Randbereich

*I*m *römischen Alltagsleben* regierte im 16. Jahrhundert die Gewalt. Die meisten Bewohner der ewigen Stadt, egal welchen Standes und welchen Geschlechts, reagierten auf Konflikte mit spontaner Gewalttätigkeit. Schlägereien, bewaffnete Auseinandersetzungen und Anschläge auf Personen und Häuser waren ebenso an der Tagesordnung wie Diebstahl, Raub und Mord. Es gab kaum einen Mann, der sich unbewaffnet auf die Straße wagte, und wer es sich leisten konnte, ließ sich bei seinen Ausgängen – seinem Prestige und seiner Sicherheit zuliebe – von mehreren Waffen tragenden Gefolgsleuten begleiten.

Das Klima der Gewalt

Das ganze Jahrhundert hindurch versuchte die Obrigkeit, dieses Klima der Gewalt durch entsprechende Gesetze in den Griff zu bekommen. Der Governatore di Roma erließ in mehr oder weniger regelmäßigen Abständen eine «allgemeine Verordnung betreffend die Regierung von Rom» («Bando generale concernente il governo di Roma»), eine Art Verhaltensmaßregel für die Bewohner der ewigen Stadt. In dieser Verordnung wurden die häufigsten Vergehen gegen die öffentliche Sicherheit und Ordnung aufgelistet, die dafür vorgesehenen Strafen festgelegt, und die Maßnahmen angekündigt, die die Regierung zur künftigen Vermeidung solcher Straftaten treffen wollte. Der «Bando Generale» begann im allgemeinen mit einer Verordnung gegen das Fluchen, das im Kirchenstaat als schweres Verbrechen gegen die Majestät Gottes betrachtet wurde[1]. Der Großteil der Bestimmungen richtete sich jedoch gegen die zahllosen Gewalttätigkeiten, die Tag für Tag in Rom begangen wurden. Durch die Ausweisung von Banditen, das Verbot, Verbrecher oder Verdächtige zu beherbergen und die drastische Einschränkung jenes Personenkreises, dem es erlaubt war, Waffen zu tragen, sollte die öffentliche Sicherheit erhöht werden. Es wurde ausdrücklich verboten, öffentliche Tumulte anzuzetteln, unerlaubte Versammlungen abzuhalten, Anschläge auf Häuser zu verüben, Menschen zu beschimpfen, zu verprügeln oder zu verletzen und Diebstähle, Raubüberfälle und Morde zu begehen. Außerdem wurde das öffentliche oder heimliche Führen einer Spielhölle, sowie die Veranstaltung und Teilnahme an Glücksspielen verboten. Hinzu kamen, spätestens seit 1550, Verordnungen, die sich, so wie das Kutschenverbot, speziell auf Kurtisanen bezogen. Am Ende eines jeden Bando wurde festgehalten, daß sich der Governatore die Freiheit vorbehielt, «die Strafen je nach Art der Zeit, des Ortes, der Personen und der Fälle zu erhöhen oder zu verringern»[2]. Die abschreckende Wirkung der angedrohten Strafen wurde durch diese Floskel stark beeinträchtigt.

Die alltägliche Gewalt war ein Faktor, mit dem Kurtisanen mehr als andere Frauen konfrontiert wurden. Eifersucht und Rivalität, die idealen Voraussetzungen für das Entstehen von Gewalt, gehörten schließlich zu den täglichen Begleiterscheinungen ihres Berufes. Zahllose Fälle von Schlägereien, bewaffneten Auseinandersetzungen und Eifersuchtsmorden in Häusern von Kurtisanen wurden im Laufe des Jahrhunderts bei den römischen Gerichten zur Anklage gebracht[3]. Die Gründe, die zu den betreffenden Konflikten geführt hatten, waren oft mehr als nichtig. Das harmloseste gesellige Beisammensein konnte in einer Katastrophe enden, wenn einer der Beteiligten sich durch ein unvorsichtiges Wort oder eine unbedachte Handlung beleidigt fühlte. Der Ausflug, den die Kurtisane Camilla Marescotta Senese und ihre Kollegin Bernardina im Juni 1555 mit einigen Freunden unternahmen, führte durch ein dummes Mißverständnis zu einem regelrechten Blutbad. Als man beim Weingarten der Altoviti, dem Ziel der Fahrt, angekommen war und dessen Tore versperrt fand, stieg der Kutscher mit zwei der Herren aus, um den Pförtner zu suchen. Ein dritter, Jacobo Cortese, blieb mit den Damen in der Kutsche sitzen. Da sich Camilla durch die Sonne gestört fühlte, kletterte ihre Freundin Bernardina auf den Kutschbock, um das Gefährt in den Schatten zu lenken. Gerade als sich die Kutsche in Bewegung setzte, kehrte Capitano Lorenzo Minerbetti, einer der Herren, die zuvor ausgestiegen waren, zurück. In der Meinung, Jacobo wollte sich mit den beiden Kurtisanen davon machen und ihn und die anderen zurücklassen, zog er Dolch und Degen und stürzte sich fluchend auf den vermeintlichen Rivalen. Schwer verletzt gelang es Jacobo, sich in ein Haus zu retten. Nur mit Mühe konnten die anderen Lorenzo, der inzwischen auch Camilla bedroht hatte, davon abhalten, ihn zu verfolgen und zu töten. In bedrückter Stimmung kehrte die Gruppe schließlich ohne Jacobo nach Rom zurück. Als sie bei Camillas Haus angekommen waren, stieg der immer noch wütende Capitano aus und ging in die Wohnung der Kurtisane, während die anderen, sichtlich verschreckt, in der Kutsche sitzen blieben. Nach einiger Zeit verließ Minerbetti das Haus und entfernte sich wortlos. Was in der Zwischenzeit passiert war, gab später Camilla zu Protokoll: «Als der Capitano in mein Haus gekommen war, fand er dort Prospero [Cortese], der das Clavicembalo spielte. Er sagte ihm, daß er sich mit seinem Bruder geschlagen hätte, und [fragte ihn], ob er ihm nun Freund oder Feind sein wollte. Prospero antwortete, daß er, wenn dem so wäre, sein Feind sei, und sich ebenfalls mit ihm schlagen wolle. Und daraufhin gab ihm der Capitano einen Stoß und fügte ihm diese Wunde am Kopf zu»[4]. Nachdem sie den schwer verwundeten Prospero notdürftig verarztet hatte, floh Camilla aus Angst, daß Lorenzo zurückkehren und auch ihr ein Leid zufügen könnte, in das Haus einer Freundin. Aus einem völlig nichtigen Grund hatte der Söldnerführer zwei Brüder lebensgefährlich verletzt. Sein Fall steht stellvertretend für unzählige andere sinnlose Verbrechen, die ohne erkennbaren Anlaß von aufbrausenden Männern im Umkreis von Kurtisanen begangen wurden. Aufgrund der Häufigkeit solcher Gewalttaten wurde 1564 verfügt, daß Kurtisanen bei Schlägereien und blutigen Konflikten, zu denen es ihretwegen gekommen war, genauso hart bestraft werden sollten wie die eigentlichen Täter[5]. Um derartigen Zwischenfällen vorzubeugen, wurde außerdem verboten, die Häuser von Kurtisanen mit Waffen zu betreten[6].

Die Kurtisanen ihrerseits mußten jederzeit damit rechnen, Opfer der Gewalttätigkeiten entlassener Liebhaber[7] oder abgewiesener Kunden[8] zu werden. Der gleiche Lorenzo Minerbetti, der im Juni 1555 das Blutbad unter den Brüdern Cortese angerichtet hatte, war nur zwei Monate zuvor von der Kurtisane Magdalena Anconitana aus einem solchen Grund angezeigt worden: Da Magdalena seine Liebeswerbung nicht erhören wollte, war er nachts durch ein Fenster in ihre Wohnung eingedrungen und hatte sie geschlagen, vergewaltigt und anschließend im Haus Feuer gelegt. Zusätzlich drohte er ihr einen «Sfregio», das Entstellen ihres Gesichts durch Messerstiche, an[9]. Da die Mißhandlung Magdalenas während der Sedisvakanz stattgefunden hatte, ist anzunehmen, daß Minerbetti in den Genuß der Amnestie gekommen war, die traditionsgemäß vom neuen Papst für die in dieser Zeit verübten Verbrechen erlassen wurde. Außerdem gehörte er als Heerführer einer privilegierten Gesellschaftsschicht an, weshalb er wohl in jedem Fall mit einer Geldstrafe davongekommen wäre. Diese Inkonsequenz bei der Bestrafung war einer der Gründe dafür, daß die hohe Zahl von Gewaltdelikten letztendlich nie eingedämmt werden konnte.

Nicht nur enttäuschte Kunden, sondern auch jene Gruppen von Männern, die nachts auf der Suche nach Unterhaltung durch die Straßen der Stadt zogen, stellten eine permanente Bedrohung dar. Immer wieder kam es vor, daß solche Gruppen in die Häuser von Kurtisanen eindrangen, um diese zu mißhandeln und zu vergewaltigen[10]. Da die Opfer den Tätern in den meisten Fällen völlig unbekannt waren, waren solche Anschläge keine persönlichen Racheakte oder «Bestrafungsaktionen» entlassener Liebhaber. Ihnen lag lediglich der Drang zugrunde, Frauen durch brutale Mißhandlung und gleichzeitige Vergewaltigung zu demütigen. Wie sehr dieser Drang unter den Männern der Zeit verbreitet war, zeigt die genüßliche Schilderung grausamster Sexualverbrechen, die sich wie ein roter Faden durch die «Kurtisanengespräche» Pietro Aretinos zieht. Viele dieser Schilderungen haben erstaunliche Ähnlichkeit mit jenen Fällen, die vor dem Gericht des Governatore untersucht wurden. Da waren zum Beispiel die beiden Grafen Alessandro und Mario Santa Fiore, die mit ihrem Gefolge eines Nachts auf offener Straße die Kurtisanen Vittoria Veneta und Vittoria Napolitana überfielen. Vittoria Veneta, die Männerkleider trug, konnte rechtzeitig in ein noch offenes Geschäftslokal flüchten. Vittoria Napolitana hingegen wurde von den Männern ergriffen und in einen Stall gezerrt. Dort wurde sie brutal verprügelt und von mindestens fünf von ihnen vergewaltigt. Weder ihr Flehen, noch ihre Beteuerungen, daß sie schwanger sei und die Syphilis habe, konnte die Täter erweichen[11]. Unter den Vergewaltigern waren sogar einige Bekannte des Opfers, die alle so taten, als wären sie ihr noch nie begegnet. Am folgenden Tag suchten einige von ihnen die Kurtisane in ihrem Haus auf, weil sie gehört hatten, daß sie den Fall beim Governatore oder sogar beim Papst zur Anklage bringen wollte[12]. Durch massive Drohungen erreichten sie, daß Vittoria keine Anzeige erstattete und, als der Fall von Dritten vor Gericht gebracht wurde, im Verhör sogar leugnete, daß sie jemals vergewaltigt worden war. Erst als der Richter sie auf die Folgen einer falschen Zeugenaussage aufmerksam machte, erzählte sie, was ihr zugestoßen war. Die Angst vor Racheakten ihrer Peiniger war jedoch so groß, daß sie den Richter immer wieder unter Tränen bat, sie nicht zu weiteren Aussagen zu zwingen. Am meisten fürchtete sie sich vor den mächtigen Grafen von Santa Fiore. Von ihnen sagte sie, sie glaube zwar, daß auch sie sie mißbraucht hätten, «aber ich kann es nicht mit Sicherheit sagen, weil es dunkel war»[13]. Die Gesichter der anderen hatte sie aber trotz der Dunkelheit genau erkannt. Mit Rücksicht auf den hohen Rang der Täter dürfte die Untersuchung dieses Falles schließlich eingestellt worden sein. Der weitere Lebensweg der Grafen wurde durch diesen Zwischenfall jedenfalls nicht beeinträchtigt. Alessandro Santa Fiore wurde einige Jahre später zum Bischof von Parma und 1565 sogar zum Kardinal erhoben.

Zu den häufigsten Formen der Aggression gegen Kurtisanen gehörten, neben der sexuellen Gewalt, nächtliche Angriffe auf ihre Wohnhäuser. «Vergangenen Donnerstag wurde mir das Haustor in Brand gesteckt, am darauffolgenden Samstag wurde es besudelt, mit Eurer

Erlaubnis sage ich beschissen, und am folgenden Montag wurden mir die Fensterläden herunter gerissen», gab Ortensia Falcona Romana 1560 dem Untersuchungsrichter zu Protokoll. Sie befürchtete, daß noch weitere Anschläge auf ihr Haus folgen würden: «Ich erwarte, daß mir diese Nacht etwas anderes Böses getan wird, weil sie mir immer in einer Nacht etwas tun und in der nächsten nicht»[14]. Ortensia hatte einen konkreten Verdacht, wer die nächtlichen Übeltäter sein könnten. Sie glaubte, «daß es Paolo de Grassi und sein Freund Horatio de Camerino gewesen sind, weil diese beiden üblicher Weise solche Freundlichkeiten machen. Und ich glaube um so mehr, daß sie es waren, als Montag Nacht auf die gleiche Weise auch der Camilla Senese und der Giulia Napolitana die Fensterläden herunter gerissen wurden, weil die besagten Paolo und Horatio früher mit ihnen befreundet waren»[15]. Sie selbst hatte sich den Unwillen der beiden zugezogen, weil sie ihrem Liebeswerben nicht nachgegeben hatte. Die Männer, die die nächtlichen Anschläge auf Häuser von Kurtisanen verübten, handelten nicht immer, so wie hier, aus eigenem Antrieb. Nicht selten waren es nämlich Kurtisanen, die ihre Freunde zu einer solchen Tat anstifteten, weil sie einer verfeindeten Kollegin schaden wollten[16]. Die Fälle, in denen Frauen verdächtigt wurden, Drahtzieherinnen des Anschlags auf das Haus einer Kollegin zu sein, sind ausgesprochen zahlreich. Die Männer, die die Angriffe für sie ausführten, betrachteten einen derartigen Auftrag häufig sogar als Auszeichnung. Als 1593 die Fensterläden der Kurtisane Betta de Bonis zerstört worden waren, brüstete sich ein junger Verehrer ihrer Nachbarin Settimia öffentlich damit, die Tat begangen zu haben: «Ich bin es gewesen und ich habe es im Auftrag von der Kurtisane Settimia dell'Armato gemacht», erzählte er mit sichtlichem Stolz in der Nachbarschaft, «[...] und wenn sie mir befohlen hätte, daß ich etwas anderes mache, hätte ich noch Schlimmeres getan»[17]. Vereinzelt dürften Kurtisanen, als Männer verkleidet, auch aktiv an der Ausführung solcher Anschläge beteiligt gewesen sein. Unter jenen Leuten, die 1581 eines Nachts die Türen der Kurtisane Isabella Suarez in Brand steckten, wurde jedenfalls «eine schöne Frau in Männerkleidern» gesehen, «die über das Ganze lachte»[18]. Isabella Suarez war der Ansicht, daß diese Frau niemand anderer als ihre Kollegin Maria Fasarga gewesen sein konnte, von der sie annahm, daß sie die Tat angestiftet hatte. Etwas mildere Formen von Anschlägen auf Wohnungen waren die nächtliche Verwüstung des Gartens der Gegnerin[19] oder das Beschmieren ihres Hauses mit Tinte[20]. Anschläge dieser Art waren so häufig, daß sie in jedem «Bando Generale» erwähnt wurden.

Gerade weil Kurtisanen permanent mit dem Problem der Gewalt

leben mußten, standen sie den Angriffen ihrer Widersacher nicht als hilflose Opfer gegenüber: Sie lernten frühzeitig, sich zu schützen, zu wehren und zu rächen. «Oh, mein Sohn, ich kann viel bösartiger sein, als Du», warnte die erfolgreiche Kurtisane Lucrezia «Biondina» einen jungen Mann, der Geld von ihr erpressen wollte. Tatsächlich ließ sie sich von seinen Drohungen nicht einschüchtern und erreichte, daß er als Betrüger vor Gericht gestellt wurde[21]. Gegen die Gefahr, Opfer einer brutalen Vergewaltigung zu werden, konnte man sich schützen, indem man, so wie Vittoria Veneta, bei nächtlichen Ausflügen Männerkleider trug. Eine Frau, die Hosen trug, war nicht sofort als solche erkennbar, weshalb sie gar nicht als Ziel sexueller Aggressionen in Frage kam. Wenn sie dennoch angegriffen wurde, konnte sie leichter fliehen, weil sie nicht wie sonst durch lange Röcke behindert wurde. Um sich gegen nächtliche Eindringlinge zu schützen, bauten manche Kurtisanen ihre Häuser zu regelrechten Festungen aus: In der Wohnung der Ipolita Spagnola gab es versteckte Türen, die von einem Zimmer ins andere führten. Durch eine dieser Türen gelangte man in einen geheimen, versperrbaren Raum, in den sich Ipolita, wenn sie mit gewalttätigen Besuchern rechnen mußte, von ihrer Dienerin einschließen ließ. Die Dienerin konnte den Eindringlingen dann das leere Haus zeigen und ihnen so glaubhaft machen, daß ihre Herrin ausgegangen sei[22]. Wenn nächtliche Anschläge auf ihre Häuser verübt wurden, versuchten die meisten Kurtisanen, die Angreifer aktiv in die Flucht zu schlagen, indem sie ihrerseits mit Gegenständen unterschiedlichster Art nach ihnen warfen. Francesca Senese, die Mutter der Kurtisane Lucrezia «Musina», hatte zu diesem Zweck stets einige Steine am Fenstersims liegen, die sie etwaigen Angreifern entgegenschleudern konnte[23]. Wer keine derartigen Vorsichtsmaßnahmen getroffen hatte, nahm den erstbesten Gegenstand zu Hilfe und warf, wenn es sein mußte, seinen Widersachern auch Holzbänke oder Waschbecken an den Kopf[24].

So häufig sie Opfer waren, so häufig erscheinen Kurtisanen in den römischen Gerichtsakten als Täterinnen, denn so wie die meisten ihrer Zeitgenossen waren auch sie daran gewöhnt, selbst unbedeutende Konflikte auf gewaltsame Art auszutragen. Im besten Falle beschränkten sie sich darauf, ihre Widersacher öffentlich zu beschimpfen[25], zu bedrohen[26] oder an ihrem Haus Schmähschriften, sogenannte «libelli famosi», anbringen zu lassen[27]. Häufiger war jedoch die spontane oder sorgfältig geplante Anwendung von Gewalt, und zwar unabhängig davon, ob der Kontrahent ein Mann oder eine Frau war und ob der Konflikt durch Streit, Eifersucht oder persönliche Feindschaft hervorgerufen worden war. Zahllos sind die Fälle von Kurtisanen, die angezeigt wurden, weil

sie sich mit Kolleginnen oder anderen Frauen geprügelt und ihre Wider-
sacherinnen mitunter schwer verletzt hatten[28]. Die Brutalität, die sie
dabei an den Tag legten, ist für heutige Begriffe erschreckend: Caterina
alias «la Baliaccia», die 1555 ihre schwangere Kollegin Domenica an den
Haaren durch das Fenster ihres Hauses auf die Straße zerrte und derart
verprügelte, daß sie Gefahr lief, ihr Kind zu verlieren, ist nur ein Beispiel
von vielen[29]. Auch Männer gingen immer wieder zu Gericht, weil sie
von Kurtisanen, meist unter Benutzung herkömmlicher oder impro-
visierter Waffen, verletzt worden waren[30]. Wenn Kurtisanen in dieser
Weise persönlich handgreiflich wurden, war dies meist die spontane
Reaktion auf ein plötzlich aufgetretenes Ärgernis. Bei längerfristigen
Konflikten oder bei Racheakten hingegen delegierten sie die Anwendung von Gewalt, mit der sie ihre Gegner strafen wollten, meist an
Dritte. Liebhaber, Bekannte oder bezahlte Schläger verübten auf Wunsch
von Kurtisanen im Laufe des Jahrhunderts unzählige Anschläge auf Ge-
bäude und Personen, die vom Beschmieren des gegnerischen Hauses mit
Tinte, über Verprügelungen bis hin zu Totschlag und Mord reichten[31].

Eigentumsdelikte

Nicht nur wegen Gewalttätigkeiten gegen Personen oder deren Häuser,
sondern auch wegen Eigentumsdelikten kamen Kurtisanen immer wieder vor Gericht. Die zeitgenössischen Schriftsteller warfen ja gerade diesen Frauen besondere Habgier vor und bezichtigten sie der völligen
Skrupellosigkeit, wenn es darum gehe, Männern das Geld aus der
Tasche zu ziehen[32]. Wenn die drastischen Schilderungen der Literaten
auch übertrieben sind, so kann man doch feststellen, daß in den römischen Gerichtsakten die Präsenz von Kurtisanen bei kleineren Eigentumsdelikten relativ groß ist. Da gab es solche, die angeklagt wurden,
weil sie sich von Freunden oder Kolleginnen wertvolle Kleidungsstücke
ausborgten und sich dann weigerten, sie dem rechtmäßigen Besitzer
zurückzugeben[33]. Auch wegen geborgtem Hausrat[34] und Geldbeträ-
gen[35], die sie dem Eigentümer nicht zurückerstatten wollten, kam es zu
Untersuchungen gegen Kurtisanen. Sogar große und wohlhabende Vertreterinnen dieses Standes, wie Isabella de Luna, weigerten sich mitunter, ihre Schulden zu bezahlen[36] oder bestritten, solche gemacht zu
haben[37]. Wenn ihre Gläubiger die Summe einforderten oder gar zu Gericht gingen, reagierten sie meist verständnislos und oft gewalttätig[38].
Selbst wenn es um die Bezahlung lächerlicher Summen für Dienstlei-
stungen ging, konnte es zu regelrechten Eklats kommen: Ortensia alias

«la Tartaruga» wurde 1588 von einer Wäscherin geklagt, die ein Hemd für sie gewaschen hatte. Als sie, nachdem sie von Ortensia einen Tag lang wegen der Bezahlung vertröstet worden war, ihr Geld mit Nachdruck forderte, wurde sie von der Kurtisane beschimpft, ins Gesicht geschlagen und sogar gebissen[39]. Auch Händler und Kaufleute mußten mit derartigen Problemen rechnen, wenn sie ihre Ware an Kurtisanen verkauften. Altabella da Venezia ließ sich 1560 von einem Händler namens Scipione Goldanhänger ins Haus bringen, die sie angeblich kaufen wollte. Sie probierte die Schmuckstücke und verschwand dann damit. Da sie sich weigerte, die Anhänger zurückzugeben oder den geforderten Preis von 20 Scudi dafür zu bezahlen, erstattete Scipione Anzeige gegen sie[40].

Gelegentlich kam es vor, daß Kurtisanen auch ihre Kunden durch Diebstähle oder Betrügereien schädigten, wobei manche der überlieferten Fälle frappant an die Geschichten aus Aretinos «Kurtisanengesprächen» erinnern: Der Weinhändler Giovanni Domenico Masto aus Sorrent hatte 1554 für drei Monate ein Verhältnis mit der Kurtisane Vittoria Longa. Vittoria überredete ihn, bei einem Händler Möbel und Hausrat für sie zu kaufen. Offenbar hatte sie mit Masto vereinbart, daß er eine Anzahlung von fünf Scudi dafür leisten sollte und daß sie selbst dann die restliche Summe von zwanzig Scudi in monatlichen Raten begleichen wollte. Masto ging also, gemeinsam mit einem befreundeten Abt, zu einem Händler, leistete 5 Scudi Anzahlung, und ließ Matratzen, Decken, Bänke und andere Möbelstücke in Vittorias Haus liefern. Als er sie wenig später mit dem Händler und einem Notar aufsuchen wollte, damit sie sich schriftlich dazu verpflichtete, die kommenden Raten zu bezahlen, verschloß sie ihr Haus und ließ den Herren ausrichten, sie sei nicht daheim. Erst jetzt begriff Masto, daß Vittoria nicht daran dachte, selbst etwas für die gelieferten Gegenstände zu bezahlen. Da nur er mit dem Händler verhandelt hatte und weder Vittoria noch der Abt sich zu etwas verpflichtet hatten, blieb ihm nichts anderes übrig, als mit der Kurtisane zu brechen und zähneknirschend die Rechnung zu bezahlen[41]. Auch Zufallskunden erging es mitunter nicht besser. Die Kurtisane Aquilanta wurde 1555 von Bartolomeo Spagnolo verklagt, weil sie, als er nachts bei ihr schlief, sieben Goldscudi aus seiner Börse stahl und ihn, als er den Diebstahl bemerkte, unter Drohungen aus dem Haus jagte[42]. Die Witwe Lucrezia Florentina wiederum klagte 1588 gegen die Kurtisane Lucia, weil sie ihrem Sohn Cesare, nachdem sie ihn verführt hatte, die Kleider abgenommen und ihn dann mit einem Stock aus dem Haus gejagt hatte[43]. Bei Fällen wie diesem war es allerdings auch möglich, daß sich eine Kurtisane durch Zurückhaltung der Kleider oder anderer Wertgegenstände einem zahlungsunfähigen oder -unwilligen Kunden gegenüber schadlos halten wollte. Was aus der Warte des Kunden wie Diebstahl wirkte, war nach dem Verständnis der Kurtisane dann nur die Sicherung dessen, was ihr aufgrund der erbrachten Liebesleistung ohnehin zustand. Deutlich tritt dieser Konflikt bei jener Klage zutage, die 1554 gegen die Kurtisane Polisena da Bologna eingebracht wurde. Giovanni Pietro, einer ihrer drei Freunde, beschuldigte sie, ein Paar weißer Seidenärmel aus seinem Haus entwendet zu haben. Sie hingegen rechtfertigte ihre Tat, indem sie erklärte, daß Giovanni Pietro sie für ihre Liebesdienste nicht angemessen entlohnt hätte. Nachdem sie viermal mit ihm geschlafen hatte, hatte sie nämlich nur einen Scudo erhalten. Da sie der Meinung war, daß ihr mehr zustand und da zu erwarten war, daß er auch in Zukunft nicht zahlungsfreudiger sein würde, nahm sie die Ärmel als Sicherheit an sich[44]. Zur Ehrenrettung jener Kurtisanen, die wegen Eigentumsdelikten von ihren Kunden verklagt wurden, muß gesagt werden, daß die Grenze zwischen Diebstahl und der Sicherstellung rechtmäßig verdienter Summen tatsächlich sehr schwer zu ziehen war und daß andererseits mindestens ebenso viele Fälle vor Gericht kamen, in denen Kurtisanen von ihren Kunden bestohlen wurden.

Vereinzelt finden sich in den römischen Gerichtsakten auch Kurtisanen, die wegen Diebstahls im eigentlichen Sinne verklagt wurden. Bei den angeblich oder wirklich von ihnen entwendeten Gegenständen handelte es sich ausnahmslos um Dinge des täglichen Gebrauchs, wie Kleidung, Schmuck oder Hausrat. Um besonders große Summen ging es in solchen Fällen nie: Da bezichtigte eine Kurtisane eine andere, sie hätte ihr ein Paar Strümpfe aus schwarzem Tuch gestohlen[45], ein Goldschmied beschuldigte eine weitere, ihm einen Ring im Wert von einem Scudo entwendet zu haben[46] und einer dritten warf man vor, sie hätte im Haus ihrer Nachbarin verschiedenen Hausrat an sich genommen, während diese für einige Tage im Gefängnis war[47]. Daß eine Kurtisane, wie Ludovica alias «Vica», mit Komplizen einen Raubüberfall auf einen wehrlosen Knaben machte, dürfte hingegen ein Einzelfall gewesen sein[48]. Gelegentlich wurden Kurtisanen auch ohne eigenes Zutun und ohne es zu ahnen durch ihre Kunden und Freunde in Diebstähle verwickelt. Zumindest zwei Fälle sind überliefert, in denen Räuber Kurtisanen mißbrauchten, um Diebsgut bei ihnen zu verstecken: Als Kunde oder Verehrer getarnt, baten sie die Frau, einen kostbaren Gegenstand für sie aufzubewahren. Da sie vermutete und hoffte, daß ihr das wertvolle Objekt später als Geschenk oder Bezahlung überlassen werden sollte, nahm sie es gerne an sich und geriet so unschuldig in den Ver-

dacht der Mittäterschaft[49]. Es wäre allerdings auch denkbar, daß so
manche Kurtisane wissentlich von Freunden erbeutetes Diebsgut versteckte und dann auf unauffällige Weise zu verkaufen suchte. Violante
Hispana wurde jedenfalls 1532 vorgeworfen, sie habe dem Goldschmied
Francesco de Alexiis Perlen verkauft, die ihr als Dieb bekannter Freund
Joacchino Hispano gestohlen hatte[50]. Daß Männer, die des Diebstahls
verdächtig oder überführt waren, ein freundschaftliches oder ver-
wandtschaftliches Verhältnis zu Kurtisanen hatten, ist übrigens kein
Einzelfall[51]. Durch die bunte Zusammensetzung ihrer Kundschaft und
durch ihre Herkunft aus den untersten sozialen Schichten kamen sie
leichter als andere Frauen mit Gesetzesbrechern in Berührung. Daß
manche von ihnen, so wie jene Lucrezia, die verdächtigt wurde, einer
Diebsbande anzugehören[52], der Versuchung erlagen, mit diesen Leuten
gemeinsame Sache zu machen, läßt sich nicht ganz ausschließen.
Zumindest kam es immer wieder vor, daß Leute, die bestohlen worden
waren, ihren Besitz in den Häusern von Kurtisanen wiederfanden[53]. Ob
die betreffenden Damen auf rechtmäßigem Weg in den Besitz des Diebs-
guts gekommen, oder ob sie am Diebstahl beteiligt gewesen waren,
kann heute meist nicht mehr festgestellt werden.

Glücksspiele

Das Glücksspiel und das Betreiben von Spielhöllen wurde von der
Obrigkeit immer wieder verboten, was wohl damit zusammenhing, daß
die daraus häufig erwachsenden Meinungsverschiedenheiten wiederum zu Gewalttätigkeiten führen konnten[54]. Dennoch gab es viele
vor allem ältere Kurtisanen, die ihre Häuser dem Spiel öffneten[55]. Wie
in allen Belangen, war es auch hier möglich, eine Ausnahmegenehmi-
gung zu erhalten, so daß das Führen eines Spielsalons trotz des allgemeinen Verbots keinen Konflikt mit dem Gesetz mit sich bringen
mußte[56]. Ein solcher Konflikt entstand erst dann, wenn der Salon ohne
die entsprechende Genehmigung geführt wurde[57] oder wenn Besucher
dieser Spielsalons den Eindruck hatten, man hätte ihnen dort ihr Geld
durch Falschspielerei abgenommen. Genau das dürfte jahrelang im
Haus der Kurtisane Betta de Bonis alias «Pescatora» passiert sein. Betta
besaß ein Haus in der Via del Corso, nahe beim Kloster der Konvertiten, wo sie vor 1593 einen Spielsalon führte. Ihr Liebhaber war ein
gewisser Niccolò Mariani, genannt «Lucchesino», der als einer der
geschicktesten Falschspieler Roms galt. Ein Freund des Hauses, der
Malteserritter Fra Marcello Fabio, nützte seine Stellung und seine Bezie-

Zwei alkoholisierte Männer geraten beim Glücksspiel im Haus einer Kurtisane in Streit. Kupferstich von Jacob Matham (1571–1631), aus der Serie «Folgen der Trunksucht» (Blatt 4). Amsterdam , Rijksprentenkabinet, Reichsmuseum.

hungen, um immer wieder junge Herren, die Unterhaltung und Abwechslung suchten, in Bettas Haus zu bringen. Dort wurden sie zuerst von der Kurtisane unterhalten und schließlich von Fra Fabio zum Spiel mit Niccolò Mariani aufgefordert. Dem gewiegten Falschspieler war es dann ein Leichtes, den ahnungslosen Kunden große Summen Geldes abzugewinnen. Da Bettas Haus stets gut besucht war und da ein «Opfer» unter vielen angab, dort etwa 50 Scudi an Mariani verloren zu haben, dürfte das Trio an der Falschspielerei bestens verdient haben[58]. Andererseits konnte es auch vorkommen, daß jemand, der beim Spiel große Summen verloren hatte, der Bezahlung seiner Schulden durch den ungerechtfertigten Vorwurf der Falschspielerei zu entkommen suchte. Dies war 1546 im Salon der Kurtisane Margarita Piccadoro alias «Pizzicarola» passiert: Der reiche jüdische Pfandleiher Salomone hatte im Spiel nicht weniger als 4000 Scudi verloren, was ihn in größte finanzielle Schwierigkeiten brachte. Er behauptete, daß einer der Spieler ihm sein Geld mit Hilfe falscher Karten abgenommen hätte und versuchte

Margarita und andere Bekannte dazu zu überreden, diesen unrichtigen Vorwurf zu bestätigen. Für die falsche Zeugenaussage bot er Margarita einen Lohn von nicht weniger als 60 Scudi[59]. Überhaupt waren die Spielsalons, als einer jener Orte, an denen ein bunt gewürfeltes Publikum zusammentraf, immer wieder ein Herd der Unruhe. Die Besitzerin eines solchen Etablissements bewegte sich schon aus diesem Grund häufig am Rande der Legalität, selbst wenn sie nicht, wie Betta de Bonis, wissentlich von der Falschspielerei profitierte. Auch wenn in ihrem Salon falsche Zeugen «gekauft» oder Anschläge auf Dritte geplant wurden, mußte die Kurtisane vor Gericht erscheinen und war dem Verdacht der Mitwisserschaft ausgesetzt[60].

Die Kriminalisierung des Gewerbes

Immer wieder gab es Kurtisanen, die sich ihren Verdienst aufbesserten, indem sie ihre eigene Dienerin oder andere Mädchen verkuppelten, oder die sich, wenn sie für die Ausübung ihres Berufes zu alt geworden waren, gänzlich aufs Kuppeln verlegten. Der Obrigkeit waren derartige Aktivitäten aus moralischen Gründen seit jeher ein Dorn im Auge. Wenn das betreffende Mädchen gegen seinen Willen verkuppelt wurde oder wenn es noch Jungfrau gewesen war, mußte die Kurtisane mit Sanktionen rechnen. Die Art der Bestrafung machte im Laufe des 16. Jahrhunderts eine Entwicklung durch, an der man den parallel dazu verlaufenden Wandel moralischer Wertvorstellungen deutlich ablesen kann. In der Glanzzeit des Kurtisanenwesens, im Jahre 1517, wurde die Kurtisane Vincenza Veneta verurteilt, weil sie ihre Dienerin Lucrezia an einen gewissen Paolo Albanensis verkuppelt hatte. Der Geschlechtsakt fand nach einem Abendessen in einem Weingarten unter freiem Himmel und im Beisein von Vincenza und Paolo de Monterotondo, einem Kanoniker von Santa Maria Maggiore, statt. Vincenza wurde zu einer Geldstrafe von zehn Golddukaten verurteilt; der geistliche Herr hingegen mußte fünfzehn Golddukaten zahlen, weil er nichts gegen die Tat unternommen, sondern ihr sogar zugestimmt hatte[61]. 1532 galt die Kurtisane Lucrezia Romanesca in ihrem Viertel für eine, «die in ihrem Haus Frauen ficken läßt»[62], und einer ihrer Nachbarn verklagte sie, seine Enkelin vom rechten Weg abgebracht zu haben. Das Mädchen, das wohl noch Jungfrau gewesen war, lebte nun in Lucrezias Haus und war die Geliebte eines Priesters von Santo Spirito. Ob die Klage Erfolg hatte, wissen wir nicht. Viel mehr als eine Geldstrafe hatte Lucrezia jedoch nicht zu befürchten. Noch 1548 kam die Kurtisane Silvia, die die verheiratete Altabella vom Pfad der Tugend abgebracht hatte, mit einer finanziellen Buße davon[63].

Erst unter Paul IV. wurden strengere Maßnahmen gegen Kuppelei ergriffen. Unmittelbar nach seinem Regierungsantritt ließ er keine geringere als Isabella de Luna verhaften, weil sie ein junges Mädchen, vermutlich mit dessen Einverständnis, aber gegen den Willen der Mutter, in ihrem Haus prostituiert hatte. Obwohl man in Rom das Schlimmste für Isabella befürchtete, wurde sie ohne gröbere Strafen wieder freigelassen, was wohl damit zusammenhing, daß die gesetzlichen Grundlagen für ein härteres Vorgehen fehlten[64]. Diese Grundlagen schuf Paul IV., als er drei Jahre später (1558) die Bulle «Sanctissimus Dominus Noster» erließ[65]. Alle Personen beiderlei Geschlechts, die entweder ein junges Mädchen durch materielle oder sonstige Versprechungen dazu brachten, seinen Heimatort zu verlassen, um in Rom ein ehrloses Leben zu führen, oder die einen Knaben dazu überredeten, sich zu prostituieren, sollten aller ihrer bisherigen Würden entkleidet und vor ein weltliches Gericht gestellt werden. Kuppler und Kupplerinnen, die Knaben prostituierten oder die junge Mädchen gegen deren Willen bei sich aufnahmen und zur Prostitution anhielten, sollten in Zukunft mit dem Tod bestraft werden. Die gleiche Strafe erwartete auch jene Kunden, die Knaben oder Jungfrauen mit Bitten und Geschenken zur Unzucht überredeten oder die für das Recht auf Entjungferung eines Mädchens einen besonderen Preis bezahlten. Alle anderen Kuppler, die ihrem Handwerk weiterhin nachgingen, sollten öffentlich ausgepeitscht und dann aus der Stadt verbannt werden. Wahrscheinlich ist es kein Zufall, daß man gerade 1558, im Jahr des Erscheinens dieser Bulle, wieder munkelte, daß Isabella de Luna nun bald auf dem Scheiterhaufen enden werde; eine Prophezeiung, die sich übrigens nicht bewahrheiten sollte[66]. Jedenfalls war die Kuppelei seit 1558 kein Kavaliersdelikt mehr, das sich mit einer mehr oder weniger hohen Geldstrafe abgelten ließ, sondern ein Kapitalverbrechen, für das man mit dem Tod bestraft werden konnte. Die Betätigung als Kupplerin, eine beliebte Altersversorgung für Kurtisanen, brachte die betreffende Frau nun in einen ernsthaften Konflikt mit der Obrigkeit und drängte sie in die Rolle einer Kriminellen. Daß das Gesetz in seiner vollen Härte angewendet wurde, ist allerdings unwahrscheinlich. Von jenen Kurtisanen, die wie die oben erwähnte Margarita alias «la Pizzicarola» nach 1558 der Kuppelei bezichtigt wurden, ist jedenfalls nicht überliefert, daß sie mit ihrem Leben dafür bezahlt hätten[67]. Lediglich der französische Reisende Villamont berichtete, daß während des Pontifikats des strengen Reformers Sixtus V. eine Frau, die ihre noch jungfräuliche Tochter an einen französischen Adeligen verkuppelt hatte, auf Befehl des Papstes im Beisein ihrer Tochter bei der Engelsbrücke gehängt worden war. Der vornehme Kunde hatte sich der gleichen Strafe nur durch die rechtzeitige Flucht ins Ausland entziehen können[68]. Daß Villamont die besondere Härte des Papstes für erwähnenswert hielt, spricht dafür, daß die paulinische Bulle nur selten Anwendung fand. Die Änderung der gesetzlichen Grundlage für die Bestrafung von Kuppelei ist dennoch symptomatisch für die Entstehung und Verbreitung eines neuen moralischen Bewußtseins im Zuge der Gegenreformation.

Der Wunsch der Kirche nach einem moralisch einwandfreien Lebenswandel aller ihrer Mitglieder führte in der zweiten Hälfte des 16. Jahrhunderts nach und nach zu einer Kriminalisierung sexueller Freiheiten, die notgedrungen auch den Kurtisanenstand beeinträchtigte. Derselbe Paul IV., der die Kuppelei zum Kapitalverbrechen erhoben hatte, bekämpfte auch den Analverkehr («Sodomia») und die Homosexualität mit unbeschreiblicher Härte. 1555 ließ er sechs Personen, ein Ehepaar, die Schwester der Frau und drei Freunde der Familie «wegen des Lasters der Sodomia» auf der Piazza Navona öffentlich verbrennen[69]. Der nunmehr zum Verbrechen gegen die Natur erklärte Analverkehr wurde auch von Kurtisanen häufig praktiziert, da er vor allem von geistlichen Kunden oft verlangt wurde und da er zugleich die Gefahr einer Ansteckung mit Geschlechtskrankheiten verringerte und das Risiko einer Schwangerschaft ausschloß. Die Kriminalisierung dieser weit verbreiteten Liebestechnik stellte daher gerade für sie ein großes Problem dar. Entsprechende Verurteilungen von Kurtisanen sind jedoch nicht überliefert[70]. Noch kurz vor seinem Tod erwog Paul IV. zusätzlich strenge Maßnahmen gegen Kurtisanen, die Verkehr mit Geistlichen und verheirateten Männern hatten[71]. Nach dem Rechtsempfinden der römischen Bevölkerung waren bis dahin bestenfalls die Männer, die ihr Keuschheitsgelübde oder ihr Treueversprechen brachen, strafbar, nicht aber die Kurtisanen, die in Ausübung ihres Berufes mit einem solchen Mann verkehrten[72]. Spätestens seit Pius V. mußten die Kurtisanen dann tatsächlich damit rechnen, daß sie wegen eines Verhältnisses mit Priestern oder Ehemännern ausgepeitscht und aus dem Kirchenstaat verbannt werden konnten. Wie streng die entsprechenden Bestimmungen gehandhabt wurden, variierte jedoch je nachdem welcher Papst gerade an der Regierung war und auf welche Beziehungen sich die beklagte Kurtisane stützen konnte. Strenge Vertreter der kirchlichen Moral, wie Sixtus V., sahen sich daher gezwungen, die diesbezüglichen Erlasse entsprechend zu erneuern. 1588 entließ die Kurtisane Prudenza Romana ihren Liebhaber Taddeo di Bartolo aus Florenz, weil dieser verheiratet war. Sie berief sich dabei ausdrücklich auf ein kurz zuvor von Sixtus V. erlassenes Gesetz über Ehebruch[73]. Offensichtlich war sie der Meinung, daß ihr Verhältnis zu einem verheirateten Mann erst durch dieses Gesetz unrechtmäßig geworden war. Ihr Beispiel zeigt also deutlich, daß ein Verbot, welches schon unter Pius V. eine Selbstverständlichkeit gewesen war, den Römern zwanzig Jahre später durch ein neues Gesetz wieder in Erinnerung gerufen werden mußte.

Die Gesetze, die sexuelle Freiheiten kriminalisierten, wurden nur selten mit ihrer vollen Härte angewendet, so daß Kurtisanen auch in der zweiten Hälfte des 16. Jahrhunderts weitgehend ungehindert Geistliche und verheiratete Männer als Kunden betreuen konnten. Dennoch drängte sie die Existenz dieser Gesetze und die stets unterschwellig vorhandene Möglichkeit der Sanktionierung langsam in eine gesellschaftliche Außenseiterrolle: Sie waren Personen, die permanent Gesetze brachen, was ihrem Ansehen schadete, auch wenn diese Gesetzesbrüche meistens toleriert wurden.

Gericht und Gefängnis

Für die römischen Behörden war es kein Leichtes, der zahllosen großen und kleinen Verbrechen, die täglich in der Stadt begangen wurden, Herr zu werden. Vor allem bei Gewaltverbrechen wurde von den Opfern oft gar keine Klage eingebracht, weil sie Angst vor Racheakten der Beschuldigten hatten oder weil sie lieber auf Selbstjustiz vertrauten. Wenn jedoch eine Anzeige erstattet wurde, so überbrachten Sbirri oder Exekutoren den Beklagten einen Haftbefehl («Mandatum ad capiendum») und etwaigen Zeugen eine Vorladung («Monitorium») und begleiteten sie dann sofort zum jeweiligen Gericht, wo sie bis auf weiteres in Untersuchungshaft gehalten wurden. Die Kosten für die Verhaftung und für den Gefängnisaufenthalt mußte der Betreffende, egal ob Beklagter oder Zeuge, selber tragen. Entsprechend unbeliebt waren diese Besuche bei allen Mitgliedern der Bevölkerung und entsprechend verbreitet waren die Taktiken, mit denen die Römer versuchten, sich einer derartigen Verhaftung oder Vorladung zu entziehen. Die Bandi Generali befaßten sich daher regelmäßig mit diesem als «Resistenza alla Corte» bezeichneten Phänomen und verboten ausdrücklich, die Arbeit der Exekutoren mit oder ohne Waffengewalt zu behindern oder eine Verhaftung zu vereiteln, indem der Beamte durch vermeintliche gute Ratschläge Dritter solange hingehalten wurde, bis sich der zu Verhaftende in Sicherheit gebracht hatte[74]. Auch die Beschimpfung und Beleidigung der Exekutoren kam häufig vor. Die Unbeliebtheit der Gerichtsbeamten zeigte sich nicht zuletzt darin, daß «Sbirro» zugleich ein viel verwendetes Schimpfwort war, das als Synonym für «Verräter» gebraucht wurde.

Selbstverständlich waren unter jenen Leuten, die sich der Amtsgewalt der Exekutoren widersetzten, häufig auch Kurtisanen. Prominentestes Beispiel ist, wieder einmal, Isabella de Luna. Bandello berichtet in einer seiner Novellen, daß Isabella von einem Händler beklagt wurde, weil sie sich ein Jahr lang geweigert hatte, eine Rechnung zu bezahlen. Als der Exekutor Isabella eine gerichtliche Vorladung brachte, nahm sie das Schreiben, zerriß es in kleine Teile, deutete an, daß sie es bestenfalls als Toilettenpapier benutzen würde und gab es dann dem Beamten zurück. Dieser typische Fall von «Resistenza alla Corte» endete schließlich damit, daß Isabella verhaftet und nach Bezahlung ihrer Schulden wegen ihres obrigkeitsfeindlichen Verhaltens öffentlich ausgepeitscht wurde[75]. Ähnlich wie ihre große Kollegin reagierte auch die Kurtisane Maddalena da Firenze, als ihr ein Beamter der Curia Capitolina 1564 den Befehl überbrachte, ihre Kollegin Bernardina da Città di Castello nicht mehr zu beleidigen. Sie beschimpfte den Mann und erklärte, sie wolle sich den Befehl und den Senat «in den Arsch» stecken[76]. Die Kurtisane Adriana fügte 1576 dem Exekutor Sebastiano sogar eine Kopfverletzung zu[77]. In vielen Fällen kam es gar nicht so weit, daß das Gericht oder seine Vertreter solcherart behelligt werden konnten, weil die zu Verhaftenden rechtzeitig gewarnt wurden und an einen sicheren Ort, meist den Palast eines Kardinals, flohen. 1554 war es im Haus der Camilla Senese bei einem Fest zu einem «Rumore», also vermutlich zu einer Schlägerei, gekommen, weshalb gegen Camilla und ihre Freunde eine Untersuchung eingeleitet wurde. Ein einflußreicher Bekannter erfuhr von der Sache und schickte ihr einen Boten «um ihr zu sagen, daß sie aus ihrem Haus fliehen sollte, weil die Sbirri kämen, um sie zu verhaften und daß sie sich beeilen sollte»[78]. Tatsächlich mußte sich das Gericht dann mit einem Verhör von Camillas Dienerin zufriedengeben. Marta Lucia da Tivoli floh 1555, nachdem einer ihrer Liebhaber in ihrem Haus einen Mord begangen hatte, um einer Verhaftung zu entgehen in den Palast des Kardinals Santa Fiore. Erst als ihr Freund, ein Gefolgsmann des Kardinals, ihr freies Geleit verschafft hatte, kehrte sie wieder in ihre Wohnung zurück[79]. Weniger erfolgreich war die Flucht der Camilla Romana, die wegen eines Streits mit einer anderen Frau verhaftet werden sollte. Als sie die Sbirri kommen sah, stieg sie auf das Dach ihres Hauses und kletterte von dort in das Nachbarhaus. Die Beamten verfolgten sie jedoch und verhafteten sie in der Wohnung ihrer Nachbarn. Ihre Flucht begründete sie damit, daß sie ihrer Widersacherin den

Triumph ihrer Verhaftung nicht gönnen und daß sie sich die damit verbundenen Gebühren ersparen wollte[80].

Trotz dieser Tricks und trotz guter Beziehungen waren die Kurtisanen häufige «Gäste» der römischen Gefängnisse. Sowohl in den Kerkern des Kapitols, wo zivilrechtlich verurteilte Bürger und Laien untergebracht wurden, als auch in den Gefängnissen von Tor di Nona und Corte Savella, die für die vor dem Governatore verhandelten Kriminalfälle zuständig waren, fanden sich stets auch Kurtisanen. Gefangene, die in Untersuchungshaft waren, wurden in der sogenannten «Larga» untergebracht. Bei entsprechender Bezahlung hatten sie dort ein oder mehrere Zimmer zur Verfügung, in denen nicht mehr als fünf Personen gleichzeitig wohnen durften. Gegen Aufpreis konnte man auch ein Zimmer für sich alleine haben. Innerhalb des Gebäudes durften diese Häftlinge sich einigermaßen frei bewegen und sogar Besuch empfangen. Nur bei schwereren Vergehen oder bei Gefahr der Absprache von Zeugen wurden Gefangene in jene «Secreta» genannten Zellen gebracht, in denen sie von der Außenwelt abgeschirmt waren. Alle Häftlinge hatten das Recht, sich von den Angestellten des Kerkers Essen bringen zu lassen, das ihnen ihre Verwandten schickten, oder das bei entsprechender Bezahlung eigens für sie gekauft wurde. Bei Häftlingen der «Secreta» wurde jedoch ausdrücklich darauf geachtet, daß ihnen mit dem Essen keine Botschaften geschickt wurden. Nur für gänzlich mittellose Häftlinge war der Aufenthalt im Gefängnis gratis. Alle anderen mußten je nach Delikt, Urteil und Stand Gebühren für «Kost und Quartier» bezahlen. Für Kurtisanen und Prostituierte gab es einen eigenen Tarif, der mitunter von den Gefängnisbeamten eigenmächtig erhöht wurde[81].

Gelegentlich finden sich in den Akten der römischen Gerichte Protokolle und Aussagen, die das Treiben in den Gefängnissen aufs Schönste illustrieren. Die Kurtisane Laura de' Valenti kam 1567 gemeinsam mit dem Fischhändler Marcantonio Grisiani, einem Freund ihres Liebhabers, in Tor di Nona in Untersuchungshaft, weil Marcantonio angeblich in ihrem Auftrag jemanden verletzt hatte. Ein Freund der beiden, der Priester Domenico Palicco, besuchte sie dort und nahm gelegentlich sogar die Mahlzeiten mit ihnen ein[82]. Erfahren hatte er vom Gefängnisaufenthalt seiner Bekannten, als er eines Tages am Kerker von Tor di Nona vorbeiritt. Aus einem Fenster des Hauses sah ihn Marcantonio, der ihn anrief und fragte, ob er ihn nicht besuchen wollte. Palicco kam ins Gefängnis und sprach zunächst mit Marcantonio, von dem er erfuhr, daß auch Laura in der «Larga» war. Daraufhin besuchte er die Kurtisane, die ihm auftrug, ihr einen Spiegel und einen Kamm ins Gefängnis zu bringen. Ein andermal war es Laura, die aus dem Fenster sah, als

Palicco bei Tor di Nona vorbeikam. Sie bat ihn, ihr nun auch ein weißes Kleid und ein Paar Pantoffeln zu bringen und gab ihm den Schlüssel zu der Truhe, in der sie diese Dinge aufbewahrte. Auch als Laura schließlich in die «Secreta» überführt wurde, besuchte sie Palicco, indem er sich vor der Türe ihrer Zelle durch einen Pfiff zu erkennen gab, worauf Laura durch ein Loch mit ihm sprach[83]. Die ehemalige Kurtisane Maria Fasarga, die den reichen spanischen Adeligen Don Rodrigo Francos de Luna geheiratet hatte, kam 1596 ebenfalls in Tor di Nona in Untersuchungshaft. Ihr Schwager, der die unstandesgemäße Frau seines Bruders mit größtem Haß verfolgte, hatte sie beschuldigt, einen Mordanschlag auf ihn verübt zu haben. Maria bezog zusammen mit zwei anderen Frauen, der Kurtisane Paola Veneziana und der Adeligen Claudia del Bufalo, zwei Zimmer in der «Larga»[84]. Der Gefängniswärter Callisto betreute die drei Frauen und brachte ihnen im Auftrag ihrer Verwandten und Freunde Tauben, Hühner, Fleisch, Schinken, Früchte und Wein. Da sie offensichtlich besseres Essen hatten als andere Häftlinge, speiste er gelegentlich sogar selbst mit ihnen. Wenn die Damen Sonderwünsche hatten, war es wiederum Callisto, der die betreffenden Besorgungen für sie erledigte. Für Maria Fasarga kaufte er eines Tages bei einem Wirt ein gekochtes Huhn, das diese aber nicht aß, weil sie es gebraten gewünscht hatte. Ihre Mitgefangene Claudia del Bufalo schickte das Huhn daher durch Callisto zu ihrem Mann, der ebenfalls in Untersuchungshaft saß. Auch der Gefängnispriester Don Niccolò, der Maria fast täglich besuchte, brachte ihr Essen und vor allem Süßigkeiten. Daß wir über die Eßgewohnheiten dieser Gefangenen so gut unterrichtet sind, verdanken wir ausschließlich dem Umstand, daß Marias Schwager offensichtlich vergiftete Speisen ins Gefängnis schmuggelte, um die Frau seines Bruders zu beseitigen. Maria und ihre bedauernswerten Mitgefangenen erkrankten jedenfalls plötzlich an einer seltsamen Krankheit, die man sich nur so erklären konnte. Ein alter Bekannter Marias, der Spanier Giovanni Garzia Jobe, der gleichzeitig in Untersuchungshaft war, besuchte die Kranke nun regelmäßig in ihrem Zimmer, um ihr Mut zuzusprechen; ein weiteres Beispiel dafür, wie frei man sich in der «Larga» bewegen konnte. All das darf jedoch nicht darüber hinwegtäuschen, daß es sehr stark von der Zahlkraft des jeweiligen Häftlings abhing, wie gut er im Gefängnis behandelt wurde und daß vor allem diejenigen, die nicht mehr in Untersuchungshaft waren oder die in der «Secreta» festgehalten wurden, einem wesentlich strengeren Regiment unterworfen waren.

Wie lange der Gefängnisaufenthalt dauerte, hing nicht nur davon ab, ob und zu welcher Strafe der jeweilige Delinquent verurteilt wurde. Es gab nämlich auch die Möglichkeit, Konflikte durch einen friedlichen Vergleich («pace» oder «consenso») zu beenden, wenn der geschädigte Teil bereit war, seine Klage zurückzuziehen und der Freilassung des Gegners zuzustimmen. In der zweiten Hälfte des 16. Jahrhunderts wurden immerhin etwa 10 Prozent der leichten Gewaltdelikte auf diese Art aus der Welt geschafft[85]. Auch der Täter selbst konnte von sich aus eine Abkürzung der Haft erreichen, indem er einen neutralen Dritten dazu bewog, eine Kaution für ihn zu erlegen und sich selbst verpflichtete, den Kläger nicht weiter zu belästigen. Unzählige Kurtisanen, die wegen kleinerer Gewalttätigkeiten vor Gericht gekommen waren, machten im Laufe des 16. Jahrhunderts von dieser Möglichkeit Gebrauch. Die Herren, die sich für sie verbürgten, waren nicht selten Angehörige der höchsten Kreise[86]. Die Delinquentin konnte so auch ohne Zustimmung des Klägers rasch wieder auf freien Fuß gesetzt werden. Die Kaution wurde allerdings erst dann zurückgezahlt, wenn der geschädigte Teil dem Beklagten von sich aus «pace» gab[87]. Das finanzielle Risiko, das die betreffenden Herren auf sich nahmen, war also nicht unbeträchtlich.

Durch dieses System wurde wohlhabenden Delinquenten, die wegen kleineren Gewaltdelikten vor Gericht standen, ermöglicht, sich mit Hilfe einer großen Summe aus dem Gefängnis freizukaufen. Deshalb konnten Menschen wie Capitano Lorenzo Minerbetti oder Paolo de Grassi immer wieder gewalttätig werden, ohne erstzunehmende Konsequenzen fürchten zu müssen.

Hatte der Delinquent eine schwere Körperverletzung begangen, bei der auch der Tod des Opfers zu befürchten war, konnte er sich nicht mehr so leicht aus der Affäre ziehen. Kurtisanen wurden in solchen Fällen meist zu einer Geldstrafe, deren Höhe etwa zwischen 100 und 500 Scudi lag, verurteilt. Zusätzlich wurde für den Fall eines Geständnisses die Verbannung aus dem Kirchenstaat und für den Fall, daß das Opfer an den Folgen der Verletzung sterben sollte, die Enteignung und Todesstrafe «arbitrio nostro» angedroht. Da die Höhe des Strafausmaßes somit vom Gutdünken der Obrigkeit abhing, dürfte es nur selten zur Anwendung der härtesten Strafe, der Hinrichtung, gekommen sein. In den Listen der Bruderschaft von San Giovanni Decollato, die die zum Tode Verurteilten registrierte und vor der Hinrichtung betreute, läßt sich jedenfalls keine einzige Kurtisane identifizieren, die in dieser Weise verurteilt worden war[88]. Selbst eine Kurtisane, der, wie Laurentia Florentina, die erfolgreiche Anstiftung zum Mord nachgewiesen werden konnte, dürfte der Todesstrafe entkommen sein. Dreizehn Jahre nach der Tat wurde Laurentia zu einer Strafe von 1000 Dukaten, Konfiskation ihrer Güter, Exil und Todesstrafe «arbitrio nostro» verurteilt. Der

Richter legte dem Governatore also, wie damals üblich, verschiedene Strafen (die sich bei gleichzeitiger Anwendung gegenseitig aufgehoben hätten) «zur Auswahl» vor. In Vittorias Fall dürfte es, wie meistens, bei der Geldstrafe oder der Verbannung geblieben sein, da ihr Name in den Listen der Hingerichteten nicht erscheint[89].

Der Rückzug aus dem Gewerbe

Lebensformen und Lebensabend
ehemaliger Kurtisanen

*D*ie allgemeine Lebenserwartung war im 16. Jahrhundert wesentlich geringer als heute. Die Menschen reiften früh, verwelkten rasch und erreichten selten ein höheres Alter. Mit etwa fünfzig Jahren galt man bereits als Greis oder Greisin. Die Kurtisanen, die mit fünfzehn Jahren oder jünger ihren Beruf begannen und als Zwanzigjährige den Höhepunkt ihrer Karriere erreichten, waren mit dreißig Jahren alternde Frauen, deren Körper und Schönheit verbraucht waren. Diejenigen, die zu diesem Zeitpunkt keine finanzielle Rücklage mehr besaßen, mußten, um ihr weiteres Überleben sicherzustellen, auf die wenigen Berufe zurückgreifen, die Frauen damals zugänglich waren. Da es sich dabei ausschließlich um schlechtbezahlte Berufe ohne besonderes Prestige handelte, war damit unweigerlich ein sozialer Abstieg verbunden. «Wan sie dan etwas zun Jahren 30, 35 kommen, das die Buhlers sie so sehr nicht als die Jungen begern, derwegen sie sich so stattlich nicht als vorhin halten konnen, so vormieten sie sich vor Kochinnen, Wescherinnen und Bettmacherin[nen]» berichtete der Deutsche Bartholomäus Sastrow, der 1546 in Rom gewesen war[1]. Die zeitgenössische Unterhaltungsliteratur schildert den klassischen Niedergang alternder Kurtisanen auf ähnliche Weise: «Zuerst vermieten sie Zimmer an Krethi und Plethi, nachdem sie für ihre Schmucksachen Betten gekauft haben. Nachdem sie beim Zimmervermieten ihr Geld zugesetzt haben, gehen sie zur Epistel über, das heißt, sie werden Kupplerinnen; dann kommen sie zum Evangelium, indem sie Wäscherinnen werden; endlich singen sie die Messe [betteln sie] in San Rocco, in der Chiesa del Popolo, auf den Treppen von Sankt Peter, bei der Friedenskirche, bei Sankt Johannes und bei der Trostkirche», schreibt Pietro Aretino[2]. Du Bellays «vielle courtisanne» berichtet, daß sie sich als Wäscherin, Spinnerin, Händlerin gebrauchter Kleider, Herstellerin von Schminke und Verkäuferin von Kräutern, Früchten und Kerzen durchschlagen müsse, um wenigstens noch ein Untermietzimmer bezahlen zu können[3]. Das Elend, das selbst große Vertreterinnen dieses Standes im Alter unweigerlich erwarte, ist überhaupt eines der beliebtesten Motive der volkstümlichen italienischen Unterhaltungsliteratur[4]. Immer wieder wird in eindringlicher Form beschrieben, wie der Hochmut der Kurtisanen, die sich anmaßen, wie Prinzessinnen zu leben, schließlich dadurch bestraft wird, daß sie im Alter ihre Kunden und ihr Geld verlieren, so daß sie, von allen verachtet, als Bettlerinnen enden. Kurtisanen, die einen beschaulichen Lebensabend in Wohlstand verbringen, kennt die zeitgenössische Literatur hingegen nicht. Lediglich im «Ragionamento del Zoppino» werden einige Kurtisanen genannt, die wie Imperia, Fiammetta oder Lucrezia Sgarrettona zum Zeitpunkt ihres Todes reich und angesehen waren. Ihr gutes Ende, so heißt es weiter, sei aber eine Ausnahme, die einzig darauf zurückzuführen sei, daß sie als junge Frauen starben, «bevor das Alter jene Güter, die die Jugend ihnen gegeben, verbraucht hatte»[5]. In den drastischen Schilderungen der Schriftsteller einen wahren Spiegel der Lebensumstände ehemaliger Kurtisanen sehen zu wollen, scheint trotz der Häufigkeit dieses Motivs problematisch. Armut und Elend im Alter waren sicher für manche dieser Frauen bittere Realität. Daß alle von ihnen zwangsläufig so enden mußten, ist aber eine grobe Vereinfachung der tendenziösen Unterhaltungsliteratur, die nicht zuletzt den Zweck hatte, jungen Mädchen Angst einzujagen, und sie so vom Ergreifen dieses Berufes abzuhalten.

In den römischen Archiven sind Informationen über den Lebensabend von Kurtisanen eine ausgesprochene Seltenheit. Die wenigen Quellen, die für diese Frage ausgewertet werden können, sind allerdings kaum eine Bestätigung für das traurige Bild des Elends der alten Kurtisane. Dies mag darauf zurückzuführen sein, daß die Ärmsten der Armen nur selten Spuren in den Archiven hinterlassen haben. Nur eine Kurtisane, die etwas zu vererben hatte, machte ein Testament, und nur wenn sie irgendwelche materiellen Werte hinterließ, konnte es zwischen ihren Erben und dem Konvertitenkloster zu einem Streit um ihren Nachlaß kommen. Wenn sie hingegen in bitterer Armut lebte, so wurde sie nur dann aktenkundig, wenn sie etwa einen Diebstahl beging oder in irgendeinem Prozeß als Zeugin verhört wurde. Ihr früherer Beruf wurde in so einem Fall nur angegeben, wenn er im jeweiligen Zusammenhang wichtig zu sein schien. Einer Schilderung des Lebensabends von Kurtisanen können aber nur jene Quellen zugrunde gelegt werden, in denen sich alte, sterbende oder bereits verstorbene Frauen eindeutig als Kurtisanen identifizieren lassen. Da es oft ein Produkt des Zufalls ist, ob der frühere Beruf der betreffenden Person angegeben wurde oder nicht, kann keineswegs ausgeschlossen werden, daß die Quellen nur ein unvollständiges Bild der verschiedenen Lebensmuster für ehemalige Kurtisanen vermitteln[6].

Der Rückzug aus dem Gewerbe

Ältere Kurtisanen

Viele Kurtisanen übten ihren Beruf auch dann noch aus, wenn sie als über Dreißigjährige bereits zu den «älteren» Frauen zählten. «Die römischen Kurtisanen, wenn sie in die Jahre kommen, halten sich an das Sprichwort: Eine alte Henne gibt bessere Suppe als jede andere», bemerkte Brantôme dazu ein wenig boshaft[7]. Auch eine reife Frau konnte in Rom, wenn sie schön, geistvoll und unterhaltsam war, ihre Kunden finden. Ihre Verdienstmöglichkeiten wurden allerdings durch die Konkurrenz unzähliger wesentlich jüngerer Kolleginnen drastisch eingeschränkt. Das bekamen selbst berühmte Kurtisanen, wie die bereits mehrfach erwähnte Saltarella, zu spüren: Sie war 1549, zehn Jahre nachdem sie nach Rom übersiedelt war, unter jenen Kurtisanen, die eine Sondersteuer für die Erneuerung des Ponte Santa Maria zahlen mußten und gehörte somit, obwohl sie nicht mehr ganz jung war, immer noch zur Elite ihres Standes. Den extremen Luxus, der 1539 eine Selbstverständlichkeit für sie gewesen war, konnte sie sich zu diesem Zeitpunkt aber nicht mehr leisten: Mit Anfang Zwanzig war es ihr noch ein Leichtes gewesen, für das Haus, das sie bewohnte, eine Jahresmiete von 80 Scudi zu bezahlen[8]. Zehn Jahre später hingegen war ihr Verdienst derart zurückgegangen, daß sie für ihre Wohnung nur mehr 16 Scudi im Jahr ausgeben konnte[9].

Die meisten älteren Kurtisanen sahen sich daher gezwungen, ihre finanzielle Lage durch zusätzliche Einnahmequellen aufzubessern. Zwei Wege standen ihnen dafür offen: die Vermittlung von Unterhaltung und die Kuppelei[10]. Auch Isabella de Luna, eine der berühmtesten Kurtisanen des 16. Jahrhunderts, griff als nicht mehr ganz junge Frau auf diese Möglichkeiten zurück. 1549, als die Steuerliste für die Renovierung des Ponte Santa Maria angelegt wurde, hatte sie, so wie Saltarella, ihren Höhepunkt bereits überschritten. Daß sie sich dennoch ein Haus leisten konnte, für das sie die astronomische Miete von 100 Scudi jährlich bezahlte[11], ist darauf zurückzuführen, daß sie über glänzende Nebeneinkünfte verfügte: Ihr Haus war ein vielbesuchter Salon, wo mit hohen Einsätzen gespielt werden konnte[12]. Außerdem nahm sie 1550 zwei Mädchen zu sich, die sie zu Kurtisanen ausbildete. Zwei Jahre später übten bereits beide ihren Beruf in eigenen Häusern aus, und man darf annehmen, daß Isabella, mit der sie weiterhin freundschaftlichen Kontakt pflegten, ihnen vornehme Kunden vermittelte und dafür ihrerseits am Gewinn beteiligt wurde[13]. Als Brantôme 1559 in Rom weilte, lebte Isabella, die er als «gerissene alte Frau» beschrieb, mit einer der berühmtesten Kurtisanen der Stadt, einer gewissen Pandora, zusammen, die ebenfalls von ihr ausgebildet worden war[14]. Das Einkommen ihrer «Schülerin» war für Isabella, die selbst ein Vermögen von mehreren tausend Scudi besaß, eine willkommene zusätzliche Einnahmequelle. Dieses Heranziehen einer Nachfolgerin war eine der beliebtesten Methoden für Kurtisanen, sich eine Altersversorgung zu verschaffen. Häufig wurde die eigene Tochter ausgebildet, um später den Platz der Mutter einnehmen zu können. In solchen Fällen konnte es durchaus vorkommen, daß Mutter und Tochter für einige Zeit gemeinsam ihrem Gewerbe nachgingen[15]. Kurtisanen, die keine Töchter hatten, nahmen so wie Isabella de Luna arme Mädchen auf, denen sie durch ihr Wissen und ihre Beziehungen den Einstieg in diesen Beruf ermöglichten. Als Gegenleistung konnten sie dann, häufig als «Mütter» getarnt, ihren Lebensabend im Haus der Schülerin verbringen. Kinderlose Kurtisanen, so erzählt auch Aretinos Nanna, «gehen in die Hospitäler, suchen sich das schönste kleine Mädchen aus, das sie dort finden können, und ziehen sie als ihr Töchterlein auf; und sie wählen sie von einem solchen Alter, daß sie gerade aufblühen müssen, wenn sie selber verblühen»[16]. Dieser Brauch war für Kurtisanen äußerst günstig, da er ihnen ermöglichte, auch als alte Frauen weitgehend unabhängig und finanziell abgesichert zu leben. In den Augen der Verfechter kirchlicher Moral war es jedoch ein Unglück, daß es in Rom eine große Zahl von «alt gewordenen Kurtisanen und Huren» gab, «die sich ihren Lebensunterhalt durch Kuppelei verdienen müssen und so eine Unzahl von jungen Mädchen auf die schiefe Bahn bringen»[17].

Die Rückkehr ins ehrbare Leben

Kurtisanen, die sich ganz aus ihrem Gewerbe zurückziehen wollten, blieben für die weitere Gestaltung ihres Lebens jene zwei Möglichkeiten offen, die üblicherweise das Leben «ehrbarer» Frauen bestimmten: Sie konnten heiraten oder in ein Kloster eintreten. Das Kloster war seit alters her der einzige Ort, an dem Frauen ein ehrbares Leben außerhalb der Ehe verbringen konnten. Als Hort der Keuschheit und des sittlich reinen Lebens standen die meisten Klöster jedoch nur Jungfrauen und Witwen offen. Für ehemalige Prostituierte gab es daher bereits im Mittelalter die sogenannten Büßerinnenklöster. Eine der ersten Maßnahmen, die der Kirchenstaat ergriff, um das Kurtisanenwesen Roms einzudämmen, war die Gründung eines solchen Büßerinnenklosters im Jahre 1520. Im Konvent der Konvertiten, der der heiligen Maria Mag-

dalena geweiht war, konnten von nun an junge Kurtisanen, die ihr sündiges Dasein beenden wollten, als Nonnen ein neues Leben beginnen.
Bereits bei der Gründung des Klosters war man sich der Gefahr bewußt, daß dieses von den Kurtisanen weniger als ein Ort der Buße und Einkehr, denn als eine willkommene Möglichkeit der Altersversorgung betrachtet werden könnte. In den Statuten der Confraternita della Carità, deren Fürsorge und Aufsicht das Kloster unterstellt wurde, kann man daher folgendes lesen: «Weder den Kranken noch denen, die vom Alter geplagt werden, erlauben wir, dort einzutreten, da diese ihr sündiges Handwerk nicht freiwillig verlassen, sondern es einfach nicht mehr ausüben können»[18]. Dasselbe galt auch für häßliche Frauen, da man annahm, daß sie «nicht aus Herzensüberzeugung, sondern aufgrund ihrer Häßlichkeit» die Versorgung durch das Kloster suchten[19]. Der Eintritt ins Kloster mußte also erfolgen, bevor die betreffende Kurtisane so verbraucht war, daß sie ihren Beruf offensichtlich nicht mehr ausüben konnte. Trotzdem blieb das Konvertitenkloster für jene Kurtisanen, die sich rechtzeitig Gedanken über ihre weitere Zukunft machten und die weder heiraten noch Kupplerinnen werden wollten, eine realistische Möglichkeit für die Gestaltung ihres Lebensabends[20].

Auch die Ehe konnte einer ehemaligen Kurtisane die finanzielle und persönliche Sicherheit bieten, die sie im Alter brauchte. Bei den zahllosen Kurtisanen, von denen wir wissen, daß sie als verheiratete Frauen starben, muß allerdings deutlich zwischen zwei Gruppen geschieden werden: Die erste umfaßt jene Kurtisanen, die aus freien Stücken geheiratet hatten, um ihr Leben in gesicherten und gesellschaftskonformen Bahnen weiterführen zu können; die zweite hingegen diejenigen, die aufgrund ihrer ausgezeichneten finanziellen Lage kein Interesse an einer Heirat hatten und sich erst durch die Repressalien Pius'V. nach 1566 gezwungen sahen, zumindest eine Scheinehe zu schließen.

Zur ersten Gruppe gehörten all jene Mädchen, deren Angehörige nicht imstande waren, die für eine Heirat unerläßliche Mitgift aufzubringen, weshalb sie versuchten, sich selbst -als Kurtisanen- die finanzielle Basis für eine spätere Eheschließung zu schaffen. Das Ziel ihrer Berufstätigkeit als Kurtisane war eine spätere Heirat, nicht aber finanzielle und persönliche Unabhängigkeit auf Lebenszeit. 1532 erklärte die Kurtisane Joannica, «daß ich heiraten wollte, sobald ich hundert Scudi hätte»[21]. Hundert Scudi waren keine Summe, die eine glänzende Partie ermöglichte, aber sie reichten aus, um etwa einen jungen Handwerker zur Ehe zu bewegen[22]. Joannica konnte damit auf jeden Fall einen sozial besser gestellten Ehemann finden als jene ehrbaren Mädchen, die noch Jahrzehnte später von frommen Stiftungen mit zirka 10 bis 40 Scudi ausgestattet und verheiratet wurden. Daß man sich als Kurtisane auch eine wesentlich bessere Mitgift verdienen konnte, wurde ihr allerdings von ihrer reicheren Kollegin Lucrezia Veronese deutlich vor Augen geführt. «Hundert Scudi reichen nicht einmal für einen Salat», erklärte diese ihrer erstaunten Gesprächspartnerin, «ich würde ledig bleiben, wenn ich nicht mehr als zweihundert Scudi hätte»[23]. Sie hätte die Heiratsproblematik ihrer Zeit nicht besser ausdrücken können, die letztendlich darin bestand, daß es von der Höhe der Mitgift abhing, in welches soziale Ambiente eine Frau einheiraten konnte.

Als attraktive und meist auch schöne Frauen, die berufsmäßig gelernt hatten, Männer auf allen Ebenen zu unterhalten und zu befriedigen, und die darüber hinaus im allgemeinen über eine ansehnliche Mitgift verfügten, waren Kurtisanen durchaus begehrte Ehepartnerinnen. Schriftsteller wie Brantôme, Bandello und Domenichi berichten von Kurtisanen, die sich glänzend verheirateten. Pietro Aretino machte dem Grafen Ercole Rangone in einem Sonett Vorhaltungen, weil er im Begriff war, die Kurtisane Angela Greca zu heiraten[24], und Marino Sanuto berichtet in seinen Aufzeichnungen von der Hochzeit des venezianischen Adeligen Andrea Michele da San Canziano mit der Kurtisane Cornelia Griffo[25]. Die Heirat mit einem Angehörigen des Adels war auch für reiche Kurtisanen vermutlich ein seltener Glücksfall. Eine Eheschließung mit angesehenen und wohlhabenden Vertretern des Bürgertums war hingegen durchaus im Bereich des Möglichen. Giovanni Drouet berichtete 1573 seinem Freund Vicino Orsini, daß die Kurtisane Margarita, mit der sie beide gut bekannt waren, im Begriff war, sich mit einer Mitgift von 1000 Scudi an einen Barbier zu verheiraten[26]. Die schöne junge Kurtisane Lavinia Romana beendete 1582 ihr bereits drei Jahre dauerndes Verhältnis mit dem reichen Monsignore Ciccolini, weil sie sich mit einem wohlhabenden Händler namens Morengho verlobt hatte. «Unter den anderen Frauen dieser Art war diese sehr ehrbar, nicht anstößig und sie war gesund und entsprechend schön», begründete der Bräutigam seine Wahl[27]. Die spanische Kurtisane Maria Fasarga heiratete 1595, als sie bereits über dreißig Jahre alt und durch ein Unterleibsleiden stark beeinträchtigt war, den wesentlich jüngeren spanischen Adeligen Don Rodrigo Francos de Luna. Da ihr Ehemann nicht nur adelig, sondern auch sehr reich war, erregte die Heirat größtes Aufsehen. Während die Gründe, die den Händler Morengho dazu bewegten, sich mit der Kurtisane Lavinia zu verloben, eher nüchtern klingen, dürfte Marias Ehemann seine Frau ehrlich geliebt haben. Gegen den ausdrücklichen Widerstand seiner Familie heiratete er sie, «weil dies Gottes und mein eigener Wille war», wie er später sagte[28]. Der Haß, mit dem die Familie Don Rodrigos dessen nicht standesgemäße Frau verfolgte, führte jedoch dazu, daß Maria in ihrer Ehe nicht den ruhigen Lebensabend fand, den sie sich vermutlich erhofft hatte. Im Gegenteil: Als alle Intrigen, die Rodrigos Bruder eingefädelt hatte, um die Auflösung der Ehe durchzusetzen, scheiterten, wurde Maria Fasarga schließlich in seinem Auftrag ermordet. Ihr trauriges Ende dürfte nicht zuletzt darauf zurückzuführen sein, daß gegen Ende des 16. Jahrhunderts der Status einer Kurtisane keineswegs mehr so unbestritten war wie einige Jahrzehnte zuvor. Für eine streng katholische adelige Familie war die Heirat eines ihrer Mitglieder mit einer derartigen Frau daher mit einem Ehrverlust gleichzusetzen, den sie mit allen Mitteln zu verhindern suchte. Der Fall Maria Fasargas war zweifelsohne eine Ausnahme. Im allgemeinen heirateten Kurtisanen Männer, die keinen bedeutenden Familien angehörten und denen es, so wie dem Händler Morengho, lediglich darum ging, eine schöne Frau mit einer entsprechenden Mitgift zu heiraten. Probleme mit den Familien der Ehegatten gab es in solchen Fällen nicht. Häufiger war hingegen, daß die Liebhaber rebellierten, wenn sie von der Hochzeit einer Kurtisane erfuhren[29] und daß sie es waren, die gewalttätig wurden, wenn sie nach der Verlobung oder Heirat der Geliebten von dieser nicht mehr empfangen wurden[30].

Von der Obrigkeit wurde die Rückkehr von Kurtisanen in ein «ehrbares» Leben, sei es durch Eintritt ins Kloster oder durch Heirat, seit jeher gefördert. Schon die erste gesetzliche Benachteiligung des Kurtisanenstandes, die Einschränkung der Testierfreiheit zugunsten des Konvertitenklosters, erstreckte sich auf alle aktiven und ehemaligen Vertreterinnen dieser Zunft, nicht jedoch auf diejenigen, die später geheiratet hatten oder in ein Kloster eingetreten waren[31]. Sie hatte also den deutlichen Zweck, nicht nur dem Konvertitenkloster eine notwendige Einnahmequelle zu verschaffen, sondern ehemalige Kurtisanen durch gesetzliche Benachteiligung dazu zu bewegen, ihre Unabhängigkeit aufzugeben und so zu leben, wie man es von Frauen erwartete. Diejenigen, die ihren Beruf als Kurtisane zwar nicht mehr ausübten, aber allein lebten, blieben dem Gesetz daher weiterhin unterworfen. Obwohl die Einschränkung der Testierfreiheit von den meisten Kurtisanen als ausgesprochenes Ärgernis empfunden wurde, hatte sie nur sehr bedingt den von der Obrigkeit gewünschten Erfolg. Viele Kurtisanen, die sich weder zu einer Heirat, noch zum Eintritt ins Kloster drängen lassen wollten, suchten und fanden andere Wege, um das verhaßte Gesetz zu umgehen. Unzählige von ihnen verschwiegen in ihrem Testament die Zugehörigkeit zu ihrem Stand, oder sie beteuerten, daß sie aufgrund des ehrbaren Lebens, das sie seit langem geführt hätten, nicht mehr von dieser Bestimmung betroffen zu sein glaubten. Häufig kam es auch vor, daß alte oder kranke Kurtisanen, die ihren Tod nahen fühlten, eine Scheinehe eingingen, nur um der verhaßten Konvertitenklausel zu entgehen[32]. Erst während des Pontifikats von Pius V. wurden aktive und ehemalige Kurtisanen mit Gewalt zu einer Änderung ihres Lebenswandels gezwungen: Alle berühmten und wohlhabenden Vertreterinnen dieser Zunft mußten Rom verlassen, es sei denn, sie heirateten oder traten ins Konvertitenkloster ein. Viele von ihnen kamen nur pro forma der Verpflichtung sich zu verheiraten nach und übten ihren Beruf, als Ehefrauen getarnt, weiterhin aus. Ortensia Falcona, jene Kurtisane, die 1560 den Kardinal del Monte als ihren Freund bezeichnet hatte[33], wurde 1567 aus Rom verbannt, weil man sie verdächtigte, daß sie auch nach ihrer Eheschließung mit einem gewissen Bastiano da Bologna ihrem Gewerbe nachgegangen war. Obwohl das Urteil gegen sie einige Jahre später wieder aufgehoben wurde, ist sehr wahrscheinlich, daß die Verbindung mit Bastiano tatsächlich nur eine Scheinehe war, die ihr den Verbleib in Rom und die weitere Ausübung ihres Berufes ermöglichen sollte[34]. Von einem ähnlichen Fall berichtet auch Brantôme: Als er 1566 zum zweiten Mal in Rom weilte, besuchte er eine gewisse Faustina, die er bei seinem ersten Aufenthalt in der ewigen Stadt als eine der führenden Kurtisanen kennengelernt hatte. Faustina hatte, so wie die meisten ihrer erfolgreichen Kolleginnen, 1566 unter dem Druck der Obrigkeit heiraten müssen. Allerdings hatte sie mit ihrem Gemahl, einem Justizbeamten, vereinbart, daß sie ihrem Gewerbe weiterhin, wenn auch auf sehr diskrete Art, nachgehen würde. Sie war daher durchaus bereit, dem französischen Reisenden, sofern er den geforderten Preis bezahlte, alle seine Wünsche zu erfüllen[35].

Da Pius V. seine Maßnahmen zunächst ausdrücklich gegen die reichsten und angesehensten Kurtisanen der Stadt richtete, sind es vor allem diese Frauen, die in späteren Quellen als verheiratet genannt werden. In diese Gruppe gehörte die Kurtisane Baglioncina, die, als sie 1569 als verheiratete Frau starb, ein Vermögen von mehreren tausend Scudi hinterließ[36]. Auch die bereits mehrfach erwähnte Lucrezia Galletta, alias «la Luparella», gehört in diese Kategorie, obwohl sie sich 1566 schon längst aus ihrem Gewerbe zurückgezogen hatte. Als ehemalige Kurtisane und alleinstehende Geschäftsfrau war sie von den päpstlichen Bestimmungen genauso betroffen wie ihre aktiven Kolleginnen. Sie mußte daher, um weiterhin in Rom leben zu können, eine Scheinehe mit einem ihrer Angestellten eingehen[37]. Sowohl die Luparella als auch die Baglioncina waren Frauen, die es nicht nötig hatten, sich durch eine Ehe die materielle Absicherung für ihren Lebensabend zu verschaffen. Für sie war die Heirat lediglich eine von der Obrigkeit verordnete moralische Geste, der sie zumindest pro forma nachkommen mußten. Auch von den weniger wohlhabenden Kurtisanen, die Pius V. schließlich in ein eigenes Stadtviertel, den «Hortaccio», verbannte, griffen einige zum Mittel der Scheinehe, um den diversen Benachteiligungen zu entgehen: 1572 erwog der Papst strenge Maßnahmen gegen Ehebrecher, weil viele Kurtisanen, «indem sie einen falschen Ehemann nahmen, außerhalb des Hortaccio ein unehrbares Leben führten»[38]. Für solche Frauen war die Ehe keine Altersversorgung, sondern das einzig sichere Mittel, sich den Verfolgungen, denen ihr Stand nun ausgesetzt war, zu entziehen.

Alleinstehende Frauen

Diejenigen, die so wie Lucrezia Galletta und die Baglioncina aus politischen Gründen eine Scheinehe schließen mußten, gehören eigentlich bereits zur nächsten und letzten Gruppe ehemaliger Kurtisanen. Zu dieser Gruppe zählen all jene Frauen, denen es durch ihren Beruf gelungen war, sich eine solide finanzielle Basis zu schaffen, die ihnen auch im «Ruhestand» ein sicheres und unabhängiges Leben ermöglichte. Vor allem aus der ersten Hälfte des 16. Jahrhunderts gibt es zahlreiche Beispiele für ehemalige Kurtisanen, die als alleinstehende und gutsituierte Frauen in hohem Alter starben. Eugenia Veneta, «die ehemals Kurtisane in Rom war», hatte bereits das Greisenalter erreicht, als sie 1529 in Rom starb[39]. Sie hatte ihre Tochter, ihren Schwiegersohn und ihre beiden Enkelkinder überlebt. In ihrem Testament setzte sie sich über die besagte «Konvertitenklausel» hinweg, weil sie offensichtlich der Meinung war, daß sie aufgrund ihres jahrzehntelangen ehrbaren Lebenswandels nicht mehr davon betroffen war. Da sie aber nie geheiratet hatte, konnte das Kloster nach ihrem Tod dennoch Erbansprüche geltend machen[40]. Auch Johanna de Fecholono war, als sie im Mai 1529 in Rom starb, bereits eine alte Frau. Von ihren Kindern war nur noch Faustina, die uneheliche Tochter von Jacob Questenberg, am Leben. Da auch Johanna nie geheiratet hatte, mußten die Konvertiten an ihrer nicht unbeträchtlichen Hinterlassenschaft beteiligt werden[41]. Selbst in der zweiten Hälfte des Jahrhunderts gab es vereinzelt Kurtisanen, denen es gelungen war, trotz der Repressalien Pius'V. bis ins hohe Alter hinein unverheiratet zu bleiben. Zu ihnen gehörte die bereits mehrfach erwähnte Lucrezia Ricci alias «la Biondina». Sie hatte sich als reifere Frau aus ihrem Beruf zurückgezogen und lebte von ihren finanziellen Transaktionen, die ihr ein gutes Auskommen sicherten. Da sie weder Kinder noch sonstige Verwandte hatte, hinterließ sie ihr gesamtes Vermögen, mit Ausnahme einiger Legate, den Armen. Für das Konvertitenkloster hatte sie, wie die meisten ihrer Kolleginnen, nur sehr geringe Sympathien: Sie vermachte ihm die, angesichts ihres beachtlichen Vermögens, geradezu lächerliche Summe von zehn Scudi, mit dem ausdrücklichen Zusatz, «daß sie nichts anderes von ihren Sachen fordern können sollen»[42]. Ob die Konvertiten sich mit dieser geringen Abfindung zufriedengaben, ist nicht überliefert.

Eine weitere ehemalige Kurtisane, der es gelungen war, während des Pontifikats von Pius V. unverheiratet zu bleiben, war die äußerst wohlhabende Imperia Veronni. In ihrem 1569 verfaßten Testament bezeichnete sie sich als «honesta mulier» und betonte, daß sie «seit ihrem jugendlichen Alter bis auf den heutigen Tag löblich und willfährig gelebt hat»[43]. Sie glaubte daher von der Konvertitenklausel nicht betroffen zu sein und wollte dem Kloster nur für den Fall, daß ihr Testament sonst ungültig wäre, «das Geringste, was sie ihnen kraft dieser Bulle notwendigerweise hinterlassen muß», zukommen lassen[44]. Imperia war eine überaus geschickte Frau, die ihre beträchtlichen Vermögenswerte dazu benützte, sich selbst und ihrem verwaisten, minderjährigen Enkel eine gesicherte Zukunft zu schaffen. In ihrem Testament bestimmte sie daher, daß ihr Enkel nach ihrem Tod eines ihrer Häuser und einen Weingarten erben sollte. Ihren restlichen Besitz vermachte sie hingegen der Arciconfraternita der Trinità dei Pellegrini unter der Bedingung, daß deren Leiter das Legat an ihren Enkel anerkannten und sich außerdem verpflichteten, «solange die Frau Testierende am Leben ist sowohl für ihre Person, als auch für ihre Güter zu sorgen»[45]. Sie sollten Imperias Besitzungen verwalten, vermieten und bebauen, aus dem erzielten Gewinn ihren Lebensunterhalt bezahlen, und ihr den finanziellen Überschuß regelmäßig überweisen. Nach ihrem Tod sollten sie, bis zu dessen Großjährigkeit, auch die Erziehung und Versorgung ihres Enkels übernehmen. Die Erbschaft war also nichts anderes als eine Art Leibrente, die sowohl der alten Kurtisane, als auch ihrem Enkel größtmögliche Sicherheit garantierte. Auf einer Marmortafel im Refektorium der Trinità dei Pellegrini ist noch heute Imperias Name unter jenen der Wohltäter der Bruderschaft verzeichnet[46].

Ende im Elend?

Obwohl es vielen ehemaligen Kurtisanen gelang, als Nonnen, Ehefrauen oder selbständige Unternehmerinnen ihr Leben in Frieden und materieller Sicherheit zu beenden, waren die literarischen Schilderungen des altersbedingten Elends dieser Frauen nicht ganz aus der Luft gegriffen. Immer wieder stößt man in den Quellen auf Kurtisanen, die tatsächlich mit zunehmendem Alter einen deutlichen sozialen Abstieg erleben mußten. Ein charakteristisches Beispiel ist Margarita Piccadoro alias «la Pizzicarola», deren Geschichte auffallende Parallelen zu den moralisierenden Darstellungen der zeitgenössischen Literatur aufweist. Schon als Margarita 1546 erstmals aktenkundig wurde, dürfte sie nicht mehr ganz jung gewesen sein, da sie ihre Einkünfte durch das Führen eines Spielsalons aufbesserte. Auch daß sie versucht hatte, einen reichen Juden dazu zu überreden, zum Christentum überzutreten und sie zu heiraten, spricht dafür, daß sie bereits das Alter erreicht hatte, in welchem absehbar war, daß sie ihren Beruf nicht mehr lange würde ausüben können[47]. Dennoch gehörte sie noch drei Jahre später zu den wohlhabenden Kurtisanen, die für die Renovierung des Ponte Santa Maria besteuert wurden. Sie bewohnte damals ein Haus im vornehmen Stadtteil Ponte, für das sie eine Jahresmiete von 44 Scudi bezahlte[48]. Spätestens 1555 heiratete Margarita, doch dürfte ihr Mann nicht wohlhabend genug gewesen sein, um auf die Einkünfte seiner Frau ganz verzichten zu können oder zu wollen. So wie ihre literarischen Ebenbilder begann sie daher, Zimmer zu vermieten. Damit war ein deutlicher sozialer Abstieg besiegelt, und es wäre möglich, daß Margaritas Haus solcherart sogar zu einer Art Bordell wurde. 1560 wurde sie jedenfalls angeklagt, eine Jungfrau namens Giulia aus deren Heimatort Bracciano entführt und in ihrem Haus zur Prostitution gezwungen zu haben[49]. In der Anklageschrift wird sie als «Frau von schlechtem Lebenswandel» bezeichnet, die bereits «viele Delikte» begangen habe[50]. Möglicherweise war es die gleiche «Picicarola», die 1568 gemeinsam mit dem Sekretär des Papstneffen Paolo Ghislieri wiederum in einen Kuppeleiskandal verwickelt war[51]. Aus der einstmals erfolgreichen Kurtisane war eine Frau geworden, die als Kupplerin immer wieder mit dem Gesetz in Konflikt kam. Daß sie über zwanzig Jahre nach ihrem ersten Versuch, sich durch das Eingehen einer Ehe eine Altersversorgung zu verschaffen, immer noch mit gesellschaftlich hochstehenden Personen, wie dem Sekretär des Papstneffen, in Kontakt war, zeigt jedoch, daß sie trotz des offensichtlichen Abstiegs nicht so verachtet und isoliert war, wie die oben zitierten Schriftsteller uns weismachen wollen.

Manche der Frauen, die vom Verkauf ihres Körpers gelebt hatten, sahen sich im Alter sogar gezwungen, als Dienerinnen zu arbeiten. 1554 gab eine gewisse Isabetta Pisana an, daß sie seit 13 Jahren in Rom lebte und in dieser Zeit «als Amme und als Wäscherin und als Konkubine» gearbeitet hätte[52]. Da sie nun für alle diese Berufe zu alt war, verdingte sie sich als Dienerin. Zu den großen und erfolgreichen ihres Gewerbes dürfte sie allerdings nie gehört haben. Francesca de Rubinis aus Tivoli hingegen war in ihrer Jugend eine erfolgreiche Kurtisane gewesen. Kurz bevor sie 1532 im Alter von etwa 60 Jahren starb, gab sie in ihrem Testament zu Protokoll, daß sie bereits seit 16 Jahren im Haus des Geistlichen Evangelista Tarasconi, eines Beamten der Kurie, als Dienerin lebte. Die Güter, über die sie in ihrem Testament verfügte, hatte sie angeblich mit dem Verdienst der Arbeit dieser 16 Jahre erwirtschaftet[53]; eine Angabe, die eher unwahrscheinlich ist, wenn man bedenkt, daß es sich immerhin um zwei kleine Häuser handelte. Tatsächlich bediente sich Francesca, wie auch ein wenig später verfaßtes zweites Testament zeigt[54], dieser Notlüge, um zu verhindern, daß sie als ehemalige Kurtisane, entsprechend der Bulle Leos X., ein Fünftel ihres Vermögens dem Konvertitenkloster hinterlassen mußte. Außerdem war sie keine gewöhnliche Dienerin, sondern wohl eine Art Haushälterin des geistlichen Herrn, die sogar mit den meisten Mitgliedern der Confraternita della Carità persönlich bekannt war[55]. Offensichtlich hatten die finanziellen Rücklagen, die sie aus ihrer Zeit als Kurtisane hatte, nicht gereicht, um weiterhin ein sorgenfreies Leben führen zu können. Als Haushälterin eines angesehenen Geistlichen fand sie die finanzielle und persönliche Sicherheit, die sie im Alter brauchte und konnte das, was von ihrem Vermögen als Kurtisane noch übrig war, für ihre Erben erhalten. Als arme Frau kann sie allerdings nicht bezeichnet werden, da die Güter, die sie hinterließ, mindestens 300 Scudi wert waren[56].

Das triste Bild, das die zeitgenössische Literatur von den Lebensumständen alternder Kurtisanen zeichnete, hat auch die Sekundärliteratur zu diesem Thema stark beeinflußt. Kein Geringerer als Ludwig von Pastor, der bedeutendste Historiograph des Papsttums, schrieb über Tullia d'Aragona, daß sie im Alter «in solche Armuth» geraten war, «daß sie ihre letzten Jahre in einer Kneipe in Trastevere zubrachte, wo sie starb». Tatsächlich starb die schwerkranke Tullia im Haus des Wirtes Matteo in Trastevere, der mit ihrer ehemaligen Dienerin Lucrezia verheiratet war. Da Tullia Lucrezia als ihre «creata» bezeichnete und sie in ihrem Testament großzügig bedachte, darf man annehmen, daß die beiden Frauen ein freundschaftliches Verhältnis verband. Sie starb also nicht einsam in einem gemieteten Gasthauszimmer, sondern im Kreise von Menschen, die aufgrund einer persönlichen Beziehung bereit waren, für sie zu sorgen. Ihre finanzielle Lage war zum Zeitpunkt ihres Todes zwar deutlich schlechter als in ihrer Glanzzeit, doch waren die Werte, die sie hinterließ, wesentlich größer, als die Literatur uns glauben machen will[57].

Tod und Begräbnis

Die Präsenz des Todes

*D*ie Menschen des 16. Jahrhunderts hatten zwangsläufig ein vertrautes Verhältnis zum Tod: Kriege, Seuchen und Hungersnöte bewirkten gemeinsam mit schlechter Hygiene und unzureichender medizinischer Versorgung, daß die allgemeine Lebenserwartung äußerst gering war. Auch junge Menschen mußten daher jederzeit auf ihr Ende gefaßt sein. Die Kurtisanen, die als unverheiratete Frauen in einer gewalttätigen und patriarchalisch organisierten Gesellschaft lebten, waren überdies dem permanenten Risiko von Anschlägen gegen ihre Person ausgesetzt. Eifersucht, Raublust oder ganz einfach sexuelle Gier führten immer wieder zu Gewalttätigkeiten gegen Kurtisanen, die auch deren Tod zur Folge haben konnten. «Weil nichts sicherer ist als der Tod und nichts unsicherer als der Zeitpunkt des Todes», so die immer wiederkehrende Formel, machten viele Kurtisanen daher bereits als junge Frauen ihr erstes Testament, welches sie dann, mit zunehmendem Alter zu widerrufen, zu verändern und zu erneuern pflegten.

Tatsächlich starben viele Kurtisanen, darunter einige der berühmtesten, noch als junge Frauen. Viele von ihnen fielen den zahllosen Gewalttätigkeiten zum Opfer, die zu den täglichen Begleiterscheinungen ihres Berufes gehörten. Andere wiederum wurden in kürzester Zeit von heimtückischen Krankheiten dahingerafft. Adriana della Roza, die Geliebte des jungen Vicino Orsini, starb 1544 innerhalb von wenigen Tagen an einer solchen Krankheit. Ihr plötzlicher Tod löste bei ihren vornehmen Verehrern große Bestürzung aus, der sie in Form von Trauergedichten Ausdruck verliehen[1]. Ein ähnliches Schicksal erlitt die Kurtisane Faustina Mancina, für die der große Michelangelo Buonarroti die Grabinschrift schuf[2]. Ortensia Greca, die vom Dichter Coppetta mehrfach besungen wurde[3], starb 1556 in der Blüte ihrer Jahre in ihrem Haus in Rom. Woran sie starb, wissen wir nicht, es ist lediglich überliefert, daß sie über lange Zeit krank gewesen und von ihrer Mutter, Angela Greca, mit erheblichem Kostenaufwand gepflegt worden war[4].

Trotz der allgemein geringen Lebenserwartung und trotz der vielfältigen Gefahren, denen Kurtisanen ausgesetzt waren, gab es auch solche, die erst in hohem Alter starben. Hatten sie zu diesem Zeitpunkt noch Angehörige, so wurden sie meist von ihnen gepflegt und verbrachten ihre letzten Tage in deren Haus. Die Kurtisane Laurentina starb beispielsweise 1529 im Haus ihrer Schwester Orsolina und ihres Schwagers Giovanni Battista de Nazano. Orsolina, die selbst schon eine Greisin und überdies an der Syphilis erkrankt war, hatte ihre Schwester während der Krankheit betreut und sorgte nach deren Tod für ein ehrbares Begräbnis[5]. Weniger gut erging es Drusiana da Bracciano, einer Kurtisane, die offensichtlich später geheiratet hatte. Sie starb 1537 ohne den Beistand von Verwandten als bettlägrige Kranke in einem römischen Frauenspital. Weder die zwei unehelichen Kinder, die in Drusianas Testament mit geringen Legaten abgefunden wurden, noch der eheliche Sohn Maurizio, den sie zu ihrem Universalerben ernannte, dürften bereit gewesen sein, für ihre kranke Mutter zu sorgen[6].

Die Reise ins Jenseits

Unter welchen Umständen eine Kurtisane auch starb, sei es durch Krankheit, äußere Gewalt oder ganz einfach an Altersschwäche, im Spital oder im Kreise ihrer Familie, so hatte sie doch stets das Bedürfnis, ihre Reise ins Jenseits so gut wie möglich vorzubereiten. So wie die meisten Sünder spürten auch die Kurtisanen angesichts des Todes eine deutliche Angst vor jenen Strafen, die ihre Seele aufgrund ihres verworfenen Lebenswandels zu erwarten hatte. Um die bevorstehenden Qualen des Fegefeuers zu lindern und um ihr Seelenheil zu befördern, vertrauten sie auf die Hilfe von Messen, die ihre Erben für sie lesen lassen sollten. Enorme Summen wurden im Laufe des 16. Jahrhunderts von Kurtisanen den römischen Kirchen hinterlassen, damit dort Gottesdienste für ihr Seelenheil gefeiert wurden. Josima Kinch, eine jener Kurtisanen des «goldenen Zeitalters», die den stolzen Titel einer «romanam curiam sequens» führten, widmete den Gottesdiensten, die nach ihrem Tod zu feiern waren, in ihrem 1522 verfaßten Testament breitesten Raum: Am Tag ihres Todes sollten zwölf Messen «submissa voce» gelesen werden. In den sieben Hauptkirchen Roms waren je vier Gottesdienste zu feiern, wozu noch etwa dreißig Messen in weiteren sieben Kirchen kamen. Darüber hinaus stiftete Josima demjenigen drei Golddukaten, der, falls sie vor ihrem Tod nicht dazu käme, nach Loreto zu pilgern, diese Wallfahrt an ihrer Stelle machen wollte[7]. Josimas Wünsche waren beileibe kein Einzelfall. Die meisten Kurtisanen verwendeten in ihren Testamenten große Sorgfalt darauf, ihre Erben dazu zu verpflichten, etwas für ihr Seelenheil zu tun. Das Bedürfnis, die Qualen des Fegefeuers durch die frommen Werke der Hinterbliebenen zu mildern, war allerdings kein spezifisches Merkmal des Kurtisanenstandes. In fast allen Testamenten des 16. Jahrhunderts finden sich vergleichbare Formeln.

Die Sorge um ihr Seelenheil und die demütige Haltung, die sie angesichts des Todes als arme Sünderinnen dem Schöpfer gegenüber zeigten, war allen Kurtisanen des 16. Jahrhunderts gemeinsam. Zugleich aber bezeugen die Testamente derjenigen, die zur Oberschicht ihres Standes gehörten, auch ein unglaubliches Selbstbewußtsein. Nicht nur, daß sie den Besitz, den sie mit ihrem sündigen Gewerbe erwirtschaftet hatten, gleich «ehrbaren» Leuten gerne als «ihre von Gott empfangenen Güter» bezeichneten[8], machten sie in ihren Testamenten, so wie Adelige und hohe Würdenträger, meist auch genaue Angaben, wie sie sich ihr Begräbnis wünschten und wie ihr Grab auszusehen hatte. Josima Kinch verfügte beispielsweise, daß ihre Leiche von 16 Mönchen zum Grab begleitet werden sollte. Jedem der Fratres hatte sie für diesen Dienst zwei Golddukaten zugedacht; denjenigen, die ihren Sarg tragen sollten, vermachte sie zusätzlich noch ein Faß guten griechischen Weins. Nach dem Begräbnis sollten zwei Brüder bei ihrem Grab die Totenwache halten[9]. Auch Bernardina Vendui bestimmte 1544, daß ihr Leichenzug von zehn Mönchen oder Priestern aus Santa Maria sopra Minerva und Santa Maria in Traspontina zum Grab geleitet werden sollte[10]. Die große Tullia d'Aragona hingegen wünschte sich 1556 ein Begräbnis in aller Stille. Sie wollte um Mitternacht «ohne Prunk und ohne Zeremonien» von den Mitgliedern der Compagnia del Crocifisso und einigen Mönchen in der Kirche Sant'Agostino zu Grabe getragen werden[11].

Die letzte Ruhestätte

Selbstverständlich machten sich vor allem die vornehmen Kurtisanen beizeiten auch Gedanken über ihre letzte Ruhestätte. Josima Kinch, die als junge und gesunde Frau ihr Testament machte, verfügte, daß sie in der Kirche San Tommaso di Canterbury begraben werden wollte und daß «über ihrem Grab ein Stein gesetzt wird, mit ihrem Bild, ihrem Namen und Nachnamen und dem Jahr, Tag und Monat ihres Todes»[12]. Imperia Veronni wollte 1569 in der Kirche Trinità dei Pellegrini begraben werden und zwar «nicht in einem allgemeinen Grab, sondern in einer eigens für sie anzufertigenden Gruft»[13]. Auch ihr Grab sollte durch einen entsprechenden Grabstein gekennzeichnet werden. Lucrezia Ricci alias «la Biondina» wählte die Heiligkreuzkapelle in der Kirche San Marcello zu ihrer Begräbnisstätte und verfügte, daß dort ein Marmorstein mit ihrem Namen, Nachnamen und ihrem Todesdatum angebracht werden sollte[14].

Geradezu bescheiden wirken diese Wünsche, wenn man sie mit jenen Verfügungen vergleicht, die die noch junge Lucrezia Galletta alias «la

Luparella» in ihrem ältesten erhaltenen Testament aus dem Jahr 1559 machte. Lucrezia wollte in der Kirche Aracoeli begraben werden, wo ihr Erbe für die gigantische Summe von 500 Scudi eine freie Kapelle kaufen oder eine neue Kapelle für sie errichten lassen sollte. Sollte keine Kapelle verfügbar sein, so wollte sie entweder im Altarraum von Aracoeli oder in einer eigenen Kapelle in Trinità dei Monti oder einer anderen Kirche Roms begraben werden. Außerdem sollten tausend Scudi so angelegt werden, daß der jährliche Gewinn den Mönchen oder Nonnen zugute kam, in deren Kirche ihre Kapelle errichtet wurde. Als Gegenleistung sollten die Geistlichen einmal wöchentlich, montags oder mittwochs, in ihrer Kapelle eine Messe für ihr Seelenheil lesen. Außerdem sollte jedes Jahr an ihrem Todestag und zu Allerheiligen eine Messe für sie gesungen und ihr Grab mit Kerzen geschmückt werden[15]. Mit diesen Wünschen stellte sich Lucrezia Galletta auf eine Stufe mit den höchsten Würdenträgern des Kirchenstaates. Als sie 31 Jahre später als angesehene alte Frau starb, hatten sich ihre Interessen jedoch grundlegend geändert. Sie wollte nun, ohne besondere Bedingungen, in der Kirche des Klosters Santa Marta begraben werden, wo ihre Ziehtochter und Universalerbin Lucrezia da Tivoli als Nonne lebte. Von den Eitelkeiten ihrer Jugend hatte sie offensichtlich Abstand genommen, was nicht zuletzt damit zusammenhängen mag, daß sie ihr letztes Testament 1568 machte, als die Verfolgungen der Kurtisanen durch Pius V. ihren Höhepunkt erreicht hatten[16]. Dennoch waren die hochtrabenden Wünsche der jungen Luparella bei großen Kurtisanen keine Seltenheit. Auch Isabella de Luna verfügte 1564 in ihrem Testament, daß in der Kirche Trinità dei Monti aus den Mitteln ihres Nachlasses eine Grabkapelle für sie errichtet werden sollte, die ihrem persönlichen Schutzpatron, dem heiligen Lazarus, zu weihen war[17]. Ob ihre Erben diesen Wünschen nachkamen, ist allerdings nicht überliefert[18]. Zumindest in zwei Fällen wissen wir jedoch, daß derartige Grabkapellen für ehemalige Kurtisanen tatsächlich errichtet wurden. Die berühmte Fiammetta ließ sich in der Kirche Sant'Agostino eine eigene Kapelle einrichten, die auch im «Ragionamento del Zoppino» Erwähnung findet[19]. Sie hatte diese Kapelle, ähnlich wie im ersten Testament der Lucrezia Galletta beschrieben, mit reichen Einkünften dotiert, wodurch sie sicher sein konnte, daß in Sant'Agostino regelmäßig Messen für ihr Seelenheil gelesen wurden[20]. Von der Grabkapelle einer anderen, leider nicht namentlich genannten, Kurtisane in Trinità dei Monti, berichtet kein Geringerer als Giorgio Vasari. Die Kapelle war im Auftrag der Kurtisane von Giulio Romano vielleicht nach Entwürfen Raffaels mit vier Fresken, die Szenen aus dem Leben der heiligen Maria Magdalena, der Schutzpatronin der

Kurtisanen, darstellten, ausgemalt worden. Das Altarbild, ebenfalls von der Hand Giulio Romanos, zeigte Christus der der heiligen Magdalena in Gestalt eines Gärtners erscheint. In der Kapelle stand «ein wunderschönes Marmorgrabmal und auf dem Sarg, aus Marmor, ausgezeichnet gearbeitet, eine tote Frau und zwei nackte Putten an den Seiten. Das Gesicht dieser Frau war das Portrait einer sehr berühmten römischen Kurtisane, die diese Stiftung gemacht hatte»[21]. Die Mönche, «die Bedenken hatten, daß so eine Frau dort in solchen Ehren ruht», verkauften die Kapelle bereits 1542 an die Fürsten Massimo, denen sie heute noch gehört[22]. Daß sie damit ihre Verpflichtungen der verstorbenen Kurtisane gegenüber vernachlässigten, von der sie für die Errichtung und Pflege ihrer Grabstätte vermutlich große Summen Geldes bekommen hatten, verursachte ihnen hingegen keine Skrupel[23]. Die Fresken Giulio Romanos wurden, so wie die gesamte ursprüngliche Ausstattung der Kapelle, im 19. Jahrhundert zerstört. Von ihrer Pracht zeugen aber, neben dem Bericht Vasaris und einem erhalten gebliebenen Fragment (Abb. Seite 243), auch einige Vorzeichnungen Giulios und Stiche aus der Hand Marcantonio Raimondis[24].

Die Errichtung eigener Grabkapellen, ansonsten ein Privileg der großen Adelsfamilien, blieb naturgemäß einer ganz kleinen Elite von außergewöhnlich reichen Kurtisanen vorbehalten. Die meisten beschränkten sich – wie die oben zitierten Beispiele zeigen – darauf, ihre Gräber mit einer entsprechenden Inschrift kennzeichnen zu lassen. In den Kirchen Roms haben sich diese einfachen Grabsteine großteils nicht erhalten. Von jenen wenigen Grabinschriften für Frauen, deren Wortlaut überliefert ist, können wir heute nur noch in besonderen Glücksfällen feststellen, ob sie sich auf eine Kurtisane bezogen oder nicht. Die aus Lothringen stammende Kurtisane Cosma del Bosco, die 1532 in Rom in einen Prozeß verwickelt war, ist ein solcher Fall[25]. Sie wurde 1550 im Auftrag ihres Sohnes in der Kirche des Konvertitenklosters, Santa Maria Maddalena, begraben. «Hier liegt unter dem Marmor Cosma Lotaringa begraben/ beweint von ihrem Sohn Beltrando/», lautete die Grabinschrift[26]. Der Spanierin Isabella Parda, die 1549 und 1553 ebenfalls als Kurtisane aktenkundig geworden war[27], setzte 1571 ihre Schwester Caterina einen Grabstein in Santa Maria del Popolo. Caterina übergab den Mönchen des dortigen Klosters auch eine größere Zahl von Wertpapieren mit der Auflage, von deren Ertrag jährlich drei arme Mädchen zu verheiraten und insgesamt acht Messen für das Seelenheil ihrer verstorbenen Mutter und Schwester zu lesen[28]. Auch bei so manchen anderen Inschriften, die im 16. Jahrhundert für alleinstehende Frauen in römischen Kirchen angebracht wurden, besteht die Wahrscheinlichkeit,

daß die Betreffenden Kurtisanen gewesen waren. Da aber Berufsangaben stets fehlen, ist man hiebei auf Vermutungen angewiesen[29]. Wenn
man hingegen den Schriftstellern des 16. Jahrhunderts Glauben schenken möchte, so gab es vereinzelt Kurtisanen, die auf ihrem Grab nicht
nur ihren Namen und ihr Todesdatum, sondern auch ausgesprochen fri-
vole Anspielungen auf ihr irdisches Leben verzeichnet wissen wollten.
Brantôme berichtet, er habe im Fußboden der Kirche Santa Maria del
Popolo folgende Inschrift für eine Kurtisane gelesen: «Ich bitte dich,
Vorübergehender, der du mich so oft bestiegen hast, nun nicht mehr
auf mich zu treten»[30].

Die Beseitigung der Spuren

Von den zahllosen Gräbern, die im Laufe des 16. Jahrhunderts in den
wichtigsten Kirchen Roms für Kurtisanen errichtet worden waren, hat
sich leider kein einziges bis heute erhalten. Die Kapelle der Fiammetta
in Sant'Agostino ist ebenso verschwunden, wie die der unbekannten
Kurtisane in Trinità dei Monti. Von der Grabinschrift für Lucrezia
«Biondina» in San Marcello fehlt, genau wie vom Grab der Lucrezia
Galletta im Kloster Santa Marta, jede Spur. Dies ist zum Teil darauf
zurückzuführen, daß die betreffenden Kirchen im Laufe der Jahrhunderte immer wieder erneuert wurden und daß tausende von anderen
Menschen sich das Recht erkauften, die Grabsteine längst vergessener
Personen durch ihre eigenen ersetzen zu lassen. Das gänzliche Fehlen
von Kurtisanengräbern, die einst in römischen Kirchen sehr präsent
gewesen sein müssen, ist dadurch aber noch nicht hinreichend erklärt.
Viele dieser Gräber, und vor allem diejenigen der berühmtesten Vertreterinnen des Kurtisanenstandes, fielen vielmehr seit dem späten
16. Jahrhundert gezielten «Säuberungsaktionen» der Gegenreformation
zum Opfer. Papst Clemens VIII., ein besonders eifriger Vertreter der
neuen kirchlichen Moralauffassung, inspizierte bereits in den neunziger
Jahren des 16. Jahrhunderts persönlich die Kirchen seines römischen
Bistums, um anstößige Ausstattungselemente aufzuspüren und entfernen zu lassen[31]. Auf seinen Befehl hin mußten nicht nur unzählige bloße
Gestalten auf Altarbildern übermalt, sondern auch die Grabsteine so
mancher Kurtisane entfernt werden. So verschwanden 1594 auf ausdrücklichen Wunsch des Papstes die Inschriften für Giulia Vanozza
Cattanei, die Geliebte Alexanders VI., und für die berühmte Kurtisane
Martuccia aus der Kirche Santa Maria del Popolo[32]. Auch dem Grabmal
der großen Imperia war kein besseres Schicksal beschieden: Sie hatte in

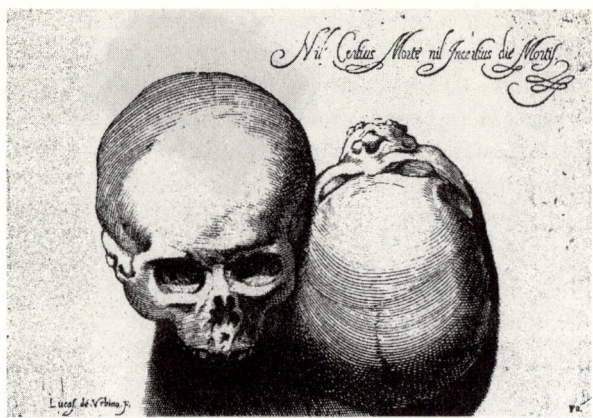

*Zwei Totenköpfe. Kupferstich von Luca Ciamberlano (um 1570/80- nach 1641).
Paris, Bibliothèque Nationale.*

ihrem Testament, so wie ihre oben zitierten Kolleginnen, verfügt, daß sie in der Kirche San Gregorio Magno in einem eigens für sie zu errichtenden Marmorgrab bestattet werden sollte. Agostino Chigi erfüllte den letzten Wunsch seiner Geliebten und ließ sie in einem prunkvollen Grab in San Gregorio beisetzen. «Imperia Cognata Romana/ die dieses Namens würdig war/ und deren seltene Erscheinung/ unter den Menschen Glanz verbreitete/ lebte 31 Jahre, 12 Tage/ und starb am 15. August 1512» stand darauf zu lesen[33]. Die Inschrift wurde, wie so manche andere, im 17. Jahrhundert entfernt. Den überaus kostbaren Grabstein aber annektierte ein geistlicher Herr, dessen Gebeine nun seit 1653 im Grab der großen Kurtisane ruhen[34].

Lebensbilder

*D*en *Lebenslauf* einer bestimmten römischen Kurtisane zu rekonstruieren, ist fast ein Ding der Unmöglichkeit. Tausende von Kurtisanen wurden zwar im Laufe des 16. Jahrhunderts in den Akten der römischen Archive erwähnt, doch wird dadurch meist schlaglichtartig nur eine ganz bestimmte Situation ihres Lebens beleuchtet, die im besten Falle gewisse Rückschlüsse auf ihr Vorleben zuläßt. Dann verliert sich ihre Spur. Die Schwierigkeit, Lebensläufe mit Hilfe von Informationen unterschiedlicher Archivalien zu rekonstruieren, ergibt sich vor allem aus der damals üblichen Praxis, Personen, die keiner bekannten Familie angehörten, nur mit dem Vornamen und ihrem Herkunftsort zu benennen, so daß eine Frau dann beispielsweise «Maria Spagnola» hieß. Da es in Rom natürlich jederzeit mehrere Kurtisanen geben konnte, auf die diese Bezeichnung zutraf, kann man verschiedene Informationen über Frauen dieses Namens nur selten zueinander in Bezug setzen.

Besonders deutlich wird diese Schwierigkeit am Beispiel der mehrfach erwähnten Kurtisane Camilla Senese alias «la Magra». Sie war 1557 und 1559 in insgesamt drei Prozesse verwickelt[1]. Aufgrund der beteiligten Personen und der kausalen Zusammenhänge kann man in diesen Fällen mit Sicherheit sagen, daß die Protagonistin stets die gleiche Frau gewesen ist. Zusätzlich begegnen uns in den Gerichtsakten der Jahre 1554 und 1555 mehrfach Kurtisanen namens «Camilla Senese», bei denen eine Identität mit Camilla «la Magra» wohl vermutet, nicht aber bewiesen werden kann[2]. Aus einem dieser Dokumente erfahren wir, daß zwei von ihnen, die einen ähnlich vornehmen Kundenkreis wie die «Magra» hatten, nicht nur beide Camilla hießen und aus Siena stammten, sondern auch noch in derselben Straße in unmittelbarer Nachbarschaft wohnten. Nur weil sie beide in der gleichen Sache einvernommen wurden, wurden sie in diesem Fall zwecks besserer Übersichtlichkeit mit ihren Familiennamen bezeichnet[3]. Möglicherweise war eine von ihnen, Camilla Ventura Senese oder Camilla Marescotta Senese, mit der «Magra» identisch. Beweisen kann man das jedenfalls nicht. Damit nicht genug, nennen die Gerichtsakten in demselben Zeitraum noch weitere Frauen dieses Namens, die man aufgrund ihres sozialen Umfelds eindeutig als Prostituierte erkennen kann, so daß eine Identität mit der Kurtisane Camilla auszuschließen ist[4].

Trotz dieser Schwierigkeiten erlagen selbst seriöse Historiker, wie Umberto Gnoli, der Versuchung, berühmte Kurtisanen mit Frauen zu identifizieren, von denen man nichts weiter weiß, als daß sie den gleichen Vornamen trugen und aus derselben Stadt stammten. Wie problematisch diese Vorgangsweise sein muß, möge das Beispiel der berühmten Kurtisane Angela Greca illustrieren: Von ihr wird im «Ragionamento del Zoppino» erzählt, daß sie während des Pontifikats Leos X., also vor 1521, nach Rom gekommen und dann rasch zu Berühmtheit gelangt sei[5]. In seinen 1525 veröffentlichten «Sonetti Lussuriosi» stellt Aretino sie als die Geliebte des Grafen Ercole Rangone dar[6]. Wenig später wurde der gleiche Rangone von Aretino in einem Gedicht verspottet, weil er im Begriff war, Angela zu heiraten[7]. Wenn alle diese Informationen stimmen, fand die Karriere der berühmten Kurtisane durch die Heirat mit einem Aristokraten ein glanzvolles Ende. 1536 trat eine Kurtisane namens Ortensia Greca im Beisein vieler bedeutender Persönlichkeiten ins Konvertitenkloster ein. Da auch sie eine der großen ihrer Zunft war, erregte dieser Schritt beträchtliches Interesse[8]. Eine andere, wesentlich jüngere Ortensia Greca, wurde 1555 vom Dichter Coppetta besungen[9]. Da er erwähnt, daß sie sich ein prächtiges Haus errichtet hatte, können wir sie mit einer Kurtisane dieses Namens identifizieren, die Anfang 1556 in Rom verstorben war und ihre Mutter, Angela Greca, mit beträchtlichen Schulden in einem von ihr selbst erbauten Haus zurückließ[10]. Brantôme schließlich erwähnt in seiner «Vie des dames galantes» eine von ihm schlicht als «la Greque» bezeichnete Kurtisane, die während eines seiner Romaufenthalte, also 1559 oder 1566, in hohem Ansehen stand[11]. Aus diesen vier verschiedenen Frauen, die in einem Zeitraum von vierzig Jahren in der Literatur als Kurtisanen erwähnt wurden, und denen nichts anderes gemeinsam war als ihre griechische Abstammung, wird bei Georgina Masson[12] und Lynne Lawner[13] ein- und dieselbe Person. Die Kurtisane Angela Greca, so meinen sie, sei während des Pontifikats Leos X. nach Rom gekommen, habe später den Grafen Rangone geheiratet, trat dann ins Konvertitenkloster ein, verließ das Kloster und änderte ihren Namen in Ortensia, um, als über Sechzigjährige (!), wiederum als Kurtisane zu leben. Wie absurd derartige Schlüsse sind, bedarf wohl keiner weiteren Erläuterung.

Zwei der seltenen Fälle, in denen die Quellen es erlaubten, den Lebenslauf einer Kurtisane zumindest teilweise zu rekonstruieren, seien hier abschließend präsentiert. Die erste der beiden Frauen, Ambrosina de Pironibus, hatte ihre Glanzzeit im sogenannten «goldenen Zeitalter» der Kurtisanen. Da sie in reiferen Jahren in einen Prozeß verwickelt war, bei dem auch ihre Vergangenheit aufgerollt wurde, kann man ihren Lebensweg über 15 Jahre hinweg verfolgen. Die zweite, Maria Fasarga, lebte gegen Ende des Jahrhunderts, als die Maßnahmen der Gegenreformation die Lebensumstände für Kurtisanen bereits verändert hatten. Sie ist insofern ein Sonderfall, als sie stets mit ihrem Familiennamen bezeichnet wurde, so daß man ihr Schicksal anhand unterschiedlicher Quellen von ihrem ersten Auftreten als Kurtisane bis zu ihrem Tod verfolgen kann. Beide waren erfolgreiche Vertreterinnen ihrer Zunft, so daß ihre Schicksale, so unterschiedlich sie auch sind, eine gute Vorstellung vom Leben großer Kurtisanen zu Beginn und gegen Ende des 16. Jahrhunderts vermitteln.

Ambrosina de Pironibus

Ambrosina de Pironibus gehörte zu jener Elite von Kurtisanen, die in der Zeit vor dem «Sacco di Roma» Freundinnen und Geliebte der vornehmsten Männer Roms waren. Obwohl sie von den zeitgenössischen Autoren nicht erwähnt wird, war sie eine der großen ihrer Zunft, die in ihrer Jugend im gleichen Ambiente verkehrte wie ihre hochberühmte Kollegin Imperia.

Wann und wo Ambrosina zur Welt kam, kann heute nicht mehr festgestellt werden. Sie muß jedenfalls spätestens um 1500 geboren worden sein, denn schon 1516 finden wir sie als erfolgreiche Kurtisane und Mutter mindestens eines Kindes in Rom. Ambrosina war zu diesem Zeitpunkt die offizielle Geliebte des Erzbischofs von Nicosia – sichtlich eine sehr ehrenvolle Stellung, denn noch lange nach Beendigung dieses Verhältnisses und sogar noch nach dem Tod des Kirchenfürsten wurde sie in offiziellen Dokumenten als «einstige Konkubine des seit langem verstorbenen Bischofs von Nicosia» bezeichnet[14]. Der Mann, dem sie ihren Aufstieg verdankte, war niemand anderer als Aldobrandino Orsini, Angehöriger einer der bedeutendsten Familien Roms, der seit 1502 dem Bistum Nicosia in Zypern vorstand und überdies den Titel eines apostolischen Protonotars führte. Die Piazza Nicosia in Rom, an der sein erst 1937 demolierter Stadtpalast stand, verdankt ihm ihren Namen[15]. Ambrosina war also eine jener Kurtisanen, die ihre Karriere als Konkubine eines hohen geistlichen Würdenträgers begannen. Solange sie Orsinis Geliebte war, lebte sie mit ihm in eheähnlicher Gemeinschaft zusammen, und auch ihre Kinder wuchsen in seinem Palast auf. Eine gewisse Bernardina aus Tivoli gab Jahre später zu Protokoll, daß Ambrosina sie 1516, als sie im Haus des Bischofs lebte, als Amme in ihre Dienste genommen und daß sie in den folgenden Jahren die beiden Söhnchen der Kurtisane aufgezogen habe. Es ist unklar, ob diese Kinder einer früheren Verbindung entstammten oder ob sie Nachkommen des

Bischofs waren. In seinem 1527 verfaßten Testament bedachte dieser jedenfalls weder Ambrosina, noch deren Söhne, wohl aber eine legitimierte Tochter Elena Orsini (deren Mutter nicht genannt ist), der er eine Mitgift von 3000 Scudi vermachte[16]. Daß Ambrosina in Orsinis Testament nicht berücksichtigt wurde, ist leicht zu erklären: Späteren Berichten zufolge war sie nämlich 1524 die Geliebte eines anderen bedeutenden Mannes, Angelo del Bufalo, geworden. Es ist durchaus denkbar, daß die junge Kurtisane den Bischof wegen Angelo, einem der umschwärmtesten Herren der römischen Gesellschaft, verlassen hatte, und daß dieser aus Groll darüber Ambrosinas Söhne nicht legitimierte. Vielleicht war aber auch die Leichtlebigkeit Orsinis Anlaß für die Trennung gewesen, denn wir wissen, daß er mindestens zwei Töchter hinterlassen hat, deren Mutter nicht Ambrosina war[17].

Mit Angelo del Bufalo trat ein Mann in Ambrosinas Leben, der als typisches Beispiel eines genießerischen, kultivierten Renaissancemenschen gelten kann[18]. 1502 hatte der damals junge, schöne, aber nicht besonders reiche Adelige die wesentlich wohlhabendere Francesca de Cupis, die Schwester des Kardinals Gian Domenico, geheiratet und mit ihr einen vom Schwager zur Verfügung gestellten Palast in der Via dell'Anima bezogen[19]. Sein Haushalt war mit insgesamt 25 Personen zwar vergleichsweise klein[20], doch immer noch ausreichend, um großartige Feste zu veranstalten, zu denen die bedeutendsten Persönlichkeiten Roms geladen wurden. Selbst Isabella d'Este, eine der verwöhntesten Damen ihrer Zeit, war bei ihren Romaufenthalten mehrmals Angelos Gast und bezeichnete ihn in einem ihrer Briefe als «glänzende und liebenswürdige Persönlichkeit»[21]. Eine enge Freundschaft dürfte ihn mit dem schriftstellernden Geistlichen Matteo Bandello verbunden haben, der ihm in seinen Novellen gleich mehrfach ein Denkmal setzte: So widmet er ihm «als einem der liebenswürdigsten und weitherzigsten Herren, die ich heutzutage kenne»[22], eine seiner Geschichten, und läßt ihn an anderer Stelle sogar als Erzähler auftreten. Zur Zeit Julius'II. nämlich, so schreibt Bandello, habe Angelo ihm und zwei hohen geistlichen Würdenträgern auf der Engelsburg eine schlüpfrige Geschichte erzählt, wobei er sich gleich zu Beginn dafür entschuldigt hätte, daß der Fall etwas anrüchig sei[23]. Genüßlich berichtete er dann von den Abenteuern zweier römischer Damen, die von ihren Ehemännern vernachlässigt und betrogen wurden und sich an ihnen rächten, indem sie sich so geschickt als Kurtisanen verdingten, daß die Männer es nicht nur nicht bemerkten, sondern sie dabei noch unterstützten. Vor so raffinierten Ehefrauen sollte jeder Mann sich hüten, warnte der Erzähler abschließend. Del Bufalo wußte, wovon er sprach, denn auch seine eigene

Frau hätte Grund genug gehabt, ihm seine diversen Seitensprünge auf
solche Art zu vergelten. Immerhin war es stadtbekannt, daß Angelo nur
wenige Jahre nach seiner Eheschließung der Liebhaber Imperias, der
berühmtesten und begehrtesten Kurtisane überhaupt, wurde, und daß
er diese, wie wiederum Bandello in einer seiner Novellen berichtet[24],
wohl mit dem Geld seiner Frau verschwenderisch aushielt. Del Bufalo
muß ein überaus anziehender Mann gewesen sein, da er von Imperia,
der immerhin die bedeutendsten Männer Italiens zu Füßen lagen,
angeblich leidenschaftlich geliebt wurde[25]. Wenn man Bandello glauben
möchte, war es ihre Leidenschaft für den flatterhaften Angelo, an der
die große Kurtisane schließlich so verzweifelte, daß sie 1512 Selbstmord
beging.

Als er 1524 der Liebhaber von Ambrosina de Pironibus wurde, war
Angelo del Bufalo zwar nicht mehr der strahlende Jüngling von einst,
aber immer noch ein faszinierender Mann, der im römischen Leben eine
bedeutende Rolle spielte und auch über die nötigen finanziellen Mittel
verfügte, um eine «cortigiana onesta» würdig aushalten zu können.
Außerdem wäre wohl schon das Bewußtsein, die Nachfolgerin der
großen Imperia zu sein und von dem Mann geliebt zu werden, um des-
sentwillen sie sich angeblich das Leben genommen hatte, ausreichend
gewesen, um eine Kurtisane für Angelo einzunehmen. Auch Ambrosina muß eine außerordentlich anziehende Persönlichkeit gewesen sein,
denn der verwöhnte Angelo war ihr so zugetan, daß böse Zungen
später das Gerücht verbreiteten, sie habe ihn durch Hexerei an sich
gebunden und dadurch erreicht, daß er während der drei Jahre, die ihr
Verhältnis dauerte, kein einziges Mal Verkehr mit seiner Frau gehabt
hätte[26]. Vermutlich nahm nun auch Ambrosina an den großen Festen
teil, die Angelo in seinem Haus veranstaltete. So wissen wir zum Beispiel, daß Isabella d'Este im Karneval des Jahres 1526, zu einem Zeitpunkt also, als Ambrosina del Bufalos Geliebte war, mit ihrem Gefolge
in Angelos Palast einer Komödie beiwohnte, die große Heiterkeit
erregte, weil die Liebespaare des Theaterstücks großteils von echten
Liebespaaren dargestellt wurden[27]. Es wäre durchaus denkbar, daß sich
bei dieser Gelegenheit auch der Gastgeber und seine Geliebte als Schau-
spieler versucht haben, wenngleich die Quelle leider keinen Aufschluß
darüber gibt.

Mit dem «Sacco di Roma», der Plünderung der ewigen Stadt durch
die Söldnertruppen Karls V., ging 1527 eine Epoche zu Ende. In monate-
langer Anarchie war das unterste zuoberst gekehrt worden: Kunst-
schätze wurden zerstört, Häuser geplündert und Frauen vergewaltigt,
während skrupellose Glücksritter durch Diebstahl ein Vermögen mach-

ten. Als der Alptraum endlich vorbei war, hatten sich die Stadt und ihre Bewohner verändert. Die große Zeit der Kurtisanen und ihrer feinsinnigen, gebildeten und reichen Gönner war vorbei. Rom war ärmer und derber geworden. Auch Ambrosinas Glanzzeit ging mit dem «Sacco di Roma» zu Ende. Mit nunmehr etwa dreißig Jahren war sie für damalige Verhältnisse bereits eine alternde Frau, ihr Verhältnis mit Angelo del Bufalo war beendet und die allgemeine Situation für Kurtisanen nicht besonders günstig. Offensichtlich gelang es ihr jedoch, durch den ständigen Hinweis auf das längst vergangene Verhältnis mit Bischof Orsini ihren Status als große Kurtisane zu verteidigen und eine gewisse soziale Stellung zu behaupten. Daß sie sich als ehemalige Konkubine des Erzbischofs und nicht als einstige Geliebte Angelo del Bufalos bezeichnen ließ, mag daran liegen, daß Orsini im Gegensatz zu Angelo zu diesem Zeitpunkt bereits tot war, und sich somit gegen eine derartige «Vermarktung» nicht zur Wehr setzen konnte. Auf alle Fälle blieb Ambrosina auch als alternde Frau eine erfolgreiche Kurtisane, deren Liebhaber zwar nicht so berühmt und mächtig wie Orsini und del Bufalo, aber immer noch Mitglieder angesehener Familien waren.

1532 begegnet uns Ambrosinas Name erstmals in den Quellen, als sie den Bruder ihres damaligen Liebhabers, den Staatsanwalt Francesco de Leopardis, bei Gericht verklagte, weil er angeblich eine ihrer Dienerinnen verführt und entjungfert hatte[28]. Was auch immer sie zu diesem Schritt bewogen haben mag, sei es echte Empörung über das Schicksal der Magd, oder (was wahrscheinlicher ist) eine persönliche Feindschaft mit dem Bruder ihres Freundes, so war es jedenfalls äußerst unvorsichtig, sich ausgerechnet mit einem Staatsanwalt anzulegen. Leopardis versuchte nicht zu leugnen, daß er mit dem Mädchen Verkehr gehabt hatte, verteidigte sich aber mit der Begründung, daß die Magd freiwillig in sein Haus gekommen sei, da sie von Ambrosina geschlagen und schlecht behandelt worden wäre. Er habe das Abenteuer zwar nicht gesucht, «aber nachdem mir die Gelegenheit ins Haus geliefert wurde, habe ich sie genützt»[29]. Außerdem sei das Mädchen bereits während des «Sacco di Roma» entjungfert worden und hätte sich in Ambrosinas Haus so wie die Herrin prostituiert. Natürlich wäre es möglich, daß Ambrosina, wie so manche alternde Kurtisane, ihren Verdienst aufzubessern suchte, indem sie sich auch als Kupplerin ihrer Dienerinnen betätigte. In diesem Fall ist es allerdings mehr als deutlich, daß der Beklagte sich reinwaschen wollte, indem er versuchte, die Schuld an der Entjungferung des Mädchens der Klägerin selbst zuzuschieben. Damit nicht genug, setzte Francesco de Leopardis sofort zum Gegenschlag an, indem er nur einen Tag später, am 08. 12. 1532, nun seinerseits eine Klage

gegen Ambrosina einbrachte[30]. Diesmal ging es um schlimmere Vorwürfe, denn Ambrosina wurde der Hexerei bezichtigt.

Die Untersuchungen, die nun zur Klärung dieses schwerwiegenden
Verdachts angestrengt wurden, zeigen mit aller Deutlichkeit, daß eine
Frau wie Ambrosina sich im Laufe ihres Lebens eine große Anzahl von
Feinden und vor allem von Neidern schuf, die nur darauf warteten, ihr
endlich schaden zu können. Ehrbare Frauen aus der Nachbarschaft
beeilten sich zu versichern, daß sie «eine übel beleumdete Frau»[31] sei
und berichteten, daß sie ihren erstaunlichen und neiderregenden Erfolg
bei Männern mit Zaubermitteln erreicht habe. Den einen zufolge
benützte Ambrosina geweihtes Salböl, welches sie auf ihre Lippen
strich, so daß der Mann, den sie erobern wollte, «sich in sie verliebte
sobald er sie nur küßte»[32]. Andere wiederum erklärten, sie hätte geheime Mittel, um zu bewirken, daß jeder Mann, der nur ein einziges
Mal mit ihr geschlafen habe, sie nicht mehr zu verlassen imstande sei[33].
Um Angelo del Bufalo an sich zu binden, hätte sie sogar zu wiederholten Malen Beschwörungen mit einem Totenkopf vorgenommen, den sie
zu diesem Zweck nachts in eine Mulde des Herdfeuers gelegt habe[34].
Auch anderen Frauen, so hieß es, habe Ambrosina mit ihren Hexenkün-
sten geholfen, die Gunst von abtrünnigen Ehemännern oder Liebhabern
zurückzugewinnen[35]. Selbst die Tatsache, daß sie des öfteren von
Frauen besucht wurde, mit denen sie sich so unterhielt, daß die Die-
nerschaft nicht hören konnte, wovon die Rede war, wurde nun als Indiz
dafür gewertet, daß es in diesen Gesprächen um Zauberei ging[36].

Die Anschuldigungen, die gegen Ambrosina vorgebracht wurden,
hatten eine gewisse Tradition: Schon die antiken Autoren hatten den
Hetären nachgesagt, daß sie ihre Liebhaber mit Zauberkünsten an sich
zu fesseln suchten. Die Schriftsteller des 16. Jahrhunderts übernahmen
dieses Motiv und richteten ihre Vorwürfe mitunter sogar gegen
bestimmte Vertreterinnen dieser Zunft. Der Dichter Firenzuola beispielsweise behauptete in einem seiner Sonette von Ambrosinas hoch-
berühmter Kollegin Tullia d'Aragona, daß sie gemeinsam mit ihrer Mutter schwarze Magie zu Hilfe nahm, wenn sie einen neuen Liebhaber
gewinnen oder ihren Feinden Schaden zufügen wollte[37]. Auch im 1539
veröffentlichten «Ragionamento del Zoppino» wird den magischen
Praktiken, die Kurtisanen angeblich anzuwenden pflegten, breiter
Raum gewidmet. Unter den hier aufgezählten Hexereien finden sich
neben vielen anderen auch jene Methoden, denen Ambrosina angeblich
ihren Erfolg als Kurtisane verdankte: die nächtlichen Beschwörungen
mit Leichenteilen und das Bestreichen der Lippen mit geweihtem
Salböl[38].

Ob Ambrosina de Pironibus tatsächlich versucht hat, ihre Wirkung auf Männer durch Hexenkünste zu verbessern, kann schwer gesagt werden. Wenn es auch offensichtlich ist, daß sie vielen der Zeugen schon allein deshalb verdächtig erschien, weil sie äußerst begehrt war, so wäre es durchaus denkbar, daß sie tatsächlich die eine oder andere Beschwörungsart angewendet hätte. Auffallend ist jedoch, daß man sie erst in dem Moment dafür zur Rechenschaft ziehen wollte, in dem sie sich, ohne selbst über mächtige Beschützer zu verfügen, einflußreiche Feinde geschaffen hatte. Für Francesco de Leopardis jedenfalls war der Vorwurf der Zauberei ein wirksames Instrument, sich von seiner Feindin zu befreien, denn im Falle einer Verurteilung drohte Ambrosina die Verbannung aus dem Kirchenstaat[39].

Sämtliche Informationen, die wir über Ambrosina de Pironibus besitzen, entstammen den beiden Klagen, die sie selbst und Francesco de Leopardis beim Gericht des Governatore eingebracht hatten. Bedauerlicherweise wissen wir nicht einmal, ob es in einem der beiden Fälle im Anschluß an die Voruntersuchungen zu einem Prozeß gekommen war. Ambrosinas weiteres Schicksal bleibt daher völlig im Dunkel.

Maria Fasarga

Maria Fasarga wurde um 1560 in Spanien geboren. Daß sie keine gebürtige Römerin, ja nicht einmal Italienerin war, ist durchaus charakteristisch. Viele Ausländerinnen lebten ja als Kurtisanen in Rom, und unter diesen war die Gruppe der Spanierinnen die zahlenmäßig größte – eine Tatsache, die durch die starke politische und militärische Präsenz der Spanier in Italien leicht erklärbar ist. Über den Ort und das soziale Umfeld von Marias Herkunft ist nichts bekannt. Da aber schon um 1567, also zu einem Zeitpunkt, da sie noch ein Kind war, die schwarze Sklavin Anna in ihre Dienste trat, können wir annehmen, daß ihre Familie zumindest in bescheidenem Wohlstand lebte. Dennoch entschloß sie sich, aus unbekannten Gründen, im Alter von etwa 15 Jahren gemeinsam mit Anna Spanien zu verlassen, und nach Neapel zu ziehen. Neapel stand damals unter spanischer Herrschaft und war somit der ideale Ausgangspunkt für Spanier, die ihr Glück in Italien versuchen wollten. Spätestens seit 1578 war Maria dort als Ehefrau eines gewissen Pietro Narvarez, eines berufsmäßigen Spaßmachers, ansässig[40].

Bereits 1580 trennten sich jedoch die Wege des jungen Ehepaares: Pietro ging nach Mailand, Maria hingegen zog nach Rom, wo sie sich als Kurtisane niederließ. Daß sie eine verheiratete Frau war, schränkte ihre

Erfolgsmöglichkeiten in diesem Beruf keineswegs ein, sondern verschaffte ihr lediglich eine größere Bewegungsfreiheit, weshalb sie selbst jedem, der es hören wollte, erzählte, sie sei nach Rom gekommen, um ihren Mann hier zu erwarten. Wahrscheinlicher ist jedoch, daß sich die beiden für immer getrennt hatten, und daß Maria zu jener Gruppe von Frauen gehörte, die sich nach dem Scheitern ihrer Ehe entschlossen, Kurtisane zu werden. Sie bezog ein Haus mit Garten und zwei Eingängen in der «strada del popolo», der heutigen Via del Corso, nahe der Kirche San Giacomo. Sie wohnte also im Gebiet des «Hortaccio», dessen Mauern nach dem Tod von Pius V. abgerissen worden waren. Nun wurde dieses Viertel vor allem von spanischen Adeligen bewohnt, denen es offensichtlich nichts ausmachte, daß immer noch viele Kurtisanen hier lebten. Zu Marias Haushalt gehörten eine Dienerin Dorothea, zwei Diener namens Castro und Antonio und natürlich die schwarze Sklavin Anna. Ihr Personal entsprach damit vollkommen den Idealvorstellungen vom Haushalt einer «cortigiana onesta», von der man erwartete, daß sie mehrere Dienstboten beschäftigte, wobei das Vorhandensein eines schwarzen Angestellten als besonders vornehm galt[41]. Marias Haus wurde bald zu einem Treffpunkt für spanische Reisende, die die Dame des Hauses entweder noch aus Neapel kannten oder dort von ihr gehört hatten. Auch dies ist keineswegs ungewöhnlich: Den Kurtisanen kam im Gefüge der römischen Gesellschaft die wichtige Aufgabe zu, ihre Häuser Fremden zu öffnen, die dort Unterhaltung fanden und Kontakte knüpfen konnten. Mit ihren Freunden in Neapel blieb Maria durch Briefe in Verbindung. Ein gewisser Don Stefano di Pisa, der «Sergente Maggiore» von Neapel, bat sie sogar schriftlich, sich um eine andere spanische Kurtisane, Isabella Suarez, die eben nach Rom übersiedelt war, zu kümmern. Eine solche Vertraulichkeit setzt einen Kontakt voraus, wie ihn Don Stefano mit der Frau eines gewöhnlichen Spaßmachers unter normalen Umständen wohl kaum gepflogen hätte. Marias gute Kontakte zu hochgestellten Personen in Neapel und ihre offensichtlich gute finanzielle Lage sind Indizien dafür, daß sie schon vor ihrer römischen Zeit Kurtisane gewesen war.

Zwischen Maria Fasarga und Isabella Suarez sollte sich in der nächsten Zeit keine Freundschaft entwickeln, obwohl sie beide Spanierinnen waren und einen gemeinsamen Freundeskreis hatten. Ihr Verhältnis wurde vielmehr durch eine gewisse berufsbedingte Eifersucht und gegenseitige Abneigung getrübt. Als im April 1581 eines Nachts die Türen von Isabellas Haus in der Via Condotti in Brand gesteckt und ihre Fenster mit Steinen beworfen wurden, war sie daher überzeugt, daß Maria hinter diesem Anschlag steckte. Mehr noch, sie behauptete, Maria wäre persönlich unter den Attentätern gewesen, da Zeugen unter diesen auch eine schöne Frau in Männerkleidern gesehen haben wollten[42]. Isabella Suarez brachte in dieser Angelegenheit jedenfalls eine Klage gegen Maria Fasarga ein[43]. Maria kam so erstmals mit dem Gesetz in Konflikt und zwar auf eine Weise, die für Kurtisanen ausgesprochen charakteristisch ist. Zahllose Prozesse wurden im Laufe des 16. Jahrhunderts in Rom geführt, weil nächtens Türen in Brand gesteckt oder Fensterläden mit Steinen beworfen worden waren. Angeklagte oder Opfer, meist sogar beides, waren stets Kurtisanen[44]. Auch der Vorwurf, nachts in Männerkleidern, die zu tragen Frauen verboten war, durch die Stadt zu ziehen, wurde häufig gegen Kurtisanen erhoben.

Die Klage ihrer Rivalin bewirkte, daß Maria Fasarga in Untersuchungshaft genommen wurde. Dies entsprach der damals üblichen Gerichtspraxis, die auch bei Geistlichen und Adeligen diesbezüglich keine Ausnahme zu machen pflegte. Dennoch scheint Maria die Verhaftung peinlich gewesen zu sein, denn sie gab ihren Dienstboten Auftrag, diese vor eventuellen Besuchern zu verheimlichen. Als ein spanischer Edelmann Maria aufsuchen wollte, erhielt er daher vom Diener Castro die Auskunft, seine Herrin könne ihn nicht empfangen, weil sie noch schlafe. Als er wiederkam, hieß es, sie besuche gerade eine Tante, und erst beim dritten Mal fand er heraus, daß sie im Gefängnis war[45]. Selbstverständlich leugnete Maria beim Verhör jeden Zusammenhang mit dem Anschlag auf Isabellas Haus. Außerdem betonte sie, daß sie in ihrem ganzen Leben noch nie Männerkleider getragen hätte. Ansonsten sind die Informationen, die sie über sich selbst gab, äußerst spärlich: Wir erfahren lediglich, daß sie am Tag vor ihrer Verhaftung neapolitanische Freundinnen zum Mittagessen eingeladen und die Nacht dann mit einem Herrn namens Mario Contera verbracht hatte[46].

Etwas aufschlußreicher ist jedoch die Geschichte von der Entlassung ihrer Sklavin Anna, der vor Gericht große Bedeutung beigemessen wurde: Maria hatte Anna, die zu diesem Zeitpunkt immerhin schon seit vierzehn Jahren in ihren Diensten stand, im April 1581 aus dem Haus gejagt. Als Grund dafür gab sie an, daß Anna sie bestohlen hätte; diese hingegen behauptete, die Herrin hätte sie entlassen, «weil ich eines nachts ohne ihre Erlaubnis im Haus eines Spaniers namens Geronimo blieb»[47]. Was auch immer Annas Vergehen gewesen sein mag, die Entlassung war für sie jedenfalls eine Katastrophe. Da sie weder Geld noch Wertgegenstände besaß, mußte sie, um nicht zu verhungern, ihre Kleidungsstücke versetzen[48]. Die Nächte verbrachte sie bei verschiedenen Spanierinnen, die alle selbst bettelarm waren. Schlimmer als das soziale Elend war jedoch die Tatsache, daß Maria Annas zweijähriges Söhnchen bei sich zurückbehalten hatte und der Mutter jeglichen Kontakt zu ihrem Kind verweigerte. Natürlich versuchte Anna, Maria dazu zu bewegen, sie wieder einzustellen und bat tränenreich und mit beträchtlichem Pathos verschiedene Leute, für sie bei der Herrin zu intervenieren[49]. Daß sie bei Isabella Suarez ein offenes Ohr fand, dürfte einer der Gründe für deren Feindschaft mit Maria gewesen sein.

Die unversöhnliche Härte, mit der Maria ihre Dienerin, die immerhin ihre Gefährtin von Kindesbeinen an war, behandelte, muß für heutige Verhältnisse befremdend wirken. Man darf jedoch nicht übersehen, daß Anna als Sklavin ihrer Herrin zu absolutem Gehorsam verpflichtet war, und daß sich dem Verständnis der Zeit zufolge Marias Herrschaftsrechte auch auf die Kinder der Untergebenen erstreckten. Abgesehen davon wird wohl auch die Enttäuschung über einen Vertrauensbruch für die Strenge ihres Vorgehens ausschlaggebend gewesen sein. Jedenfalls zeigt uns diese Episode, daß Maria bereits als Zwanzigjährige eine damals vermutlich lebensnotwendige Härte entwickelt hatte, die auch vor den Personen ihrer nächsten Umgebung nicht Halt machte.

Es ist nicht überliefert, ob Maria des Anschlags auf Isabellas Haus für schuldig befunden wurde. Offensichtlich konnte man ihr jedoch nichts nachweisen, denn sie lebte in der folgenden Zeit weiter unbehelligt in Rom. Ein Jahr später, im Mai 1582, kam es in Marias Haus in der Via del Corso zu einer Gewalttat: Mario Contera, der bereits im Prozeß von 1581 als ihr Liebhaber genannt wurde, hatte dort, gemeinsam mit seinem Diener, den Diener eines Abtes ermordet[50]. Es ist anzunehmen, daß es sich dabei um ein Eifersuchtsdrama handelte, wie es in Häusern von Kurtisanen immer wieder vorkam. Darüber hinaus zeigt uns dieser Vorfall, daß Maria, so wie alle wirklichen Kurtisanen, mit ihren Kunden langandauernde Verhältnisse unterhielt[51]. Kurz nachdem sich dieser Mordfall ereignet hatte, im Juli 1582, taucht Marias Name wieder in den Gerichtsakten auf: Sie mußte eine Geldstrafe zahlen, weil sie in einer Kutsche gefahren war, was Kurtisanen ja bekanntlich untersagt war[52]. Tatsächlich hatte sich Maria seit ihrer Ankunft in Rom ganz ungeniert über dieses Verbot hinweggesetzt. In ihrem Stadtteil war sie allgemein dafür bekannt, daß sie häufig in der Kutsche ausfuhr, und selbst vor Gericht gab sie zu Protokoll, daß sie die Kutsche verwendete, um in die Kirche zu fahren oder Besuche zu machen[53]. Offensichtlich hatte sie darauf vertraut, daß man ihr als verheirateter Frau deswegen keine Schwierigkeiten machen würde. Die Höhe der Strafe, die sie schließlich doch zu bezahlen hatte, ist ein weiterer Beweis für Marias außerordentlichen Wohlstand: Man verlangte nicht weniger als 300 Scudi von ihr, was etwa dem Jahreseinkommen eines höheren Beamten entsprach.

Damit verliert sich Marias Spur. Erst vierzehn Jahre später, im Juli
1596, wurde sie wieder zur Protagonistin eines Prozesses, der jedoch mit
so großer Gründlichkeit geführt wurde, daß er uns erlaubt, den Verlauf
der vergangenen Jahre zumindest teilweise zu rekonstruieren[54]. Irgendwann zwischen 1582 und 1589 dürfte Maria sich entschlossen haben,
Rom wieder zu verlassen. Vermutlich war diese Entscheidung erst nach
1585 gefallen, als durch den Regierungsantritt des sittenstrengen Papstes Sixtus V. Peretti wieder schlechtere Zeiten für Kurtisanen anbra-
chen. Vor allem in den ersten Wochen des Pontifikats Perettis, als sich
noch nicht abschätzen ließ, ob er in seinem Reformeifer nicht ähnlich
weit gehen würde, wie sein Freund und Vorgänger Pius V., verließen
viele Kurtisanen fluchtartig die Stadt – sehr zum Mißfallen der römischen Bevölkerung[55]. Daß auch Maria unter ihnen war, ist durchaus
wahrscheinlich. Auf alle Fälle lebte sie spätestens seit 1589 wieder in
Neapel, wo sie in ihrer Wohnung «im Spanierviertel, vor der Kirche
Sant'Anna»[56] weiterhin den Beruf einer Kurtisane ausübte. Obwohl
Neapel einer Kurtisane nicht annähernd dieselben Möglichkeiten bot
wie Rom, dürfte es ihr auch hier nicht schwer gefallen sein, sich einen
Kunden- und Freundeskreis aufzubauen, da sie die Kontakte mit ihren
neapolitanischen Freunden auch während ihrer römischen Zeit durch
Briefwechsel aufrechterhalten hatte[57]. Tatsächlich zählten nach wie vor
Aristokraten und Geistliche zu ihren Verehrern, und man darf annehm-
men, daß ihre Geschäfte weiterhin gut gingen. Allerdings war Maria um
1590 mit etwa dreißig Jahren für damalige Verhältnisse bereits eine
alternde Frau, die beginnen mußte, sich nach einer Altersversorgung
umzusehen. Das bedeutete, auch für eine Kurtisane, daß sie versuchte
zu heiraten oder in ein Kloster einzutreten, vorausgesetzt natürlich, sie
konnte die entsprechende Mitgift aufbringen[58].

Für Maria schien sich dieses Problem aufs Schönste zu lösen, als sie
den wesentlich jüngeren und sehr reichen spanischen Adeligen Don
Rodrigo Francos de Luna kennenlernte. Er verliebte sich derart in die
Kurtisane, daß er sich entschloß, sie trotz ihrer Vergangenheit und trotz
ihres Alters zu heiraten. Dieser Entschluß war um so pikanter, als Maria
zuvor bereits mit zweien seiner Brüder ein Verhältnis gehabt hatte. Die
Nachricht von der bevorstehenden Vermählung löste allgemein heftige
Reaktionen aus. Die einen behaupteten, die alternde Kurtisane habe den
Jüngling durch Zauberkraft dazu gebracht, sie heiraten zu wollen[59],
während die anderen sich nun erinnerten, daß Maria eigentlich ja schon
verheiratet war. Vom Ehemann Pietro Narvarez, der als verschollen galt,
wurde kolportiert, er hätte erklärt, er werde selbst zwar keine Ehe mehr
eingehen, weil er ja schon verheiratet sei, Maria könne aber dennoch

machen, was sie wolle[60]. Allerdings dürfte es keine stichhaltigen Beweise dafür gegeben haben, daß er tatsächlich noch am Leben war, denn sonst wäre es ein leichtes gewesen, die Hochzeit zu vereiteln. Obwohl sogar der spanische Vizekönig versuchte, die Eheschließung zu verhindern[61], ließ Rodrigo sich nicht von seinem Vorhaben abbringen und heiratete Maria 1595 in Gaeta[62]. Er habe sie zu seiner Frau gemacht, «weil dies Gottes und mein eigener Wille war»[63], erzählte er später.

Unmittelbar nach der Hochzeit zog das Paar nach Rom[64]. Vermutlich lebte es sich dort angenehmer als in Neapel, wo der Fall ja immer noch zum Tagesgespräch gehörte. Maria und Rodrigo bezogen nun ein Haus an der Piazza Colonna, wo sie mit zwei Dienern, einer Dienerin, einer schwarzen Sklavin und deren Töchterchen ein zurückgezogenes Leben führten. Das untadelige Verhalten der Ehefrau, die auch in Rom vielen noch als Kurtisane in Erinnerung war, wurde allgemein anerkannt[65]. Sie selbst sagte, es sei zwar richtig, «daß ich zu früherer Zeit eine dieser Welt zugewandte Frau war, aber ich habe mich dann zurückgezogen, um diesen Mann zu heiraten und Gott zu dienen»[66]. Das weltgewandte Leben einer Kurtisane hätte sie zu diesem Zeitpunkt allerdings schon aufgrund ihrer schlechten Gesundheit nicht mehr führen können. Sie hatte sich nämlich, was bei ihrem Beruf nicht verwunderlich ist, ein Unterleibsleiden zugezogen, weshalb sie in ständiger ärztlicher Behandlung war[67]. Die Krankheit fesselte sie die meiste Zeit ans Haus, so daß sie nur noch ausging, um die Messe zu besuchen[68]. Die Tatsache, daß Maria nun das ehrbare Leben einer verheirateten Frau führte, war offensichtlich kein Hindernis, um -in allen Ehren- alte Freundschaften wieder aufleben zu lassen: Ehemalige Verehrer, wie der Priester Blasio Suarez, oder sogar einstige Liebhaber, wie Gironimo Gomezvela, zählten häufig zu den Gästen des Hauses, ohne daß Ehemann oder öffentliche Meinung daran Anstoß nahmen[69].

Marias Eheglück sollte jedoch nur von kurzer Dauer sein, denn in der Zwischenzeit hatte Don Rodrigos Mutter in Spanien von der Mesalliance ihres Sohnes erfahren. Entsetzt über diese Nachricht und sichtlich besorgt um die Ehre der Familie, beauftragte sie ihren in Sizilien weilenden Sohn Don Giovanni de Robles, sich der Sache anzunehmen. Sie hätte keinen eifrigeren Verfechter ihrer Anliegen finden können, denn dieser war nicht nur als Halbbruder des Ehemanns über die Befleckung der Familienehre bestürzt, sondern überdies als einer der ehemaligen Liebhaber Marias auch in seiner persönlichen Ehre gekränkt. Nur so läßt sich der unversöhnliche Haß erklären, mit dem er die beiden von nun an verfolgte. In Neapel sammelte er zunächst eine größere Menge vermutlich gefälschter Zeugenaussagen, die beweisen

sollten, daß Maria «Vielmännerei» betrieb. Dann reiste er nach Rom, wo
er zunächst versuchte, seinen Bruder «im Guten» davon zu überzeugen,
daß es ein großes Unrecht gegen die Familie gewesen sei, eine «öffentliche Hure»[70] zu heiraten und daß er diesen Schritt rückgängig machen
müsse. Außerdem drohte er, daß man Rodrigo andernfalls seine Einkünfte entziehen, und daß er selbst, Giovanni, dann sein schlimmster
Feind werden würde[71]. Es war jedoch zwecklos! Rodrigo wies alle Vorhaltungen seines Bruders empört zurück und betonte, daß er Maria nie
ein solches Unrecht zufügen würde, sondern sie im Gegenteil stets als
seine «hochgeschätzte Ehefrau» behandeln wollte[72]. Nach diesem
Mißerfolg versuchte Don Giovanni, Maria selbst zum Verzicht auf ihren
Mann zu bewegen, indem er ihr die enorme Summe von zwei- bis dreitausend Scudi bot; ein Angebot, das sie sofort ablehnte[73]. Nachdem alle
Versuche, die Auflösung der Ehe «im Guten» durchzusetzen, geschei-
tert waren, sann Don Giovanni auf andere Mittel, die verhaßte Schwägerin loszuwerden: Maria mußte verschwinden, und er machte kein
Geheimnis daraus, daß er sie wenn nötig mit Gewalt aus dem Weg räumen wollte. Auch Rodrigo und Maria wußten um den Ernst der Lage:
Giovanni selbst hatte ihnen gegenüber derartige Drohungen ausgesprochen, und von Freunden aus Neapel erhielten sie brieflich die Nachricht, daß ein gedungener Mörder nach Rom unterwegs sei, um Maria
zu beseitigen. Während Maria also in ständiger Angst vor Giovannis
Meuchelmördern lebte, griff dieser zu einem teuflischen Trick, der ihm
helfen sollte, die Frau seines Bruders doch noch auf «legale» Weise
loszuwerden: Er behauptete ganz einfach, sie hätte versucht, ihn
umzubringen, und brachte eine entsprechende Klage beim Gericht des
Governatore ein.

Aufgrund dieser Klage kam Maria am 4. Juli 1596 im Gefängnis von
Tor di Nona in Untersuchungshaft. Schon fünfzehn Jahre zuvor war sie
hier eingesperrt gewesen, als man sie wegen des Anschlags auf das
Haus der Isabella Suarez verdächtigt hatte. Damals war sie sehr glimpf-
lich davongekommen, da man ihr nichts hatte beweisen können. Diesmal aber sollte es ihr wesentlich schlechter ergehen, obwohl sie vermutlich unschuldig war. Der Anklage zufolge hatte Maria oder jemand
anderer von einem Fenster aus einen Schuß auf Don Giovanni abge-
feuert, als dieser an ihrem Haus vorbeiging. Zwar war zu dem angegebenen Zeitpunkt tatsächlich ein deutlich hörbarer Schuß gefallen, um
den sich aber niemand gekümmert hatte, da es, wie die Anrainer versi-
cherten, in dieser Gegend üblich war, auf Tauben zu schießen. Niemand
hatte gesehen, wer den Schuß abgab, und da auch niemand verletzt
wurde, stand die Klage auf sehr wackeligen Beinen. Immerhin: Gio-

vanni de Robles hatte erreicht, daß Maria ins Gefängnis mußte und daß
bei den nun einsetzenden Untersuchungen auch die Frage der Gültig-
keit ihrer Ehe wieder aufgerollt wurde. Für Rodrigo war dies der Moment, endgültig mit seinem Bruder zu
brechen. Er weigerte sich, Don Giovanni zu treffen, und wettete sogar
um zweitausend Scudi, daß er nie wieder mit ihm sprechen würde.
Auch Marias alte Freunde Gironimo Gomesvela und Blasio Suarez
bewiesen nun ihre Treue: Tag und Nacht steckten sie beisammen, wie
Giovanni bissig berichtete, um zu überlegen, wie man sie verteidigen
und ihren Schwager zur Raison bringen könnte[74]. Trotz all dieser Treue-
beweise konnte Maria sich nicht in Sicherheit wiegen. Im Gegenteil: Als
man ihr im Gefängnis das -zweifelsohne falsche- Gerücht hinterbrachte,
daß ihr Ehemann sich mit seinem Bruder «geeinigt» hätte[75], stieg ihre
Todesangst ins Unermeßliche. Ihre Befürchtungen waren nur zu
begründet, da die Mordabsichten ihres Schwagers zu diesem Zeitpunkt
bereits allgemein bekannt waren. Aus Neapel schrieben ihr zwei ehemalige Dienerinnen, «daß sie nur das essen sollte, was ihr Personen
bringen, denen sie vertrauen könnte, denn in Neapel wäre allgemein
bekannt, daß die Verwandten von Herrn Rodrigo Frau Maria vergiften
wollten»[76]. Aus Angst, vergiftet zu werden, ließ sie sich nun nicht mehr,
wie bei wohlhabenden Häftlingen üblich, das Essen von zuhause kommen, sondern beauftragte den Gefängniswärter, es auswärts für sie zu
kaufen. Offensichtlich verringerten sich ihre Bedenken mit der Zeit,
denn schließlich ließ sie sich ihre Mahlzeiten doch wieder von einem
vertrauten Diener bringen. Damit beging sie einen schwerwiegenden
Fehler: Sowohl Maria, als auch zwei weitere Frauen, Claudia del Bufalo
und die Kurtisane Paola Veneziana, die mit ihr zusammen in der Haft
zwei Zimmer teilten, wurden Ende Juli 1596 plötzlich von einer seltsamen Krankheit befallen. Da alle drei zuvor gesund gewesen waren, und
da sie sich angewöhnt hatten, stets gemeinsam zu essen und Lebensmittel und Getränke untereinander auszutauschen, kam sofort der Verdacht auf, es handle sich um eine Vergiftung. Diese Vermutung wurde
auch von Marias Hausarzt, dem «Fisico» des Kardinals von Aragon,
geteilt, der nun gerufen wurde, um die Kranken zu untersuchen. Die
Symptome der Krankheit waren permanentes Fieber mit abwechseln-
den Anfällen von Hitze und Schüttelfrost, Atemnot verbunden mit
Herzbeschwerden, häufiges Erbrechen, ein Brennen der Hand- und
Fußflächen, Ohnmachtsanfälle, Kopfschmerzen, eine schwarze Zunge
und ein außergewöhnlicher Durst[77]. Während ihre beiden Leidensge-
fährtinnen aus der Haft entlassen wurden und somit in häusliche Pflege
kamen (wo zumindest eine von ihnen, Paola Veneziana, am 3. August

1596 starb), war Marias Untersuchung noch nicht abgeschlossen, weshalb sie im Gefängnis bleiben mußte. Auf die Bitte des besorgten Ehemanns nahm sich nun ein ebenfalls in Untersuchungshaft befindlicher spanischer Adeliger, Giovanni Garzia Jobe, den Maria schon seit über zehn Jahren kannte, der Kranken an. Er besuchte sie, sprach mit ihr und kam allen ihren Wünschen nach, «so als wäre ich ihr Diener, und all das tat ich aus Mitleid»[78].

Obwohl sie von ihrem Arzt mit den im Falle von Vergiftungen üblichen Medikamenten behandelt wurde, verschlechterte sich Marias Zustand so sehr, daß sie beschloß, ihr Testament zu machen. Garzia Jobe, der dabei als Zeuge fungieren sollte, konnte gerade noch verhindern, daß Giovanni de Robles, der seinen Triumph sichtlich voll auskosten wollte, bei dieser Gelegenheit in das Zimmer der todkranken Frau eindrang. Selbst jetzt, da Maria kaum noch Überlebenschancen hatte, blieb der Haß ihres Schwagers ungebrochen. Als Don Rodrigo sich angesichts der hoffnungslosen Lage bemühte, die Entlassung seiner Frau in häusliche Pflege zu erreichen, protestierte Giovanni de Robles und forderte, daß ihr Zustand erst durch einen von ihm selbst bestimmten Arzt untersucht werden müsse. Als sogar dieser feststellte, daß Maria in Todesgefahr sei, wurde sie schließlich trotz der Proteste von Don Giovanni gegen eine Kaution von 1000 Scudi freigelassen. Nach fast einmonatiger Untersuchungshaft wurde die todkranke Frau in einem Tragsessel, begleitet von ihrem Mann und dem Freund Garzia Jobe, aus dem Gefängnis gebracht. Nur einen Tag später, am dritten August 1596, war Maria Fasarga tot. Ein Drama, das monatelang die spanische Kolonie in Rom in Atem gehalten hatte, hatte damit seinen traurigen Höhepunkt erreicht. Das plötzliche Ende Maria Fasargas wurde zum Tagesgespräch der Stadt. Auf offener Straße wurde der Fall diskutiert, und niemand zweifelte daran, daß sie im Auftrag von Don Giovanni vergiftet worden war[79]. Für einen Giftmord sprach vor allem, daß auch Marias bedauernswerte Tischgenossinnen von der selben Krankheit befallen worden waren, und daß zumindest eine von ihnen am gleichen Tag wie sie daran gestorben war. Rodrigo war überdies der Meinung, daß sein Bruder solcherart nicht nur seine Frau, sondern auch ihn selbst hatte töten wollen, «um in den Genuß meines Vermögens zu kommen, das größer ist als seines»[80].

Don Rodrigo Francos de Luna klagte nun seinen eigenen Bruder des Mordes an seiner Frau an, worauf Don Giovanni in Untersuchungshaft genommen und in den Gefängnissen von Torre Savella inhaftiert wurde. Obwohl bei der Obduktion von Marias Leiche keine eindeutigen Spuren von Gift festgestellt werden konnten, standen die Dinge wohl schlecht für ihn. Zu deutlich hatte er seinen Haß gegen Maria zur Schau getragen und zu vielen seine Mordabsichten kundgetan. Man erzählte sich sogar, er hätte einem ihrer Diener seine goldene Kette versprochen, falls er ihm die Nachricht vom Tod seiner Herrin brächte. Dennoch wissen wir nicht, ob er den Mord an seiner Schwägerin jemals gestand und ob er dafür zur Rechenschaft gezogen wurde. Die nur lückenhaft überlieferten Prozeßakten geben darüber keinen Aufschluß.

Keine vierzehn Tage nach Marias traurigem Ende wurde ihr beweglicher Besitz auf dem Platz vor San Ambrogio[81] öffentlich verkauft[82]. Ob es sich dabei um einen Akt der Pietätlosigkeit seitens ihres Ehemannes handelte oder ob dieser lediglich so schnell wie möglich seine Zelte in Rom abbrechen wollte, um nicht länger am Ort des Dramas verweilen zu müssen, sei dahingestellt.

Anhang

Zur Forschungssituation

Die bisherige wissenschaftliche Auseinandersetzung
mit dem Kurtisanenphänomen

»Über die großen Hetären von Rom, von Florenz und von Venedig hat man bis jetzt stets die gleichen Dinge wiederholt, die man mehr oder weniger sorgfältig aus den bekanntesten Quellen herausgelesen hat: aus den Liebesgedichten, den Komödien und den Novellen. Ein unmittelbares Dokument über das Leben, über die Art und Weise, wie diese Frauen fühlten und dachten und ein überzeugender Beweis ihrer Kultur wurde bis jetzt noch nicht hervorgebracht«[1]. Diese Worte, die der italienische Historiker Ferrai 1884 im Vorwort der Edition einiger von ihm entdeckter Briefe florentinischer Kurtisanen schrieb, haben bis heute ihre Gültigkeit bewahrt. Die Literatur, die in den letzten 120 Jahren über die italienischen und namentlich über die römischen Kurtisanen veröffentlicht wurde, ist zwar zahlreich, aber ohne besondere Aussagekraft. Kaum einer der Autoren hatte sich die Mühe gemacht, in den italienischen Archiven nach Spuren der Kurtisanen zu suchen, weshalb man sich fast ausschließlich auf die von Ferrai genannten Quellen stützte. Das Bild, welches uns von der bisherigen Literatur zu diesem Thema vermittelt wurde, ist daher vor allem ein Spiegel des Echos, welches das Phänomen Kurtisane in der Literatur des 16. Jahrhunderts fand, nicht aber ein Spiegel der tatsächlichen Lebensumstände der betroffenen Frauen.

Ferrais Kurtisanenbriefen folgten in den achtziger Jahren des vorigen Jahrhunderts drei weitere quellenbezogene und entsprechend wertvolle Veröffentlichungen durch routinierte Historiker: Antonio Bertolotti veröffentlichte 1887 in einem Artikel jene Berichte, in denen die mantuanischen Gesandten des 16. Jahrhunderts ihre Fürsten über die päpstlichen Maßnahmen gegen die Prostitution auf dem Laufenden hielten[2]. Arturo Graf widmete 1888 ein Drittel seines Buches «Attraverso il Cinquecento» dem Phänomen der italienischen Kurtisanen und einer Biographie der venezianischen Dichterin und Kurtisane Veronica Franco[3]. Im gleichen Jahr brachte Vittorio Cian unter dem Titel «Galanterie italiane del secolo XVI» mehrere Artikel heraus, in denen er verstreutes Archivmaterial über Kurtisanen verarbeitete[4]. Erst 1940 folgte mit Umberto Gnolis Artikelserie «Cortigiane della Rinascenza» eine weitere ernstzunehmende und quellenbezogene Studie zu diesem Thema. Alle späteren Untersuchungen haben sich, meist ohne ihre Informationsquellen auszuweisen, auf diese Autoren gestützt.

Der Reigen populär- und pseudowissenschaftlicher Veröffentlichungen über die Kurtisanen des 16. Jahrhunderts wurde 1894 durch Emanuel Rodocanachi eröffnet. Rodocanachi, der ansonsten durchaus ein ernstzunehmender Historiker war, betrachtete sein Buch «Courtisannes et bouffons» offenbar als kommerzielles Nebenprodukt seiner Forschungen über das Rom der frühen Neuzeit. Dem Kenner der Materie ist es ein Leichtes, bei der Lektüre dieses Buches festzustellen, welche Dokumente über Kurtisanen Rodocanachi, vermutlich auf der Suche nach Quellen zu anderen, «ernsteren» Themen, gesehen haben muß. Aus dem Gedächtnis oder aufgrund völlig unzureichender, flüchtiger Notizen nahm er diese Informationen in sein Buch auf, wo sie dann entsprechend fehlerhaft wiedergegeben wurden[5]. Auf Quellenangaben verzichtete er fast zur Gänze; wo er sie machte, sind sie derart fehlerhaft, daß sie beinahe wertlos sind[6]. Seine Hauptquellen sind aber die Schriften der Autoren des 16. Jahrhunderts, deren Aussagen er, wiederum ohne Quellenangaben, als historisch erwiesene Tatsachen darstellt. Die Ungenauigkeit seiner Arbeitsweise kann man wohl am besten daran nachvollziehen, daß er seitenweise von Pius IV. spricht, tatsächlich aber niemand anderen als dessen Nachfolger Pius V. meinen kann[7]. Rodocanachis Buch, das 1927 in italienischer Übersetzung erschien und zuletzt 1983 neu aufgelegt wurde, wurde zu einer der Hauptquellen, aus der spätere Autoren für dieses Thema schöpften. Der Deutsche Alfred Semerau scheute sich nicht, in seinem 1910 erstmals veröffentlichten Buch «Die Kurtisanen der Renaissance» ganze Passagen aus Rodocanachis Werk in fast wörtlicher Übersetzung zu übernehmen[8].

In neuerer Zeit sind drei Publikationen über Kurtisanen erschienen, die in der Literatur gerne zitiert werden: Georgina Masson veröffentlichte 1975 in London «Courtesans of the Italian Renaissance». Ihr Buch, das sich auf die oben zitierten Werke stützt und auf jegliche Quellenangabe verzichtet, wurde ins Italienische und sogar ins Deutsche übertragen. Der Franzose Larivaille, der sich intensiv mit dem Werk von Pietro Aretino befaßt hatte, brachte 1975 in Paris sein Buch «La vie quotidienne des courtisanes en Italie au temps de la Renaissance» heraus. Es wurde 1983 ins Italienische übersetzt und seither mehrfach aufgelegt. Er schöpfte vor allem aus seiner guten Kenntnis der Schriften Aretinos und anderer zeitgenössischer Autoren. Quellenangaben finden sich bei ihm nur willkürlich. Zuletzt erschien 1987 in New York Lynne Lawners «Lives of the Courtesans. Portraits of the Renaissance», das 1988 auch in italienischer Übersetzung auf den Markt kam. Allen diesen Autoren ist gemeinsam, daß sie auf eigenes Quellenstudium verzichteten und kritiklos die oft fehlerhaften Aussagen aus älteren Werken übernahmen. Der unterschiedliche historische Quellenwert von Archivmaterial und zeitgenössischen Publikationen wurde von ihnen nicht berücksichtigt. Ihre Darstellung des Kurtisanenwesens ist daher, in unterschiedlichem Ausmaß, eine Aneinanderreihung oft wiederholter Klischees. Georgina Masson beispielsweise verblüfft ihre Leser durch die Behauptung, daß der Humanist Filippo Beroaldo, der spätere Kardinal Giacomo Sadoleto und der Kardinal Giulio de'Medici, der künftige Papst Clemens VII., Liebhaber der berühmten Kurtisane Imperia gewesen seien[9]. Weder in den Quellen, noch in der Literatur finden sich Aussagen, die eine solche Vermutung rechtfertigen könnten; denn daß Beroaldo in einem Gedicht Giulio de'Medici aufgefordert hatte, Imperia und einige Freunde zu einem Fest einzuladen[10], ist kein historischer Beleg für solche Behauptungen. Weniger ungenau sind die Werke von Larivaille und Lawner, die die Literatur des 16. Jahrhunderts gründlich aufarbeiten, sich aber mangels anderer Quellen ebenfalls in der Wiederholung von Klischees erschöpfen. Vor allem Lawner erliegt in ihrem Buch häufig der Versuchung, das Kurtisanenphänomen stark zu idealisieren und zu verherrlichen[11]. Daß sie Aussagen, die männliche Schriftsteller des 16. Jahrhunderts Kurtisanen in den Mund legten, als Quellen für das Denken und Fühlen dieser Frauen ansieht, ist eine weitere deutliche Schwäche ihrer Arbeit.

Ungenauigkeit und Oberflächlichkeit sind seit Rodocanachi die Merkmale der Auseinandersetzung mit dem Kurtisanenphänomen. Das trifft auch auf die vorerst jüngste Veröffentlichung zu diesem Thema, den Artikel über «Camilla la Magra, Prostituta romana» von Elizabeth Cohen zu. Sie bezieht sich auf zwei Prozesse, die 1559 vor dem Governatore di Roma ausgetragen wurden und deren Protagonistin die Kurtisane Camilla Senese alias «la Magra» gewesen war[12]. Da Cohen nicht versuchte, die beteiligten Personen zu identifizieren, entging ihrer Aufmerksamkeit, daß zu Camillas Freundeskreis Paolo Giordano Orsini, der künftige Herzog von Bracciano und Schwiegersohn des Herzogs von Florenz, die mächtigen Grafen Sforza di Santa Fiore, mütterlicherseits Enkel Papst Pauls III, und Marcantonio Borghese, der erste bedeutende Vertreter dieses Hauses, gehörten[13]. Sie vertritt daher die Ansicht, daß Camilla keine große Kurtisane, sondern lediglich eine bessere Prostituierte gewesen sei. Diese Fehlinterpretation ist um so erstaunlicher, als Cohen selbst zu bedenken gibt, daß man den sozialen Status einer Kurtisane nur dann bestimmen kann, wenn man imstande ist, ihre Kunden zu identifizieren[14]. Ihre Deutung der im Prozeß geschilderten Geschehnisse geht daher von ganz falschen Voraussetzungen aus und muß fehlerhaft bleiben. Die Interpretation einer einzigen Quelle ohne die Kenntnis umfangreichen Vergleichsmaterials, wie sie hier versucht wurde, ist bei einem derart komplexen Thema an sich schon fragwürdig.

Zum Quellenwert der zeitgenössischen Literatur

Die meisten der besprochenen Werke, zuletzt vor allem die Arbeit von Lynne Lawner, verwendeten die überaus reichhaltige literarische Produktion des 16. Jahrhunderts über Kurtisanen und Erotik als Hauptquelle für ihre Untersuchungen. Daß die wissenschaftliche Auseinandersetzung mit dem Kurtisanenphänomen nicht an der Fülle literarischer Zeugnisse zu diesem Thema vorbeigehen kann, ist selbstverständlich; sich ausschließlich auf diese Quellen zu stützen, ist allerdings sehr problematisch.

Die Literatur des 16. Jahrhunderts, die sich mit dem Themenkreis käufliche Liebe und Erotik auseinandersetzt, gehört ausnahmslos zur Gruppe der Unterhaltungsliteratur: Komödien, Dialoge, Gedichte und fingierte Briefe zu diesem Thema sollten ihr Publikum nicht etwa erbauen oder zum Nachdenken anregen, sondern unterhalten. Das Mittel, das die Autoren zur Erreichung dieses Zieles einsetzten, ist eines der ältesten Prinzipien der Komik: die groteske Übersteigerung. Wer Alltägliches wirklichkeitsgetreu darstellt, wird seinen Leser langweilen. Wer hingegen allgemein Bekanntes verzerrt und übersteigert, reizt zum Lachen. Dieses Prinzip machte sich Pietro Aretino zu eigen, wenn er in seinen «Kurtisanengesprächen» die wildesten Gruppensex-Orgien ausgerechnet in einem Nonnenkloster spielen läßt. Hätte er die gleichen Szenen in einem Bordell angesiedelt und die beteiligten Personen nicht als Mönche und Nonnen, sondern als Prostituierte und deren Kunden dargestellt, so hätten sie viel an Unterhaltungswert eingebüßt. Aus Aretinos Darstellung den Schluß ziehen zu wollen, daß es tatsächlich in allen Nonnenklöstern derart freizügig zugegangen sei, wäre schon aus diesem Grund unzulässig. Die für den Historiker interessante Botschaft liegt lediglich darin, daß er mit dieser bewußten Verzerrung nur ein reales Problem seiner Zeit, die Unmoral des geistlichen Standes und die moralischen Verfehlungen in einzelnen Frauenklöstern, anprangerte. Nur im Verein mit anderen Quellen läßt sich eine solche Botschaft richtig interpretieren und zu einem anschaulichen Bild zusammenfügen.

In den Werken jener Autoren des 16. Jahrhunderts, die sich mit dem Phänomen «Kurtisane» befaßten, stoßen wir meist auf folgende Motive: Die Tricks, mit denen die Kurtisanen Schönheitsfehler verdecken und Vorzüge ihres Körpers ins rechte Licht rücken; die Zauberkünste, mit denen sie ihre Liebhaber an sich fesseln; ihre Geldgier, die sie dazu bringt, ihre Kunden skrupellos auszunehmen und selbst widerwärtige Männer zu ertragen, wenn die Bezahlung stimmt; ihr übertriebener Hang zum Luxus; die verliebte Kurtisane, der ihre Leidenschaft nur Unglück bringt; das Loblied auf die edle und gebildete Kurtisane; ihr damenhaftes Auftreten in der Öffentlichkeit und schließlich das Elend, das selbst berühmte Kurtisanen im Alter erwartet. All diese Motive sind jedoch keine Erfindung des 16. Jahrhunderts, sondern jene Topoi, die schon in der mittleren attischen Komödie für die Darstellung von Hetären charakteristisch waren und die später in den Werken Menanders (342–292 v. Chr.) und Lukians (um 120–185 n.Chr.) zu tragenden Elementen der Komik wurden[15]. Der Einfluß antiken Schriftguts auf die italienischen Autoren der Renaissancezeit darf also auch hier nicht unterschätzt werden. Vor allem dem Satiriker Lukian, der sich bei den größten Köpfen des Humanismus besonderer Beliebtheit erfreute und dessen «Hetärengespräche» 1496 in Florenz gedruckt worden waren, kommt eine direkte Vorbildfunktion zu. Pietro Aretino, dessen «Kurtisanengespräche» das bedeutendste Werk der erotischen Literatur des 16. Jahrhunderts sind, steht in unmittelbarer Nachfolge Lukians. Die Wahl der Dialogform, der dargestellten Motive und sogar die kraftvoll-ordinäre Sprache seiner «Kurtisanengespräche» sind ohne das Vorbild Lukians kaum denkbar. Wer den gewagten Versuch unternehmen möchte, Aretinos Schriften als historische Quelle zu benutzen, muß sich dieses Einflusses bewußt sein und die damit verbundene Formelhaftigkeit vieler Motive ins Kalkül ziehen.

Dennoch wäre es falsch, der Literatur des 16. Jahrhunderts jeglichen Quellenwert abzusprechen. Autoren wie Pietro Aretino, Matteo Bandello und Francisco Delicado, um nur einige zu nennen, kannten das Ambiente der Kurtisanen und wußten genau, wovon sie schrieben. Wenn man also berücksichtigt, daß sie übertrieben, verzerrten und übersteigerten, und daß sie sich an antiken Vorbildern orientierten, kann man aus ihren Werken wertvolle Informationen über das zeitgenössische Bild von Kurtisanen schöpfen; über Gewohnheiten und Praktiken dieser Frauen und über die Gefahren und Vorteile ihres Berufes. Daß viele der Aussagen eines Aretino -in abgeschwächter Form- der tatsächlichen Situation von Kurtisanen entsprachen, hat in der vorliegenden Arbeit die Gegenüberstellung seiner Texte mit authentischen Berichten von Kurtisanen und ihren Zeitgenossen gezeigt.

Zuletzt muß noch darauf hingewiesen werden, daß die Autoren dieser Werke ausnahmslos Männer waren, die sich an eine gebildete männliche Leserschaft richteten. Was ihre Schriften uns vermitteln, ist daher auch ein anschauliches Bild der oft brutalen männlichen Sexualphantasien der frühen Neuzeit. Über die sexuellen Wünsche und Bedürfnisse von Frauen sagen sie jedoch nichts aus.

Die Quellen

Die vorliegende Arbeit beruht auf den Ergebnissen meiner fast vierjährigen Forschungstätigkeit in römischen Archiven. Von der Vielzahl unterschiedlichster Quellengattungen, aus der ich die Informationen herausgefiltert habe, die sich nun wie ein -immer noch unvollständiges- Mosaik zusammenfügen, seien hier nur die wichtigsten besprochen:

Die anschaulichste Quelle zu diesem Thema sind die Protokolle gerichtlicher Verhöre im Archivio di Stato di Roma (ASR, Processi). Ich habe sämtliche Prozesse des 16. Jahrhunderts, in denen Frauen als Beklagte auftraten, untersucht. Tatsächlich entpuppten sich viele dieser Frauen bei der Lektüre der Verhöre als Kurtisanen. Hinzu kamen jene Prozesse, bei denen es um typische «Kurtisanendelikte» ging, wie beispielsweise nächtliche Anschläge auf Häuser.

Ebenfalls wertvoll sind die Bände der «Investigazioni», wo alle eingehenden Anklagen registriert und erste Voruntersuchungen mit Verhören eingetragen wurden. Wegen des unglaublichen Umfangs dieses Fondo mußte hier eine stichprobenartige Auswahl getroffen werden: Ich untersuchte sämtliche Bände des ältesten vollständig erhaltenen Jahrgangs (1532) und eines Jahrgangs der Jahrhundertmitte (1555) auf die Präsenz von Kurtisanen, wobei alle Fälle aufgenommen wurden, an denen Kurtisanen beteiligt waren. Gelegentlich wurden auch andere Bände der «Investigazioni» untersucht, sofern dies in Ergänzung eines bestimmten Prozesses erfolgversprechend schien.

Die erhaltenen Originalurteile und die zugehörigen Registerbände wurden vollständig untersucht. Da aber alle Bestände nur sehr lückenhaft überliefert sind, war es in keinem einzigen Fall möglich, einem bestimmten Prozeß die jeweilige Anklage und/oder das entsprechende Urteil zuzuordnen.

Für das Jahr 1549 wurden die entsprechenden Bände sämtlicher Fondi des Tribunale criminale del Governatore untersucht, um die nötigen Vergleichsdaten für die richtige Einordnung der aus diesem Jahr erhaltenen Steuerliste für Kurtisanen zu beschaffen.

Vor allem die «Processi» und die «Investigazioni» sind eine Quelle von unschätzbarem Wert. In beiden Fällen wurden die Aussagen der verhörten Personen wortwörtlich, unter Beibehaltung jedes Fluchs und jedes Schimpfworts, niedergeschrieben. Wir haben es hier also mit den einzigen erhaltenen Quellen zu tun, wo zahlreiche Frauen, die man mit Sicherheit als Kurtisanen identifizieren kann, das Wort ergreifen. In ihrer eigenen Sprache erzählen sie von ihrem Alltag, ihren Gewohnheiten, ihren Freunden, ihren Kunden und ihren Sorgen und Problemen. Man kann hier natürlich zu bedenken geben, daß Personen, die vor Gericht aussagen, nicht unbedingt die Wahrheit erzählen müssen. Dieses Problem ist evident und muß bei einer Auswertung solcher Quellen natürlich berücksichtigt werden. Für unser Thema ist es aber nur bedingt relevant. Nicht die Frage, ob die Kurtisane X tatsächlich ihren Freund beauftragt hat, einen Anschlag auf das Haus der Kurtisane Y zu verüben, ist von Interesse, sondern wie sie es anstellt, ihrem Freund und sich selbst ein glaubwürdiges Alibi zu verschaffen. Wenn sie also beispielsweise sagt, sie habe ihr Haus nicht verlassen, weil sie zuerst ihre Haare wusch, dann eine Freundin zu Besuch kam und sie zuletzt mit einem Kunden schlief, so gibt sie uns damit eine glaubwürdige Schilderung dessen, was sich tatsächlich abgespielt haben könnte. Ob sie den fraglichen Tag wirklich so verbracht hatte oder ob sie nur diesen Anschein erwecken wollte, ist daher zweitrangig.

So wichtig und bedeutend diese Quellen auch sind, haben sie doch einen großen Nachteil: Die vollständige Überlieferung der «Investigazioni» beginnt nicht vor 1532, und der älteste erhaltene Prozeß, der für unser Thema von Interesse ist, stammt erst aus dem Jahr 1552 (Processi 17). Über das sogenannte «goldene Zeitalter» der Kurtisanen geben sie daher keinen Aufschluß.

In der Vatikanischen Bibliothek wird die größte erhaltene Sammlung sogenannter «Avvisi» des 16. Jahrhunderts aufbewahrt (BAV, Urb. lat.). Es handelt sich hiebei um jene Berichte, die von den «Menanti», Vorläufern der heutigen Journalisten, Woche für Woche in der Stadt zusammengetragen und dann an die ausländischen Botschafter, die sie regelmäßig an ihre Fürsten schickten, verkauft wurden. Die Menanti waren bei der Obrigkeit höchst unbeliebt, weil sie ihre Berichte stets anonym verfaßten und auch vor kritischsten Kommentaren nicht zurückschreckten. Da sie nicht nur politische und wirtschaftliche Themen, sondern auch solche des Tagesgeschehens bis hin zum Tratsch in ihre Berichte aufnahmen, sind die Avvisi eine der wertvollsten und lebendigsten Quellen zur römischen Alltagsgeschichte. Ihre erstaunliche Genauigkeit und Verläßlichkeit wurde von Delumeau glaubhaft nachgewiesen[16]. Für die vorliegende Arbeit wurden die entsprechenden Bände der Avvisi auf Berichte über Kurtisanen überprüft, wodurch sich wervolle Ergänzungen zu den Prozeßakten ergaben. Da der älteste Avvisi-Band aus dem Jahr 1554 stammt, beziehen sich die Informationen dieser wichtigen Quelle jedoch nur auf die zweite Hälfte des Jahrhunderts.

Anders verhält es sich im Archivio Capitolino, wo der Großteil der römischen Notariatsinstrumente des 16. Jahrhunderts aufbewahrt wird. Hier haben sich zahllose Dokumente aus den ersten beiden Jahrzehnten des 16. Jahrhunderts erhalten (AC, Archivio Urbano). Da dieser Fondo von mehreren hundert Bänden alphabetisch nach den Namen der einzelnen Notare geordnet ist, war ich auch hier auf die Durchführung von Stichproben angewiesen. Während bei vielen der untersuchten Notare keine sicher als Kurtisanen identifizierbaren Frauen stipulierten, fanden sich bei anderen geradezu sensationelle Urkunden, die erstaunliche Rückschlüsse auf die soziale Stellung der Kurtisanen des «goldenen Zeitalters» zuließen[17]. Während die Identifizierung von Kurtisanen sich bei den Prozeßakten von selbst ergibt, weil sie in den Protokollen als solche bezeichnet werden, ist dies bei den Notariatsinstrumenten der Zeit nach 1520 wesentlich schwieriger, da Kurtisanen nun eine Nennung ihres Berufes meist vermieden. Viele der Frauen, die in dieser Zeit stipulierten und die nicht als Ehefrauen oder Witwen bezeichnet wurden, könnten Kurtisanen gewesen sein. Für die vorliegende Arbeit wurden sie aber nur dann berücksichtigt, wenn sie aufgrund anderer Quellen eindeutig als solche identifizierbar waren. Etwas leichter ist die Identifizierung von Kurtisanen bei Testamenten. Seit 1520 sollte ja jede von ihnen ein Viertel oder Fünftel ihres Vermögens dem Konvertitenkloster hinterlassen. Frauen, in deren Testamenten die Konvertiten entsprechend berücksichtigt werden, waren also eindeutig Kurtisanen. Ebenfalls als Kurtisanen sind jene Frauen zu identifizieren, die in ihrem Testament zwar betonen, ein ehrbares Leben geführt zu haben, dennoch aber Ansprüche der Konvertiten auf ihr Erbe zu befürchten haben. In diesen Fällen handelte es sich um ehemalige Kurtisanen, die sich oft schon seit Jahrzehnten aus ihrem Gewerbe zurückgezogen hatten, von der Einschränkung der Testierfreiheit aber zumindest theoretisch immer noch betroffen waren, weil sie weder geheiratet hatten, noch in ein Kloster eingetreten waren.

Aus diesen und den zahllosen anderen untersuchten Quellen ergaben sich die Mosaiksteinchen, die, gemeinsam mit den gedruckten Quellen und der Literatur zur römischen Geschichte des 16. Jahrhunderts, zum vorliegenden Bild zusammengefügt wurden. Vollständig und endgültig ist dieses Bild noch lange nicht. Die zahllosen Informationen, die in sämtlichen römischen Archiven über die Kurtisanen des 16. Jahrhunderts verstreut sind, können nur nach und nach, oft durch Zufallsfunde, zutage gebracht werden.

Anmerkungen

«*Roma Cauda Mundi*»

1 Jean Morel d' Embrun (1511–1581) war Humanist und Höfling König Heinrichs II. von Frankreich. Du Bellay spricht ihn in mehreren seiner Sonette an.

2 Infessura, Diario, 259f. In dieser Zahl waren, laut Infessura, die unzähligen Konkubinen und diejenigen, die ihren Beruf heimlich ausübten, noch gar nicht eingerechnet.

3 Larivaille, Cortigiane, 48.

4 Delicado, Andalusierin, 263.

5 Dieses Dokument wurde erstmals von Domenico Gnoli ediert (D. Gnoli, Descriptio Urbis, Roma 1894). Eine neue Edition, unter Benützung moderner Computertechnik, veröffentlichte Egmont Lee (Lee, Descriptio Urbis, Roma 1985). In der Literatur wird gelegentlich auch auf eine ältere «Volkszählung» von 1517/18 verwiesen. Dieses Dokument, das von Mariano Armellini veröffentlicht wurde (Armellini, Censimento della Città di Roma, Roma 1882), ist nur lückenhaft erhalten und wird von der neueren Forschung für eine Steuerliste gehalten (A. Esposito Aliano, La parrochia «agostiniana» di S. Trifone. In: Mefrm 93, 1981).

6 Lee, Descriptio Urbis, 17, 20.

7 Gnoli, Cortigiane, 8, 11.

8 Mutinelli, Storia arcana, I, 53f (Bericht vom 03.08.1566).

9 BAV, Urb. lat. 1053, 564v (11.12.1585); «à metter buon mercato altrove della lor mercantia, et lasciare la penuria qui inter cognatos, amicos et catamitos».

10 Ebd., 1060/1, 107r (29.02.1592).

11 Delumeau, Vie économique, I, 424. Bei einer Volkszählung vom Februar 1591 wurden 116696 Seelen gezählt.

12 Zitiert nach D. Gnoli, Leone X., 201f; «Questa è la chiesa romana, capo di tutto il mondo? Questa è una stalla di porci!».

13 Larivaille, Cortigiane, 84. Ähnliche Aussprüche auch bei Delicado, Andalusierin, 53, 77, 132.

14 Zitiert nach Calvi, Donna in Roma, 594; «In Roma più vale la cortigiana che la moglie romana». Ähnliches schrieb auch der französische Dichter Le Roux de Lincy (ebd.): «Plus à Rome est courtizane louée/ Que n'est de lieu celle qui est bien née» («Mehr zählt in Rom eine gemietete Kurtisane/ als eine von Geburt an edle Dame»).

15 Ebd., 602f (Les voyages du Seigneur de Villamont, Rouen 1607); «Mais ce que j'admire plus, c'est que les plus grands de Rome, passant au devant la fenestre de Madame la Courtisanne, ils la salüent en tante humilité, luy baisant les mains, et passant devant elle, comme si c'estoit une Princesse ou quelque grande Dame».

16 Michel de Montaigne, Tagebuch einer Badereise (1580/81).

17 A. Buchell: Iter Italicum (1587/88).

18 Bartholomäi Sastrowen Herkommen, Geburt und Lauff seines gantzen Lebens (...) von ihm selbst beschrieben (Romreise 1546).

19 B. Bastl: Das Tagebuch des Philipp Eduard Fugger (1560–69).
20 Coryat's Crudities, Bd. 1, London 1611.
21 R. Lassels, The voyage of Italy, London 1670.
22 Irsigler/Lassotta, Bettler, Gaukler, Dirnen. Rossiaud, Dame Venus. Schuster, Frauenhaus.
23 Delumeau, Vie économique, I, 422. Ende des 16. Jahrhunderts waren 60 Prozent der römischen Gesamtbevölkerung männlichen Geschlechts. Dieses Ungleichgewicht dürfte hundert Jahre zuvor noch größer gewesen sein.
24 Sanuto, Diarii, vol. 37, 89 (Brief von Valerio Lugio an Francesco del Zuane, 21. 10. 1524).
25 Zur Internationalität Roms und zu den guten Aufstiegsmöglichkeiten an der Kurie siehe: Pastor, IV/1, 385.
26 Moncallero, Epistolario di Bernardo Dovizi, II, 41–44; (Brief des Kardinals Bibiena an Giuliano de'Medici vom 25. 02. 1515).
27 Lando, Commentario, 76r; «In Roma santa si comportassero tante meretrici, e in tanta stima fussero, e a tante facoltà pervenessero, che paiono reine».

Zwischen Verehrung und Verfolgung

1 Lexikon für Theologie und Kirche, X. (Freiburg 1965), 1395 ff (s. v.: Zölibat). S. a.: Dictionnaire de droit canonique, III. (Paris 1942), 132 ff (s. v.: Célibat des clercs).
2 Gnoli, Cortigiane, 6f.
3 Infessura, Diario, 259f; «[...] eum de praemisso interdicto acriter momordit fecitque incontenti illud removeri, cum diceret id prohibitum non esse».
4 Gnoli, Cortigiane, 12. Daß Geistliche aus der Prostitution Gewinn zogen, war allerdings nichts Neues: Innozenz VIII. sah sich 1488 veranlaßt, den Priestern das Betreiben von Fleischereien, Tavernen, Spielhöllen und Bordellen, sowie das Verkuppeln von Huren zu verbieten. Der kirchenkritische Agrippa von Nettesheim erklärte noch zu Beginn des 16. Jahrhunderts, daß zu den Priviliegien der römischen Prälaten auch Einkünfte aus dem Gewinn der Bordelle gehörten (Graf, 283f, Anm. 3).
5 Bianchi, Alla corte di cinque papi, 371 (Brief an Savelli vom Jänner 1502; der Absender ist unbekannt); «Chi non si vergognerebbe di elencare gli orrendi e mostruosi atti di libidine che, senza rispetto per Dio e per gli uomini, si commettono in quella dimora? Il numero degli stupri, degli incesti, delle violazioni di fanciulli e fanciulle, delle meretrici che si aggirano per il palazzo di Pietro, delle gregi di lenoni che vi accorrono supera quello dei postribuli e dei lupanari, nella loro verecondia».
6 Ebd., 485, Anm. 10.
7 Hans Hauschild, Die Hetäre in der griechischen Komödie. Leipzig 1933.
8 Paulys Real-Encycolpädie der classischen Altertumswissenschaft, VIII. (Stuttgart 1913), 1331 ff, s. v. «Hetairai». Reinsberg, Ehe, Hetärentum und Knabenliebe.
9 Montaigne, Essais, III/V, 143; «Les mariages de ce pays là clochent en cecy: leur coustume donne communement la loy si rude aus femmes, et si serve, que la plus esloignée accointance avec l'estranger leur est autant capitale que la plus voisine.» Ähnliches schrieb er auch in seinem Reisetagebuch: «Überall, wo sie [die Edelfrauen] sich öffentlich sehen lassen, im Wagen, auf Festen, im Theater, sind sie von den Männern getrennt.» (Montaigne, Tagebuch, 187).

10 Buchell, Iter Italicum, XXV, 110; «Osculare puellam virginem vel matronam nec caret suspitione, nec abest periculo. Dedecus illis quod nostris honori».

11 Moncallero, Epistolario di Bernardo Dovizi, II, 42 (25. 2. 1515); «La città tutta dice: Hor lodato sia Dio chè qui non mancava se non una corte di madonne, et questa Signora tanto nobile [...] ce ne terrà una, et farà la Corte Romana perfetta». Da Giuliano bereits im März 1516 starb, wurden die diesbezüglichen Hoffnungen der Römer enttäuscht.

12 Luzio, Isabella d'Este, 60; «stancia conveniente ne propria per donne».

13 Celani (Hg), Liber Notarum, II, 80 (2. 4. 1498). Bianchi, Alla corte di cinque papi, 269.

14 Zitiert nach Gnoli, La Roma di Leone X, 197, Anm. 3; «Earum que curiales dicuntur, tanquam Curiae romanae [...] inservientes».

15 Siehe Kapitel: «Die Hure als Dame».

16 Magnum Bullarium Romanum III./3, 484ff «Salvator Noster» (19. 05. 1520).

17 Ebd., §7, 485f. Diese Bestimmung wurde unter Clemens VII. 1525 erneuert und erweitert: Magnum Bullarium Romanum, IV./1, 59ff, «Cum ex corpore» (13. 08. 1525), §8–14.

18 Gnoli, Cortigiane, 31. Gnoli bezieht sich auf einen Bando vom 15. 09. 1522, den er im Archivio di Stato di Roma gesehen hatte. Seine Quellenangabe («Exitus Camerae Apostolica») ist aber überholt, weshalb es mir nicht möglich war, den Bando im Original ausfindig zu machen.

19 Tacchi-Venturi, Compagnia di Gesù, I, 23 (Consilium delectorum cardinalium et aliorum praelatorum de emenenda Ecclesia, 1536/37). Siehe Kapitel «Die Hure als Dame».

20 AC, Cred.I, vol. 36, 378 (10. 03. 1539).

21 Ebd., 617f (1548); 808f, 844f (1555); 869 (1556); vol. 37, 5 (1558); 106 (1562).

22 ASR, Santa Caterina della Rosa 22, 6rff (Abschrift der Gründungsbulle).

23 ASV, S. Marta, vol. 128, Chronik des Klosters Santa Marta von der Gründung bis 1611.

24 ASV, Arm.V/105 C, 13; Bando Generale vom 28. 02. 1550. Es handelt sich hiebei um das älteste mir bekannte Kutschenverbot.

25 Magnum Bullarium Romanum, IV/1, 354, «Sanctissimus Dominus» (1558).

26 BAV, Urb. lat. 1039, 36v (20. 05. 1559).

27 Bertolotti, Repressioni, 9, Dok. IV (03. 08. 1566); BAV, Urb. lat. 1040, 273r,v (03. 08. 1566); «Ne è bene comportar che dalle meretrici siano habitate le più belle et pubbliche strade di Roma santa, ove è sparso il sangue de tanti santi martiri, ove sono tante reliquie et devotioni, ove è la sede apostolica e tanta Religione; città che per specchio del mondo tutta doveria esser monda di peccati e vitii a confusione d'infedeli et d'heretici».

28 AC, Cred.I, vol. 37, 237v (19. 05. 1566).

29 Sanuto, Diarii, vol. 37, 90 (Brief von Piero Contarini vom 21. 10. 1524).

30 BAV, Urb. lat. 1040, 257r (29. 06. 1566).

31 Bertolotti, Repressioni, 8, Dok. III (22.07.und 03. 08. 1566).

32 BAV, Urb. lat. 1040, 269vf (27. 07. 1566).

33 Mutinelli, Storia arcana, I, 51 (26. 07. 1566).

34 BAV, Urb. lat. 1040, 269v (27. 07. 1566).

35 Mutinelli, Storia arcana, I, 53 (03. 08. 1566); «um einen anderen Ort zu seinem Sitz zu wählen, der freier und fern von allen Sünden sei».

36 Mutinelli, Storia arcana, I, 54 (17. 08. 1566).

37 BAV, Urb. lat. 1040, 279r (10. 08. 1566).

38 Bertolotti, Repressioni, 10, Dok. VI (10.08.1566); «ha levato del tutto il commercio de Christiani con gli hebrei, manda via le cortigiane et a le hostarie vuol dare commissioni di non poter cuocere carni d'altra sorte che di vacina et di castrato et che nessun maritato possa andarvi a mangiare».

39 AC, Cred.I, vol.37, 251v (24.08.1566).

40 BAV, Urb.lat.1041/1, 180r (19.10.1569). Zwischen 21.10. und 12.11.1569 wurden dem Maurermeister Battista und seinen Leuten für die Arbeiten an dieser Mauer 188 Scudi 61 Baiocchi bezahlt (ASR, Cam.I, 1751/V, 6r).

41 BAV, Urb.lat.1040, 524v (20.03.1568).

42 Ebd., 325r (02.11.1566); Bertolotti, Repressioni, 11, Dok.IX, (30.11.1566), X (15.03.1567); Pastor, VIII, 68, Anm.2.

43 Bertolotti, Repressioni, 10, Dok.VI (10.08.1566).

44 Zu den Reformen Pius'V. siehe v.a.: Bertolotti, Repressioni und Pastor, VIII., pp.64ff.

45 BAV, Urb.lat.1045, 176 (20.10.1576); 447r (22.09.1577).

46 BAV, Urb.lat.1053, 550r (04.12.1585).

47 ASR, Bandi I., vol.6, 115 (Bando vom 12.05.1586). BAV, Urb.lat.1053, 571r (14.12.1585), 582r (25.12.1585).

48 ASV, Arm.IV/47, Bando vom 3.11.1586.

49 ASV, Arm.IV/47, Bando vom 06.12.1586.

50 ASR, Bandi II., vol.410, Bando vom 27.02.1588.

51 BAV, Urb.lat.1060/I, 99v (15.2.1592); 190r (28.3.1592). Zu den Moralreformen Clemens' VIII. siehe auch: Zapperi, Der Neid und die Macht.

52 Mutinelli, Storia arcana, I, 116 (03.03.1576). Urb.lat.1050, 34r (03.02.1582).

53 Zum Problem der Mitgift siehe: Delumeau, Vie économique, I, 424; Montaigne, Tagebuch, 175, 215f.

54 Lassels, Reisebeschreibung, Vorrede (nicht foliiert).

Mütter und Töchter

1 Nathalie Zemon Davis: Frauen im Handwerk. Zur weiblichen Arbeitswelt im Lyon des 16.Jahrhunderts. In: Richard van Dülmen (Hg.): Arbeit, Frömmigkeit und Eigensinn. Studien zur historischen Kulturforschung II. Frankfurt 1990; 43–74.

2 Über die geringere Entlohnung weiblicher Hilfsarbeiter (die oft nur die Hälfte oder ein Drittel vom Lohn ihrer männlichen Kollegen betrug) vgl.: Davis, Frauen im Handwerk, 57f; und Barbara Becker-Cantarino: Der Lange Weg zur Mündigkeit. Frau und Literatur 1500–1800. Stuttgart 1987, 33. Natürlich darf bei alledem nicht übersehen werden, daß der Anteil der Frauen, die als Ehefrauen und Töchter von Handwerkern unentgeltlich im Betrieb mitarbeiteten, ein wesentlicher wirtschaftlicher Faktor war. Anerkannte Tätigkeit von Frauen im Handwerk war (abgesehen von den Hilfsdiensten billiger weiblicher Taglöhner) jedoch nur für die Witwen von Handwerkern, und auch für diese nur in eingeschränktem Maß, möglich. Reine «Frauenberufe» wurden, wenn sie (so wie das Gewerbe der «Zubringerinnen» in Nürnberg) einträglich waren, den Frauen und Witwen von Handwerkern und angesehenen Bürgern vorbehalten. Der Umweg über die Ehe war für erfolgreiche weibliche Berufstätigkeit daher so gut wie immer unerläßlich. Vgl.: Merry Wiesner Wood: Paltry Peddlers or Essential Merchants? Women in the Distributive Trades in Early Modern Nuremberg. In: The Sixteenth Century Jour-

nal XII., Nr. 2 (1981), 3–13; und Dies.: Working Women in Renaissance Germany (Rutgers University Press, 1986).

3 Zoppino, 330.

4 Zoppino, 328ff.

5 Zoppino, 333; «Basta che tu sappi che sieno mal nate e che non le stieno bene tal foggie o pompe».

6 ASR, Processi 270/16, 656ff (1593).

7 Zur gesellschaftlichen Stellung des Sbirro siehe: Blastenbrei, Römische Kriminalgerichte, 433, 458; Ders.: Quadratura del Cerchio, 18, Anm. 198.

8 Aretino, Ragionamento/Dialogo, 79. Der Bargello war der Polizeichef und Vorgesetzter der Sbirri.

9 ASR, Inv. 44, 2r,v («Marta q. Cap[ei] Johan.Bap[te] ro.», 1554). ASR, Cost.129, 53v ff («Vincenzia filia Francisci aromatarii de Setia», 1566). ASR, Cam. I, 1751, 27v («Olimpia q. Magri. Franc. ro.», 1576). Diese drei Fälle sind die einzigen, die mir in den römischen Gerichtsakten begegnet sind.

10 Im «Ragionamento del Zoppino» wird den Kurtisanen nachgesagt, daß sie ihre tatsächliche Herkunft verschleiern, um leichter eine vornehme Abstammung vortäuschen zu können (Zoppino, 327, 330).

11 Delicado, Andalusierin, 15, 18.

12 Aretino, Ragionamento/Dialogo, 275; «[…] è bella cosa a essere chiamata signora fino dai signori, mangiando e vestendo sempre da signora, stando continuamente in feste e in nozze […]».

13 ASR, S. Caterina della Rosa 22, 6v; Kopie der Gründungsbulle des Klosters; «quamplurimas virginiculas in Alma Urbe existentes, partim pauperitate, partim turpissima parentum avaritia eorumque improbissimo suasu […] miserabiliter absque earum culpa tamquam oves ad occisionem ad meretricium quaestum trahi atque prostitui […]».

14 Zitiert nach Pecchiai, Roma nel Cinquecento, 319; «Sono quasi tutti gli abitanti naturali di quella città persone senza industria, onde quasi sempre vivono in povertà; la qual è poi causa che le donne per la maggior parte vendono facilmente l'onore e anche quello delle loro figlie giovanette. Questa disonestà, oltre che, come dico, procede in gran parte del bisogno, succede ancora per li gran premi che sperano e ritraggono spesso dà nipoti dè pontefici e da tante teste ricche e potenti».

15 Der Governatore di Roma war die oberste Instanz der weltlichen Verwaltung der Stadt. Dieses wichtige Amt wurde stets an hohe geistliche Würdenträger verliehen, von denen einige später zu Kardinälen, manche sogar zu Päpsten aufstiegen (Del Re, Governatore di Roma).

16 ASR, Processi 244/8 (1591).

17 Ebd., 294v f; «la bastonava et li faceva cattivi portamenti».

18 Ebd. 302v; «che se ne voleva fuggire dalla madre».

19 ASR, Inv. 47, 47r ff, 64r ff, 80r ff, 123v ff (Dianora und Marietta Greca, 1555).

20 Villamont, Voyages, 86f.

21 Bredekamp, Vicino Orsini, II, 88 (Brief vom 12. 12. 1573); «Voi siete una mata, un giorno la puta se converterà hospite insalutato con qualche passavolante ‹gratis ubique› e tanto si perderà».

22 ASR, Inv. 39, 74r ff (1552). Siehe Kapitel: «Der Rückzug aus dem Gewerbe».

23 ASR, Processi 235/10, 473ff (1590).

24 Siehe Kapitel «Gelebter Widerspruch».

25 BAV, Urb. lat. 1038, 111v (25. 10. 1555).

26 Delicado, Andalusierin, 42, 148. Aretino, Ragionamentol Dialogo, 72, 132ff, 270f.

27 ASR, Cost.139, 106v (19.4.1567); «povera donna et povera cortigiana».

28 ASR, Inv. 6, 79r,v (24.05.1532).

29 ASR, Inv. 7, 51vff, 71r (15.09.1532; 23.09.1532); 71r; «stava da per lei come sono le cortigiane in Roma a piacer suo».

30 Ebd.; «nominata per una brava cortigiana».

31 Brantôme, I, 106.

32 Bandello, Novelle, II/51, IV/16.

33 ASR, Cost., vol. 46, 1553 (Vincenza Veneta); vol. 132, 72vff, 1567 (Virginia q.Jacobi Hispani); Processi, vol. 244/8, 312ff, 1591 (Clementia de Rosatis alias «Livia»). Weitere Beispiele verheirateter Kurtisanen: ASR, Inv., vol. 31, 162r, 1550 (Maria de las Rissas); Processi 48/19, 767v, 1559 (Camilla Senese alias «la Magra»); Processi 173/17, 1235ff, 1581 (Maria Fasarga).

34 ASR, Processi 244/8, 312ff (1591).

35 ASR, Cost.46 (1553).

36 Ebd., 32v; «brutto et dispiacevole».

37 Magnum Bullarium Romanum IV/1, 151 («Cum sicut accepimus»); «vitam ad earum libitum inhonestam ducant, in divinae majestatis offensam, ac scandalum plurimorum».

38 ASR, Inv. 6, 293v, 298r (29.07.1532; Lucchina Veneta).

39 ASR, Notai 2, 4v (1548).

40 ASR, Bandi I, vol. 6, 51 («Statutum ad favorem mulierum iter facientem», 27.11.1584); vol. 8, 116 (Statuto in favor delle donne che vanno per viaggio per mare et terra», 29.03.1593).

41 AC, Sez. 1, vol. 279/IV, 4vf (Margareta Streisin Teutonica, 1506); Sez. 66, Testamenti, vol. 6, 22vf (Barbara Angullona, 04.05.1525).

42 ASR, Inv. 5, 114r, 115r, 123r (1531).

43 ASR, Inv. 5, 115r, 123v, 124r; AC, Sez. 1., 165/IV, 66r (22.05.1530), 95r (05.07.1530).

44 ASR, Processi 173/6 (1581); 297/25 (1596). Siehe Kapitel «Lebensbilder» (Biographie der Maria Fasarga).

45 ASR, Processi 178/1, 67r (1582).

46 Montaigne, Tagebuch, 191.

47 ASF, Mediceo 3262, 155v (03.12.1539; Saltarella). ASR, Cost.46, 31vff (17.05.1553; Vincenza Veneta). Auch die ausländischen Kurtisanen lebten großteils mit ihren Müttern zusammen.

48 ASR, Processi 127/13, 627r (1567).

49 ASR, Processi 48/4, 142v (1559/60).

50 ASR, Processi 17, 353r (1552).

51 ASR, Processi 179, 658r (1582).

52 Domenichi, Facetie, 464f.

53 Armellini, Censimento, 46.

54 ASR, Presidenza delle Strade vol. 445 (Taxae viarium 1524). Processi 2/9, 663r (1533).

55 Lee, Descriptio Urbis.

56 ASF, Mediceo 3262, 135r,v; 159r (1539).

57 Gnoli, Cortigiane, 69f (Testament der Imperia vom 13.8.1512).

58 Gnoli, Cortigiane, 84 (Brief von Girolamo Negro an Marcantonio Micheli vom 29.12.1522).

59 AC, Sez. 1, 279/VI, 19vff (1529): Cecila, Tochter der Kurtisane Eugenia Veneta, 24.04.1529. Ebd., 29rff (1529): Faustina, Tochter der Kurtisane Johanna de Fecholono.

60 ASV, S. Marta 128 (Chronik des Klosters, 1569); AC, Sez. 1, vol. 18/5, 268r–269v (Testament der Lucrezia Galletta, 10. 05. 1568).

61 Gnoli, Cortigiane, 48, 82 f. Gnoli ist der Meinung, daß Imperia auch die Mutter von Agostino Chigis Tochter Margarita gewesen sei, die er mit jener Margarita identifiziert, der Imperia in ihrem Testament zwei Kleider und zwei Ringe vermachte. Die unterschiedliche Behandlung der beiden Töchter erklärt Gnoli damit, daß Margarita als Kind des reichsten Bankiers des Kirchenstaates im Gegensatz zu Lucrezia, deren Vater unbekannt blieb, der mütterlichen Fürsorge nicht bedurft hätte. Ich möchte allerdings zu bedenken geben, daß in jener Familienchronik, die Agostinos Urenkel Fabio Chigi (der künftige Papst Alexander VII.) als Jüngling verfaßt hatte (ed.: G.Cugnoni, Agostino Chigi il Magnifico. In: ARStP II, 1879, 37ff), kein Hinweis auf ein gemeinsames Kind von Chigi und Imperia gegeben wird. Er spricht lediglich von vier Kindern, Lorenzo Leone, Alessandro Giovanni, Margarita und Camilla, die ihm seine spätere Geliebte Francesca Andreazza geboren hatte, und von einer weiteren Tochter Euphrasia. In seinem Testament (ed: ARStP IV, 1881, 197ff) nennt Chigi Camilla seine «primogenita», weshalb nicht anzunehmen ist, daß Margarita, als jüngere, Imperias Tochter sein könnte. Jene Margarita, die in Imperias Testament erwähnt wird, dürfte also nur eine Freundin gewesen sein, während Lucrezia, offenbar ihr einziges Kind, zur Universalerbin erklärt wurde. Mir ist jedenfalls keine zeitgenössische Quelle bekannt, die darauf schließen läßt, daß Imperia ein Kind von Chigi hatte.

62 Lee, Descriptio Urbis, Nr. 2518.

63 AC, Sez. 1, 165/I, 117r f (24. 8. 1527).

64 ASR, Notai AC 6298, Dok. 69 (Testament vom 02. 03. 1556); «littere et altre virtù».

65 AC, Sez. 1, 18/IV, 9r ff (16. 04. 1569).

66 AC, Sez. 1, 279/VI, 19v ff (24. 04. 1529).

67 AC, Sez. 1, 279/VIII, 42v ff (05. 11. 1532); «tres nepotes nubiles pauperrimas».

68 ASR, Cost. 128, 92v (1566); «Sapete come fanno le putane che dicano che è figliolo d'un tale et poi sonno di cento».

69 Daß geistliche Würdenträger Kirchengut an ihre legitimierten Kinder vererbten, war ein häufiger Mißstand, der seit Pius IV. gesetzlich bekämpft wurde (ASR, Bandi I, vol. 5, 52; Declaratio Constitutionis editae circa Illegitimorum inhabilitatem ad succeden. in bonis acquisitis ex rebus Ecclesiasticis et in aliis bonis; 05. 03. 1572).

70 Bredekamp, Vicino Orsini, II, 36 (08. 05. 1575); «Non so s'è nata per esser signora o villana, come serrà più grandetta se potrà considerar meglio».

71 Natürlich waren auch hier Ausnahmen möglich, wie der Fall der ehemaligen Kurtisane Imperia Veronni zeigt, die sich in ihrem 1569 verfaßten Testament stolz als Mutter des bereits verstorbenen römischen Adeligen Giulio Ceci bezeichnete. Die Ceci waren eine der kleineren Adelsfamilien, die unter Paul III. auch einen Kardinal gestellt hatten. Giulios Vater legitimierte Imperias Kind, das fortan seinen Namen trug und später beträchtliche Vermögenswerte besaß. Der Kontakt zur Mutter dürfte dennoch aufrecht erhalten worden sein, da Giulio sie in seinem Testament mit der enormen Summe von 1000 Scudi bedachte, Imperia hingegen nach seinem Tod die Sorge für seinen unehelichen Sohn Ludovico Ceci übernahm. Der Fall ist allerdings eine Randerscheinung (AC, Sez. 1, vol. 18/IV, 9r–11v, Testament der Imperia Veronni vom 16. 04. 1569).

Die Hure als Dame

1 Petrucelli della Gattina: Imperia, romanzo storico. 1880.
2 Gnoli, Cortigiane della Rinascenza, 1941 (Der Band vereint einige Artikel, die Gnoli 1940 in der Zeitschrift «Il Vasari» veröffentlicht hatte). Auch ich beziehe mich, wenn nicht anders angegeben, auf Gnoli.
3 Gnoli, Cortigiane, 66; «in grandissima reputazione per il favore de certi Cardinali».
4 Ob man die Kurtisane, die in diesem Bericht erwähnt wird, tatsächlich mit unserer Imperia identifizieren kann, ist allerdings nicht hundertprozentig sicher: Im gleichen Jahr wird nämlich auch eine Imperia aus Trastevere, die Tochter einer gewissen Laura, erwähnt, die ebenfalls bedeutende Beschützer hatte (ASR, Cam. I, 1751/II, 1v, 14r,v).
5 Ediert in: Larivaille, Cortigiane, 119f.
6 Gnoli, Cortigiane, 59 (Anm. 2), 82.
7 Bandello, Novelle, III/42.
8 Ebd.; «et havendo voglia di sputare, si rivoltò ad un suo servidore, e gli sputò nel viso dicendo: Non ti dispiaccia, perciò che qui non è più brutta cosa del tuo viso.»
9 Masson, Cortigiane, 67. Ohne Quellenangabe.
10 Zu Agostino Chigi: DBI, vol. 24, 735ff.
11 Pauli Iovii novocomensis: De piscibus marinis, lacustribus, fluviatilibus, item de testaceis ac salsamentis liber. Romae (…) 1527 (…). De Umbrina, Caput V.
12 Eine Ausnahme bildet das Testament Imperias vom 13. 8. 1512 (ediert von Gnoli, Cortigiane, 69f), wo sie Chigi zu einem der Testamentsvollstrecker ernennt und außerdem verfügt, daß die Inventare ihres Besitzes bei ihm hinterlegt werden sollen.
13 Siehe Kapitel «Die Kurtisanen und das Geld».
14 Luzio, Federico Gonzaga, 25ff.
15 Cugnoni, Agostino Chigi, 76f.
16 Gnoli, Cortigiane, 81. «Dii duo magna duo dederant munera Romae/ Imperium Mars: at Venus Imperiam./ Ac pariter totis nixi sunt viribus ambo:/ Condendo Imperio Mars: Venus Imperiae/ Hos contra stete sunt Mors et Fortuna: paresque/ Fortuna Imperium, Mors rapit Imperiam./ Imperium fleverunt patres: nos flevimus ipsi hanc/ Illi orbem: nos nos cordaque perdidimus.».
17 Larivaille, Cortigiane; Lawner, Courtesans; Masson, Cortigiane.
18 Lawner, Courtesans, 37.
19 Ebd., 37, 111, 120.
20 Falls Raffael sich bei diesen Fresken von einer bestimmten Frau inspirieren ließ, war das, Vasari zufolge, nicht Imperia, sondern seine eigene Geliebte (Vasari, Le vite, IV., 99; Vita di Raffaello da Urbino).
21 AC, Sez. 66, vol. 35, 89v–90v (21. 4. 1501).
22 Pastura Ruggiero: La reverenda Camera Apostolica, 211 (22. 12. 1485). «quoscumque tam officiales Sedis Apostolicae, quam alios Curiales Romanam Curiam sequentes cuiuscumque dignitatis, ecclesiasticae vel mundanae». Diese Trennung der Kompetenzen der beiden Gerichtshöfe wurde durch ein Dekret vom 28. 3. 1512 bestätigt (Ebd. 213).
23 AC, Sez. 1, vol. 58, 14v (Lucrezia Sgarrettona, 1516), 15v, 28r (Bruna Florentina, 1516); Sez. 66, vol. 35, 178v (Lucrezia Napolitana «cortisana ro. cu. sequen.», 1520); Sez. 66, vol. 6, 45v (Josima Kinch, 1522. Sie wird nicht als Kurtisane bezeichnet, dürfte aber als äußerst wohlhabende Ausländerin, die sich in ihrem Testament

sehr um ihr Seelenheil besorgt zeigt und keine Hinweise auf Ehemann, Vater, oder irgenwelche leiblichen Verwandten gibt, dieser Gruppe zuzurechnen sein.); Sez. 66, vol. 6, 27v (Elisabeth Buxera, 1526. Auch sie wird nicht als Kurtisane bezeichnet, hinterläßt aber in ihrem Testament einen Großteil ihres Vermögens dem Konvertitenkloster, weshalb sie als solche angesehen werden kann.).

24 Zoppino, 335.

25 1519 bestätigte Leo X. den Neubau der florentinischen Nationalkirche in Rom. Sein Privileg richtet sich an «universi mercatores et alii utriusque sexus homines nation. Floren. Roman. curiam sequentes [...]». Durch den Bau der Kirche sollte das Seelenheil der «universitatis curialium dictae nationis» befördert werden. (Hubertus Günther, Das Trivium vor ponte S. Angelo. Ein Beitrag zur Urbanistik der Renaissance in Rom. In: Römisches Jahrbuch für Kunstgeschichte, XXI, 1984, 226). Fast hat es den Anschein, daß mit den hier ausdrücklich berücksichtigten weiblichen «romanam curiam sequentes» ebenfalls Kurtisanen gemeint sind, da es meines Wissens keine weiblichen Geschäftsleute im Dienste der Kurie gab, auf die dieser Passus bezogen sein könnte. Aufgrund der Doppeldeutigkeit des Wortes «curialis» (Kurtisane oder päpstlicher Hofbeamter) könnte auch die Betonung, daß die zu errichtende Kirche für das Seelenheil der Gesamtheit der florentinischen «curiales» zuständig sei, in diese Richtung interpretiert werden.

26 AC, Sez. 66, vol. 35, 63v (Joanna de Spinoza «curiali et habitatrici in urbe et curia ro.», 11. 10. 1518).

27 Bianchi, Alla corte di cinque papi, 397f.

28 AC, Sez. 66, vol. 8, 106r («honesta mulier Margarita mulier tridentin. almane et curtisane», 10. 4. 1505); Sez. 1, vol. 279/IV, 4v («honesta domina Margareta Streisin theotonica curialis», 17. 6. 1506); vo. 279/III, nicht foliiert, («honesta mulier domina Laura de Ymola curialis», 29. 7. 1521).

29 AC, Sez. 1, vol. 81/II, 51r (Schuldverschreibung der «Tullia de Aragonia curialis», 6.12 1532).

30 AC, Sez. 1, vol. 18/IV, 9r (Testament der ehemaligen Kurtisane Imperia Veronni, 16. 4. 1569).

31 ASR, Processi 225/38, 1079r. «L'essercitio mio è d'esser cortigiana»/«a far' quest' arte».

32 Gnoli, Cortigiane, 84; «figlia d'una pubblica, et famosa meretrice, che fu l'Imperia, cortigiana nobile in Roma». In diesem Zusammenhang sei darauf hingewiesen, daß Imperia in keinem einzigen der erhaltenen Notariatsinstrumente als «curialis» oder «cortigiana» bezeichnet wird.

33 Armellini, Censimento, 48.

34 Ebd., 52.

35 Ebd., 72ff.

36 Ebd., 96f.

37 Ebd., 64ff.

38 ASV, Div.Cam. 159, 26vf (Dekret vom 26. 6. 1549). «Quantumne meretrices alme urbis quos curialis vocantur».

39 ASR, Cam. I, Fabbriche 1514. Die Steuerliste, die 16 beidseitig beschriebene Folia umfaßt, ist allerdings unvollständig, weil neun der insgesamt fünfzehn Rioni der Stadt (Regola, Ripa, S. Angelo, Campitelli, Pigna, Trevi, Monti, Trastevere und Borgo) nicht berücksichtigt wurden. Da die beiden letzten Seiten im Gegensatz zu den vorhergehenden von anderer Hand und sehr flüchtig beschrieben sind, liegt die Vermutung nahe, daß die Liste aus unbekannten Gründen nicht fertiggestellt

wurde. Die tatsächliche Zahl der «cortigiane oneste», die damals in Rom lebten, wird daher um ein Vielfaches höher anzusetzen sein.

40 Berücksichtigt wurden die für den entsprechenden Zeitraum erhaltenen Bände der Fondi Tribunale criminale del Governatore (ASR), Processi, Investigazioni, Costituti, Testimoni, Fideiussioni, Registrazione d'Atti, Visite di Chirurgi, Visite di Notai, Atti varii di Cancelleria. Die identifizierbaren Kurtisanen sind: Caterina Greca (Fid. 11, 39v ff; Steuerliste, 13r), Faustina (Chir.3, 100v; Steuerliste, 8r); Faustina di Prato «cul dolse» (Fid. 10, 192r f; Steuerliste, 13r), Francesca de las Rissas Spagnola (Fid. 11, 76v; Steuerliste, 13v), Hieronima alias la Zopina (Fid. 11, 92v; Steuerliste, 6r), Isabella de Luna Spagnola (Inv. 39, 61r; Testim.4, nicht foliiert; Fid. 11, 38r ff; Steuerliste, 12r), Isabella Ianuensis (Fid. 11, 205v; Steuerliste, 4r), Isabella Teutonica (Fid. 11, 205v; Steuerliste, 3v), Julia Ferrarese (Fid. 10, 192r f; Steuerliste, 13r), Julia di Galesio (Fid. 11, 92v; Steuerliste, 6r), Lucrezia Biondina Romana (Inv. 30, 117v f; Steuerliste, 8r), Margarita «Pizzicarola» (Test.1, nicht foliiert; Steuerliste, 2r), Maria de las Rissas Spagnola (Inv. 31, 159v ff; Fid. 11, 184v; Steuerliste, 13r).

41 ASR, Fid. 10, 100v (4.11 1548).

42 ASR, Inv. 30, 113v (22. 10. 1549).

43 ASV, Div. Cam.159, 107v (17. 08. 1549); «meretricibus in prostibulo degentibus». Das Dekret hatte sichtlich nicht die erwünschte Wirkung, da es am 18. 09. 1549 wiederholt werden mußte (ebd., 130r).

44 ASR, Inv. 7, 13r (31. 08. 1532); «O puttana, a tu tan pauco de respecto quando tu vedi una tale cortesana come costei, la più favorita de Roma, passar de cui, che tu non te leva?».

45 ASR, Processi 48/ 19, 762r (1559).

46 Ebd., 765v.

47 ASR, Inv. 164, 142v (1582); «con dire che valeva più il suo favore che quello che havevano l'altre et che farebbe vedere chi era».

48 ASR, Processi 246/26, 872v (1592); «Sebene fo quello che fo, stimo l'honor mio».

49 »Die (große) Wölfin«. Dieser Spitzname ist umso raffinierter, als im Lateinischen «lupa» nicht nur die Wölfin, sondern auch die Dirne heißen kann.

50 ASV, S.Marta 225. In diesem Faszikel befinden sich 3 gebundene Konvolute über den Prozeß, den Bindo Altoviti seit Jänner 1553 gegen Lucrezia Galletta führte. Die folgenden Informationen stammen, wenn nicht anders angegeben, aus dem zweiten, nicht foliierten, Konvolut; in der Folge als S.Marta 225/2 bezeichnet.

51 ASV, S.Marta 225/2 (12. 04. 1553); «Respecu eius conditionis et professionis»/ «professionem suum realiter et cum effectu exercens, et semper cum bonis et probis viris et nobilibus et graduatis, non autem cum pessimis et iniquis commertium tenens».

52 Ebd.: Unter den Büchern und Schriften Lucrezias, die auf Betreiben Altovitis am 02. 01. 1553 beschlagnahmt wurden, gehörten zwei 1546 begonnene Geschäftsbücher über «robbe a più debbitori». Das erste endete mit einer Eintragung von 1551 («Fabritio de Carolo, scudi 40»), das zweite mit einer Eintragung von 1549 («[...] scudi 433,6,7»). Es handelte sich also um beträchtliche Summen. Die Geschäftsbücher sind heute nicht mehr vorhanden.

53 Das Bankhaus der Altoviti, welches auf die Einhebung von Sondersteuern spezialisiert war, war auch 1549 mit der Eintreibung der oben erwähnten Kurtisanensteuer betraut. Daß Lucrezias Name in der Steuerliste nicht aufscheint, ist leicht zu erklären: Sie wohnte beim Arco di Camigliano, neben dem Kloster Santa Marta. Diese Gegend wurde von den Steuereintreibern jedoch nicht besucht.

54 Ebd. (Plädoyer der Partei Bindo Altovitis vom 11. 10. 1553); «Lucretia fuit et extitit per totum dictum tempus mulier avara et avarissima, multum diligens pecuniam, et que posuit omnem eius spem in acquirendis pecuniis et facultatibus; et quod quando habuit aliquos amasios vel amicos consuevit et solita fuit et est ab eis omnibus viis et modis, etiam iniustis et illicitis, extorquere pecunias in magno quantitate, et non solum emungere sed sanguinem elicere et quasi excoriare homines, pretendo et sibi dare faciendo magnas pecuniarum quantitates, ac eos obligare faciendo pecuniarum; et ut talis et pro tali semper et continue habita et reputata fuit [...]».

55 Ebd.

56 AC, Sez. 1, 18/IV, 104r ff (10. 05. 1568). Lucrezia Galletta machte dem Notar, nachdem sie ihm ihr Testament übergeben hatte, genaue Angaben über ihr derzeitiges Vermögen. Sie erwähnte dabei «un'altra grossa somma di denari [...] li quali io litigo in Roma [...] contra gl'Altoviti [...]». («Eine andere große Summe Geldes, wegen der ich in Rom gegen die Altoviti prozessiere»).

57 ASV, S. Marta 214, «Rom. delationis habitus romani et honestate. Pro d. Lucretia Galetta bononien».

58 Ebd.; «verbum tenus ex partes tenus».

59 ASV, S. Marta 225. Zu ihrem Universalerben ernannte sie in diesem Testament Bischof Quintio de'Rustici.

60 Herrn Dr. Blastenbrei (DHI) verdanke ich den Hinweis auf eine Kurtisane Costanza di Pietro Angelo da Amatrice, die, als sie am 16. 3. 1563 eine Klage beim Tribunale criminale del Governatore einbrachte, als «romanam curiam sequens» bezeichnet wurde (ASR, Inv. 73, 182v). Sie war längere Zeit die Geliebte eines Sbirro der Curia Savelli gewesen, den sie nun verklagte, weil er sie, nachdem sie ihn verlassen hatte, verprügelte. Es handelt sich also um ein Milieu, in dem ein derartiger Titel sehr deplaciert wirkt und vermutlich nur der momentanen Eingebung des Schreibers entspringt. Immerhin zeigt dieses Beispiel, daß die Verbindung des Begriffes Kurtisane mit dem Ehrentitel der römischen Oberschicht auch in den sechziger Jahren des 16. Jahrhunderts noch im Bewußtsein der Bevölkerung verankert war. In Notariatsurkunden der Zeit wäre eine derartige Verbindung allerdings nicht mehr möglich gewesen.

61 Dieses Detail zeigt, wie korrekt Lucrezias Verhalten war. Tatsächlich wurde in einer 1562 erlassenen Declaratio darauf verwiesen, daß von dieser Regelung alle Frauen betroffen waren, die irgendwann als Kurtisanen gelebt hatten, und zwar auch dann, wenn sie später jahrzehntelang ehrbar gewesen waren. Ausgenommen wurden nur jene Kurtisanen, die später geheiratet hatten, oder ins Kloster gegangen waren. Dieses neuerliche Dekret war notwendig geworden, weil sich viele ehemalige Kurtisanen der Verpflichtung, ein Fünftel ihres Vermögens den Konvertiten zu hinterlassen, entzogen hatten (ASR, San Girolamo della Carità, vol. 221, 99v f).

62 ASV, S. Marta 214 («Creditori nel gran partito di Leone sopra il Cristianissimo Re facta in Roma sotto di 18.1.[1560]»). Zum «grand Parti de Lyon» siehe: Roger Doucet: Le grand Parti de Lyon au XVIᵉ siècle.

63 AC, Sez. 1, vol. 18/V, 268r–169v (Testament vom 10. 05. 1568); ASV, S. Marta 214 (Seit 1562 ließ sie ihre Partner durch Turini bezahlen). Nach Lucrezias Tod wurde im Auftrag der Testamentsvollstrecker nicht nur Lucrezias eigenes Haus, sondern auch das ihres Witwers Turini inventarisiert (Ebd., Scritture dell'Eredità Lucrezia Galletti).

64 ASV, S. Marta 214. Diese Bezeichnung findet sich erstmals 1576.

65 ASV, S. Marta 128, Chronik des Klosters von der Gründung bis 1611, Eintragung für das Jahr 1569.

66 Tacchi-Venturi, Compagnia di Gesù, I, 23; «Le cortigiane incedono per la città [di Roma] come matrone; se ne vanno in cocchio tirato da mule, corteggiate in pieno meriggio da nobili, da familiari di cardinali e da chierici. In nessuna altra città vedemmo siffatto disordine fuorchè in questa, di tutte esempio».

67 Ebd.; «Tutto cio va corretto».

68 ASF, Mediceo 3262, 130r (Brief vom 25. 11. 1539).»Il Signor Lattanzio li ha ordinato tanti triumphi et tanti accogliamenti et passatempi che saria bastante alla duchessa di Castro».

69 Ebd., 135r,v; «La Signora Saltarella [...] era accompagnata dal Signor M. Lactantio con tanti cavalli i servitori et arme che mi pareva l'intrata di Marphisia nel campo morisco». Marfisia ist eine Heldin aus Boiardos «Orlando Innamorato» (1506) und Ariosts «Orlando Furioso» (¹1516). Als geraubtes Christenkind wird sie türkische Heerführerin, bevor sie ihre Abstammung erkennt und sich zum Christentum bekehrt.

70 Ebd., 110r ff (Brief vom 18. 11. 1539).

71 Gnoli, Cortigiane, 66; «in grandissima reputazione per il favore de certi cardinali».

72 ASR, Inv. 7, 281r ff (07. 12. 1532); siehe Kapitel «Lebensbilder» (Biographie der Ambrosina de'Pironibus).

73 ASR, Processi 127/13 (1567), 602v; «La Laora et tanto superbia, che non se può stare in quel vicinato, per havere amicitia di un Alexandro del Mazo, ma io ho hauti amici honorati quanto di lei».

74 ASR, Processi 178/1, 40r, 41r (1582).

75 ASR, Processi 48/4, 136v. Zu den Alarbardieri, der Leibgarde des Governatore, siehe: Del Re, Governatore, 32 f; Blastenbrei, Quadratura del cerchio, 11, Anm. 106.

76 Montaigne, Tagebuch, 207.

77 ASR, Processi 178/1, 5v (1582).

78 Sanuto, Diarii, vol. 27, 72–75 (Brief von Thomà Lippomanno an Bartolomeo del Banco vom 13. 3. 1519).

79 Luzio, Federico Gonzaga, 46 f.

80 Bianchi, Alla corte di cinque papi, 382 (21. 06. 1502).

81 Sanuto, Diarii, vol. 1, 917 f (27. 03. 1498).

82 BAV, Urb. lat. 1041, 196 (10. 12. 1569).

83 Ferrai, Lorenzino Medici, 454 (14. 02. 1532); «E perchè mi scrivete con la Tullia a canto non vorrei la legessi similmente con essa a canto, perchè amandola voi come femina, che ha spirito perchè per bellezza non lo merita, non vorrei mi potessi nuocere con qualc'uno di quelli che io nomino».

84 ASR, Processi 48/19, 769v (1559); «Non si ragionò d'altro che ‹bascio le mani, come state› et domandandomi lei di un altro gentilhomo et parole simile».

85 ASR, Processi 48/4, 131r (1559/60); «[...] trovamo in casa della Camilla il conte di S[ant]a Fiore et il S[igno]r Aless[andr]o». Es dürften also Ascanio Santa Fiore, der Chef des Hauses, und dessen jüngerer Bruder Alessandro anwesend gewesen sein.

86 ASR, Processi 48/19, 772r.

87 ASR, Processi 48/4, 142v.

88 ASR, Processi 48/19, 763r. Cohen, Camilla la Magra, 181, behauptet fälschlich, daß Camilla keine jener großen Kurtisanen war, in deren Häusern Fürsten und Kardinäle verkehrten.

89 ASR, Fid. 11, 38r, 39v, 40r,v, 48v (16.7 bis 22. 7. 1549).

90 Ebd., 92v (04. 09. 1549).

91 ASR, Fid. 10, 48r,v (26.08.1548).

92 Ebd., 205v (12.03.1550).

93 Ebd., 220r (17.04.1549).

94 ASR, Fid. 11, 184v (26.01.1550).

95 ASR, Cam. I, 1751/II, 1v (1506).

96 ASR, Inv. 43, 132r,v (30.01. und 11.02.1555); «intuito Reverendissimi Cardinalis de Napoli».

97 Nur weil hier zwei Kurtisanen namens Camilla Senese in ein- und denselben Fall verwickelt sind, wird durch die Angabe der eigentlichen Familiennamen zwischen den beiden differenziert. Normalerweise hätte man sich mit dem Namen «Camilla Senese» begnügt. Eine Identifizierung einer der beiden mit der bereits mehrfach erwähnten Camilla Senese «la Magra» ist sehr wahrscheinlich, aber leider nicht nachweisbar.

98 ASR, Inv. 43, 192r (14.03.1555); «Non te vergogni [...] cavarmi il mandato per doi scudi, maxime che io ho la significatione del governatore!?»

99 ASR, Inv. 44, 2v (14.10.1554). Capilupi wurde später mantuanischer Botschafter und apostolischer Protonotar. Seine Erwähnung an dieser Stelle zeigt, daß er von seiner im März 1554 begonnenen Reise nach Brüssel und Paris bereits im Oktober des gleichen Jahres zurückgekehrt war (vgl.: DBI, vol. 18, 531–535).

100 ASR, Inv. 44, 57v (Camilla Senese, 27.11.1554); ASR, Inv. 45, 127v (Marta Lucia da Tivoli, 14.02.1555); BAV, Urb. lat. 1039, 324v (Panta, 27.12.1561).

101 ASR, Processi 48/4, 143r (01.05.1560).

102 AC, Arch.Orsini, Serie I, vol. 266, Dok. 84 (Brief von Fabio Spinoso an Onofrio Santacroce, 07.07.1593), Dok. 93 (Brief von Antonio Mozzarana an Onofrio Santacroce, 20.10.1593). Ob die Verbannung tatsächlich rückgängig gemacht wurde, ist nicht überliefert.

103 ASR, Inv. 31, 163r,v (1550); «tra la casa della Portia neapolitana et dela Lucia bolognese»; «li appresso alla porta dela Lucia». Lucias Haus ist, wie er weiter sagt, in der Straße, die nach Tor Sanguigna führt (163v). In der Steuerliste von 1549 finden wir in dieser Gegend sowohl «Porsia napolitana» (40 Scudi) als auch «Lucia bolognese» (55 Scudi). ASR, Camerale I, Fabbriche 1514, 13r.

104 ASR, Processi 17, 352v, 358r (1552); «fino alla piaza de Isabella de Luna»; «fin al cantone della Philippa». In der Steuerliste wird in unmittelbarer Nähe von Isabella de Luna eine «Filippa» (20 Scudi) genannt (ASR, Camerale I, Fabbriche 1514, 12r).

105 Gnoli, Cortigiane, 19.

106 ASF, Mediceo avanti il principato, vol. 119 (Bobina 139), 88r (Brief vom 22.7.1520); «mettere a ordine insieme vinti cavalli liggeri; della compagnia, che non sieno da Gianni conosciuti [...], et subito mandargli dritto dove torovera, facendogli torre ditta Lucretia per forza et lui lassarlo nel letto nudo. Et quando fossi sui servitori, che si volessino rivoltare o fare rumore, che gli dieno delle bastonate, et mandare qua ditta Lucretia a me doppoi. Fate anchora che gli toglieno quanta robba che loro si troveranno li et che sia salva. Ma che non dieno gia delle bastonate a Gianni».

107 Diese Art von Amusement war sichtlich kein Einzelfall: Die Kurtisane Marta Romana, die einen sehr vornehmen Kundenkreis hatte, glaubte, als man sie 1554 verhaften wollte, daß es sich um einen solchen Scherz handelte: «Ich glaubte es sei der Aragonio, der mir einen Streich spielen und mich dann irgendwohin zum Essen bringen wollte, und ich sagte zum Exekutor ‹Schluß damit, Schluß›», gab sie zu Protokoll (ASR, Inv. 44, 2v; 14.10.1554; «pensavo che fosse l'Aragonio el

quale me facesse questo per farme una burla et che io andasse a cena in qualche loco seco, et io risposi al executore ‹basta, basta›».).

108 ASR, Processi 48/19, 762r (1559/60); «dietro al letto con una donna in peliccia».

109 Ebd.; «O che puzza, che puzza!».

110 Ebd.; «a dirmi ‹sgualdrina› et volse mi tirare un candelliero. Ma il Signore la ritenne et gli dette un urtone, et quei gentilhomini che erano venuti meco havevano li speroni in mano et volendosi intramettere [...] gli toccorno un poco con li speroni in viso et li fece un poco di gran cicatura. Io volevo partire, il Signore non volse, mi posì a sedere; la detta Pasqua cominciò di nuovo a ingiurarmi di parole. Io gli risposì che non volevo gridar seco, ne mi curavo di sue parole; et all'hora il Signore, che non desiderava altro se non che noi facessimo ai pugni, vedendo che io non volevo, disse ‹Adesso m'havete satisfatto, andatevi con Dio›[...]».

111 Ebd., 769v.

112 In der bisherigen Literatur zu unserem Thema wird die Position der Kurtisanen diesbezüglich zu stark idealisiert. Lynne Lawner schreibt beispielsweise: «the courtesan was the other ‹self› of the patricians, an ideal, hypothetical self, an imagined dream, a projection, a sublimation of commerce, war, and government administration in a gratuitous activity that nevertheless had meaning.» Wenn sie sich nicht diesem Ideal entsprechend verhalten habe, hätte sie daher automatisch «her privilege of existing in a social continuum with the nobility» verloren: «Having been for a man the most precious object in his universe, the courtesan now seemed the opposite.» (Lawner, Lives of the courtesans, 74). Die bisher zitierten Beispiele zeigen wohl zur Genüge, daß das Verhältnis hochgestellter Herren zu Kurtisanen im allgemeinen genau umgekehrt war: Die Kurtisane war kein entrücktes Idealbild, sondern gerade deshalb so begehrenswert, weil sie mit beiden Beinen fest im Leben stand und man ihretwegen keine gesellschaftlichen Rücksichten nehmen mußte. Verstöße gegen die elegante Lebensart wurden ihr daher keineswegs übel genommen, sondern geradezu gefördert.

113 Aretino, Ragionamento/Dialogo, 338.

114 Ferrai, Lettere di Cortigiane, 82; «Inteso hebbi il caso formidoloso di Quella, volsi provare di pregare Dio per V.Ex., ma certi importuni et più che i spagnuoli tanto mi rompevano il capo dì et nocte per farmi... voi savì ben voi, (et quasi che non l'ho detto! ma per reverentia lo taccio) che mai possea havere un minimo momento di potermi ricordare di Quella, tanto ero occupata... lo dirò un'altra volta!».

115 Biagi, Tullia d'Aragona, 94ff; «la loro signora e padrona, la Illustrissima Signora Tullia de Aragonia, per le infinite virtù quali in lei risplendono, è quella che più merita che tutte le altre donne della preterita, presente o futura etade».

116 Ferrai, Lorenzino Medici, 454 (Brief vom 14.02.1531); «Ho inteso di non so che cartelli, et di sfide andate a torno, che mi hanno dato fastidio, pensando che un par vostro huomo di 43 anni voglia combattere per una femina; et benchè io creda sareste così atto all'arme come siete alle lettere, et a ogn'altra cosa dove ponete la fantasia, non vorrei di presente vi mettessi a questo pericolo di voler combattere per causa tanto leggiera».

117 ASR, Inv. 48, 43v (29.09.1555); «Non me posso partir a mia posta, per star alli servitii di Messer Mario Bassio bolognese».

118 ASR, Inv. 45, 56r (10.12.1554); «Io so' stata al servitio et commodità de Messer Stefano del Bufalo quattordici anni».

119 ASR, Notai AC, vol. 6298, 222 (03.12.1556); «ad servitia inde tenuit dominam Cor-

neliam Dominici veneti, ex qua suscepit filios duos masculos, quos ipsa lactavit et nutrivit».

120 Ebd.; «de suis servitiis et laboribus recompensare».

121 Rossi, Lettere, 284ff.

122 ASR, Inv. 6, 371v (25.08.1532); «Adesso Lucrezia se retrova molto bene e ricca: ha forse 18 o 20 matarazi, da circa otto vesti di diversi colori bone con le sue maniche de raso, de velluto e de damasco, e io li ho visti piene le mani d'anelli, de 14 alla volta, et sigilli de diece scudi l'uno, benche lei me disse che ne haveva quattro de sigilli da otto e da dieci scudi l'uno, e da circa 40 anelli [...]. Ha tre cathene d'oro [...] cioè questa che haveva avanti al saccho di 15 o 16 scudi, un altra 22 scudi et un altra che io l'ho vista grossa e bella e per quanto lei dice pesa 30 scudi. Et li ho visti 3 salsaroli d'argento e doi saliere simili e parecchie forchette e cucchiari d'argento».

123 Ebd.; «se metteva ad nettarli alla fenestra per far la mostra».

124 Gnoli, Cortigiane, 31. Zwischen 1539 und 1566 wurde dieses, sichtlich erfolglose Verbot mehrfach erneuert (AC, Cred.I., vol. 36, vol. 37; BAV, Editti I/188, 10.12.1563; ASR, Bandi II, vol. 410, 15.01.1566).

125 AC, Cred.I, vol. 37, 5v (Giovanna, alias «la Vignarola», 1558); ASR, Cam. I., vol. 1749/V, 5or (Isabellina, 1567).

126 ASR, Inv. 5, 110v (Faustina Romana, 1532); 124r (Francesca Tornera, 1531); Inv. 48, 238v (Vittoria Napolitana, 1555); ASR, Processi 17, 354r (Lucrezia Senese).

127 ASR, Inv. 6, 166v ff (Vincenza Bolognese, 1532); 223r,v (Violante Spagnola, 1532)

128 ASF, Mediceo 3262, 115r.

129 Ebd., 223r f (25.12.1539).

130 AC, Sez. 66, vol. 35, 178v (Lucrezia Napolitana, 1520); Sez. 1, vol. 81/II, 51r ff (Tullia d'Aragona, 1532).

131 ASR, T.d.S., Inv. 1163, 48r,v (29.06.1561, Antilia da Siena), Inv. 1189, 130v f (06.09.1588, Cesaria und ihre Mutter Pasqua).

132 ASR, Inv. 44, 40v f (14.09.1554, Polisena Bolognese). ASR, T.d.S., Inv. 1163, 48r,v (29.06.1561, Antilia da Siena), Inv. 1189, 130v f (06.09.1588, Cesaria und ihre Mutter Pasqua).

133 ASR, Processi 48/19, 762r (Pasqua Patavina, 762r); Processi 134, 798r (Lucrezia Napolitana).

134 ASF, Mediceo 3262, 155r,v. Auch Lucrezia Galletta besaß einen ähnlichen Mantel (ASV, S. Marta 214, Scritture dell'Eredità Lucrezia Galletti).

135 ASR, Cost.46, 32v (1553).

136 Zwei berühmte Beispiele: Giorgione: Laura, 1506. Wien, Kunsthistorisches Museum, Inv. Nr. 31. Tizian: Das Mädchen im Pelz, um 1535. Wien, Kunsthistorisches Museum, Inv. Nr. 89 (Das Bild stellt vermutlich die Geliebte des Herzogs von Urbino dar, die Tizian noch einmal nackt als «Venus von Urbino» und einmal bekleidet gemalt hat).

137 ASR, Processi 232/32, 510ff (1589). In der zweiten Hälfte des Jahrhunderts wurden immer wieder Kurtisanen zu Geldstrafen verurteilt, weil sie Männerkleider getragen hatten: ASR, Cam. I, 1749/IX, 4v (Leonora Magna da Parma, 1582); 7v (Laura, 1583); ebd. 1751/III, 100v (Anastasia Spagnola, 1582); ebd.1751/IV, 40v (Doralice de Sigillo, 1581). BAV, Urb. lat. 1041, 486 (Imperia, 22.07.1570).

138 Santore, Julia Lombardo, 57, 64f; ASV, S. Marta 214, Scritture dell'Eredità Lucrezia Galletti; ASR, Inv. 43, 37v (Magdalena da Brescia, 1554).

139 Zitiert nach Luzio, Federico Gonzaga, 29f; «Chredo che tuta Roma li andasse, le strade erano piene di persone che andava et che venia; grandissima quantità di

cortesane li andorno e ponpe assai, e assai vestite da homni; chi in su mule, chi su cavalli; et me par che sia faticha in Roma a conoser una dona da bene da una cortessana: usano anchora lor di portar quella tella di dreto che portano le done romane da bene, et me par che tuta Roma ne sia pieno».

140 ASR, Inv. 31, 177r,v (Cassandra Teutonica, 1550); Processi 127/6, 279r,v (Laura de Valenti, 1567).

141 AC, Sez. 1, vol. 165/IV, 66r (Francesca Tornera, 1530); ASR, Inv. 5, 115r (Francesca Tornera, 1531); Inv. 43, 37r ff (Magdalena da Brescia, 1554).

142 ASR, Inv. 5, 115r, 124r.

143 Kurtisanen, die Kleider vererbten: AC, Sez. 66, vol. 6, Testamenti, 45 f (Josima Kinch, 1522), 47v f (Caterina Unix, 1526), 119v ff (Francesca de Rubinis, 1532), 158v ff (Bernardina Vendui, 1544). Gnoli, Cortigiane, 70 (Imperia, 1512).

144 Einige Beispiele: ASR, Reg.A.6, 2r f, 9v f (Flaminia Romana, 1531). ASR, Inv. 5, 119r, 123v (Francesca Tornera, 1531), 314v (Faustina Romana, 1532). ASR, Testim.1 (nicht foliiert; Dianora Ferrarese, 04.03.1546). ASR, Fid.10, 162r (Regina Galla, 1549). ASR, Processi 224/38, 1080v, 1081r (Giula Fiorentina 1588).

145 ASR, Processi 225/19, 797´v (Rodiconda, 1588).

146 Beispiele bei: Larivaille, Cortigiane, 89f f; Pecchiai, Roma, 309; Rossi, Lettere, 286 f (Anm. 2).

147 Bandello III/42.

148 ASF, Mediceo 3262, 223r f (25.12.1539); «faccio fede a V.S. che sono in questa corte molti cardinali che non stanno honorevolmente come lei».

149 ASR, Cam.I, Fabbriche 1514, Steuerliste (1549), 3v (Fantinella, 88 Scudi), 5r (N. Veneziana, 80 Scudi), 7r (Ginevra Favorita, 100 Scudi; Antonia Saponara, 80 Scudi), 9v (Briandia, 80 Scudi), 12r (Isabella de Luna, 100 Scudi; Franceschiglia Morena, 84,7 Scudi), 15v (Maddalena Spagnola, 150 Scudi), 16r (Johanna Spagnola, 100 Scudi). Da die Steuerliste unvollständig ist, gab es vermutlich wesentlich mehr Kurtisanen, die sich einen solchen Mietpreis leisten konnten.

150 AC, Sez. 1, vol. 18/IV, 104r (10.05.1568).

151 ASV, S. Marta 214, Scritture dell'Eredità Lucrezia Galletti (1581).

152 Masetti, Veronica Franco, 326 (ASR, Notai Capitolini, Ufficio 30, atti Romauli, vol. 31, 304r ff; 17.04.1576).

153 Ebd., 328.

154 ASR, Cam.I, Fabbriche 1514, Steuerliste, 13v, 15v.

155 Delumeau, Vie économique, 1, 443.

156 Ebd., 445.

157 ASV, Arm.V/105.C., 13 (Bando Generale vom 28.02.1550); «Considerando quanto sia venuto in abuso l'andar in cocchio delle Cortigiane et donne di mala vita et che a fatica si possono cognoscere le gentildonne da loro»; «Cortigiana, Meretrice o donna di mala vita». Es handelt sich hiebei um das älteste mir bekannte Kutschenverbot für Kurtisanen.

158 ASR, Cost.46, 32v f (17.05.1553).

159 AC, Cred.I, vol. 36, 808 f (Consilium ordinarium der Caporioni, 02.03.1555); «grandissimo vituperio e dishonore».

160 ASR, Inv. 43, 132r,v (30.01. und 11.02.1555).

161 ASR, Cam.I, vol. 1749; 1750; 1751.

162 BAV, Urb. lat. 1040, 575v (03.07.1568).

163 ASR, Cam.I, 1751, 87r (13.04.1576).

164 BAV, Urb. lat. 1050, 24r f (27.01.1582).

165 ASR, Processi 178/1, 17v (1582).

166 BAV, Urb. lat. 1052, 253r (Juli 1584). Demnach hatte jede Schuldige etwa 60 Scudi bezahlt, was sich durchaus mit den Angaben über derartige Geldstrafen im Liber Maleficiorum des römischen Gerichtshofes deckt (ASR, Cam. I, vol. 1749–1751).

167 Villamont, Voyages, 89; «Pour eviter la rigeur de telles ordonnances elles vont maintenant à pied par les rues, ce qui les fait cognoistre pour femmes de leur estat».

168 Einige Beispiele: ASR, Processi 48/4, 141r,v (1559, Camilla Senese «la Magra»); Processi 173/17, 1236v (1581, Isabella Suarez); Processi 232, 517r (1589, Ippolita Spagnola); Processi 200/10, 795ff (1585, Angela Senza Siciliana).

169 ASR, Processi 173/6, 1238v, 1251v (April 1581).

170 Rossi, Lettere, 285.

171 AC, Sez. 1, vol. 856, 175r (27.07.1565).

172 Bianchi, Alla corte di cinque papi, 269 (02.04.1498); «in modo che si vedessero bene i testicoli o genitali, e apparisse chiaro il suo inganno».

173 Kurtisanen, die ihre Diener beschützten: ASR, Inv. 7, 281rff (1532, Ambrosina de'Pironibus); ASR, Processi 173/17, 1242r, 1243v (1581, Lucrezia Bocca d'Oro).

174 Kurtisanen, die ihre Diener mißhandelten: ASR, Inv. 7, 190r (1532, Peregrina de Spiconibus Paduana); ASR, Fid. 10, 127r (1548, Caterina Vicentina), Fid. 11, 76v (1549, Francesca de las Rissas Spagnola); ASR, Reg.Sent. I/2, 145vf (1561, Francesca Sicula).

175 Einige Beispiele: Gnoli, Cortigiane, 69f (Imperia, 1512); AC, Sez. 1, vol. 165/1, 117r,v (Margarita Siciliana, 1527); ebd., Sez. 1, vol. 856, 175r (Isabella de Luna, 1564).

176 ASR, Processi 200/10, 795ff (1585).

177 ASR, Processi 173/6, 1239r (1589); «la mia Signora non bisogni pigliarla, che lei sa ben fare li fatti suoi».

178 ASR, Inv. 43, 123r (22.01.1555); «Lei mi haveva mandato ad comprare et quando tornai mi disse che io ero stata troppo a ritornare et che voleva serve che facessero presto li servitii, et per questo mi licentiò».

179 Ebd., 122v; «Come lei si chiama io non vi lo so dire, perche io sempre l'ho chiamata Madonna».

180 ASR, Processi 244/9, 326r (Clementia de Rosatis alias «Livia», 1591).

181 Ebd., 315v (1591); «che non voleva esser serva a nessuno».

182 Zoppino, 327; «messe la robba insieme, talche cercando le case de prelati imparò di vestire, e insieme di parlar commodamente.»

183 Du Bellay, Jeux rustiques XXXVI, Vers 43–48; «à chanter et baller/ toucher le luth, et proprement parler/ vestir mon corps d'accoustrement propice,/ et embellir mon teinct par artifice:/ Bref, j'apprins lors soubs bons enseignemens/ de mon scavoir les premiers rudimens».

184 Berühmte Beispiele sind u.a.: Tullia d'Aragona und ihre Mutter Giulia Campana Ferrarese (siehe unten), und Isabella de Luna (ASR, Inv. 39, 74rff; 1552).

185 Zu Tullia d'Aragona siehe: Biagi, Tullia d'Aragona.

186 Biagi, Tullia d'Aragona, 78 (Bericht von Zilioli); «fu sentita [...] disputare e scrivere nel latino e nell'italiano cose degne d'ogni maggior letterato».

187 Kindlers Literatur Lexikon, III (1964), 2644, s. v.: «Dialogo della infinità di amore».

188 Domenichi, Facetie, 402f.

189 Zu Veronica Franco siehe: Graf, Attraverso il Cinquecento.

190 Aretino, Ragionamento/Dialogo, 190; ähnlich: Ebd., 182, 325.

191 Ebd., 372.

192 Ebd., 353.

193 Zoppino, 327 f.
194 Montaigne, Tagebuch, 214.
195 ASV, S. Marta 214.
196 AC, Sez. 1, vol. 18/5, 268r–269v (Testament vom 10.05.1568).
197 S. Marta 214, Scritture dell'Eredità Lucrezia Galletti; «un studioletto pieno di libri piccoli». Diese Bücher werden ausdrücklich von Lucrezias zahlreichen Geschäftsbüchern unterschieden.
198 ASR, Notai AC 6298, 79b. Zusätzlich hinterließ sie auch eine nicht näher definierte Zahl von Büchern, die (wohl vom vielen lesen) ganz zerrissen waren.
199 Im Nachlaß der 1542 verstorbenen venezianischen Kurtisane Julia Lombardo fanden sich 18 Bücher, darunter eine kostbar gebundene Petrarca Ausgabe (Santore, Julia Lombardo, 51). Unter den Gegenständen, die die Kurtisane Hippolita Bellincina 1570 einem Gläubiger verpfändete, befanden sich fünf Bücher (ASR, Notai AC 3638, 61a; 08.02.1570).
200 Bandello, Novelle III/42.
201 ASR, Inv. 39, 74v.
202 ASR, Inv. 39, 209v ff, 214r ff.
203 ASR, Processi 48/4, 142v.
204 ASR, Processi 127/6, 280v.
205 ASR, S. Caterina della Rosa 7, 14r (17.8.1606); «meretrice famosa»/«et [...] la faceva imparare di sonare, cantare, ballare et simile».
206 Santore, Julia Lombardo, 58 (1542). ASV, S. Marta 214, Scritture dell'Eredità Lucrezia Galletti (1581). ASR, Inv. 47, 51r (Camilla Marescotta Senese, 1555).
207 Zum Folgenden siehe: Santore, Julia Lombardo, 58 f.
208 Ludovico Dolce: Parafrasi nella sesta satira di Giuvenale. Venedig, 1538.
209 Sassi, Morosina, 187; «Il sonare è cosa da donna vana e leggiera. Ed io vorrei che tu fossi la più casta e pudica donna che viva».
210 Ebd.; «ad essere e umile e buona e savia ed ubbidiente».
211 Dieses Phänomen spiegelt sich auch in der zeitgenössischen Malerei: man denke nur an Tizians «Venus und der Orgelspieler» (Madrid, Prado) oder an Tintorettos «Konzert» (Dresden, Staatliche Kunstsammlungen).
212 Aretino, Ragionamento/Dialogo, 318; «tanto puttana in letto, quanto donna da bene altrove».

«Mars» und «Venus»

1 Zu Jacob Questenberg siehe: Friedrich Güldner, Jacob Questenberg, ein Humanist in Rom. Wernigerode 1905.
2 Ebd., 51; Brief vom 11.05.1520.
3 AC, Sez. 1, 279/VI, 29r ff (16.05.1529).
4 Güldner, Questenberg, 44; Brief vom 05.12.1504.
5 AC, Sez. 1, 279/VI, 29r ff (16.05.1529); «filie illegitime ex dicta q. Johanna et Jacobo Questemberg curiali nate».
6 Zu Pietro Bembo siehe: Enciclopedia Italiana VI, 590f; Ferrajoli, Il Ruolo della Corte di Leone X.; DBL, vol. 8, 133.
7 Zu Morosina siehe: Ferrajoli, 340ff und Giuseppina Sassi: Morosina ed i figli di Pietro Bembo.
8 »Pasquino» nannte man den Torso einer antiken römischen Statue, die in der Nähe

des Hauses eines stadtbekannten Spötters namens Pasquino gefunden worden war. An diese Statue, die 1501 vor dem heutigen Palazzo Braschi aufgestellt wurde, hefteten kritische Zeitgenossen anonyme satirische Epigramme, die meist politischen Inhalts waren. Der Wortlaut dieser «Pasquinate» wurde dann in ganz Rom kolportiert. Der Brauch hielt sich bis ins 19. Jahrhundert, obwohl das Verfassen dieser gefürchteten Spottgedichte immer wieder gesetzlich verboten wurde.

9 Sassi, Morosina, 186; «che certamente io non ho cosa alcuna piu cara al mondo che quella fanciulla».

10 Jene Kardinäle, die Aussicht hatten zum Papst gewählt zu werden.

11 Siehe Kapitel «Lebensbilder» (Biographie von Ambrosina de Pironibus).

12 ASR, Processi 48/4, 48/19 (1559/60).

13 Zu Paolo Giordano Orsini siehe: Domenico Gnoli, Vittoria Accoramboni. Florenz 1870, 35ff.

14 Mutinelli, Storia arcana, I, 61; «Della Casa Orsina è tenuto per capo, et principale il signor Paolo Giordano Duca di Bracciano, et genero del Duca di Fiorenza, giovane di cerca 30 anni, di estrema grandezza, ma con tutto questo assai forte et gagliardo [...]; egli è tanto inclinato et profuso nel spender, che se ben ha 30 mila scuti di entrata, si ritrova pero con debiti di più di 150 mila.».

15 BAV, Urb. lat. 1039, 344r (Jänner 1562).

16 Gnoli, Vittoria Accoramboni, 65 (Brief Orsinis an Kardinal Carafa vom 15.09.1575).

17 Zu Orsinis Gewalttätigkeiten siehe auch: Blastenbrei, Quadratura del cerchio.

18 Trotz der Namensgleichheit dürfte kein Verwandtschaftsverhältnis mit jener Bologneser Familie bestehen, aus der im 16. Jahrhundert mehrere hohe geistliche Würdenträger (wie der Kardinal Paride de Grassi) hervorgegangen waren.

19 ASR, Collegio dei Notai Capitolini 1981, Dok. 136 (09.09.1531).

20 BAV, Editti 1, 1565, 137 (22.6.1546).

21 ASR, Inv.6, 306r,v (02.08.1532); Inv.7, 97v (02.10.1532).

22 Wenn man davon ausgeht, daß Paolo de Grassi etwa so alt war wie sein Freund Paolo Giordano Orsini, und daß Virgilio de Grassi noch nicht verheiratet war, als er sein Verhältnis mit der Kurtisane Faustina hatte.

23 ASR, Processi 48/4, 127rff und 48/19, 764rff (1559/60).

24 ASR, Processi 48/4, 138r,v.

25 ASR, Processi 48/4, 137 (1559/60); «Io son Poalo de Grassi; se ci è nissun di voi che voglia amazzarsi con meco, venga!».

26 Ebd., 134r; «Noi siamo in casa nostra, siamo romani, sedevanvante siamo patroni noi et è padrone il popolo».

27 Ebd., 134v; «Costoro ci fottono le mogli, ci fottono le sorelle».

28 Ebd.; «che noi altri romani ci ristrignessimo insieme, et l'andassimo ad abrugiare».

29 Biblioteca Casanatense, Per. est. 18/1, Nr. 123 (Bando vom 15.05.1560).

30 ASR, Reg.Sent.4, 73rf (Urteil vom 03.08.1560).

31 ASR, Sent.Orig.6, Nr. 53 (Urteil vom 02.04.1582).

32 ASR, Processi 178/1, 40r (1582); «Il principio della nostra amicitia cominciò ad una vigna dove io parlai alla madre [...]. Io trattai con la madre di questa Lavinia che si contentasse di mettermi in mano [...] sua figlia et lei mi promese di darmela [...].»

33 Berra, Lelio Capilupi, 367.

34 ASR, Processi 178/1, 40v; «Quest' ordine non hebbe poi luogho in questo modo, non me potette poi mantenere di farmela venire doi volte la settimana sicome me haveva promesso, perche me diceva che la teneva un' spagnolo».

35 Siehe Kapitel «Gelebter Widerspruch».

36 ASR, Processi 48/19, 762v (1559).

37 Montaigne, Tagebuch, 207.

38 ASR, Processi 244/9, 333v (1591).

39 ASR, Processi 225/19, (1588).

40 ASR, Processi 48/4, 131vf (1559/60); «Paulo se gli parasse inanzi et la guardò fissa, et gli disse ‹dammi un bascio› et quella spagniuola lo ricusava di darglielo, et Paolo glielo repplicò et la puttana diceva: ‹Non qui in mezo la strada›, et Paolo diceva ‹di gratia basciami› tanto che lei lo basciò».

41 Ebd. 132r; «Va'alla tua Camilla et alla tua Giulia napolitana».

42 Ebd. 132r; «Messer Paolo bussò et si fece alla finestra la madre d'Ottavia et disse che non voleva aprire, che ci erano certi gentilhomini. Bussò un altra volta et s'affaciò l'Ottavia et gli disse che non voleva aprire [...]».

43 ASR, Inv. 47, 87v (1555); «Madonna, havete un bel capo riccio!».

44 Ebd., 87v; «Madonna, hieri mi parestove [?] molto bella et hoggi più che più».

45 Ebd., 87v; «che era morto di mi et mi volse dare un scuto».

46 Ebd., 87v; «Madonna, metti qua la mano et piglia quelli che voli tu».

47 Einige Beispiele: Ambrosina de Pironibus war nach 1516 für einige Jahre die «femina» von Aldobrandino Orsini, dem Bischof von Nicosia (ASR, Inv. 7, 299v; 1532). Gratiosa Padovana lebte zur Zeit des Sacco als Konkubine im Haus von Raimondo Senili, dem Bischof von Rapolla (ASR, Processi 2/9, 656rff; 1533). Dianora Ferrarese wurde zirka sechs Jahre von Matthia, Magister delle Poste, ausgehalten (ASR, Testimoni 1; 04.03.1546).

48 Berra, Lelio Capilupi, 366–368. Zu Capilupi siehe: DBI, vol. 17, 542f.

49 ASR, Processi 178/1, 5v; «che questa era una belissima donna, modesta et di bonissimi costumi. Volse che io la vedessi et me la mostrò, che stava in una camera in casa di Monsignore. Et io la veddi et mi parse veramente bella [...].

50 ASR, Testimoni 4 (19. und 24.05.1550).

51 ASR, Inv. 39, 74v (1552); «che questo Baldassaro non haveria mai più toccato la persona mia».

52 Lawner, Courtesans, 72f.

53 ASR, Processi 48/4, 132v; «Se viene il gentilhuomo che aspettava Ottavia, ditegli che io me l'ho menata a casa. Et quando non gli piaccia, che me l'faccia sapere, che io glie la rimanderò».

54 Ebd., 132vf; «Va di' al padron ch'io mi pensavo che lui havesse tanta cortesia, che non havesse mandato per costei questa sera. Et digli ch'io non gliela voglio rimandare ne questa sera, ne domane, se non tanto quanto mi tornerà bene».

55 ASR, Processi 48/4 (1559/60), 136r.

56 AC, Cred.XIV, vol. 7, 213v (01.01.1559); «a far' carezze alla Martuccia e basciarla, e finalmente volea condurla seco». Der Fall wird auch in den Avvisi di Roma erwähnt (BAV, Urb. lat. 1038, 362v; 07.01.1559).

57 Ebd.; «che non si conveniva a un gentilhuomo far queste cose, di voler sviare una donna menata da un altro».

58 ASR, Inv. 39, 120v (1553); «Horsu, sali di sopra et spogliate et mettite in letto, et come verrà Giovanmaria mio amico a cui ho promesso dare da dormire, dirrò che so' accompagnata, et lui l'haverà appiacere accio io mi guadagni qualche quattrino».

59 ASR, Processi 232/32, 522r (1589); «Signora perdonateci che si una [...] ragazza ci havesse risposto, non haveressimo fatto rumore».

60 Ebd.; «che in casa delle donne in Roma non si costumava che l'huomini dovessero rispondere».

61 Ebd., «che non sapeva procedere con gentilhuomini».

62 ASR, Inv. 44, 40v (1554); «l'amore che lo porto è tutto equale a l'uno et l'altro».

63 ASR, Processi 48/19, 760r f (1559/60); «Domenica fui sempre in casa della Camilla, eccetto che poi cavalcò il mio patrone un pezzo per andare a trovare il Signore Paolo Giordano [...]. Se tornò dalla Camilla al tardo et non uscì più di casa. Hieri stetti un pezzi in casa della Camilla, che si giocò al pallone li dinanzi. Di poi cavalcò il padrone et io andai seco. Ritornò a casa della Camilla al tardo [...]».

64 Ebd., 765r.

65 Ebd., 764r, 765v.

66 ASR, Processi 127/6, 261r (1567).

67 Ebd., 290r; «solito ad andare in casa di Laora di ogni tempo, et solo et aconpagnato et di giorno et di notte».

68 Ebd., 287v.

69 Ebd., 277v.

70 ASF, Mediceo 3262, 159r (05.12.1539); «sta tanto innamorato lui di lei e lei di lui, che dubito che lasserà di andar a trovar più Sua Maiestà».

71 ASR, Processi 127/6, 258v (1567), «Io ho ragionato spesse volte con detto Scipione sopra il conto de Laura, et Scipione me diceva che Laura glie voleva bene et lui a lei, et simile ragionamenti d'amore».

72 ASR, Processi 178/1, 75v (1582); «Io non sono stato mai innamorato di nessuno, io havevo hauto a far con le donne come occorre e l'havevo sempre pagate».

73 ASR, Processi 225/19 (1588), 805r; «d'allegrezza si lanciava attorno al todesco et in presentia mia l'abbraciava et lo basciava, rendendo la pariglia il todesco verso lei, poco curandose di me».

74 ASR, Inv. 47, 77r (1555); «Lui vorria ch'io guadagnasse et che havesse qualche cosa, et non vorria che nisuno intrasse in casa».

75 ASR, Processi 270/16, 669r (1593); «Questa sera il Signor Fabio Aquolano vuol venire a dormire con me. Habbi patientia!»

76 Ebd., 668r. Über den Palast der Familie Branconio siehe: Christoph L. Frommel (Hg), Raffael. Das architektonische Werk. Stuttgart 1987.

77 ASR, Inv. 47, 64r (1555); «che la Dianora stava tutto il di in casa di Matheo et non attendeva a far bene».

78 Beispiele von verliebten Kurtisanen in der zeitgenössischen Literatur bei: Graf, 258.

79 ASF, Mediceo 3262, 223r f; Brief von Bracci an Griffoni (25.12.1539); «per ancora non cognosce carnalmente se non il Signor Don Luigi D'Avila, et il nostro messer Lactantio, anchora che tutto il mondo vada ad visitarla, dove si fanno musiche excessive et altri intrattenimenti noboli».

80 ASR, Processi 127/6, 290v (1567); «Io ho veduto venire Marcantonio in casa di Laora quando solo et quando in compagnia di tre et quattro di quelli suoi amici pescivendoli, che venivano li la sera [...] a sonare, et cantare, et burlare, et fare delle baie».

81 ASR, Processi 127/6, 280v; «perche non havevo altro spasso».

82 ASR, Processi 127/6, 280v; «La conosco [...] perche lei sona e canta et si diletta de musica».

83 ASR, Processi 127/6, 274v; «per volere lui stesso mettere in ordine la cena».

84 ASR, Processi 48/19, 770v (1559); «M. Francesco Lucino mercante al Pellegrino, M. Alvigi Castellani pur mercante quale habita in strada Julia et un dottore cremonese che sta insieme con detto Alvigi»; «et le famigli di casa».

85 ASR, Processi 173/6, 1269r (1581).

86 Zur Bedeutung der Kurtisanen für die Reisenden siehe auch: Villamont, Voyages, I, 87 f.

87 ASR, Processi 127/6 (1567), 281r; «Noi non facemo altro mentre che cenamo si non di scherzare, burlare come si suol fare et presentarsi a tavola et fare qualche brind[isi]».

88 ASR, Processi 48/19, 760v, 761v (1559, Paulo de Grassi). ASR, Inv. 48, 176v (1555, Giovanni Fornaro). Auch in der zeitgenössischen Literatur wird stets darauf verwiesen, daß die Kosten für die gemeinsamen Essen in den Häusern von Kurtisanen von den Kunden getragen werden müssen (Z.B.: Aretino, Ragionamento/Dialogo, 374).

89 BAV, Urb. lat. 1039, 235r (13. 12. 1561).

90 ASR, Cost.133, 214v (1567): der Wirt der Osteria del Moro in Via Ripetta schickte fünf namentlich genannten und «vielen anderen» Kurtisanen regelmäßig durch einen Diener das Essen ins Haus. Ähnlich auch: ASR, Inv. 45, 31v (1554).

91 ASR, Processi 127/13 (1567), 607r.

92 Ebd., 613v.

93 Ebd., 602v.

94 Ebd., 604r. Ähnlich auch die Beschreibung eines Festes im Haus der Kurtisane Violante Florentina (ASR, Cost.141, 269v; 16.01.1568).

95 ASR, Inv. 44, 57r (27. 11. 1554).

96 ASR, Inv. 43, 123r,v (30.01.1555); «molti gentilhomini et di multi cortigiane». Ähnlich auch Inv. 44, 57r,v (27. 11. 1554).

97 ASR, Processi 127/13 (1567); «che non era festino che ce venissero altre donne che nui».

98 ASR, Inv. 7, 209v (08. 11. 1532); «comensorno a fare a moresca in la sala et mille altre pazzie». Mitunter veranstalteten Kurtisanen auch richtige «Frauenfeste», wo sie gemeinsam mit ihren Kolleginnen musizierten und tanzten (ASR, Processi 127/13, 607r; 1567).

99 ASR, Processi 270/8, 496vf (1593); «Sono state solite et sono le genti a venire in casa mia, dove io habbito, per loro piacere et trattenimento; et alle volte vengono per pigliarsi solazzo con me et qualche volta ancora si gioca à carte a Primiera et altri giochi, secondo che altri vuole; alliquali giochi ancora io attendo per soddisfar' la compagnia; ma io gioco una volta in cento».

100 Zur Bedeutung des Glücksspiels siehe Kapitel «Opfer und Täterinnen».

101 Männer, die nachts singend und musizierend durch die Straßen ziehen: ASR, Inv. 43, 22r (1554); ASR, Processi 48/19, 764v, 766v (1559); Processi 127/13, 630r, 682r (1567). Solche Männer in Begleitung von Kurtisanen: ASR, Reg.Sent.4, 73rf (03.08.1560). ASR, Processi 173/17, 1243 (1581).

102 Zum römischen Karneval siehe: Clementi, Carnevale.

103 ASF, Mediceo 3261, 260r (Brief des florentinischen Botschafters Agnolo Niccolini an Ugo Griffoni, 20.02.1538); «la domenica del carnovale fecero una cena dove invitorno molte signore cioe cotigiane et ci fecero un paro di maschere in habito moresco, casacche di velluto negro foderate di drappo d'oro con cappelli del medesimo con piume nere».

104 ASR, Processi 116/16 (Aussage der Camilla da Pitigliano vom 09. 10. 1567; nicht foliiert); «io so andata piu volte con il detto cardinale de Monte in mascara per Roma su il cocchio de detto cardinale [...] Il cardinale quando andava vestito in mascara de vedova, quando da zingaro, quando con un ferraiolo».

105 Ebd., «et cosi tutti insiemi andavamo nel med[es]imo cocchio con il cardinale a spasso per Roma».

106 ASR, Bandi II, 410; Bando delle Maschere (20.01.1567).
107 ASR, Bandi II, 410 (Bando vom 15.01.1573); ASV, Arm.IV./47 (Bando vom 17.01.1587); Arm.IV./60 (Bando vom 05.02.1592).
108 Montaigne, Tagebuch, 214.
109 ASR, Inv. 47, 50vf (14.06.1555).
110 Zum Verkehr im Weingarten: ASR, Cam. I, 1748/II, 3vf (30.07.1517), 46r (29.01.1518). Besonders anschaulich wird das kulinarisch-erotische Treiben in den Weingärten in einem Gedicht des Franzosen Olivier de Magny geschildert, der 1554–1557 als Gefolgsmann des französischen Botschafters in Rom gelebt hatte (zitiert bei Calvi, Donna in Roma, 601).
111 ASR, Processi 297/25 (1596), 1118v; «dove detto Signor Giovanni haveva fato acomedare da magnare e doppo che havesse mangiato detto Signor Giovanni si tratì con detta dona Maria in una cameretta mal aconcio, dove che stettero insieme parlando, giocando et quell'altre cose che fanno un homo et una dona quando sono insieme, cioè praticando, godendosi et facendo li loro piaceri».
112 ASR, Inv. 31, 159ff (1550).
113 ASR, Processi 178/1 (1582).
114 ASR, Testimoni 4 (19–24.5 1550).
115 ASR, Inv. 6, 261v (1532); «Volendo io pigliare moglie dissi una nocte alla [...] Alexandra, quale allora era mia femina, stando in letto le dissi che se volesse provedere in qualche modo di star da sue poste [...]».
116 ASR, Processi 270/8, 486v (1593).
116 ASR, Inv. 7, 50r, 60v, 104r (1532).
118 ASR, Processi 228/8 (1588); «come noi altre cortigiane quando havemo martello solemo fare».
119 ASR, Processi 287/22, 551rff (1595).
120 ASR, Processi 17, 354r, 358r (1552).
121 ASR, Processi 48/4 (1559/60).
122 ASR, Cost. 46, 34v (1553); «et starme in reposo».
123 ASR, Processi 178/1 (1582).
124 ASR, Processi 178/1, 32r (1582); «che [...] non voleva venire altrimente in casa de Monsignor, ma che se lui voleva niente da lei, che l'andasse a trovare a casa».
125 ASR, Processi 48/4, 141v (1559/60); «puttana, bagascia, [...] ti taglierò la faccia et darotti delle sculaciate».
126 Ebd., 142'v; «Camilla Senese Magra est locanda per li sbirri, per li hosti et per li poltroni».
127 ASR, Processi 17, 352–388 (1552).
128 Bredekamp, Vicino Orsini, II, 30; «sendo tanta abundantia de donne in Roma».

«Himmlische Freuden» und «Teuflische Lust»

1 Einige Beispiele: Matteo Bandello, Dominikanermönch und Bischof von Agen; Giovanni della Casa, Erzbischof von Benevento und päpstlicher Nuntius in Venedig; Francisco Delicado, Dominikanermönch; Kardinal Bernardo Dovizi da Bibbiena, Agnolo da Firenzuola, Mönch von Vallombrosa; Gian Francesco Poggio Bracciolini, Kuriensekretär; Bischof Maffio Venier; Pietro Aretino hatte die niederen Weihen. Enea Silvio Piccolomini distanzierte sich später als Papst Pius II. von seiner 1444 entstandenen erotischen Novelle «De Eurialo et Lucretia».

2 Inglese, Macchiavelli.

3 Inglese, Machiavelli, 211f (05.01.1514); «Cotestoro non sanno che chi è tenuto savio il dì, non sarà mai tenuto pazzo la notte; et chi è stimato huomo da bene, et che vaglia, ciò che e'fa per allargare l'animo et vivere lieto, gli arreca honore et non carico, et in cambio di essere chiamato buggerone o puttaniere, si dice che è universale, alla mano et buon compagno».

4 Ebd., 282 (16.01.1515); «[...] di necessità bixogna ridursi a pensare a choxe piacevole, né so chosa che dilecti più, a pensarvi e farlo, che il fottere. E filosofi ogni huomo quanto e'vuole, questa è la pura verità, la quale molti intendono choxì ma pochi la dichano».

5 Ebd., 284 (31.01.1515); «Chi vedesse le nostre lettere, honorando compare, et vedesse le diversità di quelle, si maraviglierebbe assai, perché gli parebbe hora che noi fussimo huomini gravi, tutti vòlti a cose grandi, et che ne'petti non potesse cascare alcuno pensiere che non havesse in sé honestà et grandezza. Però dipoi, voltando carta, gli parrebbe quelli noi medesimi essere leggieri, inconstanti, lascivi, vòlti a cose vane».

6 Ebd.; «Questo modo di procedere, se a qualcuno pare sia vituperoso, a me pare laudabile, perché noi imitiamo la natura, che è varia; et chi imita quella non può essere ripreso».

7 Zu Vicino Orsini siehe: Bredekamp, Vicino Orsini.

8 Ebd.II, 15 (27.06.1558).

9 Ebd.II, 32 (06.07.1574); «Bisogna attender a tirar innanti et far ogni cosa per viver allegramente, che tutt'il resto sonno baie, scanzar le fatiche, li disaggi et pigliar il tempo come viene».

10 Ebd.II, 55 (16.02.1580); «La botte del vino credo ch'a quest'hora sarrà arrivata, harrei caro fosse di quel sapore et qualità che sonno li libri che mi manda». Zu Giovanni Drouet siehe: DBI, vol. 41, 709ff.

11 Ebd.II, 17 (04.07.1563); «per gratia de Dio». Eine dieser Maitressen war eine gewisse Laura, die zuvor als Kurtisane in Rom gelebt hatte. Sie wurde Orsinis Konkubine, bis sie ihn 1574 verließ, um ihr altes Leben in Rom wieder aufzunehmen (Ebd.I, 40ff).

12 Ebd.II, 29f (Mitte April 1574). Meine Darstellung folgt der Interpretation Bredekamps, der die Auflösung und Deutung dieser Metaphern in bewunderungswürdiger Weise vorgeführt hat (Ebd.I, 41ff).

13 Ebd.II, 29; «pur farrò stima d'esser un de quei satiri, che, se ben non se ponevano a mensa con Giove, pur andavano leccando qualche minestra ch'avanza».

14 Ebd.II, 30; «Io interpreto le tre P., che vogliono dire potta, potta et potta; hor da questo bisogna guardarci, ma quando che questa è piu dolce che non è né cotognate, ne mele, se ben non havessi denti, me mettaria a leccare».

15 Ebd.II, 88 (25.12.1573); «che ‹[po]nat gladium in vaginam›». Wortspiel, das einerseits auf unverfängliche Weise als Aufforderung, den Streit zu beenden interpretiert werden kann, andererseits aber eine deutliche Aufforderung zur Zulassung des Geschlechtsverkehrs enthält.

16 Ebd.II, 85 (Anfang November 1573); «moglie di Volcano»; die Kurtisane wird mit der Liebesgöttin Venus identifiziert, die mit Vulkan verheiratet war.

17 Ebd.; «Fratello mio, non essere importuno; non è più tempo di fare le forze de Hercole, basta bene che mi visiti al più nelli quattro tempora de l'anno, [...] e dirai al Signor Vicino Orsino che essendo più succoso, me può veder più spesso, cioè ogni plenilunio».

18 Ebd., 27 (26.11.1573); «Io veggo con tutta la vecchiezza, l'animo si rallegra in veder

una giovane, ma faccia a mio modo, non bisogna che passi li quindici anni, perché in quella tenera età non cognoscano li difetti delli vecchi, dove le più attem-
pate si burlano del fatto loro».

19 Ebd. II, 31 (10.06.1574); «Ho ben da chiavare ma poco trattenimeno et serria neces-
sario assai trattenimento et poco del resto».

20 Ebd. II, 61 (02.08.1582); «perché, dopo che io me deliberai da madonna Venere (si
ben credo che me habia fatto qualche utile in fortificar la vita), ogni modo me ha
indutto tal malenconia nel animo, che me par più haver perso che guadagniato».

21 BAV, Capponiano 140, 4v; «breve gioco del fottere».

22 Ebd., 5r; «Essi che studiano sanno mille colpi buoni e mille tratti dolci sopra quel
fatto, li quali trovano scritti ne loro libri e come quei che sanno come la potta sta
dentro sanno ritrovare tutte le vie piacevoli e segreti».

23 Ebd., 6r.

24 Ähnlich auch Zoppino, 314: Hier wird den Kurtisanen nachgesagt, daß sie sich
Schwämme und Tücher in die Vagina stopfen, um diese enger (und somit für
Männer begehrenswerter) erscheinen zu lassen.

25 Zur Vorstellung von der sexuellen Zügellosigkeit der Frauen siehe: Nathalie
Zemon Davis: Humanismus, Narrenherrschaft und die Riten der Gewalt. Frankfurt 1987, 136f.

26 Aretino, Ragionamento/Dialogo, 84; «salvo che hanno duo sonagli che ne sarebbe
orrevole ogni gran cembalo. [...] Ed era beata, non solo avventurata, quella a cui
veniva preso il più grosso e il più largo; né si ritenne niuna di non basciare il suo
dicendo ‹Questi abbassano la tentazione della carne›».

27 Ebd., 90, 91, 113.

28 Ebd., 104; «sfogato la rabbia suso le palle dei capofuochi: e infilzatesi in esse, ci
scambiettavano sopra come i rei nei pali turcheschi».

29 Ebd., 182; «Avutone XX. cominciò a far come le gatte che sborrano e imiagolano».

30 Ebd.; «si stava nella grascia a mezza gamba».

31 Bredekamp, Vicino Orsini, II, 57 (28.05.1580); «che 'l pigliar moglie se deve far più
per necessità che per piacere».

32 Ich beziehe mich auf die Edition der «Sonetti Lussuriosi» in Gegenüberstellung
mit den Stichen Raimondis bei: Lynne Lawner: I Modi nell'opera di Giulio
Romano (...).

33 Ebd., 27ff, 31ff. Lawner geht in ihrem Versuch, die dargestellten Frauen mit ganz
bestimmten Kurtisanen zu identifizieren, gelegentlich etwas zu weit. Daß es sich
um Kurtisanen handelt, ist allerdings eindeutig.

34 Ebd., 68 (Sonetto 3); «Questo cazzo voglio io, non un tesoro/ quest'è colui che può
far felice/ quest'è un cazzo proprio da imperatrice,/ questa gemma val più ch'un
pozzo d'oro».

35 Ebd., 74 (Sonetto 6); «Perch'io prov'or un sì solenne cazzo,/ che mi rovescia l'orlo
de la potta,/ io vorrei esser tutta quanta potta,/ ma vorrei ch tu fossi tutto cazzo».

36 Ebd., 66 (Sonetto 2); «In potta ve'l farò questa fiata/ e in cul quest'altra; e'n potta
e'n culo il cazzo/ me farà lieto, e voi lieta e beata/».

37 Francesco Pona, La Lucerna, 109; zitiert nach: Lawner, I Modi, 42f; «l'esser libera
è la miglior gemma che posseda la meretrice [...]; né all'impero de'mariti né all'arbitrio de'genitori vivono le cortigiane soggette; onde il recarsi agli amanti in seno
(al che gagliardamente le stimola il naturale appetito e la lascivia del sesso) non
le mette in pericolo di esser per interesse di onore uccise».

38 ASR, Processi 225/19 (1588), 798v; «non si poteva satiare di far quel servitio, cioè
di farsi chiavare che glie gustava molto».

39 Ebd., 805r.

40 Ebd., 798v; «Non si po resistere a far' quattro volte in un hora».

41 Aretino, Ragionamento/Dialogo, 337; «quel vituperio vituperoso che manda il lezzo in abisso non che in Cielo: noi siam menate e rimenate per tutti i versi e di dì e di notte; e chi non consente a tutte sporcarie che si sa pensare, si mor di stento».

42 Ebd., 457.

43 Ebd., 458; «E che risa gli escano di gola nel vedercelo entrare e nel vedercelo uscire; e dando alcune spinte a schincio e certe punte false, par che tramortischino per la dolcezza del farci male. Talotta tolgano uno specchio grande grande, e ispogliatoci ignude, fanno starci nei più sconci modi che si sappino fantasticare: e vagheggiandoci i visi, i petti, le pocce, le spalle, i corpi, le fregne e le natiche, non potrei dirti come se ne sfamano il piacere che ne hanno».

44 Lawner, I Modi, 76 (Sonetto 7).

45 Ebd., 72 (Sonetto 5): Hier lehnt die Frau den Analverkehr mit der Begründung ab «che l'piacer dietro tutto tuo saria,/ ma dinanzi il piacer è tuo e mio» («hinten ist es ausschließlich Dein Vergnügen, aber vorne ist es ein Vergnügen für Dich und für mich»). Ähnlich auch Aretino, Ragionamento/Dialogo, 103, 221, 342.

46 Ebd., 82 (Sonetto 10), «cibo da prelato»; 76 (Sonetto 7), «[piacere] dei grandi».

47 Ebd., 48.

48 BAV, Capponiano 140, 107r.

49 Niccolò Franco «La Priapea».

50 Inglese, Machiavelli, 226ff (25.02.1514); 281 (16.01.1515); ähnlich auch 210ff, 213ff, 218ff.

51 Luzio, Federico Gonzaga, 14 (Brief vom 03.01.1511); «Toscani sogliono haver bon iudicio sopra li putti, attento che molto gli considerano et amano».

52 Mutinelli, Storia arcana, I, 121 (Bericht von Antonio Tiepolo, 02.08.1578); Montaigne, Tagebuch, 202f.

53 Buchell, Iter Italicum, XXV, 110; «Italorum plerique, certe non alio quam demonum instinctu, in aversam Venerem proni, pedarastia gaudent».

54 Aretino, Ragionamento/Dialogo, 328; «Subito che il messere ti vede diventata di femina maschio, te si avventarà come il fame al pan caldo; e non potendo patire che tu vada a letto, ti vorrà fare appoggiar al muro o sopra una cassa. Quello che io ti vo'dire è che tu ti lasci prima squartare che tu gliene dia, s'egli non ti dà la berretta e il saio per venir poi a lui con l'abito che più diletta ai signori».

55 Man berief sich dabei vor allem auf das alte Testament: «Eine Frau soll nicht Männergewand tragen, und ein Mann soll nicht Frauenkleider anziehen; denn wer solches tut, ist dem Herrn, deinem Gott, ein Greuel» (5.Mo.22,5).

56 ASR, Inv. 45, 17r (02.11.1554); «buggierare et fotte'in culo», «che non facevo simil cosa et se mi voleva chiavar inanti come si deve facesse, altremente andasse con dio». Ähnlich auch die Formulierung der Antonia Romana (ASR, Inv. 7, 235r; 21.11.1532).

57 Zoppino, 321.

58 Aretino, Ragionamento/Dialogo, 317; «Non è niuno che non tocchi il ciel col dito quando l'amica che si ama, mentre ti dà la linguina per cantone, ti grappa il cotale, e stringendolo due o tre volte, te lo rizza, e ritto che te lo ha, gli dà una menatina, e poi lascia in succhio: e stata così un poco poco, ti si reca i sonagli su la palma crivellandogli con essa soavemente; doppo questo ti sculaccia, e grattandoti fra i peli ritorna a rimenartelo: talché la pinca, che è in sapore, pare un che vuol recere e non pò; ma lo imbertonato a così fatte carezze si sta badiale, e non cambiaria il

suo spasso con quello d'un porcellin gratato; e quando si vede cavalcare da colei che egli sta per cavalcare, va in dolcezza come un che compisce».

59 Ebd., 318; Lawner, I Modi, 88 (Sonetto 13).

60 Zoppino, 321; «L'astuta donna gli dice, che non faccia cosi presto, pregandolo che non si affretti, e che egli aspetti lei, accioche la non resti senza farlo, e ricorda che meni hor piano, hor forte, hora ad agio, et hora in fretta, fingendo di far due volte: e non vogliono, che si cavi prima, che tre volte non facci, e ti danno segni d'haverlo fatto o con alti sospiri, o con infreddar la lingua, o col batter forte i polsi, o con torcer gli occhi, o con lasciarsi andar per perdute, o con formar paroline rotte, e con basciarti con certi sospiruzzi».

61 Lawner, I Modi, 57.

62 Aretino, Ragionamento/Dialogo, 337; Zoppino, 321.

63 Zitiert nach: Lawner, I Modi, 56; «Il trigesimoprimo è quando la Donna sta a giacere per lato e l'Uomo sta in piede, ed ella spinge le Natiche fuori della sponda del letto, e questo si chiama Argomento d'Avanti. Se sta poi col corpo in sù e tiene le gambe fuori appogiate al muro, e l'Uomo stia in mezzo alle medesime, e nel Chiavarla la donna alzi una delle Gambe, ed abassi l'altra, si chiama Suonar coi piedi ed è il Trigesimosecondo; ma se ella sta col corpo di sotto, e tenga ciascheduna delle sue gambe sopra alle spalle dell'Uomo, ed egli a quel modo la Fotta chiamasi Gambe in Collo alla Rovescia, ed è il Trigesimoterzo modo [...].

64 Berra, Lelio Capilupi, 366–368.

65 Zur erotischen Bedeutung der Musik siehe: Kapitel «Die Hure als Dame».

66 ASR; Processi 116/16 (nicht foliiert); 09. 10. 1565.

67 Ebd., Processi 48/18, 738ff (18/19. 03. 1559).

68 Luzio, Pronostico, 7; «onde i prelati i quali hanno in ascendente Cerere e Bacco, senza lo aiuto di cui friget Venus, ogni di dopo disinare si serreranno in conclavi utriusque sexus».

69 ASR, Processi 287/22, 546r,v.

70 Ferrai, Lettere di Cortigiane; AC, Arch.Orsini, Serie I., vol. 266, Dok. 81 (Brief der Kurtisane Marzia Conti an Onofrio Santacroce, 31. 03. 1593).

71 Zur Geschichte der Syphilis: Foa, Il nuovo e il vecchio. Corradi, Nuovi documenti per la storia delle malatie veneree in Italia. Luzio/ Renier, Contributo alla storia del mal francese.

72 Rossi, Lettere, 121 f, 372.

73 Bandello, Novelle III/43.

74 Rossi, Lettere, 372 f.

75 Ebd., 382 f.

76 Zoppino, 317.

77 Ediert bei Graf, 358 ff.

78 Aretino, Ragionamento/Dialogo, 336, 263.

79 Graf, 272.

80 Larivaille, Cortigiane, 170 f.

81 Cellini, Vita (Kap.28), 60; «Questi mali [franzesi] in Roma sono molto amici de'preti, massime di quei più ricchi».

82 Larivaille, Cortigiane, 174; Foa, Sifilide, 18. Die heilende Wirkung von Guajakholz ist aus heutiger medizinischer Sicht allerdings fragwürdig. Die durch die Behandlung mit «legno santo» scheinbar erzielten Erfolge sind dadurch erklärbar, daß nach den etwa drei Monate dauernden ersten beiden Stadien der Krankheit eine Latenzphase eintritt, die Monate oder Jahre anhalten kann, weshalb das dritte und letzte Stadium, wenn überhaupt, oft erst nach Jahren zum Ausbruch kommt.

83 Fanucci, Opere pie, 48.

84 Luzio, Pronostico, 61.

85 Bredekamp, Vicino Orsini, II, 63 (03. 04. 1583); «Pare che doppo la presa del legno, vogliate cominciare a racconsolarvi con m.ª Venere».

86 ASF, Mediceo 3262, 155r (03. 12. 1539); «per havere appicato la pelarella a meza cotesta città».

87 Siehe Kapitel «Der Rückzug aus dem Gewerbe».

Die Kurtisanen und das Geld

1 Rossi, Lettere, 284ff.

2 Rossi, Lettere, 288f, zitiert mehrere Beispiele ähnlichen Inhalts aus der volkstümlichen venezianischen Literatur.

3 ASV, S. Marta 225/2 (11. 10. 1553); «omnibus viis et modis, etiam iniustis et illicitis, extorquere pecunias in magno quantitate, et non solum emungere sed sanguinem elicere et quasi excoriare homines».

4 Aretino, Ragionamento/Dialogo, 350; «Verranno a te cinque o sei uccelli nuovi, e saranno in compagnia di qualche tuo domestico; fagli una accoglienza signorile: ponendoti seco a sedere, entrando in ragionamenti piacevoli e quanto più onesti che tu puoi; e mentre favelli e ascolti, squadra i garbi loro, e ritrae dai modi che tu gli vedi tenere quel che se ne può ritrarre; e scantucciato con galantaria il tuo conoscente, dimanda della condizione di ciascuno; poi ritorna a bomba, e al più ricco affige il guardo, e con gesto lascivo il vagheggia facendo il morto di lui; e non levar mai i tuoi occhi dai suoi senza sospiri».

5 Dorez, Le sac de Rome, 401f; «Veneris nimphe (quas cortisanas vulgus appellat), que sui corporis copiam decem non minori pretio ducatis pro uno amplexo venereo antehoc, non sine tamen magno previo lenocinio, faciebant, sese ultro ad cujusvis libitum sine personarum selectu pro bucella panis offerebant.»

6 Der Wert des Dukaten entsprach in etwa dem Wert eines «Scudo di moneta»: Sowohl der gewöhnliche Scudo als auch der Dukaten bestanden aus 10 Giuli oder 100 Baiocchi. Es gab aber auch Dukaten «di Carlini»: Sie bestanden aus 10 Carlini oder 75 Baiocchi und waren somit weniger wert. Der Scudo d'oro oder Goldscudo war im Gegensatz zum Scudo di moneta nicht von Währungsschwankungen betroffen. Je nach dem momentanen Kaufwert des Giulio war er daher etwa 11 bis 14 Giuli wert. Das gleiche gilt für den Golddukaten.

7 Sanuto, Diarii, vol. 32, 289; «et stare a ogni piacevol obedientia».

8 Brantôme, IX, 146.

9 ASR, Inv. 39, 209v ff (1552).

10 ASR, Processi 17, 385r (1552).

11 ASR, Processi 225, 802r (1588).

12 ASR, Processi 224/38, 1080v (20. 10. 1588); «Io espetto le cortesie di quelli che hanno da far con me, et chi mi da sei et chi quatro giulii, chi quindici, secondo le persone chi sono».

13 Garampi, Saggi di osservazioni sul valore delle antiche monete papali. Rom 1766; 81.

14 Aretino, Ragionamento/Dialogo, 371; «considerare la condizione di chi ne vuole; e far si che, mentre chiedi le dozzine dei ducati, non ti scappino de le reti né l'un paio, né 'l mezzo paio. Fa'che gli assai si bandischino e i pochi si celino; quello che

ne dà uno il faccia e nol dica, quello che ne dà dieci trombeggiasi: e in capo del mese il trafugoni è tutto avanzato».

15 »Catalogo di tutte le principali et più honorate cortigiane di Venetia, il nome loro […] et le stantie ove abitano […] et etiam il numero de li dinari che hanno da pagar quelli gentilhomeni che desiderano entrar nella sua gratia.» Ediert in: Barzaghi: Donne o cortigiane, 155ff. Die angegebenen Preise sind: 1/2 Scudo (eine Kurtisane), 1 Scudo (79 Kurtisanen), 2 Scudi (55 Kurtisanen), 3 Scudi (6 Kurtisanen), 4 Scudi (26 Kurtisanen), 5 Scudi (1 Kurtisane), 6 Scudi (14 Kurtisanen), 7 Scudi (2 Kurtisanen), 8 Scudi (6 Kurtisanen), 10 Scudi (7 Kurtisanen), 15 Scudi (4 Kurtisanen), 18 Scudi (1 Kurtisane), 20 Scudi (1 Kurtisanen), 25 Scudi (1 Kurtisane), 30 Scudi (1 Kurtisane). Bei 5 Kurtisanen fehlen die Preisangaben. Ein ähnliches Bild vermittelt auch das 1535 erschienene Gedicht «La tariffa delle puttane di Venegia» (ediert in: Barzaghi, Donne o cortigiane, 168ff).

16 ASR, Processi 48/4, 133r (1559).

17 ASR, Inv. 7, 138v (1532); «diece scudi el mese et cathene d'oro».

18 Berra, Lelio Capilupi, 367 (Brief vom 5.11.1546); «di far le spese di pan et di vino et dargli il mese XV ducati».

19 ASR, Processi 178/1, 40r,v (1582).

20 Du Bellays «vielle courtisanne» verweist sogar ausdrücklich darauf, daß sie mehrere offizielle Liebhaber hätte, von denen jeder einzelne sie monatlich bezahle: «Pour n'estre en ranc d'esgaldrine tenue,/ De deux ou trois à poste je me mis,/ Lesquelz estoient mes plus fermes amis:/ Et tous les mois me donnoient pour salaire/ Un chacun d'eulx trente escus d'ordinaire.» («Um nicht für eine gewöhnliche Hure gehalten zu werden, stand ich Zweien oder Dreien ganz zu ihrer Verfügung, die meine festen Freunde waren: Und jeder von ihnen gab mir für gewöhnlich alle Monate einen Gehalt von dreißig Scudi.) Du Bellay, Jeux Rustiques, XXXVI, Vers 121–126. Ähnlich auch Bandello, Novelle III/31.

21 ASR, Processi 2/12, 731r (1537); «canonicus grossien.».

22 Ebd., 733r; «clericus secularis animonen.».

23 Ebd., 743v; «clericus brixiensis» und «cubicularius Papae».

24 ASR, Testimoni vol. 4 (nicht foliiert), Prozeß wegen Ermordung des Conte Rondini aus Siena (22.8.1549).

25 Ebd. (24.08.1549).

26 ASR, Processi 225/19, 806r (1588); «che posso star da gentilhomo et da par mio».

27 ASR, Misc.Fam. 113/9 (Dokument vom 24.5.1543).

28 ASR, Processi 48/4, 127r (1559). Monatslohn von Agnolo, einem der Diener Paolo de'Grassis. ASR, Inv. 181, 10r (1583/84). Monatslohn der Dienerin einer Kurtisane.

29 Eine Witwe namens Eusepia gab 1565 ihre zwölfjährige Tochter Calidonia für zehn Jahre als Dienerin zu Don Alfonso de Avila, einem Schreiber des Archivs der Kurie. Als Gegenleistung für Calidonias Dienste verpflichtete sich Don Alfonso, ihr Kost und Quartier zu geben und sie nach Ablauf der zehn Jahre mit einer Mitgift von 35 Scudi zu verheiraten. Calidonias Jahresgehalt betrug also nur 3,5 Scudi. (AC, Sez. 1, vol. 856, 196r,v; 4.071565).

30 AC, Cred.XIV, vol. 32 (Relazioni della corte di Roma), 27v (1535). Auch die «Sbirri» verdienten 1568 zwischen 3 und 6 Scudi im Monat (Blastenbrei, Quadratura del cerchio, 15).

31 ASR, Processi 178/1, 94v (1582).

32 ASR, Processi 178/1, 65v, 66r (1582).

33 Delumeau, Vie économique, I, 463f.

34 Hurtubise: La «table» d'un Cardinal de la Renaissance, 254f.

35 Delumeau, Vie économique, I, 455. Farnese war einer der reichsten Kardinäle des 16. Jahrhunderts. Es gab allerdings auch unter den Kardinälen solche, die als «arm» bezeichnet wurden. Zu diesen gehörten 1571 Ugo Boncompagni (der künftige Gregor XIII.) mit einem Jahreseinkommen von 1982 Scudi, und Felice Peretti (der künftige Sixtus V.) der über Einkünfte in der Höhe von 850 Scudi jährlich verfügte (Ebd., 453).

36 ASR, Notai 2, 48v (1549).

37 ASR, Inv. 7, 210r (Livia Perusina; 08. 11. 1532).

38 ASR, Inv. 39, 107v ff (Caterina; 1552).

39 ASR, Inv. 6, 273r (Angela Anconitana; 20. 07. 1532).

40 ASR, Testimoni vol. 4 (19. 05. 1550 und 24. 05. 1550).

41 Aretino, Ragionamento/Dialogo, 332; «[…] spia bellamente quando parteno; e calcula il tempo che ci hanno a stare con gli annelli, con le medagliette, con le collanuzze, con le vesticciuole e con l'altre tavernine che gli vedi intorno: perché nei denari puoi fare poco fondamento».

42 Berra, Lelio Capilupi, 368 (Brief vom 5. 11. 1546); «due belle camiscie lavorate di bianco et […] due para di calze di seta».

43 ASR, Inv. 6, 287v (26. 07. 1532); «ut solet fieri inter amantis».

44 ASR, Inv. 5, 110v (17. 12. 1531); «de farme tre veste de raso overo darme settanta o ottanta o cento scudi, secondo volevo io».

45 Ebd.; «una botte de vino, dui rubbia di grano et non so che legna».

46 ASR, Processi 225/19, 797'v (1588); «Il giovane gliela prestò gratiosamente, levandosela dal collo et gliela dette; et senza far cosa nessuna con la padrona se n'andò via».

47 ASR, Processi 225/19, 799r,v (1588).

48 ASR, Processi 17, 354r (1552); «Lui mi haveva promesso de farme una veste et non mela volsuta fare, poi mi promesse pagar' la piscione della casa et manco la voluta pagare».

49 ASR, Inv. 5, 314v (02. 04. 1532); «Sa ben misser Alfonso che me l'ha donate, la cathena e l'anello, perche è dormito con me».

50 ASR, Processi 225/19 (1588). Ähnliche Fälle: ASR, Testimoni, vol. 1 (Matthia Magister delle Poste und Dianora Ferrarese; 04. 03. 1546); vol. 4 (Caterina Sclavona und Alexander Drago; 19. 05. und 24. 05. 1550).

51 AC, Sez. 1, vol. 593/7, 150r (15. 09. 1526).

52 AC, Sez. 1, vol. 81/2, 51r ff (06. 12. 1532).

53 AC, Sez. 66, vol. 35, 178v (14. 01. 1520).

54 AC, Sez. 66, vol. 35, 92v f (29. 04. 1519).

55 ASR, Inv. 6, 166v, 175v, 186v (17–22. 06. 1532).

56 AC, Sez. 66, vol. 8, 106r (10. 04. 1505).

57 AC, Sez. 1, vol. 279/4, 4v f (17. 06. 1506).

58 Archives des Pieux Etablissements à Rome et à Lorette, carton 238/8 (11. 09. 1557); «tre veste da Cardinal rosse usate». ASR, Processi 48/19, 771r (1559).

59 Zoppino, 334.

60 AC, Sez. 1, vol. 279/6 und vol. 279/8.

61 AC, Sez. 1, vol. 58, 14v ff (02. 04. 1516). Interessanterweise wird in allen Verträgen ausdrücklich bestimmt «quod si in dicto petio terre […] aliqui lapides marmorei aut tyburtini apti ad artem scalpellariam sive statue marmoree aut cuiuscumque generis lapidis sive metalli seu aqueductus plumbei aut alterius metalli inveniantur, sint, et partes predicte esse voluerint, communes pro equali portione […]» («daß, wenn in diesem Grundstück irgendwelche marmornen oder sonstigen

bearbeiteten Steine, oder wenn Statuen aus Marmor oder aus irgendwelchen anderen Arten von Steinen oder Metallen, oder wenn bleierne Wasserleitungen oder sonstige Metalle gefunden werden, diese nach dem Willen der oben genannten Parteien beiden zu gleichen Teilen gehören sollen»). Der jährliche Mietpreis, den Boccabelli verlangte (1 Giulio, also 10 Baiocchi, pro Canna) wurde vom Gericht des Vicars übrigens für zu hoch befunden, weshalb die Verträge im Mai 1516 modifiziert wurden: Der jährliche Zins betrug nur mehr einen Carlino (also 7,5 Baiocchi) pro Canna, die Frist für die Errichtung der Fundamente wurde auf zwei Jahre erhöht. Trotzdem annulierte Bruna am 4.5.1516 ihren Vertrag, angeblich aus gesundheitlichen Gründen (Ebd. 28rf).

62 Gnoli, Cortigiane, 112 (Vertrag vom 26.04.1511).

63 Gnoli, Cortigiane, 67 (Vertrag vom 13.03.1511). Die Rechte, die ihr aus diesem Vertrag erwuchsen vermachte Imperia in ihrem Testament ausdrücklich ihrer Tochter Lucrezia (Ebd., 70).

64 Berni, Opere Burlesche (1552–1555), II, 55; «Che non sono belle, e pur han fabbricato;/ Ch'io non sò immaginar le vie, nè i modi.»

65 Ebd.; «una casa da Regina».

66 ASR, Notai AC, vol. 6298, 178a (21.08.1556).

67 Incisa, Filippo Neri, I, 320 (Aussage der Fulgina Anerio, 20.10.1595).

68 ASR, Bandi I, vol. 3, Dok. 74; Gründungsbulle für Borgo Pio (23.08.1565).

69 ASR, Bandi I, vol. 3, Nr. 14: «Capitoli et nova riforma delli Banchieri Hebrei di Roma»; 30.8.1563 (Bei Delumeau, Vie économique, I, 492, wird für diesen Erlaß fälschlich die Zinshöhe mit 14 Prozent angegeben).

70 Ebd., vol. 7, Nr. 69; «Capitoli et riforma delli Banchieri Hebrei, ridotta a diciotto per cento l'Anno» (04.01.1589). Delumeau, Vie économique, I, 492 verweist auf einen Bando vom 03.08.1575, welcher den Zinssatz bereits mit 18 Prozent jährlich festsetzte. In diesem Bando wird außerdem erwähnt, daß die Juden unter Leo X. sogar 60 Prozent Zinsen jährlich verlangen durften.

71 ASR, T.d.S., Inv. 1162, 8r (06.07.1560).

72 ASR, Misc.crim., busta 5, R, 295 (10.4.1556); 49 (18.1.1558); 306 (20.4.1558).

73 ASR, Cam. I, Fabbriche 1514; Steuerliste, 8r.

74 ASR, Inv. 30, 117vf (1549).

75 ASR, Notai AC, vol. 3789, 116r (06.03.1559).

76 Ebd., 13rff (07.01.1559).

77 ASR, 30 Notai Capitolini, ufficio 31, Notar Faustus Bonaavena (1570), 530r,v (07.08.1570).

78 Die angeführten Geldgeschäfte sind sicher nicht die einzigen, die Lucrezia betrieben hatte. Die Dokumente sind «Zufallsfunde», auf die ich bei routinemäßigen Kontrollen einzelner Bände von Notariatsinstrumenten gestoßen bin. Es ist sehr wahrscheinlich, daß sich auch in anderen Beständen ähnliche von Lucrezia abgeschlossene Verträge finden könnten. Ihr leider nicht datiertes Testament (AC, Sez. 1, vol. 892, 162rff) spiegelt einen beträchtlichen Wohlstand wieder. Sie starb vor dem 15.07.1579, da an diesem Tag eines ihrer im Testament verfügten Legate an das Kloster Santa Caterina della Rosa bezahlt wurde (ASR, S.Caterina della Rosa, vol. 544, 15r).

79 ASV, S.Marta 225/2 (Plädoyer der Partei Altoviti vom 11.10.1553).

80 Ebd. Siehe Kapitel «Die Hure als Dame».

81 Ebd. (Plädoyer des Anwalts Lucrezia Gallettas vom 12.04.1553).

82 Ebd. (09.10.1553).

83 Tatsächlich ist wenig glaubhaft, daß Lucrezia von Spinellis Diebstahls- und Flucht-

plänen wußte. Sie selbst wurde ja dadurch in größte Schwierigkeiten gestürzt, ohne finanziellen Gewinn daraus ziehen zu können. Ob Spinelli, wie von Altoviti behauptet, für Geschäfte, die er in ihrem Namen abschloß, Gelder der Bank verwendete, ist schwer zu beurteilen. Dagegen spricht die Tatsache, daß Lucrezia nie verurteilt wurde.

84 S. Marta 214, Geschäftsbuch ihrer römischen Unternehmungen von 1560 bis 1580 («Libro della q.Lucrezia Galletta alias Luparella»), 39vf (21. 10. 1574).

85 Ebd., 49vf (20. 10. 1578).

86 Ebd., 51vf (18. 12. 1578).

87 Ebd., 44vf (30. 04. 1576).

88 S. Marta 88, 11r.

89 S. Marta 214, «Libro della q.Lucrezia Galletta alias Luparella».

90 Siehe oben, Anm. 33.

91 Pecchiai: Roma nel '500, 316.

92 AC, Sez. 1, vol. 856 (Testament der Isabella de Luna vom 27. 07. 1564, 173r); ebd., 195vf (Regelung der Erbschaftsangelegenheiten, 03. 07. 1565).

93 Ebd. Sorrentino dürfte ein guter Kunde von Kurtisanen gewesen sein. Er wurde 1567 zu einer Geldstrafe von 60 Scudi verurteilt, weil er mit der Kurtisane Maria Barberia in der Kutsche gefahren war (ASR, Cam. I, vol. 1749/V, 9v (10. 06. 1567).

94 ASR, S. Caterina della Rosa, vol. 21, «Declaratio legati Isabelle de Luna», 85rf (20. 07. 1573).

95 ASV, Arm.V/105.C, 75 («Editto da osservarsi dalli Parochiani, et altri c'hanno cura delle Chiese, et dalli Notarii, circa le meretrici, et donne di vita dishonesta.», 13. 08. 1579).

96 AC, Sez. 1, vol. 279/6, 29rff (16. 05. 1529); «certa credita et nomina, iura et actiones».

97 Ebd., 11rff (27. 02. 1529).

98 Ebd., 140rff (03. 04. 1530).

99 Ebd., vol. 279/8 (nicht foliiert; 22. 12. 1530).

100 ASR, Notai AC, vol. 6298, Dok. 178a (21. 08. 1556).

101 AC, Sez. 1, vol. 279/6 und 279/8.

102 ASR, Testimoni, vol. 4 (nicht foliiert; 23. 08. 1549).

103 AC, Sez. 1, vol. 892, 162rff; ohne Datum.

104 ASR, Inv. 43, 38v (1554).

105 AC, Sez. 1, vol. 18/4, 9r–11v (16. 04. 1569).

106 BAV, Urb. lat. 1041, 133 (12. 08. 1569).

107 BAV, Urb. lat. 1040, 324vf (02. 10. 1566).

108 1582 ließ beispielsweise eine Anastasia Hispana eine Geldstrafe von 50 Scudi, zu der sie verurteilt worden war, weil sie nachts in Männerkleidern durch Rom gezogen war, durch das Bankhaus Gottardo und Ceuli bezahlen (ASR, Cam. I, vol. 1751/3, 100v; 12. 8. 1582).

109 BAV, Urb. lat. 1053, 582v (25. 12. 1585); «accioche Monsignore Portico motore et origine della loro inquiete et sturbo, habbia a perdere i 10000 Scudi che haveva sopra quel banco».

110 Domenichi: Facetie, motti, e burle, 25; «Fu fatta la strada del Popolo in Roma, lastricata di tributi, che le puttane pagavano».

111 Esposito Aliano, La parrocchia «agostiniana» di S. Trifone, 496; «a quibuscumque utriusque sexus personis in ipsa Urbe degentibus». Esposito ist übrigens der Meinung, daß das von Armellini 1882 publizierte «censimento» (von dem bereits die Rede war) keine Volkzählung, sondern eine Erhebung der aus diesem Anlaß

steuerpflichtigen Personen darstellt, weil es nur die Haushaltsvorstände, nicht aber die Anzahl der im jeweiligen Haushalt lebenden Personen registriert. Sie bringt auch eine Liste jener Autoren, die über eine «tassa delle puttane» schreiben.

112 Madelin, Le journal d'un habitant français, 259; «strade de Notre Dame de Populo»; «que on fait payer l'argent aux courtisanes de Rome pour faire ladicte strade».

113 Diese Brücke wurde damals abwechselnd als «Ponte Santa Maria» oder als «Ponte Palatino» bezeichnet.

114 ASV, Div.Cam.159, 26v; «inter alios».

115 ASR, Cam. I, Fabbriche, vol. 1514, «Libro di Marcantonio de Amadeis sostituto a risquotere la tassa del ponte sca.Maria».

116 ASR, Cam. I, Fabbriche, vol. 1514, «Libro di Marcantonio de Amadeis sostituto a risquotere la tassa del ponte sca.Maria» und «Entrata et uscita di Ms.Domenico Mentebona depositario della fabrica del ponte sca. Maria». In der Zeit vom 23. 07. 1548 bis zum 27. 11. 1549 waren von den verschiedensten Berufsgruppen (Mercanti, merciari, spetiali, macellari, falegnami, pizzicaroli, pullaroli, fructaroli, sellari, bichierari, canneloctari, mulinari, vascellari, pasticieri, serrari, judei, calcaroli, fornari, calzolari, sartori, matarazari, paternostrari, lunaroli, muratori, pentori, carrestieri, librari und chiavari) insgesamt 2106,02 Scudi, von den Kurtisanen aber nur 107,9 Scudi bezahlt worden.

117 Sanuto, Diarii, vol. 19, 165 f (22. 10. 1514); «taxar tutte le putane di questa terra».

118 Ebd.; «Cossa nova, et dice si trarà assà danari al bisogno».

119 Du Bellay, Jeux rustiques, XXXVI, Vers 258; «de tribut exempte».

120 Ediert bei Graf, 358 ff; 360. Auch hier wird auf die finanzielle Beteiligung der Kurtisanen bei der Pflasterung der «Strada del Popolo» verwiesen.

121 Buchell: Iter Italicum, XXV, 110. Die jährlichen Einnahmen aus dieser Steuer betrugen angeblich 40000 Dukaten.

122 BAV, Urb.lat.1039, 20r (25. 03. 1559); 24r (08. 04. 1559).

123 Ebd., 28v (22. 04. 1559); «perche lei [...] pagava 200 scudi l'anno per il suo tributo, sotto il quale le cortigiane sono state sempre sicure».

124 ASR, Bandi I, vol. 3, Dok. 74; Gründungsbulle für Borgo Pio (23. 08. 1565); «tales impudicas mulieres à solutione soliti meretricum tributi prosus absoluimus et liberamus». Zusätzlich wurden sie von der Einschränkung der Testierfreiheit befreit.

125 ASR, Cost.132, 253v (1567).

Gelebter Widerspruch

1 »Cum primum», 01. 04. 1566, Magnum Bullarium Romanum IV/2, 284 ff; «populi et nationes, bellorum, famis, et pestilentiae calamitatibus, justa Dei ultione saepe plectuntur».

2 Montaigne, Tagebuch, 210.

3 Tacchi-Venturi, Chiesa in Italia, 85.

4 Ebd., 85 f; «sossopra e come animali desiosi».

5 Tacchi-Venturi, Chiesa in Italia, 86 f.

6 Zoppino, 310 f; «Credi tu [...], che Santo Agustino, la Pace, e San Salvatore fossero le feste cosi frequentate, se costoro [=Kurtisanen] [...]non v'andassero? [...] Se vi va Lorenzina, dieci gentilhuomini l'accompagnano, altrettanti la seguono, e due

tanti l'aspettano. Se vi va Matrema, oltre dieci fantesche, et altretanti paggi, et ancille, è accompagnata da Prencipi grandi, cioè Marchesi, Imbasciadori, e Duchi. [...] La Greca ha i suoi Conti, et i suoi Signori. Beatrica ha i suoi Prelati, come Vescovi, Preti, et Abbati. E la Tullia con molti sbarbati». Ähnlich auch du Bellay, Vielle Courtisanne, Vers 503–508. Weitere Beispiele bei Graf, 249.

7 Tacchi-Venturi, Chiesa in Italia, 88.

8 Luzio, Federico Gonzaga, 29f; Rodocanachi, Cortigiane, 60f.

9 Aretino, Ragionamento/Dialogo, 352f; «Accaderà che andrai al Popolo, a la Consolazione, a San Pietro, a Santo Ianni e per l'altre chiese principali e dì solenni: onde tutti i galanti signori, cortigiani, gentiluomini, saranno in ischiera in quel luogo che gli sarà più commodo a veder le belle [...]. Nel porti poi inginocchioni, stà onestamente suso la predella del più guardato altare che ci sia».

10 Bredekamp, Vicino Orsini, II, 62; «la chiesa piena di belle donne».

11 ASR, Processi 173/17, 1264r.

12 Ebd., 1250v.

13 ASR, Processi 48/19, 762v; «Domenica andai a messa à San Salvatore, et non ci trovando il mio innamorato mi partii subito et trovando il ser[vito]re di detto mio innamorato [...] et havendomi detto che era à San Pietro c'andai. [...] Ci sarei andata in ogni modo per vedere le putte di San Spirito et andai in Santo Spirito dove odii messa, et di poi me ne tornai a casa [...].»

14 Fanucci, Trattato di tutte l'opere pie, 22.

15 ASR, Inv.7, 53v (15.und 23.09.1532).

16 ASR, Processi 178/1, 4r.

17 ASR, Processi 48/4, 131vf (21.11.1559). Zum Anbahnen von Liebesbeziehungen in Kirchen siehe auch Aretino, Ragionamento/Dialogo, 451 und 523f und Zoppino, 311f.

18 ASR, Processi 178/1 (1582).

19 ASR, Inv.45, 21r (04.11.1554). Immer wieder finden sich in den Gerichtsakten derartige Fälle: ASR, Inv.5, 384r,v (Ginevra; 25.04.1532); ASR, Inv.6, 109v (Francesca Romana; 02.06.1532).

20 ASV, Arm V./105 C, 13; «Volendo obviare alli abusi et errori che si commettono in publico scandalo vilipendio del honor di Dio e dele sacre stationi [si] comanda et ordina che nessuna persona [...] ardisca o presuma accompagnare alle stationi si dentro di Roma come di fuori Cortigiana, o Meretrice di nessuna sorte ne in detti lochi stando o andando far cosa alcuna lasciva o dishonesta». In Venedig wurde bereits am 12.09.1539 den Huren verboten, zur gleichen Zeit wie ehrbare Frauen die Kirchen zu besuchen. Das Verbot, das wenig später auch auf die Kurtisanen bezogen wurde, hatte wenig Erfolg, da es bis ins 17.Jahrhundert immer wieder erneuert werden mußte (Graf, 248f, Anm. 2).

21 BAV, Editti 1, 166 (Bando sopra lo andare alle Stationi, 26.02.1560).

22 ASV, Arm V./105 C, 56 (Editto circa l'osservanza del colto divino; 26.02.1569); «Ordiniamo che niuno ardisca ne presuma far rumore nelle [...] Chiese, Monasterii, et luochi pii, ne commovere tumulto, strepito, ne impeto alcuno, ma cessino i risi non moderati, et vani, et profani ragionamenti».

23 ASR, Cam.I, vol.1751/III, 94v («Guardia delle chiese»; 1578).

24 AC, Sez.66, Testamenti, vol.6, 64v (ohne Datum; vor ihrem letzten Testament vom 23.10.1532, ebd.119vff); «vera catholica et fidelis cristiana».

25 AC, Sez.1., vol.856, 172rff (Testament vom 27.07.1564); «fermamente [...] en la sancta fe catholica, [...] en la qual intiendo y quiero bivir y morir, y creo por ella salvar my anima».

26 Aretino, Raginamento/Dialogo, 371; «Io voglio che tu digiuni non il sabato, come le altre puttane le quali vogliono essere da più del testamento vecchio, ma tutte le vigilie, tutte le quattro tempora e tutti i venardi di marzo; e da' nome che in così sante notti non dormi con persona: intanto vendile nascosamente a chi più ne dà».

27 Graf, 284f, Anm. 2 (Bericht vom 07.02.1525); «Noi stemo qui menando vita veramente religiosa, però che par un convento di frati, che vivesi in una osservanza mirabile; eccetto che le cortigiane non mancano de l'officio loro, ancor che parà che mal si convenga in questo anno santo».

28 ASR, Inv. 5, 331r (07.04.1532).

29 ASF, Carte Strozziane, Serie I.,filza 9, 179r ff (Brief vom 23.04.1517). Ähnliches findet sich auch in der zeitgenössischen Literatur. In dem 1531 in Venedig erschienenen Dialog «La puttana errante» sagt eine Kurtisane: «Oggi è sabato, nel quale dì, per la riverenza della Madre del Salvadore, non mi lascio abbracciare da alcuno./Heute ist Samstag und an diesem Tag lasse ich mich, aus Ehrfurcht vor der Gottesmutter, von niemandem umarmen.» (Graf, 279, Anm. 1).

30 Montaigne, Tagebuch, 191.

31 Ebd.

32 ASF, Carte Strozziane, Serie I.,filza 9, 179r ff; «In quello medesimo giorno mi confessai, si confessorono la Gambiera e la Tadea, tutte pure dal predicatore; hor pensi V.Exᵃ s'el seppe di belle cose in un tratto. Come crede Quella gli stesse la Coscientia?

33 ASR, Cost.139, 106v ff (19.04.1567).

34 AC, Sez. 66, Testamenti vol. 6, 44r (27.10.1522, Johanna Ducis), 45v f (11.07.1522, Josima Kinch).

35 Siehe Kapitel «Tod und Begräbnis».

36 Rodocanachi, Cortigiane, 62 (ohne Quellenangabe).

37 Enciclopedia Italiana, vol. 14, 825f.

38 Eine ausführliche Beschreibung der Hochzeitsfeierlichkeiten durch den venezianischen Botschafter bei: Mutinelli, Storia arcana, I, 112–120.

39 DBI, vol. 11, 689ff, s. v. «Boncompagni, Ugo». Weitere Päpste, die uneheliche Kinder hatten, waren Innozenz VIII. Cibo und Julius II. della Rovere. Pius IV. Medici hatte aus der Zeit vor dem Empfang der höheren Weihen zwei Söhne und eine Tochter, die er nicht legitimierte, weil er diese Verfehlungen geheimhalten wollte (Pastor VII, 64, Anm. 5).

40 Alfred Strnad: Kardinal Marcus Sitticus von Hohenems und die Hohenemser in Italien. In: Montfort. Vierteljahrsschrift für Geschichte und Gegenwart Vorarlbergs 37/1 (1985), 29.

41 Montaigne, Tagebuch, 389 (Anm. 90). Zum Liebesleben der Kardinäle aus dem Haus Farnese siehe: Zapperi, Der Neid und die Macht, 100f.

42 ASR, Collegio Notai Capitolini, vol. 1720, 66r ff.

43 Hurtubise, La «table» d'un Cardinal, 255, 259.

44 Siehe oben, Kapitel «Kurtisane und Kunde».

45 Pastor III, 278; Petrai, Pasquino, 16.

46 DBI, vol. 11, 689.

47 AC, Sez. 66, Testamenti vol. 6, 58ff (25.10.1526); «ob sua demerita ac bona ferintia et fidem ab ea recept.» Zu Bentivoglio siehe: DBI, vol. 8, 600 ff. (Sein Todesdatum wird hier mit 1525 angegeben, was aufgrund des vorliegenden Testaments revidiert werden muß.)

48 Siehe Kapitel «Lebensbilder» (Biographie der Ambrosina de Pironibus).

49 ASR, Processi 2/9, 659v (April/Mai 1533). Auch du Bellay beschreibt in seiner

«Vielle Courtisanne» eine ähnliche Laufbahn: Seine Heldin wird als halbes Kind an einen großen Prälaten verkuppelt, als dessen Konkubine sie mehrere Jahre lebt. Als er ihrer überdrüssig wird, wird sie Kurtisane (Divers Jeux Rustiques XXXVI, Vers 37–120).

50 BAV, Urb.lat. 1039, 325r,v, 341v. In dieser Quelle ist von Kardinal «Montino» die Rede. Pantas Geliebter könnte also entweder der berüchtigte Innocenzo del Monte oder der 1551 zum Kardinal ernannte Christophorus de Monte gewesen sein.

51 Ebd., 324v (27.12.1561).

52 Madelin, Journal, 261.

53 Luzio, Pronostico, 61f.

54 Graf, Veronica Franco, 265 (Anm. 1). Hier auch weitere Nennungen von Kardinälen und ihren Geliebten.

55 Bertolotti, Repressioni, 9f. Verschiedene Angaben über Geliebte von Kardinälen, die ohne Quellenangaben in der Literatur angeführt werden, konnten von mir nicht verifiziert werden: D.Gnoli, Leone X., nennt eine Teresa, Geliebte des Kardinals Riario, Onesta, Geliebte des Kardinals Armellini (210) und Matrema-non-vole als Geliebte von Kardinal Campeggio (201). Siehe auch: Rodocanachi, Cortigiane, 16f.

56 Luzio, Federico Gonzaga, 46f.

57 Luzio, Pronostico, 62.

58 ASF, Mediceo 3262, 233rf (Brief von Babbi, 30.12.1539).

59 BAV, Urb.lat. 1038, 362v (07.01.1559); 1039, 162r,v (26.05.1560). AC, Cred.XIV, vol.7, 213rff (01.01.1559); 245r.

60 ASR, Inv.43, 132r,v (11.02.1555). Siehe Kapitel «Die Hure als Dame».

61 ASV, Lett.prin.23, 48r (25.03.1559).

62 BAV, Urb.lat. 1039, 20r (25.03.1559).

63 Processi 48/18, 745r (18/19.03.1559); «perche non sta bene di casa d'un vescovo uscire di giorno».

64 Ebd., 774v.

65 Ebd., 747v; «Car[dina]li, vescovi et altri prelati vadono e sono andati de mezo di a cavallo con berreta di secolare et spada [...] per Roma et in casa delle cortigiane et menato dette cortigiane in cochio a casa loro, fatti banchetti publici con le cortigiane, dove sono stati car[dina]li et altri prelati a tavola con le dette cortigiane».

66 Ebd., 748v; «Io non l'haveria ammessa, ne ricercata, se io havesse saputo che vi fosse prohibitione alcuna expressa di S.Sta et suoi ministri, tanto piu veden' una tolleranza universale in tutta questa corte, si in vescovi, come in cardinali et altri prelati».

67 BAV, Urb.lat. 1039, 24r (08.04.1559). In den Akten des Tribunale criminale del Governatore ist zu diesem Prozeß kein Urteil vorhanden, obwohl der entsprechende Registerband erhalten ist (ASR, Reg.Sent.2; 1559–1562). Der Papst muß den Fall daher an sich gezogen und selbst über den Bischof gerichtet haben.

68 Ebd.

69 Ebd., 28v (22.04.1559); «Et della sententia data contra la S.ra Portia cortegiana ogniuno s'ha meravigliato molto perche lei era pubca et pagava 200 Scudi l'anno per il suo tributo, sotto il quale le cortegiane sono state sempre sicure. Imperho se il vescovo haveva fatto contra li ordi, lei perho non era cascata in colpa, tutta via ambedoi sono stati puniti come s'ha visto. Et puo ben laudarsi della buona sorte, a chi in questi tempi non tocca la mala ventura».

70 BAV, Urb.lat. 1039, 36vf (20.05.1559).

71 Pastor, VI, 53–55. Keines der beiden Gerüchte ist historisch belegbar.

72 Pastor, VII, 114.
73 ASR, Processi 116/16 (1565–1569), nicht foliiert. Das Geständnis vom 20.09.1561 wurde hier inseriert; «Confesso per la verita havere per il tempo passato tenuto vita lasciva e dishonesta [...] cosi nel andare nel habito secolare e di soldato armato [...] come nel conversare con diverse donne meretrici e tenerle in casa per concubine [...] et in adottare una figliola de una di esse meretrici per mia figliola e per diversi altri atti dishonesti».
74 Pastor, VII, 138.
75 Pastor, VIII, 110.
76 ASR, Processi 116/16 (1565–1569); nicht foliiert.
77 ASR, Processi 48/4, 143r (01.05.1560).
78 Processi 116/16, Verhör vom 09.10.1565; «me se racomandava et me pregava che io lo tenesse in buona gratia mia».
79 Max Lossen, Der Kölnische Krieg, Bd.I (Gotha 1882), 112ff und 334ff.
80 Lossen, Der Kölnische Krieg I, 341f; «Gute Götter, unser Prinz hat Unzucht getrieben».
81 Ebd., 348.
82 Ebd., 357.
83 Petrai, Pasquino, 23f; «Vorrei [...] che i Vescovi imparassero [...] ad anteporre i propri doveri al dominio temporale e ai piaceri mondani. Quanto ai preti darei loro moglie perche non andassero piu a p[uttane] e darei delle p[uttane] ai monaci perche smetessero d'essere i mariti di tutte le mogli e le mogli di tutti i mariti».
84 ASR, Cam.I., 1751/2, 2v, 5v, 14r, 14v (1506); 1751/4, 41r (1583).
85 ASR, Processi 127/6, 280v (1567).
86 Bertolotti, Repressioni, 14, Dok.XIX (14.07.1570). Die Frauen werden als «maritate» bezeichnet. Es waren also Kurtisanen, die den päpstlichen Restriktionen durch eine Scheinehe zu entkommen suchten.
87 Zur Moral des römischen Klerus unter Clemens VIII. siehe: Zapperi, Der Neid und die Macht, 55ff, 100f.
88 Bertolotti, Repressioni, 8, Dok.I (05.03.1508); «A questi di frate Egidio ha facto una predica per convertir tutte queste bagasce de Roma».
89 ASF, Carte Strozziane, Serie I., filza 9, 179rff (23.4.1517); «Vedendosi sì notabile audientia, ad altro non attendeva se non in volerne convertir tutte. Oh! Dura impresa! per me haverìa potuto cicalare cento anni! Ma pur gli è venuto fatto, che la Gambiera si è fatta monica, et chiamasi sor Sophia».
90 Aretino, Ragionamento/Dialogo, 465; «Ahi! scelerate concubine del cento-paia, spose dei foletti, sorelle di Lucifero, vergogna del mondo, vitupero del sesso de lo in mulieribus: i dragoni de lo inferno vi divoraranno l'anima, ve l'abbrusciaranno, le caldaie del zolfo bollente vi aspettano, gli spedoni infocati vi chiamano; i graffi dei demoni vi squartaranno; voi sarete carne degli uncini loro, e sarete scudisciate dai serpi: in eternum, in eternum».
91 Graf, 281, Anm.1 (Avviso di Roma, 28.03.1556); «parte volontariamente e con molte lagrime, e parte per esortazione si presentarono dopo la predica al predicatore, e si fecione scrivere per pentite della vita loro, e di voler andare chi in un monastero, e chi voler maritarsi e viver da donne da bene».
92 BAV, Urb.lat.1040, 324vf (02.11.1566).
93 Bertolotti, Repressioni, 11, Dok.IX (30.11.1566).
94 Ebd., Dok.X (15.03.1567); «che l'uffitio suo era di declarare lo evangelio et non biasimar la vita loro».
95 ASR, Cam.I., 1751/V, 5r (14.02.1568); «per predicare alle corteggiane».

96 ASR, Processi 270/16, 661v, 671r,v (07.-18.05.1593).

97 Graf, 281, Anm. 1; «E fu bel vedere la carità delle gentildonne Romane in riceverle in chiesa presso di loro, accarezzarle, persuaderle, condurle dal predicatore, e menarsele a casa per levarle dall'occasione del male».

98 Fanucci, Trattato di tutte l'opere pie, 179; «Per prediche, et esortationi di Predicatori, et altre persone pie, ma principalmente per inspiratione Divina, molte donne inhoneste, et meretrici si sogliono spesso ridurre dalla dishonesta, et cattiva, alla pudica, et buona vita; le quali donne [...] non havevano luogo fermo, dove potessero subito ritirarsi, ma erano poste in casa di Signori, e Gentildonne, e bene spesso passato quel fervore di buon proposito, ritornavano al vomito come il cane».

99 »La courtisanne repentie», «La contre-repentie». In: Du Bellay, Divers Jeux Rustiques, XXXIV und XXXV.

100 Du Bellay, Vielle Courtisanne, Vers 298–314.

101 ASR, S. Girolamo 220, 53v (12.06.1539).

102 ASR, S. Girolamo 220, 37v (30.11.1536).

103 Vereinzelte Angaben über Kurtisanen, die um Aufnahme ins Kloster baten siehe: ASR, S. Girolamo, vol. 220, vol. 221.

104 AC, Sez. 1, 279/VI,12r,v (27.02.1529). Bei Abschluß eines Vertrages zwischen dem Konvertitenkloster und Philippo Bonagra erschien die Äbtissin Brigida Pisana in Begleitung von 42 Nonnen. Da bestätigt wurde, daß diese Frauen mehr als zwei Drittel der Klosterinsassinnen repräsentierten, muß die Zahl der Nonnen damals etwa sechzig gewesen sein.

105 ASR, S. Girolamo 221, 57v (14.05.1555).

106 ASR, S. Girolamo 220, 103v ff (22.04.1554 und 05.06.1556).

107 Incisa, IV, 148, Aussage von Francesco Pucci, 29.10.1610; «acciò io fugissi la famigliarità delle donne, come quelle che sono impedimento a chi vuole far progresso nella vita spirituale».

108 Incisa, I, 106 (Aussage von Giovanni Francesco Bucca, 28.08.1595).

109 Incisa, I, 160f (Aussage des Germanico Fedeli, 05.09.1595).

110 Incisa, III, 44f (Aussage von Marcello Ferro, 23.04.1610).

111 Bacci, Vita, 113; «ma Filippo trovandosi in tal'angustia, ne potendo in altro modo liberarsi da quel pericolo, si pose in oratione, et orò con tanto fervore, che quelle meschine non hebbero meno ardire di parlare, nonche di accostarsegli». Diese Darstellung beruht auf mehreren Aussagen in Philipps Heiligsprechungsprozeß (Incisa, I, 193; II, 34; III, 281; IV, 14).

112 Incisa, II, 90 (Aussage des Marcantonio Maffa, 30.05.1596); «havendo montata la schala, ritrovò la detta donna che le venne incontro et non haveva altro che un vello transparente adosso, che si vedeva tutta la sua nudità. Il che visto dal padre, si segnò subito col segno della Croce et se ne fuggì; et la donna, vedendosi ingannata dal suo dishonesto pensiero, messasi in rabbia, tirò dietro al padre, che era quasi calato dalle scale, un scabello, che, se l'havesse colto, l'haverebbe ammazato.»

113 Ebd., I, 100 (Aussage Calcinardis vom 28.08.1595); IV, 44f (Aussage Calcinardis vom 21.08.1610).

114 ASR, Processi 235/10, 472–548 (30.01.-14.03.1590).

115 Ebd., 473v; «et loro [...] stavano li alla porta ridendosi del fatto mio».

116 Ebd., 473v; «stimulato dalla carne e dal diavolo».

117 Ebd.; «per mortificarmi la carne».

118 Ebd., 474r; «mettendoli in consideratione l'inferno, la morte e il paradiso».

119 Ebd., 485r; «Cominciassimo a stare allegramente che lei stava in animo de non voler star piu in peccato et de non voler essere piu del Diavolo».
120 Ebd., 490v; «se tramutava et piangeva et diceva che si voleva far monica».
121 Ebd., 477r.
122 Ebd., 485v.
123 ASV, Lett.prin.23, 48r (25.03.1559), Bericht von Andrea Cagliari.
124 Bertolotti, Repressioni, 11, Dok. IX (30.11.1566).
125 Rodocanacchi, 96; bezieht sich, leider ohne Quellenangabe, auf ein Dokument vom 08.02.1570.
126 ASR, Bandi II., 410 (16.12.1586); Bando contra quelli che nella Notte, e feste di Natale giocaranno, o commetteranno altri eccessi.

Opfer und Täterinnen

1 Das Fluchen war dennoch ein weit verbreitetes Übel. Gelegentlich wurden auch Kurtisanen einer solchen Gotteslästerung beschuldigt: ASR, T.d.G., Inv.5, 333v (07.04.1532, Joanna Parmense); Inv.6, 313v, 317r,v (05.08.1532, Johanna Hispana alias «Jannica»); Inv.7, 27v (05.09.1532, Vittoria). T.d.S., Inv.1170, 163rff (26.04.1564, Maddalena Ballerina).
2 Alle Angaben beziehen sich auf den «Bando Generale» vom 28.02.1550 (ASV, Arm.V/105 C, Nr.13). Spätere Bandi weichen hievon jedoch nur unwesentlich ab. «di potere diminuire et augmentare le pene secondo la qualità del tempo, del loco, delle persone et de' casi».
3 Die Fälle sind so zahlreich, daß man sie unmöglich alle aufzählen kann. Man stößt auf sie in jedem Band der «Investigazioni» (ASR, T.d.G).
4 ASR, Inv.47, 50v (14.06.1555); «Quando il Capitano entrò in casa mia retrovò Prospero [Cortese] che sonava il clavicembballo, et li disse che havia fatto questione con suo fratello, et se lui li voleva essere amico ò inimico. Et Prospero rispose che se questo era, lo voleva per nemico et voleva far questione seco, et alhora che il Capitano li dette un schiafo et quella ferita in testa».
5 ASV, Arm.VI/60, Bando vom 24.09.1564.
6 ASV, Arm.IV/47, Bando Generale vom 01.07.1569.
7 Einige Beispiele: ASR, Inv.5, 37v, 37v (Caterina, 1531), 86vff (Magdalena Florentina, 1531); Inv.6, 119rff (Nina Pisana, 1532), 194v (Magdalena alias «Moretta», 1532), 319r (Francesca Stabia, 1532); Inv.7, 90r,v (Antonia de Castro Nuovo, 1532), 106r,v (Adriana Parmensis, 1532); Inv.44, 93r,v (Gianetta Veneta, 1555); Inv.45, 121r (Anna Vittoria de Messana, 1555), 172r,v (Lucrezia Napolitana, 1555), 174v (Marfisia da Ferrara, 1555); Inv.46, 227vf (Centia, 1555); Inv.47, 75vf (Marsilia da Civitavecchia, 1555); Inv.48, 34rff (Antea Romana, 1555). Siehe auch Kapitel «Mars und Venus».
8 Einige Beispiele: ASR, Inv.5, 331r (Guyona Gallica, 1532), 383vff (Ginevra da Bologna, 1532); Inv.6, 136r (Gratiosa de Poli, 1532), 247v (Francesca de Gualteriso, 1532), 304r (Laura Paduana, 1532); Inv.7, 235rff (Antonia Romana, 1532); Inv.46, 36vf (Magdalena Anconitana, 1555), 121 v (Francesca filia Pasquini, 1555).
9 ASR, Inv.46, 36vf (18.04.1555).
10 ASR, Processi 260/3, 47r,v (Vincentia da Viterbo, 1593), 49r (Antonia Brunella, 1593). ASR, Inv.5, 279r (Domenica Florentina, 1532); Inv.6, 74r (Elisabetta Spagnola, 1532), 297v (Livia Bolognese, 1532).

316   *Anhang*

11 ASR, Inv. 43 (17. 10. 1554), 22vf.

12 Ebd., 25r,v.

13 Ebd., 24v; «pur non lo dico de certo, perchè era scuro».

14 ASR, Processi 48/4 (1560), 143r; «Giovedi passato di notte mi fu abruciata la porta, il sabbato sequente la mi fu imbratata, dico smerdata con reverenza vostra, et lunedi sequente mi furno tirate a terra le gelosie. Et aspetto che questa notte mi sia fatto qualch'altro male, perchè me lo fano una notte si et l'altra non».

15 Ebd., 143r,v; «che sia statto Paulo de Grassi et Horatio de Camerino, suo compagno, perchè lor'solino far'da simil gentilezze. Et tanto più credo siano statti loro, perchè lunedi di notte medesimamente furno tirate a terra le gelosie anchora alla Camila Senese et alla Giulia Neapolitana, perchè con loro detto Paulo et Horatio havessino altrivolte amicizia».

16 Einige Fälle von Kurtisanen, die einer solchen Anstiftung beschuldigt wurden: ASR, Processi 33/19, (1557, Camilla Senese), 48/19, 758ff (Camilla «la Magra» Senese), 127/13, 601ff (07. 12.–12. 12. 1567, Victoria Zinardi da Mantova und Marzia da Viterbo), 173/17, 1235ff (22.–26.04.1581, Maria Fasarga), 179/23, 689ff (1582, Faustina), 241/8, 158ff (16.04.1591, Isabella Palazza), 270/16, 656ff (07.-18.05.1593, Grazia Sangalli, Settimia Lucchetti und Tarquinia), 277/37, 1040f (07.08.1594, Isabella de Civitate Castelli); Fid. 11, 205v (12.03.1550, Isabella Genovese); Inv. 164, 194r,v (22.10.1582, Livia); Misc.Crim., vol.5,R,93 (08.08.1589, Lucrezia Biancolina).

17 ASR, Processi 270/16, 675v (07–18.05.1593); «[...] son stato io et me l'ha fatto fare Settimia dell'Armato corteggiana [...] et se mi havesse commandato che havesse fatto altro, haverei fatto anco peggio».

18 ASR, Processi 173/17 (1581), 1237r; «una donna bella vestita da homo»; 1256v; «la quale si rideva di quel fatto».

19 ASR, Inv. 6, 151v (13.06.1532, Angela Romana); Inv. 39, 62r (13. 12. 1552, Francesca Spagnola).

20 ASR, Processi 228/10 (Juni 1588; Beatrice Perusina), 242/36, 1319–1343 (September 1591, Antonia Siciliana). Inv. 164, 131v (24.09.1582, Cecia Fiorentina), 132v (Grazia Portughese).

21 ASR, Inv. 30, 118r (29.10.1549); «o figlio mio, so' cattiva più che non sei tu».

22 ASR, Processi 232/32, 527vf (1589).

23 ASR, Processi 17 (1552), 353r.

24 ASR, Processi 127/13 (1567), 603r (Waschbecken); Inv. 164, 194v (Bank).

25 ASR, T.d.S., Inv. 1162, 65r,v (20.08.1560, Marzia); 1163, 32rff (15.09.1561, Sabatina da Firenze); 1167, 215r (11.12.1562, Vincenza da Venezia); 1171, 191r,v (18.09.1564, Constanza da Bologna); 1190, 152rff (12.11.1588, Settimia da Lucca). T.d.G., Inv. 7, 51vff (15.–23.09.1532, Cosma de Boscho und Clementia Lotharinga); 321v (15.12.1532, Altabella).

26 ASR, T.d.S., Inv. 1162, 65r,v (20.08.1560, Marzia); vol. 1163, 32rff (15.09.1561). T.d.G, Processi 123/15, 377ff (09.11.1567-15.01.1568, Cecca Fiorentina und Paola da Forlino); 179/1, 1rff (17.10–27.11.1582, Angelica).

27 ASR, T.d.S., Inv. vol. 1163,162rff (21.12.1561, Theodosia); 1189,32vf (12.08.1588, Aurelia da Siena). T.d.G., Fid. vol. 10,149r (04.01.1549, Victoria Romana); Reg.A., vol. 6, 16r,v (04.05.1531, Maria Flaminga).

28 Einige Beispiele: ASR, T.d.S., Inv. 1158, 210r,v (02.06–24.07.1534, Ursolina); 1162,78r (12.09.1560, Betta da Siena), 125r,r (23.11.1570, Marzia da Roma); 1164, 44r,v (01.03.1562, Bartolomea da Bologna); 1171, 91r, 95rf (27.und 29.08.1564, Caterina da Bologna), 129r,v (03.09.1564, Silvia da Sarmona); 1177, 186r,v

(27.10.1568, Caterina und Orsolina); 1188, 70v (04.05.1588, Giovanella), 72vff (05.05.1588, Bernardina); 1191, 35vff (12.03.1589, Menica da Firenze); 1192, 133rff (20.09.1589, Marzia di Giulia da Sermonetta). T.d.G., Cost.141, 18rf (21.04.1567, Antonia). Fid.10, 41v (18.08.1548, Caterina da Urbino), 67vf (15.09.1548, Dianora de Palazzolo Romagnola), 100v (04.11.1548, Julia Veneta), 112r (17.11.1548, Magdalena Florentina), 127r (07.12.1548, Caterina Vicentina); Fid.11, 31v (10.07.1549, Leandra de Firmo), 76v (17.08.1549, Francesca de las Rissas). Inv.6, 147r (12.06.1532, Caterina Galla), 192vf (24.06.1532, Antonia und Domenica), 273r (20.07.1532, Angela Anconitana und Eusebia Perusina), 295v (30.07.1532, Margarita). Inv.7, 23r,v (03.09.1532, Faustina Romana und Laura Paradisa), 60v (18.09.1532, Diana de Barletta). Inv.31, 180v (01.03.1550, Bartolomea). Inv.39, 73r,v (18.12.1552, Bartolomea Senese). Inv.43, 133r (31.01.1555, Joanna Bolognese). Inv.45, 118v (08.02.1555, Diana Napoletana alias «Monachina»). Inv.48, 189v (23.11.1555, Cecca de Urbino). Inv.49, 9vf (21.10.1555, Humana). Reg.Sent.I/2, 109r,v (25.02.1561, Antonia); Reg.Sent.II/8, 131r (28.07.1579, Beatrice Hispana).

29 ASR, Inv.45, 116vff (06.02.1555).

30 Kurtisanen, die Männer mit Schwertern verletzten: ASR, Reg.Sent.II/6, 42v (01.04.1577, Julia Januensis); II/7, 6v (10.02.1578, Cencia Tiburtina), 28v (22.03.1578, Isabella Perusina); II/8, 146v (27.08.1579, Fortuna Januensis); III/9, 17v (06.02.1580, Rosa Florentina), 82r (20.07.1580, Antonia de Anania). Mit Gewehren: ASR, Reg.Sent.II/7, 15r (25.02.1578, Julia Zingara Romandiola). Mit Stöcken: ASR, Fid.11, 24r (03.07.1549, Laudonia Napolitana). In folgenden Fällen fehlt die Angabe der Waffe, mit der der Gegner verletzt wurde: ASR, Fid.10, 8r,v (17.07.1548, Caterina de Viterbo); Reg.Sent.II/6, 7r,v (01.01.1577, Adriana), II/8, 76v (11.04.1579, Francesca). T.d.S., Inv.1162, 36r (27.07.1560, Cinzia da Siena); Inv.1163, 43r,v (20.09.1561, Marzia); Inv.1183, 148r (Vittoria).

31 Kurtisanen als Auftraggeberinnen von Gewalt: ASR, T.d.G.: Inv.43, 85vf (16.12.1554, Barbara Greca); Inv.47, 189rff (27.08.1555, Lucrezia und Margarita). Notai 2, 20r (07.01.1549, Calidonia Senese); Reg.Sent.I/2, 194vff (17.11.1561, Diana Napoletana alias «Monachina»); Reg.Sent.I/3, 401r,v (23.11.1566, Virginia Florentina); Reg.Sent.III/10, 128r (15.06.1592, Felice Sforgia). T.d.S.: Inv.1162, 151vf (01.01.1561, Cornelia). Kurtisanen, die Morde in Auftrag gaben: ASR, T.d.G., Inv.6, 261vf (18.07.1532, Alexandra da Civitavecchia); Reg.Sent.I/3, 99vff (21.05.1565, Laurentia Florentina). T.d.S., Inv.1170, 141rff (11.04.1564).

32 Siehe Kapitel «Die Kurtisanen und das Geld».

33 ASR, T.d.S., Inv.1163, 48r,v (29.06.1561, Antilia da Siena); Inv.1189, 130vf (06.09.1588, Cesaria und ihre Mutter Pasqua).

34 ASR, Cost.137, 172rf (09.06.1567, Violante).

35 ASR, T.d.S., Inv.1164, 94r (Faustina dei Famiani; 08.04.1562); Inv.1176, 122r (Caterina da Fano; 12.02.1568); Inv.1188, 37v (26.04.1588).

36 Bandello, Novelle IV/16. Ähnlich auch Processi 237/29, 495ff (1590, Antonia).

37 ASR, Inv.43, 191rff (14.03.1555, Camilla Ventura Senese).

38 ASR, Inv.6, 172r,v (16.06.1532, Ludovica Veneta); Inv.30, 40v (11.09.1549, Jacolina Galla).

39 ASR, T.d.S., Inv.1187, 33'r (22.01.1588). Ähnlich auch: ASR, T.d.S., Inv.1190, 116r,v (Giulia da Foligno; 29/30.10.1588).

40 ASR, T.d.S., Inv.1162, 151r (28.12.1560). Ähnlich auch: ASR, Inv.5, 118r (Tullia; 19.12.1531); Inv.7, 42r,v (Julia Veneta alias «Blanca»; 11.09.1532).

41 ASR, Inv.43, 3rff (12.10.1554).

42 ASR, Inv. 48, 175r ff (17. 11. 1555).

43 ASR, T.d.S., Inv. 1187, 123r (18. 02. 1588).

44 ASR, Inv. 44, 40v f («et le presi per securta per esser mio amico»; 14. 09. 1554).

45 ASR, T.d.S., Inv. 1169, 58r (29. 09. 1563, Lucia).

46 ASR, Inv. 48, 58v ff (06. 10. 1555, Caterina alias «China»).

47 ASR, T.d.S., Inv. 1190, 41r (07. 10. 1588, Orintea). Weitere Klagen wegen Diebstahls: T.d.G., Inv. 6, 147r (12. 06. 1532, Caterina Galla: Kopftuch), 254v (16. 07. 1532, Paula Perusina, Schmuck); Inv. 39, 191r (11. 03. 1553, Isabella Spagnola, Halskette); Inv. 46, 45v (23. 04. 1555, Portia); Inv. 48, 230r,v (Caterina, Hündchen); Cost.131, 117r ff (04. 12. 1566, Caterina Parmesiana); Testimoni 16, 135r,v (05. 04. 1566, Caterina Mastei de Sarazana). T.d.S., Inv. 1164 (17. 06. 1462, Camilla da Pistoia, Hausrat); 1191, 91r,v (26. 03. 1589, Caterina da Ferrara, Garn).

48 ASR, Inv. 49, 66r,v (10. 11. 1555).

49 ASR, Inv. 47, 87v ff (05. 07. 1555, Aurelia de Angaria). Testimoni 16, 80r,v (20. 03. 1566, Diana de Rosellis Romana).

50 ASR, Inv. 6, 223r,v (06. 07. 1532).

51 ASR, T.d.G., Cost.141, 59r,v (01. 09. 1567, Margareta Veneta). T.d.S., Inv. 1156, 55v (März 1509, Caterina Hispana); 1188, 170r ff (28. 05. 1588, Caterina da Orvieto).

52 ASR, Cost.137, 224v ff (08. 07. 1567, Lucrezia filia q.Johanne de Venetiis).

53 ASR, Inv. 5, 113v ff (18.-22. 12. 1531, Ines Sevigliana); Inv. 6, 369r ff (25. 08. 1532, Lucrezia Veronese). T.d.S., Inv. 1177, 256r (27. 12. 1568, Cecca da Viterbo).

54 Z.B.: Bulle «In multis depravatis moribus», 1. 2. 1554 (Magnum Bullarium Romanum, VI, 308 f, § 13). Hier wird als Begründung für das Verbot angegeben, daß Glücksspiele zum Fluchen und anderen unfrommen Handlungen verleiten.

55 Siehe Kapitel «Der Rückzug aus dem Gewerbe».

56 Margarita «Pizzicarola» verschaffte sich 1546, trotz eines eben erst erlassenen Spielverbots, eine «patente dal Duca di Castro di posser giucare» (ASR, Testimoni 1, nicht foliiert, 6. 2. 1546).

57 ASR, Fid. 11, 99r (07. 09. 1549, Angela da Bologna).

58 ASR, Processi 270/8, 485 ff (1593).

59 ASR, Testimoni 1 (nicht foliiert), 06. 02. 1546.

60 ASR, Testimoni 4 (nicht foliiert), 31. 03. 1550 (Isabella de Luna).

61 ASR, Cam. I, 1748/II, 3v f (30. 07. 1517), 46r (29. 01. 1518).

62 ASR, Inv. 7, 231r,v (19. 11. 1532), «che fa chiavar donne in casa sua».

63 ASR, Fid. 10, 120r (30. 11. 1548).

64 BAV, Urb. lat. 1038, 111v f (25. 10. 1555). Das Mädchen, eine gewisse Pandora, wurde mit einem Familiar des Kardinals von Armagnac verheiratet, um es so dem ehrlosen Leben einer Hure zu entziehen. Diese Maßnahme hatte sichtlich nicht den gewünschten Erfolg, denn als Brantôme 1559 in Rom weilte, lernte er Isabella de Luna, die er als «gerissene alte Frau» beschrieb, kennen und staunte über die enge Freundschaft, die diese mit einer gewissen Pandora, einer der schönsten Kurtisanen der Stadt, verband. Obwohl Pandora verheiratet war, wohnte sie zu Brantômes Verwunderung mit Isabella zusammen und wurde von dieser ohne Rücksicht auf den Ehemann weiterhin mit Kunden versorgt (Brantôme, IX, 194).

65 Magnum Bullarium Romanum IV/1, 354, «Sanctissimus Dominus» (1558).

66 BAV, Urb. lat. 1038, 283r (01. 01. 1558).

67 ASR, T.d.S., Inv. 1162, 52r (12. 08. 1560). Eine Lucrezia Biancolina wurde 1589 vom Verdacht der Kuppelei freigesprochen (ASR, Misc.crim., vol. 5,R, 93; 09. 08. 1589).

68 Villamont, Voyages, 86 f.

69 BAV, Urb. lat. 1038, 111r, 112r (25. 10. 1555); «per vitio sodomitico». Die Namen der

beiden Frauen, Alessandra und Caterina Fiorentina, finden sich auch in der Liste der Hingerichteten der Bruderschaft San Giovanni Decollato (ASR, Benutzersaal, Inventar 258/II).

70 Zur Sodomia siehe Kapitel «Himmlische Freuden und teuflische Lust».

71 BAV, Urb. lat. 1039, 36vf (20.05.1559).

72 BAV, Urb. lat. 1039, 28v (22.04.1559).

73 ASR, T.d.S., Inv. 1188, 134r,v (21.05.1588). In der Bulle «Ad compescendam quantum in nobis est» (03.11.1586), bestimmte Sixtus, daß Ehemänner, die ihre Gattin mit Konkubinen, Huren oder sonstigen Frauen betrogen, mit dem Tod bestraft werden sollten (ASV, Arm.IV/47).

74 Besonders ausführlich: Bando Generale vom 22.09.1573; ASV, Arm.IV/47.

75 Bandello, Novelle, IV/16.

76 ASR, T.d.S., Inv. 1170, 2r (21.10.1564).

77 ASR, Reg. Sent. II/6, 7r,v (01.01.1577).

78 ASR, Inv. 44, 57v (27.11.1554); «a dirli che se fuggisse di casa, che li sbirri ce veneriano ad pigliarla et che facesse presto».

79 ASR, Inv. 45, 127rff (14.02.1555).

80 ASR, Cost. 128, 33vf (1566, Camilla q. Caroli Romana); «Io so fugita per non dare alegrezza alla Madalena Senese et per non pagare uno scudo alli sbirri per la cattura».

81 Zu den römischen Gefängnissen siehe: Antonio Bertolotti: Le prigioni di Roma nei secoli XVI, XVII e XVIII. Rom 1890. Zur Gebühr für Kurtisanen siehe: Ebd., 12 und: ASR, Bandi I/3 (1563–1566), Nr. 96, Reformatione e Tassa delli pagamenti da farsi alle Guardiani delle Carceri e Essecutori (07.05.1566).

82 ASR, Processi 127/6, 278v (1567).

83 Ebd., 279r,v, 280r.

84 ASR, Processi 297/25, 1067 r (1596).

85 Blastenbrei, Römische Kriminalgerichte, 472ff.

86 Siehe Kapitel «Die Hure als Dame».

87 Blastenbrei, Römische Kriminalgerichte, 474f.

88 ASR, Benutzersaal, Inventar Nr. 258/II, San Giovanni Decollato, Elenco degli Assistiti.

89 ASR, Reg.Sent.I/3, 99vff (21.05.1565). Analog auch Reg.Sent.I/1, 89r,v (11.06.1551, Agata Veneta). Zu den langen Fristen, die es gelegentlich zwischen Tat und Prozeß gab, siehe: Blastenbrei, Römische Kriminalgerichte, 448.

Der Rückzug aus dem Gewerbe

1 Mohnike, Sastrow, 346.

2 Aretino, Ragionamento/Dialogo, 239. «Con allogiare la turba, trasmutato i suoi ornamenti in letti; poi, fallite delle locande, diventano da pìstole, cioè ruffiane; poi da vangelo, col darsi a lavar panni; poi cantano la messa a San Rocco, al Popolo, in su le scale di San Pietro, alla Pace, a Santo Ioanni e alla Consolazione».

3 Du Bellay, Divers jeux rustiques, XXXVI, Vers 485–490.

4 Besonders bekannte Beispiele: «Lamento della cortigiana ferrarese» (ed.: Graf, 358–361), «Purgatorio delle cortigiane» (Rossi, Lettere, 388f).

5 Zoppino, 335f; «prima che la vecchiezza chonsumasse quel bene, che la giovanezza diè loro».

6 In den Akten des Spitals für unheilbar Kranke, San Giacomo degli Incurabili, gibt es keinen einzigen Hinweis darauf, daß im 16. Jahrhundert dort Kurtisanen unter den Patienten gewesen wären. Dies ist umso erstaunlicher, als die eingangs zitierte Unterhaltungsliteratur das traurige Ende solcher Frauen meist in diesem Spital, das auf die Aufnahme von Geschlechtskranken spezialisiert war, ansiedelt. Natürlich ist es möglich, daß die eine oder andere Frau, die in San Giacomo verstorben ist, eine ehemalige Kurtisane war. Da dieser Beruf jedoch in keinem einzigen Fall vermerkt wurde, scheint es problematisch, in jeder «povera anziana», die ihrem Lebensabend in diesem Spital verbrachte, eine einstige Kurtisane vermuten zu wollen (ASR, Archivio dell'Arciospedale di S. Giacomo degli Incurabili, buste 380–417; Malati, sec.XVI°).

7 Brantôme, IX, 333; «Les courtisanes de Rome [...], quand elles sont sur l'aage, tiennent cette maxime, que ‹una galina vecchia fà miglior brodo che un'altra›».

8 ASF, Mediceo 3262, 155v, 159r.

9 ASR, Cam. I, Fabbriche 1514, Steuerliste 15r.

10 Dieses Phänomen beschreibt du Bellay ausführlich in seiner «Vielle Courtisanne» (Divers jeux rustiques, XXXVI, Vers 337–392).

11 ASR, Cam. I, Fabbriche 1514, Steuerliste, 12r. Sie gehörte damit eindeutig zur reichsten Gruppe von Kurtisanen: Nur zwei ihrer Kolleginnen, Ginevra Favorita (ebd., 7r) und Giovanna Spagnola (ebd., 16r) bezahlten ebenfalls je 100 Scudi für ihre Häuser und nur eine einzige Kurtisane, die völlig unbekannte Maddalena Spagnola (ebd., 15v), zahlte eine noch höhere Miete (150 Scudi pro Jahr).

12 ASR, Testimoni, vol. 4 (nicht foliiert, 31.03.1550).

13 ASR, Inv. 39, 74r ff (1552).

14 Brantôme, IX, 194; siehe Kapitel «Opfer und Täterinnen», S. 220, Anm. 64.

15 In der Steuerliste von 1549 finden sich folgende Beispiele für dieses Phänomen: ASR, Cam. I, Fabbriche, vol. 1514; Steuerliste, 8r (Vincenza und Francesca «sua figlia»), 10v (Vienna Veronese und N.N. «sua madre»; Margaritta Seristora und Tina «ella madre»), 11r (Catarina Spagnola und Aquilina «ella figlia»), 13v (N.N. und Palcida «ella madre»), 14r (Nera Pistolesse und Catarina «sua madre»), 14r,v (N.N. Fransese und Julia «lla madre»), 15r (Julia Perugina und Susanna «sua madre»). Siehe auch: ASR, Inv. 47, 47r ff (1555, Dianoria Greca und ihre Mutter Marietta Greca).

16 Aretino, Ragionamento/Dialogo, 256; «[...] se ne vanno agli spedali, e scelta la più bella bambina che ivi venga, se la allevano per figliola; e la tolgono di una età che appunto fiorisce nello sfiorire della loro».

17 Sanuto, Diarii, vol. 37, 89 (Brief von Valerio Lugio an Francesco de Zuane de la Seda vom 21.10.1524); «cortegiane et meretrice invechiate»; «riducte a rufianare per vivere, con far mal capitare numero infinito di donzelle».

18 Zitiert nach: Tacchi-Venturi, Storia della Compagnia di Gesù, I., 363; «Nè alle inferme, nè alle gravate della vecchiaia concediamo l'entrarvi, stando che l'arte del peccare abbandoni loro, non esse l'arte».

19 Ebd.; «non per computione del cuore, ma per colpa della brutezza loro».

20 Siehe Kapitel «Gelebter Widerspruch».

21 ASR, Inv. 6, 370r (25.08.1532); «che io me voleva maritar che havevo cento scudi».

22 Zum Vergleich: Um 1530 gab Alessandro Gratini, Lebensmittelhändler («pizzicarolo») auf der Piazza San Pietro, seiner Tochter Diana eine Mitgift von 200 Dukaten (AC, Sez. 1, 279/VIII, 74v ff).

23 ASR, Inv. 6, 370r (25.08.1532); «Cento scudi non bastano per una insalata». «[...] io staria fresca se non havesse più di ducento scudi».

24 Graf, 274f., Anm. 4.

25 Sanuto, Diarii, vol. 41, 166 (1526). Ähnlich auch der Fall der Kurtisane Elena Balbi, die einen Patrizier heiratet (Ebd. , 84).

26 Bredekamp, Vicino Orsini, II, 87 (12. 12. 1573).

27 ASR, Processi 178/1, 82r (1582); «Tral' altre donne di questa sorte questa era molto honesta, non era scandalosa et [...] era sana et convenientemente bella».

28 ASR, Processi 297/25, 1051v (1596); «perche così era stato voluntà de Dio et mia».

29 ASR, T.d.S., Inv. 1190, 184r,v (18. 11. 1588).

30 ASR, T.d.G., Inv. 7, 90r,v (30. 09. 1532); Inv. 45, 45r (22. 11. 1554); Processi 178/1 (1582).

31 Bullarium romanum (ed.: Taurensis), vol.V., 722–748: «Salvator Noster» (19. 05. 1520); vol.VI., 92–96: «Cum ex corpore» (13. 08. 1525). Jede Kurtisane mußte ein Fünftel ihres Vermögens testamentarisch dem Konvertitenkloster hinterlassen. Setzte sie sich über diese Regel hinweg, so war ihr Testament ungültig und ihr ganzer Besitz fiel an das KLoster.

32 ASR, S. Girolamo 221, 99vf (Declaratio vom 19. 11. 1562).

33 ASR, Processi 48/4, 143r (01. 05. 1560).

34 ASR, Reg.Sent. II/4, 73v («Romana remissione banni, pro Hortensia Falcona, contra Fiscum»; 10. 03. 1571).

35 Brantôme, IX, 146. Ähnlich auch der Fall der Pandora, ebd.194, siehe Kapitel «Opfer und Täterinnen», Anm. 64.

36 BAV, Urb. lat. 1041, 133 (12. 08. 1569).

37 Siehe Kapitel «Die Hure als Dame».

38 Bertolotti, Repressioni, 14, Dok. XXI (04. 03. 1572); «con pigliar un marito postizzo stavano fuori dell'hortazzo, vivendo una vita dishonesta».

39 AC, Sez. 1., vol. 279/VI, 19vff (24. 04. 1529); «que ab antiquo fuit curialis in urbe».

40 Ebd.

41 AC, Sez. 1., vol. 279/VI, 29rff (16. 05. 1529).

42 AC, Sez. 1, vol. 892, 162r–163v, ohne Datum (Lucrezia starb vor dem 15. 07. 1579; siehe Kapitel «Die Kurtisanen und das Geld»); «che non possino dimandare altro de robbe di essa».

43 AC, Sez. 1., vol. 18, 9r–11v (16. 04. 1569); «ab eius iuvenili aetate usque in presentem diem probabiliter et morigerate vixerit».

44 Ebd., 10v; «illud minus quod tenetur vigore bullarum praedictarum eis de necessitate relinquere».

45 Ebd., 11r; «durante vita ipsius dominae testatricis habere curam tam eius personae quam bonorum suorum».

46 Forcella, VII, 243.

47 ASR, Testimoni, vol. 1 (nicht foliiert, 06. 02. 1546).

48 ASR, Cam. I, Fabbriche 1514, Steuerliste, 2r.

49 ASR, T.d.S., Cost.1364, 127vff (12. 08. 1560).

50 ASR, T.d.S., Inv. 1162, 52r (21. 08. 1569); «mulier male vite», «plura delicta».

51 BAV, Vat. lat. 8223/I, 76r (16. 10. 1568).

52 ASR, Inv. 43, 122v; «per balia et per lavandaria et per femina».

53 AC, Sez. 66, Testamenti, vol. 6, 64vf. Abschrift des Testaments (ohne Datum); der Schluß des Dokuments fehlt.

54 Ebd., 119vff (23. 10. 1532).

55 AC, Sez. 1., vol. 279/VIII, 42vff. Regelung der Erbschaftsangelegenheiten nach Francescas Tod (05. bis 07. 11. 1532).

56 Ebd. Das Kloster kam den Erben Francescas entgegen, weil sie den meisten Abge-

ordneten der Confraternita della Carità bekannt («valde nota») war und weil sie ihr Vermögen als Mitgift für ihre mittellosen Nichten vorgesehen hatte. Die Erben zahlten den Konvertiten dafür eine Abfindung von 60 Scudi. Da dem Kloster ein Fünftel der Erbschaft rechtmäßig zustand, muß Francesca Güter im Wert von mehr als 300 Scudi hinterlassen haben.

57 Pastor, III, 100. Ähnlich auch: Gnoli, Cortigiane 28; Masson, Cortigiane, 172ff. Testament und Nachlaßinventar Tullia d'Aragonas: ASR, Notai AC 6298, Dok. 69, 79 und 110. Eine genaue Bestimmung der Werte, die Tullia hinterließ, ist heute nicht mehr möglich, da nur wenige der im Nachlaßinventar aufgezählten Dinge mit Wertangaben versehen sind. Allein diese geschätzten Gegenstände waren aber über 200 Scudi wert. Außerdem spricht sie in ihrem Testament von verschiedenen «ragioni et attioni», womit wohl Wertpapiere gemeint sind.

Tod und Begräbnis

1 Bredekamp, Vicino Orsini, I, 19; II, 70.

2 Guasti (Hg): Le Rime di Michelangelo Buonarroti, 165; «In noi vive, e qui giace la divina/ Beltà da morte anz'il suo tempo offesa./ Se con diritta man facé difesa/ Campava; onde non fe, ch'era Mancina» («In uns lebt und hier ruht die göttliche/ Schönheit, die vor ihrer Zeit vom Tod angegriffen wurde./ Hätte sie sich mit rechter Hand verteidigt,/ Sie wäre gerettet; sie tat es nicht denn sie war «Mancina» (= Linkshänderin)»).

3 Berni, Opere Burlesche (1552–1555), II, 52–61.

4 ASR, Notai AC 6298, Dok. 178 (21. 08. 1556). Ähnlich auch der Fall der Dianora Guerrina Veneta (Ebd., Dok. 29, Testament vom 21. 02. 1556).

5 AC, Sez. 1, vol. 279/VI, 22vff (17. 04. 1529).

6 AC, Sez. 66, Testamenti, vol. 6, 138r (Testament vom 05. 05. 1537).

7 AC, Sez. 66, Testamenti, vol. 6, 45vf (Testament vom 11. 07. 1522). Josima bezeichnet sich nicht als Kurtisane. Als alleinstehende, junge Ausländerin, die es in Rom sichtlich zu großem Wohlstand gebracht hatte und die den Titel «romanam curiam sequens» führte, kann sie aber nur eine Kurtisane gewesen sein. Daß sie dem Konvertitenkloster nichts hinterließ, darf zu diesem Zeitpunkt nicht verwundern: Mir ist kein einziges vor 1525 verfaßtes Testament bekannt, in dem die Konvertitenformel vorkommt. Daß diese Bestimmung von den Kurtisanen nicht berücksichtigt wurde, dürfte auch der Grund gewesen sein, weshalb der Gründer des Klosters, Giulio de'Medici, 1525 als Papst Clemens VII. die Einschränkung der Testierfreiheit in der Bulle «Cum ex corpore» erneuerte und genauestens erläuterte.

8 AC, Sez. 66, Testamenti, vol. 6, 45v (Josima Kinch); «bonis suis a Deo collatis». Eine ähnliche Formulierung verwendet auch Isabella de Luna in ihrem Testament.

9 AC, Sez. 66, Testamenti, vol. 6, 45vf.

10 Ebd., 158ff (Testament vom 13. 08. 1544).

11 ASR, Notai AC, vol. 6298, Dok. 69; «senza cerimonie, semplicemente».

12 AC, Sez. 66, Testamenti, vol. 6, 45v; «super eius sepultura ponatur lapis cum eius figura, nomine et cognomine ac anno, die et mense obitus».

13 AC, Sez. 1, vol. 18/IV, 9v; «non in tumba communi, sed in fovea particulari pro ipsa [...] facienda».

14 AC, Sez. 1, vol. 892, 162r.

15 ASV, S. Marta, vol. 49 (Abschrift des Testaments vom 31.03.1559).

16 AC, Sez. 1, vol. 18/V, 268rff (Testament vom 10.05.1568).

17 AC, Sez. 1, vol. 856, 172rff.

18 Pecchiai ist der Ansicht, daß sie zwar in einer eigenen Gruft, aber ohne einen besonderen Grabstein, in Trinità dei Monti beigesetzt wurde. Er führt allerdings keine Quellen an (Pio Pecchiai, Trinità dei Monti, 78). Die Errichtung einer eigenen Kapelle für Isabella de Luna ist nicht zuletzt deshalb unwahrscheinlich, weil ein Großteil ihrer Erbschaft in fremden Händen war und vom Universalerben nicht in Besitz genommen werden konnte. Die notwendigen Mittel für ein solches Vorhaben waren also nicht vorhanden (siehe oben, Kapitel: «Die Kurtisanen und das Geld»).

19 Zoppino, 335.

20 ASR, Fondo del Convento di S. Agostino, registri della Sagrestia vol. 66; 57, 83; vol. 67; 2, 15; registri del convento vol. I, 203.

21 Vasari, Le vite, vol. V., 366 (Vita des Perin del Vaga); «una bellissima sepoltura di marmo e sopra la cassa una femmina morta di marmo, stata eccelentemente lavorata [...], e due putti ignudi dalle bande; nel volto della qual femina era il ritratto d'una famosissima cortigiana di Roma, che lasciò quella memoria».

22 Ebd.; «che si facevano scrupolo che una sì fatta femmina fusse quivi stata riposata con tanto onore». Zum Verkauf der Kapelle: Archives des pieux établissements français à Rome et à Lorette, Carton 228/14, fasc.: Pertinenze delle Cappelle, 9r–12v.

23 Pecchiai ist der Ansicht, daß die Kapelle der bereits erwähnten Kurtisane Lucrezia Sgarrettona gehörte, die dem Kloster bei ihrem Tod 1522 großes Kapital hinterließ. Die von ihm zitierten Quellen konnte ich in den Archives des pieux établissements français de Rome et de Lorette (die inzwischen neu geordnet wurden) nicht ausfindig machen (Pecchiai: Trinità dei Monti; Ders.: Regesti dei documenti patrimoniali del convento della Trinità dei Monti. In: Archivi d'Italia, Ser.II, 25, 1958, 131ff).

24 Dominique Cordellier, Bernadette Py: Raphael. Son atelier, ses copistes. Paris 1992, 595 ff (=Musée du Louvre, Musée d'Orsay. Département des Arts Graphiques. Inventaire général des dessins italiens. Vol. V.). Brown/Shoemaker: The engravings of Marcantonio Raimondi. 1981, 172.

25 ASR, Inv. 7, 51vff, 71r (1532).

26 Forcella 12, 446 Nr. 534; «Hoc loteringa iacet sub marmore Cosma sepulta/ Beltrando genito colacrimata suo/».

27 ASR, Fid. 11, 64vf (07.08.1549); Inv. 39, 181vff (01.03.1553).

28 Forcella, 1, 351 Nr. 1354.

29 Z.B.: Forcella, vol. 2, 175 Nr. 508 (Dianora Laurentii, 1561), 116 Nr. 339 (Angela Bolsona Romana, 1591); vol. 3, 380 Nr. 896 (Maria Lopez Hispana, 1578), 136 Nr. 355 (Livia Posterula Romana, 1581), 142 Nr. 336 (Margarita Muscha Vasi und ihre Tochter Isabella Vasi, 1587), 148 Nr. 382 (Maria de Brhenna Galla, 1596); vol. 4, 405 Nr. 1249 (Faustina Alciata Romana, 1596); vol. 7, 498 Nr. 1010 (Francisca Binaga, 1600); vol. 9, 130 Nr. 251,252 (Ginevra Delfina Napolitana, 1575).

30 Brantôme, IX, 342; «Quaeso, viator, ne me diutius calcatam amplius calces». Ähnlich auch Forcella, 13, 386 Nr. 927.

31 Zapperi, Der Neid und die Macht, 60ff.

32 Ebd., 85.

33 Gnoli, Cortigiane, 83; «Imperia Cognata romana/ quae digna tanto nomine/ rarae

inter homines formae/ specimen dedit/ vixit annos XXXI dies XII/ obiit MDXII die XV augusti/».

34 Zur Rekonstruktion der Inschrift (die gelegentlich etwas anders wiedergegeben wird) und zur Identifikation des Grabsteins siehe: D. Gnoli: L'epitaffio (...) d'Imperia cortigiana, 1906.

Lebensbilder

1 ASR, Processi 33/19 (1557), 48/4, 48/19 (1559).
2 ASR, Inv. 43, 132r,v, 191fff (1555). Inv. 44, 46r,v, 57r,v (1554). Inv. 45, 96r (1555). Inv. 47, 50rff (1555).
3 ASR, Inv. 43, 191rff (1555).
4 ASR, Inv. 43, 77r (1554). Inv. 45, 44vf (1554). Inv. 47, 166vff (1555).
5 Zoppino, 329.
6 Lawner, Modi, 86 (Sonetto 12).
7 Graf, 274f., Anm. 4.
8 Ferrai, Lorenzino Medici, 88 (Brief von Carlo Gualteruzzi an den Protonotar Carnesecchi vom 19.08.1536).
9 Berni, Opere burlesche, II, 52ff.
10 ASR, Notai AC, vol. 6298, fasc.178a (21.08.1556).
11 Brantôme, IX, 53.
12 Masson, Cortigiane, 181f.
13 Lawner, Modi, 100f.
14 ASR, Inv. 7, 299v (1532); «concubina olim episcopi Nicosie veteris mortui».
15 Romano, Roma nelle sue strade, 49.
16 AC, Sez. 66, Testamenti vol. 6, 74vf.
17 Neben der im Testament erwähnten Tochter Elena wird 1532 auch eine «Signora Leria figliola del vescovo di Nicosia» erwähnt (ASR, Inv. 7, 126rf, 09.10.1532).
18 Zu Angelo del Bufalo siehe: Gnoli, Cortigiane, 52ff; Bandello, Novelle I/19, 52; II/42.
19 Gnoli, Cortigiane, 52ff.
20 Lee, Descriptio Urbis, Nr. 5270.
21 Luzio, Isabella d'Este ne' primordi del papato di Leone X., 63 (Brief vom 17.02.1515); «persona splendida et gentile».
22 Bandello, Novelle II/52; «come uno dei cortesi e liberali gentiluomini che io mi conosca a questi tempi».
23 Bandello, Novelle I/19; «si scusava che il caso era un poco disonesto».
24 Bandello, Novelle III/42.
25 Ebd.; «fu da lei ferventissimamente amato».
26 ASR, Inv. 7, 302.
27 Luzio, Isabella d'Este e il Sacco di Roma. In: Archivio Storico Lombardo 35 (1908), 116 (Brief des Abbate Gonzaga an den Hof von Mantua, 12.02.1526); «[...] se andette alla comedia de m. Angelo del Buffalo la qual fu molto risibile per esser stata recitata da molti che veramente erano inamorati de quelle persone che erano introdute a far' l'amore».
28 ASR, Inv. 7, 281r,v, 284vf (07.12.1532). Francesco war «Fiscus Romanus», ein öffentlicher Ankläger, dessen Funktion im Wesentlichen der des heutigen Staatsanwalts entsprach.
29 Ebd., 285v; «ma venendome l'occasione in casa, io l'ho presa».

30 Ebd., 288v, 293r, 299v, 301vff, 322vff.
31 Ebd, 293r; «donna de mala fama et conditione».
32 Ebd., 288v; «se ne inamorava pur che le basciasse».
33 Ebd., 293r.
34 Ebd., 323r.
35 Ebd., 288v.
36 Ebd., 302r.
37 Masson, Cortigiane, 136ff.
38 Zoppino, 307ff.
39 Die Kurtisane Isabella Teutonica wurde 1553 wegen verschiedenen Zaubereien verurteilt. Als Strafe wurden Enteignung und Verbannung «ad beneplacitum» des Governatores in Aussicht gestellt (ASR, Reg.Sent.I/1, 194vf, 11.03.1553).
40 ASR, Processi 173/6, 1247r; 297/25, 1078v.
41 Rossi, Lettere, 285.
42 ASR, Processi 173/6, 1276v (1581).
43 ASR, Processi 173/6, 1235ff (22.-25.04.1581).
44 Siehe Kapitel «Opfer und Täterinnen».
45 ASR, Processi 173/6, 1238v.
46 ASR, Processi 173/6, 1247vf.
47 ASR, Processi 173/6, 1263r; «perche io andai una notte a stare in casa di uno spagnolo chiamato Geronimo sensa licentia sua».
48 ASR, Processi 173/6, 1272r.
49 ASR, Processi 173/6, 1264v.
50 ASR, Sent.Orig.6, Nr.65 (1582).
51 Siehe Kapitel «Mars und Venus».
52 ASR, Cam.I., vol.1749/9, 5v (18.07.1582).
53 ASR, Processi 173/6, 1246r, 1248r, 1250v.
54 ASR, Processi 297/25, 1023–1175 (05.07–26.081596).
55 Siehe Kapitel «Zwischen Verehrung und Verfolgung».
56 ASR, Processi 297/25, 1026v; «avanto a Sant'Anna nel quartiero delli spagnoli».
57 ASR, Processi 173/6, 1250v.
58 Siehe Kapitel «Der Rückzug aus dem Gewerbe».
59 ASR, Processi 297/25, 1094r.
60 Ebd., 1078v.
61 Ebd., 1102.
62 Ebd., 1115v
63 Ebd., 1051v; «perche cosi era stato volunta de Dio et mia».
64 Ebd., 1051r.
65 Ebd., 1151v.
66 Ebd., 1031r; «che per il tempo passato io fui donna de questo mondo, ma mi son poi ritirata a pigliar questo marito e servire a Dio».
67 Ebd., 1053v.
68 Ebd., 1034r.
69 Ebd., 1034r, 1091v.
70 Ebd., 1100r,v; «femina publica meretrice».
71 Ebd., 1124v.
72 Ebd., 1051v; «honoratissima moglie».
73 Ebd., 1115vf.
74 Ebd., 1091vf.
75 Ebd., 1070v.

76 Ebd., 1088r,v; «che non mangiasse per mano di nessuno, senon di chi lei si possea fidare, perche in Napoli si dicea publicamente che li parenti di detto Signor Rodorico voleano avelenare essa Signora Maria».

77 Ebd., 1054r, 1064v.

78 Ebd., 1081v; «come se li fossi stato un servitore, et il tutto per carità».

79 Ebd., 1154v.

80 Ebd., 1053r; «per godersi le mie intrate che sono maggiore delle sue».

81 Heute SS. Ambrogio e Carlo al Corso.

82 ASR, Processi 297/25, 1154v.

Zur Forschungssituation

1 Ferrai, Lettere di Cortigiane, 3; «Sulle grandi etère di Roma, di Firenze, di Venezia si sono fin'ora ripetute le cose stesse cavate più o meno abbondantemente dalle più note fonti: le rime d'amore, le commedie, i novellieri. Un documento diretto del vivere, un documento eloquente del modo di sentire e di pensare di queste donne, una prova convincente del grado della loro cultura non si è ancora prodotta».

2 A. Bertolotti, Repressioni straordinarie alla Prostituzione in Roma nel secolo XVI. Rivista di Discipline Carcerarie 16, 1887.

3 A.Graf: Attraverso il Cinquecento. Torino 1888.

4 Cian, Galanterie italiane, Torino 1888.

5 Ein Beispiel von vielen: Rodocanachi erklärt, daß die Kurtisane Porzia verhaftet worden sei, weil sie ein Verhältnis mit dem Kardinal Carafa hatte. Tatsächlich wurde 1559 eine Kurtisane Portia verhaftet, allerdings gemeinsam mit ihrem Geliebten Pietro Antonio Casamassima, dem Bischof von Polignano, und nicht mit dem Kardinal Carafa (Rodocanachi, Cortigiane, 82. ASR, Processi 48/18; BAV, Urb. lat. 1039, 20r, 24r; ASV, Lett.prin.23, 48r).

6 Ebd., 44ff. Rodocanachi ediert Teile des Nachlaßinventars von Tullia d'Aragona und spricht über ihr Testament. Als Quellenangabe führt er an: Archivo di Stato, Atti Romani, A.C., vol. 6293, f.97; als Datum 13.04.1536. Selbst mit Hilfe der Archivare des Archivio di Stato war es mir erst nach Tagen möglich, die Dokumente dort ausfindig zu machen. Die wirkliche Signatur lautet: ASR, Notai AC, Felice de Romaulis, vol. 6298, fasc.69 und 79. Die Dokumente sind vom 02.03.1556 und vom 16.05.1556.

7 Ebd., 86ff.

8 Semerau, Kurtisanen, 59f entspricht fast wörtlich Rodocanachi, Cortigiane, 81ff.

9 Masson, Cortigiane, 60.

10 Siehe Kapitel «Die Hure als Dame».

11 Siehe Kapitel «Die Hure als Dame».

12 ASR, Processi 48/4, 48/19.

13 Siehe Kapitel «Die Hure als Dame».

14 Cohen, Camilla la Magra, 179; «A meno che non si riesca ad identificare i clienti, tuttavia, non è facile individuare il grado di prestigio di una cortigiana». Cohens Ungenauigkeit zeigt sich im übrigen auch darin, daß sie, wie schon Rodocanachi, die Päpste Pius IV und Pius V miteinander verwechselt (ebda 174).

15 Hauschild, Die Gestalt der Hetäre in der griechischen Komödie, 14ff.

16 Delumeau, Vie économique, I, 32ff.

17 Siehe Kapitel «Die Hure als Dame».

Quellen und Literatur

Ungedruckte Quellen

Archivio di Stato di Roma (ASR)
Tribunale criminale del Governatore, secolo XVI°:
  Processi, vol. 2, 17, 33, 48, 116, 123, 127, 134, 173, 175, 178, 179, 200, 206, 224, 225,
  228, 232, 237, 241, 242, 244, 246, 252, 256, 260, 270, 277, 287, 297.
  Sentenze Originali, vol. 1-8.
  Registri di Sentenze, vol.I-III.
  Investigazioni, vol. 2, 3, 4, 5, 6, 7, 30, 31, 39, 43, 44, 45, 46, 47, 48, 49, 164.
  Costituti, vol. 30, 38, 46, 116–141.
  Testimoni, vol. 1, 2, 3, 4, 9, 12, 14.
  Fideiussioni, vol. 10, 11, 13, 14, 21, 22.
  Registrazione d'Atti, vol. 6, 22.
  Visite di Chirurgi, vol. 3
  Visite di Notai, vol. 2.
  Atti varii di Cancelleria, vol. 16.
  Inventari, vol. 3
  Miscellanea Criminale, busta 5, R.
Tribunale criminale del Senatore, secolo XVI°:
  Investigazioni, vol. 1158, 1162, 1163, 1164, 1167, 1169, 1170, 1171, 1172, 1174, 1176,
  1177, 1178, 1181, 1182, 1183, 1184, 1187, 1188, 1189, 1190, 1191, 1192.
  Costituti, vol. 1364.
Camerale I, Fabbriche, vol. 1514.
Camerale I, Taxae maleficiorum, vol. 1748–1751.
Presidenza delle strade, vol. 445.
30 Notai Capitolini, ufficio 31 (F.Bonaavena, 1570).
Notai AC (Auditor Camerae), vol. 3638, 3789, 6298.
Collegio Notai Capitolini, vol. 1720, 1981.
Santa Caterina della Rosa, vol. 7, 21, 22, 540–554, 563, 570.
Istituti riuniti di San Girolamo della carità, vol. 178, 220, 221, 223, 1928, 1929.
Miscellanea Famiglie, vol. 113.

ASR, Biblioteca
Bandi, Collezione I, vol. 1-8. Collezione II, vol. 293, 294, 317, 320, 354, 366, 386, 410,
  436, 466, 472, 486, 487, 494.

Archivio Capitolino (AC)
Archivio Urbano:
  Sezione 1, vol. 18, 58, 81, 165, 279, 539, 593, 856, 892.
  Sezione 66, vol. 6, 8, 35.
Credenzone I, vol. 36, 37.
Credenzone XIV, vol. 7.
Archivio Orsini, serie I, vol. 266

Biblioteca Apostolica Vaticana (BAV)
Urbinati latini, vol. 1038, 1039, 1040, 1041, 1042, 1045, 1046, 1047, 1050, 1052, 1053, 1060, 1061, 1063, 1065, 1067, 6436.
Vaticani latini, vol. 8223/I, 9729.
Chigiana F.VI,139.
Capponiano, vol. 140.
Editti, vol. 1.

Archivio Segreto Vaticano (ASV)
Lettere dei principi, vol. 23.
Diversa Cameralia, vol. 159.
Santa Marta, vol. 1, 49, 88, 90, 112, 128, 141, 143, 214, 225.
Collezione dei Bandi:
Armadio IV, vol. 47; Armadio IV, vol. 60; Armadio V, vol. 105 C; Armadio V, vol. 210; Armadio V, vol. 232; Armadio V, vol. 243.
Bandi sciolti, I, vol. 1.

Archives des pieux établissements français a Rome et a Lorette
Carton 228, 238.
Registre 236.

Archivio di Stato di Firenze (ASF)
Mediceo avanti il principato, vol. 119, 120 (Bobina 139).
Mediceo, vol. 3261, 3262, 4032.
Carte Strozziane, Serie I, vol. 9.

Gedruckte Quellen

Alberi, E.: Le relazioni degli ambasciatori veneti al Senato durante il secolo 16°. Firenze 1839–1855.

Aretino, Pietro: Ragionamento/ Dialogo. Sei giornate. Ragionamento della Nanna e della Antonia (¹1534). Dialogo nel quale la Nanna insegna a la Pippa (¹1536). Biblioteca Universale Rizzoli (BUR), Milano 1988.

Armellini, M.: Un censimento della città di Roma sotto il pontificato di Leone X. tratto da un codice inedito dell'Archivio Vaticano. In: Gli studi in Italia, anno IV., V.; Roma 1882.

Bacci, Pietro: Vita del B. Filippo Neri fiorentino fondatore della congregatione dell' oratorio. Raccolta da' Processi fatti per la sua canonizatione da Pietro Iacomo Bacci Aretino Prete della medesima Congregatione. Roma 1622.

Bandello, Matteo: Quattro libri delle Novelle. 1.-3.Buch 1554, 4.Buch 1573.

Berni, Francesco: Opere Burlesche. 3 Bde., Usecht 1726 (¹1551–1555).

Berra, Luigi: Cinque lettere inedite di Lelio Capilupi. In: ASRStP 53–55, 1930–1932.

Bertolotti, Antonio: Repressioni straordinarie alla Prostituzione in Roma nel secolo XVI. Roma 1887.

Bianchi, Luca (Hg): Alla corte di cinque papi. Diario 1483–1506 di Giovanni Burcardo. Milano 1988.

Brantôme, Pierre de: Oeuvres complètes de Pierre de Bourdeille, Seigneur de Brantôme. Hg: Ludovic Lalanne, Bd.1–11, Paris 1864ff.

Buchell, Arnold van: Iter Italicum (1587/88). In: ASRStP 23–25, 1900–1902.

Bullarium Diplomatum et Privilegiorum Summorum Romanorum Pontificum. Taurensis edito locupletior facta collectione novissima plurium Brevium, Epistularum, Decretorum Actorumque S. Sedis. Augustae Taurinorum 1860ff. (Bes. Bd.5–9).

Cherubini, P. u.a. (Hg): Un libro di multe per la pulizia delle strade sotto Paolo II. (21.7.-12.10.1467). In: ASRStP 107, 1984.

Coryats Crudities. London 1978 ([1]1611).

Cugnoni, G. (Hg): Agostino Chigi il Magnifico. In: ASRStP 2, 1879.

Delicado, Francisco: Die schöne Andalusierin. Ins Deutsche übertragen und mit einem Vorwort von Alfred Semerau. München 1965 (Retrato de la Lozana Andaluza, [1]1528).

Domenichi, Ludovico: Facetie, Motti, et burle, di diversi Signori et persone private. Venezia 1565.

Doni, A.F.: Pistoletti amorosi del Doni con alcuni lettere d'amore di diversi autori, ingegni mirabili et nobilissimi. Venezia, 1552.

Dorez, M.L.(Hg): Le sac de Rome (1527). Relation inédite de Jean Cave, orléanais. In: Mefrm 16, 1896.

Du Bellay, Joachim: Les antiquitez de Rome et les regrets. Paris 1945.

Fanucci, C.: Trattato di tutte l'opere pie. 1601.

Ferrai, L.A.: Lettere di cortigiane del secolo XVI. Firenze 1884.

Forcella, Vincenzo: Iscrizioni delle chiese e d'altri edifici di Roma, dal secolo XI. fino ai giorni nostri. 14 Bde., Roma 1874ff.

Garampi, Giuseppe: Saggi di osservazioni sul valore delle antiche monete papali. Roma 1766.

Garzoni, Tom.: La piazza universale di tutte le professioni del mondo. Venezia 1585.

Giraldi Cinzio, Giovanni Battista: Hecatomithi. 1565.

Gnoli, Domenico: Descriptio urbis o censimento della popolazione di Roma avanti il sacco borbonico. Roma 1894.

Grazzini, Antonio Francesco: Le rime edite ed inedite di Antonio Francesco Lasca, per Carlo Verzone (Hg). Firenza 1882.

Guasti, Cesare (Hg): Le rime di Michelangelo Buonarroti. Firenze 1863.

Hierarchia catholica medii aevi sive Summorum Pontificum, s.R.E. Cardinalium, Ecclesiarum Antistitum Series. 8 Bde, 1913–1978.

Incisa della Rocchetta, Giovanni/ Vian, Nello (Hg): Il primo processo per San Filippo Neri nel codice Vaticano latino 3798 e in altri esemplari dell'Archivio dell'Oratorio di Roma. 4 Bde., Città del Vaticano 1957–1963.

Infessura, Stefano: Diario della città di Roma. Nuova edizione a cura di Oreste Tommasini. Roma 1890.

Inglese, Giorgio (Hg): Niccolò Machiavelli. Lettere a Francesco Vettori e a Francesco Guicciardini. Milano (BUR) 1989.

Lando: Commentario delle più mostruose cose d'Italia e di altri luoghi. Venezia 1550.

Lassels, Richard: Ausführliche Reisebeschreibung. Frankfurt 1673.

Lawner, Lynne: I Modi nell'opera di Giulio Romano, Marcantonio Raimondi, Pietro Aretino e Jean-Frédéric-Maximilien de Waldeck. Milano 1984.

Lee, Egmont (Hg): Descriptio Urbis: the roman census of 1527. Rom 1985.

Lukian: Hetärengespräche (Übersetzung von Franz Blei). Wiesbaden, o.J.

Luzzietti, Pio: La vita et miseranda fine della puttana. Roma 1922 ([1]Anf.17.Jahrhundert).

Madelin, Lous: Le journal d'un habitant français de Rome au XVI. siècle (1509–1540). In: Mefrm 22, 1902.

Magnum Bullarium Romanum. Roma 1745 (²Graz 1965).

Martin, Gregory: Roma Sancta (Hg: George Bruner Parks, Roma 1969).

Mohnike, Gottlieb (Hg): Bartholomäi Sastrowen Herkommen, Geburt und Lauff seines ganzen Lebens, auch was sich in dem Denckwerdiges zugetragen, so er meh-
rentheils selbst gesehen und gegenwärtig mit angehöret hat, von ihm selbst beschri-
ben. Greifswald 1823.

Moncallero, Giuseppe Lorenzo: Epistolario di Bernardo Dovizi da Bibbiena. 2 Bde.,
Firenze 1955.

Montaigne, Michel de: Essais. Texte établi et présenté par Jean Plattard. 6 Bde., Paris
1931–1967.

Montaigne, Michel de: Tagebuch einer Badereise. Aus dem Französischen von Otto
Flake. Durchgesehen und bearbeitet von Dr. Irma Bühler. Stuttgart (1963).

Mutinelli, Fabio: Storia arcana ed aneddotica d'Italia raccontata dai veneti ambasciatori. Bd.I, Venezia 1855.

Pona, Francesco: La Lucerna. Paris 1633.

Rossi, Vittorio (Hg): Le lettere di Messer Andrea Calmo, riprodotte sulle stampe mig-
liori. Torino 1888.

Santore, Cathy: Julia Lombardo, «Sontuosa Meretrize». A Portrait by Property. In:
Renaissance Quarterly 41/1, 1988.

Sanuto, Marino: I Diarii. Venezia 1890 (²Bologna 1969).

Stoppelli, Pasquale (Hg): La Cazzaria di Arsiccio Intronato (Antonio Vignali). 1985.

Vasari, Giorgio: Le Vite de'più eccellenti pittori, scultori e architettori. Milano 1962.

Villamont: Les voyages du Seigneur de Villamont. Rouen 1607.

Zoppino: Il piacevol ragionamento del Zoppino, nel quale il Zoppino fatto frate, e
Ludovico puttaniere, trattano de la vita, e de la genealogia di tutte le Cortigiane di
Roma. In: Ragionamenti di M.Pietro Aretino, Bd.II, 1584 (¹Venezia 1539).

Darstellungen

Adinolfi, Pasquale: La Torre de'Sanguigni. 1863.

Alberti Giuseppe: Francesco Delicado e la «Lozana Andalusa». In: Minerva Medica,
1941.

Alberti, Giuseppe: La cura del «morbo gallico» nel '500. In: Il Vasari, 1941.

Alberti Giuseppe: Le cortigiane e le stufe. In: Il Vasari, 1941.

d'Amelia, Marina: La conquista di una dote. Regole del gioco e scambi femminili alla
Confraternita dell'Annunziata. In: Lucia Ferrante (Hg): Centro documentazione
donne di Bologna. Ragnatele di rapporti. Torino 1988.

Ariès, Philippe/ Béjin, André/ Foucault, Michel u.a. (Hg): Die Masken des Begehrens
und die Metamorphosen der Sinnlichkeit. Zur Geschichte der Sexualität im Abendland. Frankfurt 1986.

Barzaghi, Antonio: Donne o Cortigiane? La prostituzione a Venezia. Documenti di
costume dal XVI. al XVIII. secolo. Verona 1980.

Bertolotti, Antonio: Le prigioni di Roma nei secoli XVI., XVII. e XVIII. Roma 1890.

Beutin, Wolfgang: Sexualität und Obszönität. Eine literaturpsychologische Studie
über epische Dichtungen des Mittelalters und der Renaissance. Würzburg 1990.

Biagi, Guido: Un etera romana. Tullia d'Aragona. Firenze 1897.

Bianchini, G.: Francesca Baffo, rimatrice del secolo XVI. Padova, 1896.

Blastenbrei, Peter: Zur Arbeitsweise der römischen Kriminalgerichte im späteren

16. Jahrhundert. In: Quellen und Forschungen aus italienischen Archiven und Bibliotheken, 71, 1991.

Blastenbrei, Peter: La quadratura del cerchio. Il Bargello di Roma nella crisi sociale tardocinquecentesca. In: Dimensioni e Problemi della Ricerca Storica. Rivista del dipartimento di studi storici dal medioevo all'età contemporanea dell'università «la Sapienza» di Roma, 1994/1.

Bonadonna Russo, Maria Teresa: Il più antico catasto della Congregazione dell'Oratorio di Roma. In: Oratorium. Archivium historicum Oratorii S. Philippi Nerii, I (1970), 94–115.

Bredekamp, Horst/ Janzer, Wolfram: Vicino Orsini und der heilige Wald von Bomarzo. Ein Fürst als Künstler und Anarchist. 2 Bde., Worms 1985.

Broun, Elizabeth/ Shoemaker, Innis H. (Hg.): The engravings of Marcantonio Raimondi. Lawrence/Kansas: Spencer Museum of Art, 1981.

Brundage, James A.: Concubinage and marriage in medieval canon law. In: Journal of Medieval History 1/1 (1975).

Brundage, James A.: Prostitution in the Medieval Canon Law. In: Bennett, J.M./Clark, E.A./O'Barr, J.F./Vieln, B.A./Westphal-Wihl, S. (Hg): Sisters and Workers in the Middle Ages. Chicago/London 1989.

Calvi, Emilio: Le donne in Roma secondo i letterati e i viaggiatori del '500. In: Nuova Antologia, 142, 1909.

Camerano, Alessandra: La condizione della donna a Roma alla fine del '500: La confraternita di Santa Caterina della Rosa. Unveröffentlichtes Manuskript (Tesi di Laurea), Roma 1990.

Canosa, Romano/ Colonello, Isabella: Storia della prostituzione in Italia. Roma 1989.

Carlino, Andrea: L'arciconfraternita di San Girolamo della Carità: L'origine e l'ideologia assistenziale. In: ASRStP 107, 1984.

Casagrande di Villaviera, Rita: Le cortigiane veneziane nel '500. Milano 1968.

Cesareo, Giov.Alfredo: Gaspara Stampa, donna e poetessa. Napoli, 1920.

Cian, Vittorio: Pietro Bembo e Isabella d'Este Gonzaga. In: Giornale Storico della Letteratura Italiana 9, 1887.

Cian, Vittorio: Galanterie italiane del secolo XVI. In: La Letteratura, Torino 1888.

Clementi, Filippo: Il carnevale romano nelle cronache contemporanee, dalle origini al secolo XVII. Città di Castello, 1939.

Cohen, Elizabeth Storr: La verginità perduta. Autorappresentazione di giovani donne nella Roma barocca. In: Quaderni Storici, n.s. 67, 1988.

Cohen, Elizabeth Storr: Camilla la Magra, prostituta romana. In: Ottavia Niccoli (Hg): Rinascimento al femminile. Roma 1991.

Corradi, A.: Nuovi documenti per la storia delle malatie veneree in Italia dalla fine del Quattrocento alla metà del Cinquecento. Milano 1884.

Couliano, Ioan P.: Eros and Magic in the Renaissance. Chicago 1987.

Del Re, N.: Monsignor Governatore di Roma. Roma 1972.

Delumeau, Jean: La vie économique et sociale de Rome dans la seconde moitié du XVIe siècle. 2 Bde., Paris 1957.

Dizionario Biografico degli Italiani. 1960 ff.

Esposito-Aliano, Anna: La parrochia «agostiniana» di S.Trifone nella Roma di Leone X. In: Mefrm 93, 1981.

Fagiolo, Marcello/ Madonna, Maria Luisa (Hg): Sisto V. Roma e Lazio. Roma 1992.

Ferrai, L.A.: Lorenzino de'Medici e la società cortigiana nel cinquecento, con le rime e le lettere di Lorenzino e un'appendice di documenti. Milano 1891.

Ferrante, Lucia: L'onore ritrovato. Donne nella casa del Soccorso di S.Paolo a Bologna (sec.XVI-XVI). In: Quaderni Storici 53, 1983.

Ferrajoli, A.: Il Ruolo della Corte di Leone X, Prelati Domestici XIII, Pietro Bembo. In: ASRStP 37, 1914, 307ff und 453ff.

Fiorani, Luigi (Hg): Ricerche per la storia religiosa di Roma. Bd.1–6, Roma 1977ff.

Foa, A.: Il nuovo e il vecchio: l'insorgere della Sifilide (1494–1530). In: Quaderni Storici 55, 1984.

Fragnito, Gigliola: Cardinal's courts in sexteenth century Rome. In: The journal of modern history 65 (1993), 26–56.

Ginzburg, Carlo: Tizian, Ovid und die erotischen Bilder im '500. In: Ders.: Spurensicherung. Über verborgene Geschichte, Kunst und soziales Gedächtnis. Berlin 1983.

Gnoli, Domenico: L'epitaffio e il monumento d'Imperia cortigiana. In: Nuova Antologia, 1906.

Gnoli, Domenico: La Roma di Leone X. Milano 1938.

Gnoli, Domenico: Vittoria Accoramboni. 1870.

Gnoli, Umberto: Cortigiane della Rinascenza. Note e Bibliografia. Arezzo (edizioni della Rivista «Il Vasari»), 1941.

Gnoli, Umberto: Stufe romane della Rinascenza. In: Pan, 1934.

Gnoli, Umberto: Alberghi ed osterie di Roma nella Rinascenza. Roma 1942.

Graf, Arturo: Una Cortigiana fra mille: Veronica Franco. In: Ders.: Attraverso il Cinquecento. Torino 1888.

Greco, Giovanni: Lo scienzato e la prostituta, due secoli di studi sulla prostituzione. Bari 1987.

Hauschild, Hans: Die Gestalt der Hetäre in der griechischen Komödie. Leipzig 1933.

Henry, Madeleine Mary: Menanders Courtesans and the Greek comic tradition. Frankfurt 1985.

Hoffmann, Konrad: Antikenrezeption und Zivilisationsprozeß im erotischen Bilderkreis der frühen Neuzeit. In: Antike und Abendland, XIV, 1978.

Hurtubise, Pierre: La «table» d'un Cardinal de la Renaissance. Aspects de l'hospitalité à Rome au milieu du XVI siècle. In: Mefrm 92, 1980.

Il Gioco dell'Amore. Le cortigiane di Venezia. Dal Trecento al Settecento. Catalogo della mostra: Venezia, 1990.

Irsigler, Franz/ Lassotta, Arnold: Bettler, Gaukler, Dirnen und Henker. Außenseiter in einer mittelalterlichen Stadt. München 1989.

Junkerman, Anne Christine: Bellissima Donna: An interdisciplinary study of Venetian sensous half-length images of the early sixteenth-century. Ann Arbor, Michigan, 1992.

Larivaille, Paul: La vita quotidiana delle cortigiane nell'Italia del Rinascimento. Milano (BUR) 1983 (¹Paris 1975).

Lawner, Lynne: Lives of the Courtesans. New York 1987.

Lesellier, J.: Les méfaits du cérémoniaire Jean Burckard. In: Mefrm 44, 1927.

Lorenzi, G.B.: Leggi e memorie venete sulla prostituzione fino alla caduta della Republica. Venezia 1870–1872.

Luzio, Alessandro: Federico II. Gonzaga ostaggio alla corte di Giulio II. In: ASRStP 9, 1896.

Luzio, Alessandro: Un'avventura della Tullia d'Aragona. In: Rivista storica mantovana, I, 1885.

Luzio, Alessandro: Isabella d'Este ne'primordi del papato di Leone X e il suo viaggio a Roma nel 1514–1515. In: Archivio Storico Lombardo 34, 1906.

Luzio, A./Renier, R.: Contributo al mal francese nei costumi e nella letteratura italiana del secolo XVI. In: Giornale storico della letteratura italiana, V., 1885.

Masetti-Zannini, Gian Ludovico: Veronica Franco a Roma: una pellegrina «tra mille». In: Strenna dei romanisti, 1982.

Masson Georgina: Cortigiane italiane del Rinascimento. Roma 1981 ([1]London 1975).

Moncallero, Giuseppe Lorenzo: Imperia e i suoi canti funebri. Roma 1962.

Moncallero, Giuseppe Lorenzo: Imperia de Paris nella Roma del '500. Roma 1962.

Monticone, A.: L'applicazione a Roma del concilio di Trento. In: Rivista di storia della Chiesa in Italia, 7, 1953.

Nispi-Landi, Ciro: Le cortigiane nella Roma antica. Roma 1930.

Pastor, Ludwig von: Geschichte der Päpste seit dem Anfang des Mittelalters. Bd.1–16, 1886–1933.

Pastura Ruggiero, Maria Grazia: La reverenda Camera Apostolica e i suoi Archivi. Roma 1984.

Pecchiai, Pio: Roma nel '500. Bologna 1948.

Pecchiai, Pio: Donne del Rinascimento in Roma. Imperia, Lucrezia figlia d'Imperia, la misteriosa Fiametta. Padova 1958.

Pecchiai, Pio: Regesti dei documenti del convento romano della Trinità dei Monti. In: Archivi d'Italia, Ser.II, 25, 1958.

Pecchiai, Pio: Trinità dei Monti. Roma o.J. (Unveröffentlichtes Manuskript im Besitz der Biblioteca Hertziana).

Petrai, Giuseppe: Pasquino e Marforio. Roma 1984.

Perry, Mary Elisabeth: Lost Women in Early Modern Seville: The Politics of Prostitution. In: Feminist Studies 4/1, 1978.

Reinsberg, Carola: Ehe, Hetärentum und Knabenliebe im antiken Griechenland. München 1989.

Riddle, John M.: Oral contraceptives and early-term abortifacients during classical antiquity and the middle ages. In: Past and Present 133, 1991.

Rodocanachi, Emmanuel: Cortigiane e buffoni di Roma. Studi dei costumi romani nel '500. Bologna 1927 ([1]Paris 1894).

Rodocanachi, Emmanuel: Les institutions communales de Rome sous la papauté. Paris 1901.

Rodocanachi, Emmanuel: La femme italienne. Paris 1907.

Romano, P.: Roma nelle sue strade e nelle sue piazze. Roma 1947.

Roper, Lyndal: Madri di depravazione: le mezzane nel '500. In: Memoria 17/1, 1987.

Rosati, Salvatore: Tullia d'Aragona. Milano 1986.

Rosenthal, Margaret F.: Veronica Franco's Terze Rime: The Venetian Courtesans Defense. In: Renaissance Quarterly 42/2, 1989.

Rosenthal, Margaret F.: Veronica Franco: The Courtesan as a Poet in Sixteenth-Century Venice. Yale 1985.

Rossiaud, Jaques: Dame Venus. Prostitution im Mittelalter. München 1989.

Ruggiero, Guido: The Bounderies of Eros: Sex, Crime and Sexuality in Renaissance Venice. New York 1985.

Saslow, James M.: Ganymede in the Renaissance. Homosexuality in Art and Society. 1986.

Sassi, Giuseppina: Morosina ed i figli di Pietro Bembo. In: Il Vasari, II, 1929.

Schellhass, Karl: Italienische Schlendertage Herzog Ernsts von Bayern. In: Quellen und Forschungen aus italienischen Archiven und Bibliotheken, X, 1907.

Schröter, Michael: Staatsbildung und Triebkontrolle. Zur gesellschaftlichen Regulierung des Sexuallebens vom 13. bis zum 16. Jahrhundert. In: Gleichmann, P./Goudsblom, J./Korte H. (Hg): Macht und Zivilisation. Materialien zu Norbart Elias' Zivilisationstheorie, Bd.2, 1984.

Schuster, Peter: Das Frauenhaus. Städtische Bordelle in Deutschland (1350–1600). Paderborn, 1992.

Semerau, Alfred: Die Kurtisanen der Renaissance. Eine sittengeschichtliche Monographie. Wien/Leipzig 1926.

Tacchi-Venturi, P.: Storia della compagnia di Gesù in Italia. 2 Bde., Mailand/Rom, 1909ff.

Tacchi-Venturi, P.: Stato della religione in Italia nella metà del secolo XVI. Roma 1908.

Tassini, Giuseppe: Veronica Franco. Celebre Poetessa del secolo XVI. Venezia 1969.

Toscan, J.: Le carneval du langage. Le lexique érotique des poètes de l'équivoque de Burchiello a Marino. Lille 1981.

del Vita, A.: Lusso, donne e amore nel Rinascimento. 1961.

Zapperi, Roberto: Alessandro Farnese, Giovanni della Casa and Titian's Danae in Naples. In: Journal of the Warburg and Courtauld Institute, 54, 1991.

Zapperi, Roberto: Der Neid und die Macht. Die Farnese und Aldobrandini im barocken Rom. München 1994.

Zerner, Henri: L'Estampe érotique au temps de Titien. In: Tiziano e Venezia. Venezia 1976.

Zorzi, Alvise: Cortigiana veneziana. Veronica Franco e i suoi poeti, 1546–1591. Milano 1986.

Siglen

AC Archivio Capitolino
Arch. Archivio
Arm. Armadio
ASF Archivo di Stato di Firenze
ASR Archivio di Stato di Roma
ASRStP Archivio della Società
Romana di Storia Patria
ASV Archivio Segreto Vaticano
Bd., Bde. Band, Bände
Bandi I, II Archivio dei Bandi,
collezione I, II
BAV Biblioteca Apostolica Vaticana
Cam. Camerale
Chir. T. d. G, Visite di Chirurgi,
secolo XVI°
Cost. Costituti, secolo XVI°
Cred. Credenzone
DBI Dizionario Biografico degli
Italiani
Div. Cam. Diversa Cameralia
Dok. Dokument
Ebd. Ebendort
Fasc. Faszikel
Fid. T. d. G, Fideiussioni, secolo XVI°
Inv. Investigazioni

Lett. prin. Lettere dei principi
Mefrm Mélanges de l'école française
de Rome. Moyen Age, Temps
modernes.
Misc.crim. T. d. G., Miscellanea
criminale, secolo XVI°
Misc.fam Miscellanea Famiglie
Notai T. d. G., Visite di Notai,
secolo XVI°
Processi T. d. G, Processi, secolo XVI°
Reg. A. T. d. G., Registrazione d'Atti,
secolo XVI°
Reg. Sent. T. d. G., Registri di Sen-
tenze, secolo XVI°
S. Girolamo Istituti riuniti di San
Girolamo della carità
Sent. orig. T. d. G., Sentenze originali,
secolo XVI°
Sez. Archivio Urbano, Sezione
T. d. G. Tribunale criminale del
Governatore
T. d. S. Tribunale criminale del Senatore
Urb. lat. Urbinati latini
Vat. lat. Vaticani latini
vol. volume, Band

Die Siglen «Inv.» und «Cost.» beziehen sich, wenn nicht ausdrücklich anders angegeben, auf den Fondo T.d.G.
Die Siglen folgen, soweit dies möglich war, denjenigen, die in den betreffenden Archiven gebräuchlich sind.

Abbildungsverzeichnis

Seite 153: Tizian: Danae (nach 1554). Zeus hatte sich der jungfräulichen Danae in Gestalt eines Goldregens genähert und so den Sohn Perseus mit ihr gezeugt. In der Renaissancemalerei wird Danae häufig zum Symbol der Kurtisane, die ihren Körper für Geld verkauft. Diese Käuflichkeit wird bei Tizian dadurch betont, daß der Goldregen zum Geldregen wird, den eine alte Kupplerin in einem Gefäß auffängt. Wien, Kunsthistorisches Museum, Inv. Nr. GG 90.

Seite 175: Jacobo Negretti, gen. Palma il Giovane: Büßende Maria Magdalena (um 1615). Die heilige Maria Magdalena war eine ehemalige Hure, weshalb sie bis heute als Schutzpatronin der Prostituierten gilt. Sie wurde auch von den römischen Kurtisanen sehr verehrt. Bergamo, Academia Carrara, Inv. Nr. 414/990.

Seite 179: Antonio Tempesta: San Giovanni in Laterano. Kupferstich (nach 1586). Amsterdam, Rijksprentenkabinet, Reichsmuseum.

Seite 200: Zwei Szenen aus der Vita des heiligen Philipp Neri: einige leichte Mädchen werden in sein Zimmer eingeschleust, um ihn zu verführen. Als er inbrünstig zu beten beginnt, ziehen sie sich beschämt zurück (links). Die Kurtisane Corsetta wirft ihm, erzürnt über ihren mißglückten Verführungsversuch, im Stiegenhaus einen Schemel nach (rechts). Kupferstich, L. Ciamberlano zugeschrieben (um 1570/80 bis nach 1641). Wien, Graphische Sammlung Albertina.

Seite 204: Zeichnung im Stammbuch des böhmischen Adeligen Adam von Egg (nach 1593). Prag, Archiv des Nationalmuseums, Signatur: B 24.

Seite 207: Giuliano Bugiardini: Die Entführung der Dina (um 1535). Blutige Auseinandersetzungen und Gewalt gegen Frauen konnte man täglich auf den Straßen der italienischen Städte beobachten. Die biblische Geschichte der Dina gab dem Künstler Gelegenheit, dieses reale Problem seiner Zeit darzustellen. Wien, Kunsthistorisches Museum, Inv. Nr. GG 1554.

Seite 218: Jakob Matham (1571–1631): Zwei alkoholisierte Männer geraten beim Glücksspiel im Haus einer Kurtisane in Streit. Blatt 4 (Kupferstich) aus der Serie «Folgen der Trunksucht». Amsterdam, Rijksprentenkabinet, Reichsmuseum.

Seite 229: Alte Frau geht auf das Grab zu. Das beigegebene Gedicht warnt leichtfertige Frauen vor dem Elend, das sie nach Verlust ihrer Schönheit im Alter zu erwarten hätten. Kupferstich von Enea Vico nach einer Zeichnung von Marcantonio Raimondi (1542). Wien, Graphische Sammlung Albertina.

Seite 243: Giulio Romano und Gianfrancesco Penni: Himmelfahrt der heiligen Maria Magdalena (um 1520/24). Abgenommenes Lunettenfresko. Das Fresko stammt aus jener Kapelle, die sich eine reiche Kurtisane in der Kirche Trinita dei Monti als Grablege ausstatten ließ. Es ist somit das einzige erhaltene Kunstwerk, das mit Sicherheit für eine Kurtisane geschaffen wurde. London, National Gallery, Inv. Nr. 225.

Seite 250: Luca Ciamberlano (um 1570/80 bis nach 1641): Zwei Totenköpfe, Kupferstich. Paris, Bibliothèque Nationale.

Seite 251: Giulio Romano: Liebespaar mit Kupplerin (um 1524/26). Sankt Petersburg, Eremitage, Inv. Nr. 223.

Seite 269: Jost Amman (1539–1591): Bogenschießender Amor. Wolfenbüttel, Herzog August Bibliothek.

Personenregister

Buchanzeigen

Geschichte der Sexualität und des Geschlechterverhältnisses

Erdmute Heller/Hassouna Mosbahi
Hinter den Schleiern des Islam
Erotik und Sexualität in der arabischen Kultur
2., durchgesehene Auflage. 1994. 242 Seiten. Leinen

José Pierre (Hrsg.)
Recherchen im Reich der Sinne
Die zwölf Gespräche der Surrealisten über Sexualität 1928–1932
Aus dem Französischen von Martina Dervis
12. Tausend. 1994. 196 Seiten. Leinen

Jacques Rossiaud
Dame Venus
Prostitution im Mittelalter
Aus dem Italienischen übertragen von Ernst Voltmer
Mit einem Vorwort von Georges Duby
Nachdruck 1994 der gebundenen Ausgabe von 1989.
298 Seiten mit 28 Abbildungen. Paperback
Beck'sche Reihe Band 1044

Carola Reinsberg
Ehe, Hetärentum und Knabenliebe im antiken Griechenland
2. Auflage. 1993. 242 Seiten mit 120 Abbildungen. Broschiert
Beck's Archäologische Bibliothek
Auch als Leinenausgabe erhältlich

Roberto Zapperi
Geschichten vom schwangeren Mann
Männer, Frauen und die Macht
2. Auflage. 1994. 286 Seiten mit 20 Abbildungen. Paperback
Beck'sche Reihe Band 1068

Verlag C.H. Beck München

Geschichte Italiens und der Italiener

Guiliano Procacci
Geschichte Italiens und der Italiener
Aus dem Italienischen von Friederike Hausmann
Nachdruck 1989. 419 Seiten. Leinen
Beck'sche Sonderausgabe

Jens Petersen
Quo vadis, Italia?
Ein Staat in der Krise
1995. 224 Seiten. Paperback
Beck'sche Reihe Band 1108

Christoff Neumeister
Das antike Rom
Ein literarischer Stadtführer
2., durchgesehene Auflage. 1993.
328 Seiten mit 77 Abbildungen. Leinen

Gaston Salvatore
Venedig
Das Insider-Lexikon
1995. 108 Seiten. Paperback
Beck'sche Reihe Band 1092 Insiderlexikon
Herausgegeben von Gisela Freisinger

Johannes Hösle
Kleine Geschichte der italienischen Literatur
1995. 259 Seiten. Paperback
Beck'sche Reihe Band 1080

Verlag C.H. Beck München